KB268906

DON'T JUST STAND THERE

청춘의
해외도전

청춘의
해외도전

초판 인쇄일 2015년 8월 10일
초판 발행일 2015년 8월 17일
초판 2쇄 발행일 2015년 11월 19일

지은이 김태형, 민성택, 고진석
발행인 박정모
등록번호 제9-295호
발행처 도서출판 혜지원
주소 (10881) 경기도 파주시 회동길 445-4(문발동 638) 302호
전화 031)955-9221~5 팩스 031)955-9220
홈페이지 www.hyejiwon.co.kr

기획 · 진행 김형진
디자인 김보라
영업마케팅 김남권, 황대일, 서지영
ISBN 978-89-8379-864-0
정가 18,000원

이 도서의 국립중앙도서관 출판예정도서목록(CIP)은 서지정보유통지원시스템 홈페이지(http://seoji.nl.go.kr)와
국가자료공동목록시스템(http://www.nl.go.kr/kolisnet)에서 이용하실 수 있습니다.(CIP제어번호: CIP2015020180)

청춘의 해외도전

어학연수 · 워킹홀리데이 · 해외취업 · 배낭여행

모든 해외도전 정보를 이 책 한 권에!

혜지원

우리는 정보의 바다에 살고 있으며, 우리 대부분은 인터넷을 통해 필요한 정보를 얻고 있습니다. 인터넷이 처음 생긴 시절 인터넷이 제공할 수 있는 무궁무진한 정보는 정보화 사회에 대한 인간의 기대를 매우 높게 만들었고, 가까운 미래에는 인터넷만 있으면 무엇이든 할 수 있을 것이라 생각하게 했습니다.

하지만, 요즘은 오히려 인터넷에서 얻는 정보가 과거 다른 자료에서 얻던 그것에 비해 질과 정확도 면에서 많이 떨어집니다. 검증되지 않은 무익한 정보를 찾아 헤매느라 소중한 시간을 허비하고, 무엇보다 잘못된 정보를 옳은 것으로 이해하여 시험이나 과제 등에서 낭패를 보는 경우도 있습니다.

젊은이들이 많은 관심을 갖는 어학연수, 해외취업, 배낭여행 등의 '해외도전'에 대한 정보 역시 마찬가지입니다. 모든 정보를 인터넷상에서 다른 이들의 포스팅이나 이익단체의 광고글 등에서 수집하고, 정작 중요한 출국 전 공부시간을 허비하는 것은 해외도전 실패의 가장 심각한 이유가 되고 있습니다. 그런 방식으로 머릿속에 넣은 정보들은 대게 해외도전 실패자들의 평균치 경험 밖에 못 되는 경우가 많고, 성공한 사람들의 경우 여러 가지 만족스러운 생활로 바쁘기 때문에 인터넷에 들어와 글을 남기는 일이 흔치 않습니다.

이 책은 해외도전을 계획하는 독자가 몇 날 며칠에 걸쳐 인터넷을 뒤져도 가지런히 정리할 수 없는 양질의 정보를 각 분야 전문가인 필자들이 오랜 실무 경험과 자료 수집 및 집필을 통해 쉽게 찾아보고 참고할 수 있도록 기획했습니다. 독자들은 이 책을 통해 어학연수, 워킹홀리데이, 해외취업, 배낭여행 등 모든 해외도전에 관한 정보를 쉽게 찾아보고 이해할 수 있을 것입니다.

이 책을 통해 성공적인 해외도전에 필요한 기본 정보 및 필자들의 조언을 참고하고, 시시각각 변동되는 각 나라의 비자 규정 등은 인터넷을 병행하여 참고하면 해외도전의 준비를 매우 효율적으로 할 수 있으리라 확신합니다.

*

작은 키에 좋은 인물도 아닌 중국의 알리바바 그룹 회장 마윈은 젊은 시절 취업에 번번이 실패하다가 결국 세계적인 기업을 일구었습니다. 그의 성공담에는 소프트뱅크 대표이사 손정의, 야후의 창업자 제리 양, 마이크로소프트의 설립자 빌게이츠가 등장합니다. 그들 서로 깊은 우정과 협력을 나눈 친구이자 비즈니스 파트너입니다. 그것이 바로 언어의 힘입니다.

오늘날 국제사회에서 언어는 성공에 있어 매우 중요합니다. 세계에서 가장 똑똑하고 성실하기로 유명한 한국인, 그 한국인으로 이루어진 각 분야의 전문가라면, 게다가 해외 협력자와 자유로운 의사소통이 가능한 언어 능력이 바탕이 된다면, 자신의 분야에서 세계적인 성공을 이루기 훨씬 쉬워지리라 생각합니다.

단순한 해외 경험만을 위해 떠나는 어학연수, 워킹홀리데이, 해외취업, 배낭여행이 아닙니다. 저자로서 여러분이 이 책을 통해 더 큰 의미의 해외도전에 대해 바르게 인식하고 그 중요성을 온몸으로 느낀다면 더 이상 바랄 게 없습니다.

저자 김태형

목차

PART 1
해외도전 준비

배낭여행 · 해외봉사

해외도전 준비

01 해외도전은 언어의 문제

'해외도전'이란 한국이 아닌, 세계의 다른 나라에 가서 다양한 형태의 도전을 하는 것을 말합니다.

많은 사람이 해외도전이라는 개념에서 막연히 '도전'이라는 열정적 측면만 생각하는 경우가 많은데, 실제 그 보다 중요한 것은 '다른 언어를 쓰는 다른 나라 환경'이라는 개념입니다. 도전이 분자라면, 환경은 그 바탕인 분모가 되기 때문입니다. 따라서 해외도전은 결국 언어의 문제로 귀결되며, 언어문제가 가장 중요한 문제가 됩니다.

해외도전의 여러 형태를 시간 비중 및 인생에서 차지하는 비중 순으로 나열해 보면, 이민, 유학, 해외취업, 어학연수, 워킹홀리데이, 해외봉사, 해외여행 등을 들 수 있습니다. 이 모든 해외도전 중 열정과 용기만으로 이뤄질 수 있는 것은 그 어떤 것도 없습니다.

이민을 가도 언어를 모르면 주변인에게 물어보며 문제해결을 할 수 밖에 없으니 계약관계에서 사기 등의 낭패를 당하기 쉬우며, 어학연수나 워킹홀리데이를 가도 언어를 모르면 결국 한국인들과만 어울려 놀다 귀국할 수 밖에 없습니다. 유학, 취업 등은 언어능력에서 자격조건이 미달되면 꿈도 꾸어 볼 수 없습니다. 숭고한 각오로 해외봉사를 위해 갔다가 되려 방해만 되는 짐이 될 수도 있고, 해외여행의 그럴싸한 사진을 SNS에 올리겠지만 결국 걷기운동이나 진배없는 경험이 되고 맙니다.

따라서 해외도전으로 자신을 발전시키고자 한다면 우선 언어준비를 꾸준히 해야
합니다. 진지한 언어준비 없이 아무리 뜨거운 용광로 같은 열정으로 도전을 해 봐
야 결국 실패로 귀결되거나, 해외도전에서 또 다른 좌절감만 맛보고 귀국할 수 밖
에 없게 됩니다.

물론 한국에서 수준 높은 언어능력을 성취하기는 어렵습니다. 또한 해외도전은
어떤 형식이던 그 안에 언어습득이 주요한 목적으로 포함되기도 합니다. 다만, 최
소한의 실력인 어휘, 문법 등은 한국에서 준비를 해야 한다는 것을 강조하고 싶습
니다. 또한 한국에서 아무런 준비도 하지 않은 상태에서 뜬금없이 외국에 가서 죽

기 살기로 성공하겠다는 자세는 착각이자 허세일 뿐 거의 통하지 않는다는 조언도 하고 싶습니다.

해외도전은 어떤 '형식'을 선택해서 가는가 보다는, 언어능력이라는 '내용'이 얼마나 준비되어 있는지로 성패가 갈리는 도전입니다. 따라서 언제가 되었던 해외도전의 계획이 있다면 지금 이 순간부터 언어준비를 시작하고 꾸준히 지속할 것을 당부합니다.

02 언어성취 목표와 언어학습의 지속성

모든 해외도전은 정도의 차이는 있겠으나 모두 언어습득의 목적을 일정 부분 포함하지만, 그 중 특히 언어성취를 주목적으로 하는 해외도전이 있습니다. 어학연수는 언어습득 그 자체를 목적으로 하며, 워킹홀리데이 역시 대부분 비용문제로 어학연수를 선택하지 못하는 경우 대안으로 선택됩니다.

많은 사람이 언어성취 목적의 해외도전에 대해 크게 오해하는 개념이 있는데, 해외도전 전후 연속적인 노력 없이 일정 기간 해외에서 체류만 하면 언어가 완성되는 것으로 착각하는 경우입니다. 이러한 해외도전에 대한 오해와 잘못된 개념은 해외도전의 가장 큰 실패 이유가 됩니다. 그 예는 다음과 같습니다.

- 출국 전 전혀 공부하지 않고, 흥청망청 시간을 보내다가 외국에 가자마자 적응을 하지 못하고 크게 후회한다.
- 어학연수 기간 내에 모든 것이 다 이루어질 것으로 착각하여 어학연수 동안 조급함, 스트레스와 정신적, 육체적 질병에 시달린다.
- '워킹홀리데이를 가면 어떻게 되겠지.'하는 막연함으로 가서 일도 못하고 결국 조기 귀국을 한다.
- 해외생활에서 귀국 후 꾸준히 학습과 언어활동을 해야 하는데, 아무 노력도 하지 않고 일정 시간이 지나면 다 잊었다고 변명한다.

이외에도 무수히 많은 사례를 들 수 있는데, 실패의 대부분은 해외도전 전후 언어학습의 연속적 노력이 없기 때문에 생기는 현상들입니다. 따라서 다음과 같은 정확한 지식과 개념을 가져야 하겠습니다.

- 외국어 능력은 단기간에 향상은 되지만 완성되지는 않는다.
- 해외도전은 언어학습이라는 긴 여정 중 '24시간 노출 및 공부' 환경으로 가장 집중적인 에너지 투자의 시간일 뿐이다.
- 24시간 노출환경을 효과적으로 이용하려면 한국에서 기반 학습을 하고 가야 한다.
- 해외도전의 결과로 언어목표는 그 기간 내의 최선의 능력과 이후 '혼자 힘으로도 언어향상을 할 수 있는 높은 학습능력'을 길러 돌아오는 것이다.
- 귀국 후 향상된 학습능력을 바탕으로 꾸준히 학습 및 언어활동을 이어나가면서 비로소 해당 언어능력자로서 나의 정체성이 확립된다.

한국에서 외국어 학습에 아무 관심과 노력 없이 지내다가 잠깐 외국에만 다녀오면 언어능력이 성취되는 것으로 오해를 해서는 안 됩니다. 하나의 언어능력을 성취하기 위해서는 끈질긴 노력과 인내의 시간이 필요합니다. 그러한 노력과 인내 속에서 나도 모르게 그 언어가 단단히 자리를 잡는 것입니다.

정리하자면, 해외도전은 마법 같은 이벤트가 될 수 없으며, 언어성취에 대한 끊임없는 관심과 노력의 여정에서 단지 가장 집중적인 노출과 학습시간일 뿐이라는 것, 그리고 높은 학습능력을 획득해 오는 것이 목표이며 진정한 성공은 이후 지속적인 학습의 결과로 얻게 된다는 것입니다.

청춘의 해외도전

03 출국 전 언어공부 개념

해외도전의 가장 중요한 준비인 출국 전 언어공부에 대해 몇 가지 중요한 개념과 기준을 알아보겠습니다.

1. 출국 전 공부기간

당연한 말이지만 공부기간은 길수록 좋습니다. 예를 들어 군 입대 전부터 전역 후 해외도전 계획을 세워 군생활 중 개인시간을 이용해 성실히 준비를 하거나, 기타 다른 동기로 인해 수년 전부터 미리 계획을 세우는 경우 등입니다.

하지만, 대부분 출국 전 집중적인 학습기간으로 2~3개월 정도를 설정하는 것이 현실입니다. 대학을 1년 휴학한다면 해외도전 전·후 기간이 한정적인데, 이 경우 전보다 후의 기간을 길게 갖는 것이 유리합니다. 후 기간이 향상된 실력을 바탕으로 더 많은 것을 소화할 수 있는 기간이 되기 때문입니다. 또한 이 기간에 TOEIC, TOEIC Speaking, OPIc 등 할 일이 많기도 합니다.

2. 출국 전 회화학원 다니기

출국 전 영어공부 방법 중 회화학원 등록은 우선순위 중 가장 후순위의 방법입니다. 회화학원의 프리토킹 방식 학습은 언어를 더 어렵게 느껴지게 하며, 단시간에 효과를 보기도 어렵기 때문입니다.

물론 회화학원을 다니는 그 자체가 마이너스 효과가 날 일은 없지만, 언어능력이

높은 수준이 아니라면 단순 회화연습 보다는 실력 향상의 기반학습을 더 열심히 하는 게 효과적입니다.

3. 출국 전 학습 대상의 원칙

첫째, 한국이든 외국이든 학습 효과의 차이가 없는 것은 한국에서 하는 게 효과적입니다. 예를 들어 셀프스터디가 필요한 단어, 문법 학습이 이에 해당합니다. 이러한 학습은 암기나 독해, 읽기 등을 스스로 해야 하는데, 이런 학습은 한국에서 하든 외국에서 하든 차이가 없기 때문입니다.

둘째, 언어의 기반이 되는 학습을 우선적으로 해야 합니다. 역시 단어와 문법이 이에 해당됩니다. 서서히 자연스럽게 언어습득을 하는 유아가 아니라, 짧은 기간에 빠르게 향상시켜야 하는 성인의 언어학습은 언어의 기반이 되는 학습을 열심히 하는 것은 필수적입니다.

4. 출국 전 시간과 현지에서의 시간은 하나의 유기체

출국 전 영어공부는 모죽(毛竹)이라는 대나무의 성장에 비유하면 정확합니다. 모죽은 씨를 뿌린 후 아무리 물을 주고 가꾸어도 오랫동안 싹이 나오지 않습니다. 그러다 어느 날부터 죽순이 돋아나는데 하루에 무려 80cm씩 쑥쑥 자라 30m까지 자랍니다. 전문가들이 신기하여 땅을 파보았더니 대나무의 뿌리가 사방으로 10리가 넘게 뻗어 있었다고 합니다.

해외도전 전에 한국에서의 기반학습을 모죽의 뿌리처럼 열심히 다져야 해외에 가서 모죽의 성장처럼 실력이 쑥쑥 올라갑니다. 하지만, 출국 전 아무 노력도 하지 않고 친구들과 환송회에서 반드시 성공하고 오겠다는 취중맹세를 한들, 외국에 가도 언어는 향상되지 않으며 해외도전도 성공할 수 없습니다.

오랜 노력 없이 이루어지는 것은 아무것도 없습니다. 세계로 나아가는 해외도전에서 놀라운 성장을 하려면 반드시 탄탄한 뿌리를 뻗는 노력을 출국 전에 꾸준히 해주어야 합니다.

04 출국 전 언어공부 방법

출국 전 효과적인 학습방법을 항목별로 살펴보겠습니다.

1. 단어

어휘를 뜻하는 단어는 언어의 가장 기본이 되는 요소이며 가장 핵심적인 요소이기도 합니다. 이는 마치 수(數)가 수학의 기본이며 핵심적인 요소인 것과 마찬가지입니다. 단어를 익히지 않고 언어를 시도하는 것은 수를 모르고 수학문제를 해결하려는 것과 같습니다.

회화를 위한 단어학습은 단어를 보고 그 뜻을 아는 것에 그치면 안 됩니다. 한글을 외국어 표현으로 '즉시 통역', 또는 '즉시 연상'할 수 있어야 합니다. 일반적으로 '저는 Speaking이 어려워요, 잘 안 되요.'라고 말하는데 사실 '저는 말하고자 하는 표현이 외국어로 바로 연상되지 않아요.'라고 하는 게 정확합니다.

회화학습에 있어 단어의 중요성에 대한 전문가의 조언을 참고하겠습니다. 다언어 대회에 참가하여 직접 능력을 검증 받은 언어천재 요한 반드발레는 26세에 이미 22가지 언어를 구사했는데, 그의 언어학습 조언은 다음과 같습니다. 외국어 학습은 좋은 계획을 세우는 것이 중요한데, 바로 그것이 '단어학습'이라고 말하고 그 범위를 명확히 구분하고 있습니다.

외국어를 배울 때는 좋은 계획을 세워야 합니다. 중요한 것은 기본 단어들을 '사용'할 수 있도록 빨리 익히는 것입니다. 단어의 범위는 2,000개 정도가 좋습니다. 2,000개의 기본 단어가 있으면 어느 정도 의사소통을 하는 데 아무 문제가 없습니다. 반면 희귀한 단어를 외우는 것은 도움이 안 됩니다. 설령 희귀 단어 1만 개를 안다 해도 외국어는 별로 늘지 않습니다.

– 요한 반드발레 –

위 조언처럼 단어를 사용할 수 있도록 익히고 실제 그와 같이 의사소통이 되는지 실험해보길 바랍니다. 아마 대부분 실수가 많고, 어색한 표현을 사용해도 의사소통이라는 차원에서는 가능하다는 것을 느끼게 될 것입니다. 예를 들어 한국어로 '나, 치킨, 어제, 맥주, 좋아요, 친구'라고 어색한 표현을 해도 전반적인 의미를 이해하는 것과 같은 이치입니다.

외국어는 처음부터 정확한 문법으로 표현을 만들어낼 수 없습니다. 단어로만 소통해 보고, 조금씩 문장을 만들어 보고, 속도가 붙고, 정확성이 높아지는 순서로 실력이 느는 것입니다. 처음에는 단어로만이라도 의사소통을 하겠다는 자세가 필요하고, 그러한 시도 속에서 실수하면서 배워가는 것이 외국어입니다.

단어학습 교재는 영단어를 예로 들면 중학교 수준으로 1,500~2,000단어 정도 수록된 단어장을 선택하는 게 좋습니다. 우선 단어의 뜻을 외우고 암기가 완전히 되었다면 거꾸로 한글 뜻을 보고 영단어를 바로 써보는 연습을 추천합니다. 인터넷 사전이나 전자사전을 이용해 원어민의 발음을 듣고 따라하는 연습도 반드시 필요합니다.

한동안 문법에 대한 오해로 문법학습을 등한시 하는 분위기였지만 성인의 외국어 학습에 있어 문법은 필수입니다. 이는 어학연수나 유학을 경험한 많은 사람이 모두 동의하는 부분이고, 한국에서 반드시 문법학습을 열심히 할 것을 강조합니다.

영어의 경우 『Grammar In Use』 교재를 추천합니다. 이 교재는 많은 경험자가 예외 없이 추천하는 교재입니다. 레벨은 Basic과 Intermediate로 나뉘는데, 직접 교재를 보고 자신에게 맞는 레벨을 선택해도 되고, 또는 TOEIC 점수로 본다면 600점 이상이면 Intermediate 레벨을, 그 이하 수준이면 Basic 레벨을 선택하면 됩니다.

영어 원서도 있고 문법 설명이 한글로 번역된 번역서도 있는데, 매우 간단한 번역이므로 굳이 한국어 설명이 있는 것을 고를 필요는 없습니다. 영국영어 버전과 미국영어 버전은 각기 자신이 갈 나라에 맞게 선택하면 됩니다.

문법은 특정 개념이 중요한 것이 아니라 문장 자체로 체화하는 것이 중요합니다. '~용법' 등의 문법개념은 그저 소설책 읽듯 가볍게 이해하고, 구체적인 문장 속에서 표현을 익히고 문장 구조를 느낌으로 스며들도록 익히는 학습을 해야 합니다.

어학연수 전 Grammar In Use 교재로 큰 효과를 본 학생의 후기를 발췌하여 소개합니다. 자신에게 맞게 적용하여 꼼꼼하게 공부하길 바랍니다.

개인적으로 출국 전 영어학습에는 Grammar In Use를 강력히 추천한다. 한국에서 문법과 독해 위주의 영어공부를 한 대부분의 학생은 실제 영어회화에서 어떤 표현을 써야 하는지 잘 모른다. 이 책은 그러한 학생이 영어회화에 대

한 감을 익히기에 가장 좋은 책이다. *Grammar In Use*는 문법을 기초로 실제 원어민이 사용하는 표현들을 정리해 놓았기 때문에 기존의 문법지식과 실제 영어회화 표현들을 함께 익히기에 정말 좋다. 나는 책에 있는 여러 표현들을 손으로 쓰고 소리 내어 읽으며 하나하나 익혀나갔다. 하루에 8~10개의 파트들을 매일 공부하기로 정하고 무슨 일이 있든 공부를 했다. 130여 개 파트로 이루어진 *Grammar In Use*를 출국 전 총 세 번 공부하면 이 책의 전체적인 표현들이 점차 머리에 들어오기 시작한다.

무엇보다 이 책을 공부하면서 직접 소리 내어 말하며 공부한 것이 가장 큰 도움이 되었고 지금 내 영어실력의 바탕이 되었다. 절대 묵묵히 손으로 쓰며 영어표현을 공부하지 말자! 소리 내어 읽기 시작하면 더 오래 기억에 남고 실제 외국인과 영어로 대화할 때 자연스럽게 그 표현을 말할 수 있게 된다. 그리고 *Grammar In Use*의 표현들을 직접 녹음하고 그 것을 계속 듣는 것이 좋다. 직접 내가 소리 내며 공부한 표현들을 들으며 다시 익힐 수 있어 정말 큰 도움이 된다. 출국 전 이것저것 준비하지 말고 *Grammar In Use*, 이것 하나만 완벽히 공부하자. 이것만으로 성공적인 해외도전을 위한 영어학습은 충분하다.

3. 받아쓰기 (Dictation)

해외도전으로 언어습득에 성공한 이들에게서 빠짐없이 듣는 조언은 리스닝 실력을 향상시키라는 것입니다. 실제 회화는 말하기와 듣기로 구성되어 있고, 상대방의 말을 알아들어야 그에 적합한 말을 할 수 있기 때문에 리스닝 실력을 키우는 것은 매우 중요한 학습입니다.

리스닝 능력을 향상시키기 위한 방법은 매우 많고 사람마다 조언도 가지각색입니다. 그 중 첫 단계로 간단한 회화표현 받아쓰기 연습을 추천합니다.

스마트폰 어플 중 '네이버 사전' 어플을 다운받고 그 안에 '영어사전' 항목으로 들어가서 '오늘의 회화' 항목을 확인해보세요. 매일 5~6 문장 내외의 짧은 상황 회화가 나오는데, 무엇보다 한 문장씩 듣기 기능이 있어 받아쓰기 연습에 매우 유용합니다. 또한 유용한 회화표현들이라 매우 실용적입니다. 그리고 본문 하단에 많은 이용자가 여러 댓글을 다는데, 참고하면 여러 가지 팁도 얻을 수 있습니다.

매일 업데이트 되므로 콘텐츠가 쌓여 있습니다. 하루 학습량을 정해서 받아쓰기 연습을 해보기 바랍니다. 참고로 문장 듣기를 클릭하면 두 번 문장을 읽어 줍니다. 첫 번째 들려 줄 때에는 정상 속도로, 두 번째 들려 줄 때에는 다소 느린 속도로 나오는데, 받아쓰기 연습은 첫 번째 빠른 속도로만 듣고 시도하는 것이 좋습니다.

이 학습을 통해 기초 리스닝과 표현 학습을 권하고, 이후 익숙해 지면 모의 TOEIC 리스닝, 모의 TOFLE 리스닝도 도전하길 바랍니다. 이후 뉴스, 드라마 등 보다 난이도 높은 자료로 리스닝을 훈련하면 많은 도움이 됩니다.

4. 드라마 학습

회화학습은 어떤 방향에서 어떻게 시작하더라도 궁극적으로 드라마 학습으로 귀결되는 경우가 많습니다. 유명 회화강사들은 대부분 드라마 전문가들인 경우가 많고, 해외도전으로 누구보다 유창하게 표현을 구사하는 이들도 드라마 마니아인 경우가 많습니다. 그만큼 드라마는 회화학습의 강력하고 유용한 도구입니다.

드라마 학습은 초급자에게는 무리입니다. 따라서 드라마 학습을 하려면 앞에서 언급한 단어와 문법 등을 사전에 충분히 공부한 후 시도하는 게 적당합니다.

간혹 공부를 조금 했다고 자신감 충만하여 드라마 학습에 자막 없이 도전하다가 마음의 상처를 입는 경우를 보는데, 드라마의 언어와 속도는 원어민에게도 수준 높고 빠른 속도라는 점을 감안해야 합니다.

초기 드라마 학습은 다음과 같은 방법을 추천합니다.

① 한영 통합자막이 있는 드라마를 준비합니다.
② 한글자막으로 재미있게 시청합니다.

③ 다음은 영어자막으로 시청하면서 간단하게 자주 쓸 법한 표현들만 멈춤 기능을 이
　용해 멈추고 노트 정리합니다.
④ 정리한 문장을 다시 반복 학습합니다.
⑤ 공부한 문장을 실제 상황에서 구사해봅니다.

초기 드라마 학습으로는 분량이 적고 생활영어 표현이 많은 시트콤을 선택하는 게 좋습니다. 추천하는 시트콤은 Friends, Modern Family, How I met your mother, Bing Bang theory 등을 들 수 있습니다. 모두 시즌 10 이상 방영된 드라마이므로 학습자료는 충분한 양입니다.

어떠한 목적의 해외도전이든 외국 체류 시 개인시간을 통한 드라마 학습은 지속되어야 합니다. 공부하고, 공부한 것을 실제 사용할 수 있는 환경이기에 실력향상에 큰 도움이 됩니다. 또한 슬럼프가 온다 해도 드라마 학습은 재미로 지속해 나갈 수 있기 때문에 유용한 도구입니다.

이후 실력이 늘면 자신의 취향에 맞는 다른 드라마를 선택할 수 있고, 처음부터 무자막 시청 등 다른 방식의 드라마 학습도 시도할 수 있습니다.

5. 작문

언어의 Input은 '읽기와 듣기'이고, Output은 '말하기와 쓰기'입니다. 즉 말하기와 쓰기는 일맥상통하는 부분이며 두 학습 상호간에 시너지 효과가 매우 큽니다.

일상 회화는 드라마 학습에 집중하면 되지만 토론이나 수준 높은 주제에 대한 학

습은 드라마 학습이 커버하지 못하는 언어의 세계가 존재합니다. 즉, 다른 학습 접근법이 필요하다는 것이죠.

이러한 일정 수준 이상의 주제에 대해 말하는 능력을 기르려면 작문연습이 큰 도움이 됩니다. 작문연습은 곧 말하기 능력으로 쉽게 변환이 가능하기 때문입니다.

여러 방법이 있지만 한글과 영문이 동시에 존재하는 것으로 연습을 해야 하므로 중3~고1 영어교과서 자습서를 구입해서 본문의 한글 번역을 보고 쓰면서 영작해 보는 것도 좋은 방법입니다. 수준이 높아진다면 신문 등을 이용해 이러한 글쓰기 학습을 하는 것도 좋습니다.

성인의 언어학습은 유아의 그것과는 근본적으로 다릅니다. 처음부터 그 언어로 사고하는 훈련이 아닌, 모국어 표현을 바로 외국어로 변환하는 연습을 많이 하는 것이 성인 회화학습, 토론학습 등 말하기 능력 향상에 효과적인 방법입니다.

지금까지 언급한 학습을 충분히 하고도 여유가 있다면 한국에서도 회화학습을 하는 게 좋습니다. 한국에서 회화에 도전하는 방법은 크게 회화학원, 전화영어, 화상외국어, 기타 외국인 친구 등이 있습니다.

각자 시간과 비용에 맞게 적절한 선택을 하면 되는데, 그 어떤 회화수업도 처음 한 두 번 정도는 Free Talking으로 서로에 대한 정보 등 일상 대화를 하는 것도 좋습니다. 하지만 그 후부터는 말할 내용을 반드시 예습하여 말하기를 시도해야 효과가 있습니다.

Free Talking이란 일정 수준 이상의 학습자에게 알맞은 학습방법일 뿐, 낮은 레벨에서 Free Talking은 언어에 대한 어려움만 느끼고 학습 의욕을 상실할 수도 있기 때문입니다.

05 모든 화제의 시작은
내 나라 이야기

외국의 어느 랭귀지스쿨을 방문했을 때의 일입니다. 한 학생이 예쁜 한복을 입고 수업시간에 발표하는 모습을 보았습니다. 각 나라의 전통과 특색에 대해 돌아가면서 발표하는 자리였는데, 그날 발표의 압권은 단연 한복을 입고 온 그 여학생이었습니다. 수업이 끝난 후 다른 나라 학생들은 앞다투어 그 여학생과 사진을 찍으려고 줄을 섰는데, 한복의 색상과 디자인이 그들 눈에도 아름다워 보였으리라 생각했습니다.

어학연수를 오면서 어찌 한복을 준비했는지 궁금했는데, 아주 좋은 아이디어임은 틀림없었습니다.

예전 세계여행 중 한국의 풍경이나 유적, 유물에 관한 사진이 있는 엽서를 준비해 가서 여행 중 만나는 외국인들에게 보여주며 설명한 적이 있습니다. 매우 흥미진진하게 보고 들었습니다. 엽서 뒤에 그들의 이름을 한글로 적어 선물하면 진심으로 기뻐하는 표정을 읽을 수 있었습니다.

상당수의 외국인이 한국에 대해 잘 모르기 때문인지 한국이 고유의 문자를 가지고 있는 것에 놀라기도 했는데, 한국이 중국처럼 한자를 쓰는 줄 아는 경우도 종종 있었습니다. 그들에게 동그라미, 네모 등 기하학적인 모양의 한글로 그들의 이름을 적어주면 정말 좋아했습니다.

이전에 외국인들과 대화하면 간혹 이런 말을 들었습니다. '한국인들은 영어 잘 하는 사람 보다 영어 못하는 사람이 더 매력적이다.'라는 말이죠. 이 말이 전적으로

맞는 말은 아니겠지만 그들이 이런 말을 하는 이유는 영어 잘 하는 이들 중 많은 사람이 영어만 잘할 뿐 한국문화에 대한 지식이나 자신감이 적어서라고 생각됩니다. 그들에게는 오히려 영어는 잘 못하지만 외국인 친구들과 한국 음식점에 들러 막걸리 한잔을 하고, 젓가락을 두드리면서 대학시절에 불렀던 판소리 한 소절을 불러 줄 수 있는, 또는 한국의 사상과 문화에 대한 이야기를 자부심을 갖고 설명하는 한국인이 더 매력적으로 다가올 것입니다.

언어를 배우고 대화를 나눈다는 것에는 분명 그 대화의 소재가 필요합니다. 바로 기본적인 지적 능력이 요구되는 것입니다. 해외도전을 하면 다른 사람들과 문화를 함께 하고, 대화의 첫 단추는 서로의 문화에 대한 설명과 이해가 됩니다. 그것을 통해 문화적 공감대가 넓혀

지면서 우정과 사랑을 나눌 수 있게 되는 것입니다.

따라서 여러분이 해외도전에 나설 때는 한국인으로서 한국에 관해 이야기할 수 있는 것들을 많이 준비해 나가야 합니다. 한국의 역사, 정치 상황, 남북한 관계, 한중일의 관계, 음식문화, 회사 문화, 가정문화, 외국에는 없는 개념인 단일민족 이념은 무엇인지, 출생, 돌잔치, 생일, 결혼, 장례 등 여러 행사들은 어떤 모습인 지 등 여러 가지 내용들을 준비해보기 바랍니다. 아울러 사진이나 한국적인 작은 소품도 준비하면 매우 유용할 것입니다.

나 자신이 한국에 대해 잘 알지 못하고 당당하게 설명할 수 없다면 타인들은 나에 게서 특별한 매력을 발견하지 못할 것입니다. 외국에서 만나는 많은 사람은 다른 외국인인 경우가 많고, 특히 서양인들은 타 문화에 대한 호기심이 많기 때문에 큰 관심을 보이기도 합니다.

세계는 과거와 달리 동양에 대한 관심도가 높아졌습니다. 과거에는 외국에서 동 양인과 서양인이 친해지는 경우가 드물었으나 요즘은 서양인이 동양인에 더 큰 관심을 갖고 다가오는 경우가 많습니다. 따라서 한국에 대한 관심과 질문을 받을 기회가 많으니 잘 준비해야 하겠습니다. 이러한 준비는 훌륭한 언어학습이기도 한데, 나에 대해 이야기할 표현을 찾는 것만큼 습득이 잘 되는 공부도 없기 때문 입니다. 해외도전에 앞서 한국에서 이러한 지식을 준비한다면 보다 많은 경험과 감동이 함께 하리라 확신합니다.

06 자기소개 & 한국요리 준비

해외도전의 시작부터 끝까지 새로운 사람을 만나면 반복하는 것은 무엇일까요? 바로 자기소개입니다.

숙소에 입주해서 자기소개를 해야 할 것이고, 학원이나 일터에 가서 자기소개를 해야 할 것이며, 새롭게 만나는 친구들과 대화도 자기소개가 시작입니다.

따라서 출국 전 자기소개할 내용을 잘 만들어두는 게 좋습니다. 다음 자기소개 항목들을 참고하길 바랍니다.

- 직업이나 전공
- 가족
- 성격
- 습관
- 꿈
- 존경하는 인물
- 취미
- 내가 사는 도시, 집 형태
- 이성친구 또는 이상형
- 좋아하는 음식
- 좋아하는 스포츠
- 스트레스 해소법
- 왜 외국어를 공부하는지?

- 영화, 음악, 책, 배우, 뮤지션
- 한국의 문화, 유명한 것, 명절 소개

자기소개를 작성하여 원어민에게 교정을 받아 보는 것도 좋고, 스스로 사전 예문을 참고해 영작해 보는 것도 좋습니다. 최소한 이와 관련된 단어라도 미리 준비하는 것은 필수입니다.

자기소개 관련 후기를 참고하겠습니다.

어학연수를 와서 한 명씩 앞에 나가 자기소개를 하는데, 어찌나 그리 똑같은지 모르겠네요. 너무 무미건조하고, PR도 안 되고, 매력도 끌지 못하고……
그러면 친구 사귀기에도 도움이 되지 않겠죠.
어학연수 전에는 자기소개 정도는 잘 준비해 오는 것이 필요할 것 같아요.
특히 자랑할 거리를 많이 만드는 것이 필요합니다. 요즘 자기 PR 시대라 하는데, 특히 서양에서는 자기 PR이 흉이 안 됩니다. 잘 하는 것이 있다면 잘 하는 것을 이야기하고, 좋은 경험이 있다면 좋은 경험을 많이 이야기하면 좋습니다. 앞으로의 꿈에 대해 원대하고 거창하게 이야기하는 것이 좋겠죠. 꿈은 원래 그런 거잖아요.
모두 자기소개 잘 준비해 오시길 바랍니다.

외국어를 공부한다고 해서, 실력이 좋아졌다고 해서 모든 주제에 관한 대화가 술술 되지는 않습니다. 생각해 보지 못한 주제라면 한국어로 이야기해도 말문이 막히는데, 외국어라면 더 말문이 막힐 수밖에 없겠죠. 따라서 흔히 사용할 내용들은 영어로 미리 준비하는 것이 좋습니다.

다음으로 출국 전 필수적인 준비 사항은 한국요리 실력입니다. 대화란 대화를 위한 소도구가 필요하고, 공간이 필요합니다. 이중 가장 큰 대화의 소도구는 각자 나라의 음식문화가 될 수 있으며, 공간으로는 그 음식을 나누며 함께 하는 파티 공간이 됩니다. 따라서 한국요리 실력은 필수적인 준비사항이라 할 수 있습니다.

여러 학생이나 직장인이 외국에 다녀와 잘 다녀왔다는 연락을 주곤 하는데, 감사함의 표현이 가장 많은 것이 바로 한국요리 실력을 준비하라고 했던 조언에 대한 것입니다. 그만큼 한국요리 실력이 외국에서 매우 유용했기 때문일 것입니다.

추천요리로는 간장 불고기, 찜닭 등이 호응이 좋습니다. 이외 어떤 것이든 할 수 있다면 좋습니다. 적어도 3~4개 정도 할 수 있도록 준비하세요. 파티에 각자 음식을 준비해 가는 경우가 많고, 본인이 직접 파티를 주관할 수도 있으며, 친구들을 집에 초대할 수 있는 명분으로도 한국요리는 매우 유용합니다.
다음 몇 개 후기를 참고하세요.

1. 이렇게 사귄 친구들을 집으로 초대하여 한국 요리를 같이 먹으면 다음에는
   그들 집에 놀러 가 그들의 요리를 먹을 수 있었고, 이렇게 단순히 '아는 친
   구' 이상의 '친한 친구'들을 많이 만들 수 있었습니다.

2. 친해진 영국친구들에게 한국 음식을 만들어 대접하는 것이 가장 좋은 방법
   입니다. 음식을 대접하는 것은 어떤 호의보다 큰 호의로 여겨지기 때문입
   니다. 그들도 다른 나라 음식에 대해 호기심이 많아 음식을 잘 먹습니다.

3. 가끔 내가 김치볶음밥과 김치부침개를 해주면 식구들 모두 좋아했는데 처
   음에는 김치부침개를 아침으로 먹는 핫케이크로 착각하기도 했었습니다.
   이렇게 간단한 한국음식을 해주는 것으로 인해 호스트패밀리 식구들과 사
   이가 좋아질 수밖에 없었습니다.

07 내가 갈 나라에 대한 지식 습득

내가 갈 나라와 도시에 대해 지식을 습득하는 것도 필수입니다. 이는 매우 단순한 언어철학이기도 한데, 결국 외국에 나가 그 나라 사람을 만나면 내 나라인 한국에 대한 이야기와 그 나라 이야기도 많이 나누게 되기 때문입니다. 따라서 내가 갈 나라의 인구, 역사, 공휴일의 기원, 정치, 스포츠, 음식, 지리, 경제, 미신 등 기본적인 정보를 사전에 파악하고 학습하는 것이 좋습니다. 또한 현지에서도 늘 신문, 뉴스 등을 통해 사회 이슈에 관심을 갖는 자세가 필요합니다.

대화란 말하기 기술만으로 이뤄지지 않고 공유하는 지식, 문화, 상징의 폭이 클수록 훨씬 소통이 잘 됩니다. 예를 들면 스위스에는 독일어, 불어, 이탈리아어를 사용하는 스위스인이 있는데, 독일어를 쓰는 스위스인과 독일인이 더 잘 소통할 것 같지만, 각각 다른 언어를 쓰는 스위스인 끼리 소통이 더 잘 된다고 합니다. 이는 언어소통이 문화공유에 더욱 영향을 받는 것을 나타내는 대표적인 사례입니다.

또한 내가 갈 나라와 지역에 관한 영화나 소설 등을 미리 경험하면 좋습니다. 거리를 걷거나 여행을 할 때 자신이 아는 곳, 영화나 책에서 미리 보았던 곳을 간다면 훨씬 흥미롭고 즐거운 일이 될 것입니다.

다음 관련 후기의 일부를 참고해보세요.

1.

가려는 나라와 지역에 대한 적응을 한국에서 미리 시작하라. 예를 들어 가

려는 도시를 배경으로 한 영화를 미리 봐두는 것도 좋다. 이건 꼭 어떤 정보를 얻는 차원에서가 아니라 같은 장소라도 영화나 TV에서 먼저 보고 그곳에 가면 아무래도 기분이 더 난다고 할 수 있다. 외국생활에서 빠질 수 없는 것이 즐기는 것이다. 평생 다시 올지 모르는 기회인 만큼 제대로 기분도 내고 즐기는 것이 중요한데, 기분 내고 즐기는 것도 미리 준비하면 더 제대로 할 수 있다.

2.

친구를 사귀는 데 있어 가장 좋은 방법은 공감대를 형성하는 것입니다. 운동을 같이 하는 것도 좋고, 친구와 보다 가까워지기 위해서는 상대방에 대한 지식을 많이 알면 큰 도움이 됩니다. 학원 가는 시간에 엘리베이터에서 만나도 그냥 할 말이 없어서 침묵하는 경우가 많은데, 그 전날 친구들 나라에 대해 관심사나 궁금한 점을 메모해 두면 어디서 만나도 할 이야기가 생기고 이내 활기찬 대화를 나눌 수 있게 됩니다.

08 언어잠복기의 개념과 성공의 보편법칙 적용

언어잠복기의 개념은 해외도전에 있어 성공과 실패를 가르는 개념이라 보아도 무방할 정도로 중요합니다. 해외도전을 성공적이고 행복하게 하려면 이 개념을 반드시 숙지하고, 언어잠복기 단축을 위해 최선의 노력을 해야 합니다.

언어학습의 향상단계를 크게 3단계로 나누면 다음과 같습니다.

0. Zero-base	언어능력 불가능 단계
1. Confidence	틀린 문법, 어색한 표현이 많아도 의사소통이 가능한 자신감 습득 단계
2. Fluency	자신감 단계에서 말하기 속도가 더 빨라지고 실수가 줄어드는 유창 단계
3. Accuracy	실수와 어색한 표현을 집중적으로 연습하는 정확성 단계

해외체류는 위 단계에서 1번 자신감 단계는 되어야 효과적인 도전이 가능합니다. 즉 외국인 친구를 사귈 수도 있고, 학원에서 어느 정도 효과적인 수업을 할 수 있고, 현지 일자리도 구할 수 있으며, 숙소에서의 언어사용도 할 수 있는, 생활 속에서 언어 능력을 향상시킬 수 있는 단계입니다.

반면 0~1 단계 사이를 언어잠복기라 하는데, 언어 환경을 이용하기 어려운 단계입니다. 0~1단계에 해외도전을 한다면 어학연수를 가도 한국인들과 어울려 놀다오고, 워킹홀리데이는 한인 가게에서 낮은 시급으로 일만 하다 조기귀국을 하거나, 해외취업, 해외인턴은 도전할 수 조차 없는 단계입니다. 해외봉사를 가도 도움이 되지 못하고 오히려 봉사 받는 처지가 될지 모르고, 배낭여행을 가도 얻어올 수 있는 것은 사진 몇 장 정도에 불과합니다.

즉, 언어잠복기에는 외국에서 정신적 육체적으로 고통만 겪게 되는 것입니다.

해외도전은 적어도 1단계인 소통의 자신감 단계에서 가능합니다. 그래야 어느 정도 적응할 수 있으며, 무엇보다 성공한 경험자들이 이야기하는 성공의 보편법칙 '자기하기 나름'이라는 개념도 적용될 수 있습니다. 1단계 이전이라면 아무리 용기가 있고 노력이 있어도 '자기하기 나름'이라는 보편법칙이 적용될 수 없습니다.

언어잠복기는 매우 괴로운 시기이기도 합니다. 간혹 외국에 가서 우울증 등 정신질환이나 위궤양, 식도염 등 신체질환을 얻어오는 경우가 있는데, 언어능력이 부족하여 정신적으로 피폐해지는 언어잠복기만 보내기 때문에 생기는 현상들입니다.

무엇보다 언어잠복기는 경제적 손실의 시기입니다. 어떠한 해외도전이던 체류 비용을 지출하는데, 언어 사용 환경을 유익하게 이용하면 큰 이익이지만, 언어잠복기 속에서 헤매기만 한다면 돈 낭비에 불과합니다.

여러 해외도전이 외화낭비라 지탄받는 이유는 많은 이들이 해외도전에 대한 기본 이해 없이 언어잠복기 상태에서 외국에 가고, 결국 외국에서도 발전을 못하고 시간만 허비하다 오기 때문입니다.

그렇다면 어떻게 이러한 언어잠복기를 빠르게 극복할 수 있을까요? 가장 좋은 방법은 한국에서 오래 전부터 언어훈련을 하는 것입니다. 이렇게 하면 해외에 나가도 짧은 시간 안에 언어잠복기를 넘어서고 소통의 자신감 단계에 도달할 수 있습니다.

한국에서 준비가 어렵다면 해외도전에 앞서 인도나 필리핀에서 2~3개월 정도 단

기 선행연수를 추천합니다.

이 두 나라의 어학연수는 필자가 필리핀은 90년대 후반부터, 인도는 2000년대 중반부터 한국에서 보편적인 어학연수 나라로 인식되도록 노력한 나라들입니다. 한국인에 의해 어학연수 국가로 자리 잡은 나라들인데, 이제는 전 세계인이 어학연수를 위해 찾는 나라이기도 합니다. 한국형 어학연수의 국제표준이 되었으며, 단기 효율이 매우 높은 국가들입니다.

인도, 필리핀 등의 어학연수는 한국에서 공부하는 것과 비용 면에서 차이가 없이 언어효과 및 국제경험을 얻을 수 있다는 장점이 있습니다. 균형 있는 국제적 안목을 위해 선진국뿐만 아니라 신흥국을 방문하는 것도 매우 중요한 경험이 됩니다.

인도나 필리핀은 전국민이 영어를 사용하는 나라도 아니며, 여러 가지 면에서 24시간 영어사용 환경으로는 한계가 있습니다. 하지만, 0~1 단계 사이의 언어잠복기의 어학연수라면 이 두 국가가 더 높은 효과를 보이기도 합니다.

그 이유는 영어사용 기회를 많이 가질 수 있는 1:1 수업 및 소그룹 수업 환경과 공부에만 몰입할 수 있는 식사, 세탁, 청소 등이 제공되는 풀서비스 기숙사 환경 등을 들 수 있습니다.

언어잠복기 극복을 위한 아시아권 어학연수에 대한 후기를 참고해보세요.

1.

한국에서 영어를 배웠다 할지라도 개개인의 영어실력에는 편차가 있기 마련이다. 최선의 길은 한국에서 쌓은 영어실력을 어학연수를 통해 단단히 다지는 기회를 마련하는 것이지만 대부분의 사람이 그렇지 못하고 나도 그렇지 못했다. 부족한 영어실력으로 어학연수를 떠나서 제대로 말도 못하고 고생하는 한국 학생이 많은데, 이는 실패하는 어학연수의 가장 큰 문제가 된다. 그러한 이유로 서구권 국가로 가기 전 연계연수를 강력히 추천한다.

2.

초반에 자신감을 빨리 가지세요. 전 인도 어학연수를 3개월 하고 미국으로 갔는데 인도를 안 갔다 갔으면 어쩔 뻔했나 간담이 서늘한 적이 많았습니다. 영어 안 되면 대부분 한국인들만 어울려 다니는데 정말 안 돼 보입니다.

3.

태어나서 영어로 단 한번도 말해본 적 없고 *TOEIC* 시험을 본 적은 군 제

대 후 두 번 밖에 없는 영어 문외한인 제가 인도에서 얻었던 것은 상상 이
상이었네요.

지금 미국 Bellevue Community College에 다니는데 Speaking,
Listening은 ESL코스 중 가장 높은 레벨을 받았고 Writing, Reading은
바로 아래 단계.

인도에서 공부하지 않았었다면 제게 무슨 일이 벌어졌을지 두렵습니다.

4.

처음 필리핀에서의 3개월이 없었다면 저는 지금의 영어실력을 향상 시킬
수 없었다고 생각합니다. 어학연수 전 영어실력이 너무 형편 없었기 때문
에 HOW ARE YOU? 정도만 알고 갔습니다. 하지만 필리핀에서 1:1 수
업으로 인해 정말 많은 발전을 이루었습니다.

후기 내용 중 '간담이 서늘했다, ~하지 않았었다면 무슨 일이 벌어졌을지 두렵다'
라는 표현이 있습니다. 이는 아시아권에서 언어잠복기를 극복하고 서구권으로 간
모든 학생 및 고객들이 하는 말입니다. 서구권에 가서 언어잠복기에 방황하고 한
국인들과 어울리는 모습을 보면 자신도 그럴 뻔했다는 경험을 하는 것입니다.

많은 사람이 언어습득을 위해 나라를 선택할 때 타인의 평가나 나라의 이미지로
판단하는데 매우 잘못된 모습입니다. 자신의 실력을 객관적이고 냉정하게 점검하
고, 언어잠복기 속에서만 허덕일 것으로 판단되면 아시아권에서 단기 어학연수를
성실히 선행하는 것도 좋은 방법입니다.

09 Bad Simple English와 에티켓 영어

이 부분은 영어에 한정하여 살펴보겠습니다. 중국어나 일본어, 또는 기타 외국어 학습을 희망하는 경우에도 대부분 영어를 먼저 습득하고자 하는 경우가 많으니 함께 참고하세요.

1. Bad Simple English

세계 공용어로 영어란 무엇일까요? 어떤 이는 미국의 강력한 파워를 이야기하며 미국영어가 세계 공용어라 말하고, 어떤 이는 영국이 영어 본토이며 유럽 등 세계적으로 광범위하게 소통되기 때문에 영국영어가 세계 공용어라 말합니다. 하지만 이런 논쟁은 별 의미가 없습니다. 세계인들은 여기에 별 관심 없이 영어로 의사소통을 할 수 있는지 여부에만 관심이 있습니다. 표현이 단순하고, 어휘가 한정적이고, 발음이 어색하고, 문법이 엉망이어도 일단 소통을 원하며 다양한 사람을 친구로 만들고 싶고, 쉽게 여행을 떠나고 싶을 뿐입니다.

해외도전이나 외국생활을 하다 보면 영어를 모국어로 하지 않는 다양한 외국인 친구를 만나게 됩니다. 프랑스인, 독일인, 스웨덴인, 중국인, 인도인, 일본인, 브라질인, 멕시코인, 아프리카인 등. 흔히 UN 회의를 빗대어 이야기하는데, 영어란 각 나라의 언어와 섞인 영어가 있을 뿐 세계 표준이라는 것은 존재하지 않습니다. 아이러니 한 것은 유독 전세계에서 영어 발음을 따지는 나라가 한국인데, 전혀 원어민 발음 같지 않은 UN사무총장을 배출한 나라가 한국이라는 것입니다.

읽기, 쓰기가 아닌 의사소통으로 한정하면 세계인들과의 영어대화는 BSE를 벗어나지 않는 경우가 대부분입니다. BSE란 Bad Simple English의 약자로 '질이 낮은(고급스럽지 않은) 간단한 영어'를 뜻합니다.

세계인들은 BSE만으로 생활에 불편 없고, 외국인과 우정을 나누고, 교역하고, 세계여행을 할 수 있습니다. 이는 영어가 모국어인 원어민과의 관계에서도 마찬가지입니다. 그들도 외국인과는 BSE 눈높이에 맞춰 소통을 나눌 뿐입니다. 우리가 외국인과 한국어로 대화할 때 간단하고 단순한 한국어를 느린 속도로 이야기하는 것과 같은 것입니다.

언어학자의 전문적인 연구에 의하면 어떤 언어라도 400~800개 단어로 일상생활에 어려움이 없다고 합니다. 2,000개의 단어를 사용할 수 있다면 모든 상황에 의사소통을 나눌 수 있다고 합니다. 커피숍에서 아르바이트를 하던, 심지어는 애인과 헤어지는 상황이던 모두 가능하다는 것입니다.

물론 영어를 능숙하게 잘 하면 더 좋겠지만 모든 발전에는 단계가 있습니다. 영어가 모국어가 아닌 이들이 BSE를 거치지 않고 그 이상의 단계로 한번에 발전할 수는 없는 일입니다. 또는 많은 이에게는 그 이상의 수준이 필요도 없고 BSE 수준 자체가 언어학습의 목표와 성취가 될 수도 있을 것입니다.

1단계부터 10단계까지의 영어능력이 있다고 가정하면, 한국인은 1단계의 수준에서도 10단계 소통만 바라보려는 경향이 있습니다. 마치 그 과정에서 중간단계는 열심히 하면 한 번에 점프할 수 있는 것으로 오해하고 있는 것 같습니다. 즉, 3~5단계 수준에서는 아예 말을 시도조차 하지 않으려는 경향이 있습니다. 그러면서 '열심히 해서 멋진 모습으로 돌아와야지……'라는 생각을 하지만 결국 실력이 더 떨어질 것입니다. 언어학습의 진리는 직접 사용하지 않으면 절대 늘지 않는다는 것입니다.

한국인이 낮은 수준부터 영어를 즐길 수 있는 문화를 만들어야 합니다. 아는 단어만이라도 자신 있게 나열해 보는 것입니다. 그렇게 하다 특정 단어가 떠오르지 않아 답답함을 느끼고 그것을 찾아보면서 확실한 공부가 됩니다. 그렇게 단어, 표현을 하나씩 습득하다 보면 더 높은 단계의 BSE에 도달할 수 있으며, 이는 실제 언어의 90% 정도 기능을 성취했다는 것을 의미합니다.

세계인들이 BSE만으로도 얼마나 즐거운 여행을 하는지 생각해볼 필요가 있습니다. 그리고 다른 한국인들의 영어를 헐뜯을 궁리는 이제 마음에서 깨끗하게 밀어

내고 낮은 실력으로도 무수히 실수하는 이들에게 박수와 찬사를 보낼 수 있는 문화를 만들어야 합니다. 그러한 문화만으로도 지금의 1/10 투자로 훨씬 더 영어 잘하는 나라를 만들 수 있으리라 확신합니다.

2. 에티켓 영어

BSE 보다 더 단순한 언어의 세계가 있습니다. 바로 에티켓 영어입니다. 친절함과 에티켓만 있다면 400~800개 단어가 아니라, 문법지식이 전무해도 200개 이내의 단어와 적절한 보디랭귀지를 이용해 소통할 수 있습니다.

에티켓은 언어 사용의 핵심적인 사항이며, 상호 호감을 유지하기 위해 반드시 지켜야 할 예절이기도 합니다. 예를 들어 우리는 외국인이 한국말을 잘 못 한다는 것을 알아도 반말을 하면 기분 나빠합니다. 영어는 존댓말은 없지만 에티켓은 매우 중요하게 여기는 언어입니다.
다음은 영어 에티켓의 필수 사항들입니다.

* 스마일 하기

한국문화에서는 한국인의 무표정이 이해되는 경우도 있지만, 영어권 국가에서 무표정은 상대가 싫거나 불만이 있다는 느낌을 주어 상대방의 무관심과 불친절한 행동을 야기하기도 합니다. 많은 사람이 이러한 경우 인종차별로 인식하는데, 인종차별이 아니라 무표정이 만들어낸 오해인 경우가 대부분입니다. 영어권 국가에서 항상 스마일을 노력해야 하겠습니다.

* 영어에 Yes나 No라는 단어는 없다.

영어에는 Yes, please.와 No, thank you.라는 표현이 있을 뿐입니다. '차 한잔 하시겠습니까?' 등의 호의에 그냥 Yes나 No라는 답을 한다면 무례한 표현이 됩니다. Yes, please., No. thank you.로 답변해야 합니다.

* Please. / Thank you.

Please와 Thank you.는 단독으로도 가장 빈번하게 사용하는 단어들입니다. '어떤 차를 마시겠습니까?'라는 표현에 그냥 Coffee.라고 답변해서는 안 됩니다. Coffee, please.라고 답변해야 합니다. Thank you.는 고맙다는 의미보다는 그냥 입에 달고 쓰는 표현입니다. 상대방의 Thank you.에는 가만히 있지 말고, 꼭 You're welcome./My pleasure. 등으로 답변하세요.

* Excuse me. / I'm sorry.

옷깃만 스쳐도 위 표현을 써야 합니다. 서양 국가는 개인주의 문화이니 상대의 영역에 대한 작은 침해에도 이런 표현을 씁니다. 따라서 I'm sorry., Excuse me.는 '당신의 영역과 시간을 침범하는 것이 죄송하지만……'이라는 의미로 더 많이 쓰이는 표현이라 할 수 있습니다. 예를 들어 파티나 학원에서 처음 보는 이에게 자기소개를 하고 싶다면 다가가서, I'm sorry./Excuse me. I'm Michael.이라고 소개하면 됩니다.

10 외국어 학습효과 – 어린 나이 vs. 성인

사람들은 자기의 성공 원인은 내부에서 찾고자 하고, 남의 성공 원인은 외부에서 찾으려는 경향이 있습니다. 예를 들면 자신이 이룩한 성취는 끊임없는 인내와 노력의 결실인 반면, 남의 성취는 운이 좋았기 때문이라고 생각하며, 반대로 자신의 실패는 외부 환경이 불운했기 때문이고, 남의 실패는 노력이 부족했기 때문이라고 여기려는 습성이 있다는 것입니다. 이는 늘 자신에게 유리한 쪽으로 정보를 소유하고자 하는 무의식의 반영이라 할 수 있습니다.

언어습득에 있어서도 이 같은 자기 위주의 방어적 심리 현상이 많이 나타나는데 그 중 대표적인 것이 '외국어는 어린 나이에 배워야 한다.'라는 핑계입니다. 하지만 하버드대학교 언어학교의 과학적 연구결과, 실제는 이와 정반대로 외국어는 성인이 더 빠르게 습득하는 것으로 밝혀졌습니다.

'외국어 학습에 있어 아이들이 어른보다 학습속도가 빠르다.'라는 것은 우리의 고정관념일 뿐이며, 그렇게 보이는 이유는 아이들은 매우 제한된 어휘만 사용하기 때문입니다. '좋아', '싫어', '배고파', '갖고 싶어' 등 간단한 언어로만 일상생활을 하므로 언어가 유창해 보이는 것 입니다. 그리고 실제 그 정도의 언어능력도 수년에 걸쳐 향상되니 언어습득의 속도도 매우 더딘 것이라 할 수 있습니다.

하버드대학의 관찰과 실험 결과 아이들은 성인에 비해 언어흡수력이 느린 것으로 나타납니다. 성인 그룹은 8~10세 그룹, 6~7세 그룹, 3~5세 그룹에 비해 월등한

언어학습 성취도를 보였습니다.

이와 같은 연구결과가 보여주는 것은 제1언어인 모국어의 완벽한 습득 후 제2언어를 학습하는 것이, 제2언어를 빠르게 습득하는데 훨씬 도움이 된다는 것입니다. 하나의 언어에 대한 지식, 기술, 이해는 또 다른 언어를 대하고 배우는 데 있어서 큰 도움이 되는 것입니다.

그리고 이러한 연구결과가 아니더라도 상식적으로 생각해도 성인이 어린이 보다 훨씬 외국어 학습능력이 높을 수 밖에 없습니다. 성인은 사물과 행동에 대한 여러 개념이 두루 형성되어 있기 때문에 외국어 학습도 바로 대입할 수 있지만, 어린이는 모국어나 외국어를 떠나 사물과 행동에 대한 개념조차 형성이 안 되어 있기 때문입니다.

즉, 성인은 1년 정도 집중적인 어학연수로 정치, 사회, 철학, 문학을 토론할 수 있지만, 어린이는 원천적으로 그러한 것이 불가능할 수 밖에는 없다는 것입니다.

또한 최근 활발한 성과를 내고 있는 뇌과학 분야의 연구결과도 참고할 수 있습니다. 뇌의 용량이나 활동은 나이가 들수록 지속적으로 발전한다는 것입니다. 이런 측면에서도 외국어 학습이나 기타 학습에 있어 나이에 관한 핑계는 실패의 이유가 될 수 없다는 것을 인지해야 합니다.

나이가 들었다는 이유로 단어를 외우면 금새 잃어 버린다고 푸념하는 경우가 있는데, 사실 어린 시절을 회상해보면 그 나이에도 외우면 금새 잊어 버렸고 속도도 더 더뎠을 수 있습니다. 본인이 반복학습 노력을 하지 않은 것을 마치 어린 시절에는 머리가 좋았던 것처럼 미화해서는 안 되겠습니다.

이러한 사실에 대해 정확한 지식과 새로운 전망을 가지고 이제까지 가졌던 편견으로 자신의 게으름이나 실패의 핑계로 삼지 말아야 합니다. 나이가 있기 때문에 더욱 잘 할 수 있다는 자신감을 가져야 하겠습니다.

11 선순환과 악순환

선순환과 악순환의 개념은 해외도전에 관한 것뿐만 아니라, 인생을 살아가면서 모든 부분에 적용할 수 있는 성공의 보편 개념이라 할 수 있습니다.

먼저 선순환과 악순환의 개념에 대해 알아봅시다. 어렵지 않게 이해할 수 있는 개념인데, 사전적 의미는 다음과 같습니다.

> * **선순환** (virtuous circle) : 순환이 잘됨. 또는 좋은 현상이 끊임없이 되풀이됨.
> * **악순환** (vicious circle) : 순환이 좋지 않음. 또는 나쁜 현상이 끊임없이 되풀이됨.

선순환은 좋은 일의 나비효과라 할 수 있고, 악순환은 나쁜 일의 나비효과라 할 수 있습니다. 나비효과란 기상예측 시뮬레이션에서 입력한 조건변수가 0.0001 보다 작은 차이였는데, 결과는 엄청나게 달라지는 것을 연구하다 창안한 개념입니다. 여러분의 초기 공부 노력과 태도에 있어 아주 작은 차이가 해외도전에서 엄청난 차이의 결과를 초래한다는 점을 인지해야 합니다.

해외도전 중 가장 근간이 되는 어학연수에 대해 선순환과 악순환의 구체적 예시를 보겠습니다.

어학연수의 선순환

어학연수 전 언어공부를 열심히 함 → 초기 언어잠복기를 단축시키고 자신감 단계에 빠르게 도달함 → 자신감을 바탕으로 언어사용 환경에서 언어능력을 키우고 견문, 경험, 행복을 얻게 됨 → 어학연수 이후 향상된 학습능력과 동기 유지로 계속 언어실력을 늘려감 → 기업체 봉사활동 선발, 학내 활동 선발로 언어사용 기회를 더 가지면서 경험가치를 향상시킴 → 취업에 성공하여 고액연봉으로 경제적으로 자유로운 삶을 살게 됨 → 도전에서 무엇인가를 성취했다는 자기신뢰는 평생 다른 도전에 있어서도 계속적으로 더 큰 성공을 만들어 냄

어학연수의 악순환

어학연수 전 언어공부를 게을리하고 어디로 갈지 고민 함 → 언어능력이 부족하니 가자마자 자괴감에 빠짐 → 외국인 친구나 원어민과 어울리지 못하고 외로워짐 → 결국 마음 둘 곳이 없어 한국인과 어울림 → 시간과 돈만 낭비하면서 외국에서 무의미한 시간을 보냄 → 어학연수 이후 시간이 흘러 한국에 와서 언어능력을 잃어 버렸다고 핑계를 댐 → 취업이나 언어사용 공간에서 언어능력 부족이 창피하여 어학연수 경험을 숨김 → 큰 돈과 시간을 쓰고도 언어도 제대로 못하는 자신이 무슨 일을 하겠냐는 식의 자기비하를 함

위 내용은 전혀 과장된 것이 아닌 실제 모습입니다. 오히려 이 이상의 선순환과 악순환의 차이가 발생하는 경우가 더 많습니다.

워킹홀리데이도 마찬가지입니다. 출국 전 언어를 준비하는 태도는 외국에 가서 좋은 일자리를 구할 수 있게 하고, 일의 공간을 최고의 어학연수 공간으로 이용할 수 있게 하며, 외국에서 번 돈으로 어학연수와 세계일주도 다녀올 수 있게 하는 선순환을 만들지만, 준비를 잘 하지 않으면 일, 언어, 경험 면에서 어떤 것도 얻지 못하는 경우가 많습니다.

청춘의 해외도전

해외취업, 해외인턴, 해외봉사에서도 선순환은 여러 가지 긍정적이고 즐거운 경험을 가능하게 하고, 외국인 고용주의 높은 급여와 비자스폰서 등 고용 제안을 받는 경우까지 있지만, 악순환은 저임금으로 단순 반복적인 일만 하다가 외국에서 일을 해 봤다는 증명서 한 장 들고 쓸쓸하게 정리될 수 밖에 없습니다.

배낭여행도 마찬가지로 어학연수, 견문 확장, 국제적인 인맥 만들기 등으로 다채로운 경험을 할 수 있지만, 반대로 심심하고 쓸쓸하게 사진 몇 장 찍고 돌아오는 것으로 끝나는 경우가 많습니다.

수많은 성공사례를 보면 아주 작은 것의 성공이 선순환 되어 나비효과로 크게 발전하는 경우를 많이 접할 수 있습니다. 처음부터 큰 성공을 거두는 일은 매우 드뭅니다.

인생을 살아가며 유용한 개념이나 법칙을 인지하고 실행하는 자세는 매우 중요하고도 필요한 일입니다. 이번 기회에 모든 것에 선순환과 악순환 개념을 적용해 실천해 볼 것을 적극 권장합니다.

12 고민은 버려라

데일 카네기의 저서는 자기계발서의 바이블과 같습니다. 이 책은 다른 여러 자기계발서에 반복 인용되고 있으며, 기업체의 신입사원 연수 등 자기계발 단체에서 널리 이용하고 있습니다.

카네기의 대표 저서인 『How to stop worrying, and start living』의 목차를 보면 거의 모든 제목에는 '고민'이라는 표현이 붙은 것을 볼 수 있습니다. 자기계발을 통한 성공을 위해서는 무엇보다 '고민'을 줄이고, 정리하고, 제거하고 실제 '행동'을 하는 것이 중요하다는 것이 이 책의 큰 맥락입니다. 카네기 스스로 이 책은 '고민에 관한 책'이라 말했습니다.

이렇듯 고민에 관한 개념은 성공적인 인생을 살아가는 데 있어 유의해서 다뤄야 할 중요한 개념입니다. 이는 해외도전에도 마찬가지로 적용됩니다.

어학연수, 워킹홀리데이, 해외취업, 해외인턴 등에 있어 선택의 고민은 필요치 않습니다. 해외도전을 해야겠다는 결심이 섰다면, 비용이 충분하면 어학연수를, 비용이 부족하면 워킹홀리데이나 어학연수와 워킹홀리데이를 연결해 다녀오면 됩니다. 외국에서의 실무경험이 필요하다고 여긴다면 취업이나 인턴을 선택할 수 있습니다.

대상을 내용과 형식으로 나눌 때 형식이 중요하다면 형식에 주안점을 두고, 내용이 중요하다면 내용에 주안점을 두면 되는데, 해외도전은 형식이 아닌 내용이 중요한 대상입니다. 즉 어학연수나 워킹홀리데이를 어느 나라, 어느 지역으로 다녀왔다는 형식 그 자체로 인정 받을 일은 없습니다. 어느 학원으로 다녀왔다는 것역시 마찬가지입니다. 이러한 '형식'이 아닌, 글로벌 의사소통 능력이 있는지, 세계적인 안목은 어느 정도 수준인지 등의 '내용'이 중요한 사항입니다.

그럼에도 불구하고 해외도전 전의 소중한 시간을 고민으로 허비하는 경우가 많습니다. 이는 해외도전 실패의 가장 근본적인 이유입니다. 해외도전에 쏟아야 할 에너지를 쓸모 없는 고민에 이미 소진했으니, 외국에 가서 소극적 생활만 하게 되기도 합니다. 마치 다람쥐가 쳇바퀴를 도는 것과 같이 아무런 의미 없는 행위인 것입니다.

학창시절에 플라톤의 이데아 철학에 대해 들은 적이 있을 것입니다. 사물에는 본질이라는 이데아가 있고, 각기 개별 존재하는 사물은 이데아가 동굴 벽에 그림자처럼 비친 현상이라는 것입니다. 현상은 매우 다양합니다. 어떤 종류의 해외도전

을 다녀와도 크게 성공한 사람이 있고, 크게 망친 사람이 있습니다. 나라, 지역, 학원도 마찬가지입니다. 동일한 곳을 다녀와도 크게 성공한 사람이 있고, 크게 망친 사람이 있습니다.

본질이 아닌 현상으로 정보를 수집해 봐야 성공한 사람 이야기를 들으면 의욕이 솟고, 실패한 사람 이야기를 들으면 의욕이 꺾이는 쳇바퀴만 경험할 뿐입니다. 특히 인터넷은 실패한 이들이 주로 글을 남기기 때문에 아무리 인터넷을 뒤져 봐야 결국 자신의 성취욕을 반감시키는 결과만 낳게 됩니다. 성공하고 있는 이가 시간이 남아 돌아서 인터넷에 들어와 글을 쓰지는 않습니다.

철학은 단순 지식의 유희가 아닌 실생활에 적용할 때 의미를 갖습니다. 해외도전을 준비할 때도 동굴 벽 그림자인 개별 현상에 휘둘릴 것이 아니라 본질을 정확히 인식하는 자세가 필요합니다.

해외도전의 본질은 단순합니다. 글로벌 의사소통 능력을 키우기 위해 24시간 그 언어 환경에서 그 언어만 쓰면서 살아보기 위함이고, 글로벌 안목을 키우기 위해 세계를 다양하게 경험해 보기 위함입니다. 어느 나라를 가고, 어느 지역을 가고, 어느 학원을 가고의 문제가 아닙니다. 그리고 본질을 제대로 구현하려면 한국에서 그 언어 준비를 충실히 하는 것만이 중요합니다.

『성공하는 사람들의 7가지 습관』에서 스티븐 코비 박사는 고민은 행동하지 못하게 하기 때문에 결국 운명을 파괴한다고 했습니다. 고민에 관한 개념을 단순하게 생각하고 쉽게 넘길 문제가 아닙니다. 절대적 주의를 갖고 고민에 Stop 버튼을 눌러야 하겠습니다.

13 외국에서의 외로움, 고독은 축복

해외도전 실패의 이유, 그리고 해외도전에서 더 큰 성공을 못하는 이유 중 빠지지 않고 거론되는 것이 외로움과 고독입니다.

물론 4~5년 이상 외국에서 보내는 대학 유학이나, 석박사 이상의 장기유학이라면 외로움, 고독의 문제를 어느 정도 이해할 수 있습니다. 하지만, 대부분 길어야 1년 이내로 다녀오는 어학연수, 워킹홀리데이, 단기취업, 인턴 등은 외로움, 고독을 실패의 명분으로 삼는다는 것은 핑계일 뿐입니다.

이것은 왜 외국까지 나가서 공부하고 경험하려는 지에 대해 잠시 생각해보면 쉽게 답을 찾을 수 있습니다.

'내가 왜 외국에 나가는가? 한국에서도 언어실력을 쌓을 수 있을 텐데, 왜 외국에 나가야 하나? 하지만 한국에서는 단기간에 내가 원하는 수준을 성취할 수는 없을 것이다. 한국에서는 외국어 노출환경이 절대적으로 부족하다. 또한 무엇보다 학교생활이나 직장생활, 가족들과 대화시간을 가져야 하고, 친척들의 결혼식, 돌잔치 같은 행사도 빠질 수 없다. 친구들과도 정기적으로 만남을 가져야 한다. 이런 환경에서 나 자신의 발전을 위해 내가 정말 당차게 모든 것을 끊고 몰입할 수 있을까? 가능할지 몰라도 그러한 환경을 만드는 데 내 모든 에너지를 쏟지 않을까? 외국어 능력이 나에게 꼭 필요하고, 내 인생 시간표 상 단기간 안에 성취해야 하니, 외국에 가자. 이유는 그 언어에 24시간 노출되기 위함이고, 무엇보다 나의 시간을 순수

하게 내 자신의 발전을 위해 몰입하기 위해서이다.'

위 생각을 바탕으로 본다면 외국에서 혼자만의 시간을 갖는다는 게 어떤 의미일까요? 바로 내가 외국에 나가는 목적 그 자체의 시간이 되는 것입니다. 매우 고마운 나만의 공부 시간이 되는 것입니다.

그럼에도 외롭다는 핑계로 한국인들과 어울려 놀고, 환영회, 환송회, 생일, 외로워서 한잔, 그냥 한잔 등 한국인들과 어울리며 그 속에 매몰된다는 것은 일말의 동정심도 얻을 수 없는 행동입니다. 물론 한국인들과는 사이 좋게 지내야 하며, 최대한 외국인 한 명이라도 함께 어울려 외국어를 사용하는 분위기를 만들어야 합니다.

군대를 군대라고 생각하면 그에 맞게 인내하고 부지런해집니다. 클럽을 클럽이라고 생각하면 그에 맞게 열심히 즐기면서 스트레스를 풀고 즐거움을 얻을 수 있습니다. 군대를 클럽이라 생각하고, 클럽을 군대라고 생각한다면 참으로 기이할 것입니다.
외국은 한국에서의 여러 환경적 한계를 벗어나 공부만 하고 외국어만 사용하려고 가는 것입니다. 그곳에 가서 '왜 할 일이 없지? 쓸쓸하네……', '언니(형님), 왜 우리 이제야 만난 거죠? 너무 좋아요.' 하면서 외로움이나 푸념하고 한국인 인맥모임이나 온 것처럼 행동해서는 안 됩니다.

14 인터넷도 외국어 사용만!

현대인의 하루 평균 스마트폰 사용 시간은 3시간에 이른다고 합니다. 업무나 기타 이유로 컴퓨터를 사용하는 시간까지 합치면 하루 중 절대적으로 많은 시간을 인터넷 접속을 하며 지낸다는 말입니다.

따라서 외국어 습득을 목적으로 해외에 간 경우라면 일상의 큰 비중을 차지하는 인터넷 사용 환경을 해당 외국어 환경으로 바꾸는 것은 매우 중요합니다.

많은 이들이 출국 전 '한국학생 없는 곳을 소개해주세요!'라고 하지만, 실제 외국생활에서는 한국 포털사이트 뉴스보기, 한국 이메일 주고 받기, 카카오톡 하기 등으로 본인을 모국어에 무방비로 노출시키는 경우가 많습니다.

24시간 언어사용 환경이란 단지 말만 하는 것이 아니라 읽기, 쓰기, 듣기 모두 그 언어로만 해야 한다는 것을 의미합니다. 다음 후기를 참고하세요.

> 저는 외국에 있는 동안 한국에 관한 모든 것을, 심지어 제 자신이 한국인인 것조차 잊어버리려 노력했습니다. 유일하게 사용했던 SNS인 페이스북을 모두 영어로 써버리는 것은 물론, 가지고 있는 모든 전자기기를 영어모드로 바꾸었고, 컴퓨터와 아이패드의 한국 사이트 목록을 지워버리고 아이패드로 메일 계정을 연결해 네이버를 비롯한 한국 검색사이트 사용을 원천봉쇄 했습니다.

해외생활에 있어 이 같은 실천은 매우 도움이 됩니다. 개인 노트북과 스마트폰 모두에 적용됩니다.

• 한국 포털 사이트 삭제

외국에서는 그 나라 포털사이트를 사용해야 합니다. 그래야 그 나라 사람들과 대화할 수 있는 상식을 얻을 수 있습니다.

• 한글 없는 이메일 쓰기

한국 이메일이라면 습관적으로 흥미로운 제목의 한글 기사들을 클릭하게 마련입니다. 한글 노출이 없는 이메일을 사용해야 하겠습니다.

- **네이트, 카카오톡, 밴드 삭제**

  외국에서의 시간만이라도 친구와 잠시 떨어져 있길 바랍니다. 부모님께 안부를 묻는 정도의 용도로만 사용하길 바랍니다.

- **페이스북**

  페이스북은 전세계인이 사용하기 때문에 외국에서 인맥 형성을 위해 필수적으로 사용해야 합니다. 새로운 계정을 만들거나 또는 기존 계정을 쓰더라도 영어로만 사용하는 습관을 길러야 하겠습니다.

인생에 있어 짧은 시간이지만 외국에 있는 동안만이라도 모국어 결핍의 환경에 살아보는 것이 좋습니다. 한국으로 귀국할 때 비행기 안에서 보는 한국 신문만 봐도 가슴 뜨거운 감동을 느낄 수 있을 것입니다.

15 Are you on Facebook?

세계적으로 사용되는 페이스북에 대해 몇 가지 추가적인 이야기를 하려 합니다.

1. Are you on Facebook?

인도와 아일랜드를 연계해 어학연수를 떠난 학생의 에피소드입니다. 인도 IT 중심도시인 방갈로르로 출국하기 위해 공항 게이트에서 기다리던 중 서로 눈이 잠시 마주친 인도인과 인사를 나눌까 말까 고민합니다. 그러다 이내 못하는 영어로 말을 걸고, 이는 어학연수를 일정 기간 한 후 현지에서의 저녁 만남으로 이어지고, IBM 인도의 수석연구원인 인도인 친구를 갖게 되게 됩니다.

인도 여행에서는 기차 통로에 잠시 서 있는데 같은 공간에 서 있던 스위스 여인과 눈이 마주칩니다. 인사를 나눌까 말까 고민하다 말을 걸고, 이 인연은 이 친구가 후에 아일랜드 어학연수를 가서 스위스 여행을 하게 되고, 4박 5일 무료 숙식을 하며 함께 스위스 여행을 하게 되는 인연으로 발전합니다.

이러한 모든 인연은 잠시의 고민을 행동으로 옮기게 된 것, 그리고 Are you on Facebook? 이라는 인연의 고리를 만들었기 때문에 가능한 일이었습니다.

낯선 존재에게 말을 거는 것은 자연이 인간에게 준 축복이라는 체 게바라의 명언이 있습니다. 주저 없이 말을 건넬 수 있는 용기를 가져야 하며, 또한 그 끈을 이

어줄 수 있는 페이스북 활동을 열심히 하는 것이 좋습니다.

2. 글로벌 인맥 000명

유학을 성공하고 온 이에게 유학의 목적 내지 유학으로 얻은 가장 큰 자산이 무엇이었냐고 물어보면 주저 없이 '글로벌 인맥'이라고 말합니다. 어학연수, 워킹홀리데이, 해외취업, 인턴, 봉사, 여행도 정도의 차이는 있겠으나 유학과 마찬가지로 글로벌 인맥형성이 가장 주요한 목적 중 하나입니다.

이러한 글로벌 인맥 형성의 공간으로는 페이스북이 매우 유용합니다. 전세계인이 사용하는 SNS이며, 일일이 연락처를 메모할 필요 없이 페이스북만 연결해 두면 자연스레 인간관계를 유지 발전해 나갈 수 있기 때문입니다.

글로벌 인맥 맺기 목표 인원은 외국 체류 기간에 따라 다르겠으나, 수 백 명 이상을 목표로 설정하길 바랍니다. 이러한 목표설정을 하면 평소 같았으면 단순히 지나쳐 버렸을 사람들에게도 적극적으로 다가가는 동기가 됩니다. 또한 이러한 글로벌 인맥 형성 사례는 취업에 있어서도 해외도전의 결과로 어필할 수 있는 매력적인 요소가 될 수 있습니다.

3. 언어실력 향상과 유지

언어활동은 단순히 말하고 듣는 것만이 아니라 글을 쓰고 읽는 영역이 큰 비중을 차지합니다. 페이스북이 고급 글을 쓰는 도구는 아니지만, 하루하루 일상적인 글쓰기 연습을 위한 도구로 매우 유용하고, 또한 해외경험을 끝내고 한국에 와서도 꾸준한 언어학습을 유지할 수 있도록 도와주는 유용한 도구입니다.

16 조급하지 말자
– 호학의 자세

공부던 예능이던 운동이던 목표했던 바를 성취하지 못하는 이유는 여러 가지가 있겠지만, 그 중 큰 비중을 차지하는 것이 조급증입니다. 어떤 성취를 위해서는 오랜 시간을 꾸준히 노력해야 하는데, 단시간에 변화나 결과가 나타나지 않는 것에 좌절하여 포기하는 경우가 많기 때문입니다.

언어학습에 있어서도 이러한 조급증은 실패의 큰 이유가 됩니다. 매일 눈에 띄게 언어향상이 되어야 하는 것으로 기대를 하니 스트레스만 쌓이고, 특히 부모님의 지원으로 가게 된 경우라면 부담이 더해져 중압감으로 위궤양이나 역류성식도염 등 질병을 얻는 경우도 있습니다.

또한 주변에 다소 앞서가는 친구들을 보면 그 이면의 노력에 대해서는 생각하지 않고 질투와 자신을 비하하여 포기의 명분으로 삼는 경우도 생깁니다.

세상을 살다 보면 원하는 모든 것은 기다려야만 얻을 수 있다는 것을 깨닫게 됩니다. 생명의 탄생이라는 벅찬 기쁨도 10개월의 기다림을 통해서만 느낄 수 있으며, 봄의 환희도 기나긴 겨울의 혹독함을 이겨내야만 맞이할 수 있습니다. 기다림 끝에 맺어진 사랑은 더욱 아름답고 기다림 뒤에 얻은 성취는 더욱 기쁩니다.

또한 노력과 결과는 항상 일치하지는 않습니다. 해의 길이가 가장 긴 시기는 6월이지만, 실제 가장 더운 시기는 7~8월인 것과 같은 이치입니다. 노력의 결과는 항상 일정한 시간을 두고 찾아옵니다.

기다림 없이는 절대 얻을 수 없는 것이 바로 언어학습입니다. 많은 언어 성취자들은 기약 없는 언어향상에 대한 좌절감 속에서도 꾸준히 노력하며 기다린 결과 그 언어가 자신에게 '들어와 주었다는 것'에 큰 기쁨과 행복을 표하는 글을 남기곤 합니다. 언어는 도를 닦는 수행자들처럼 담박 깨달음으로 얻어질 수 있는 것은 아닙니다.

언어학습의 가장 바람직한 자세는 시시때때로 노력과 결과를 비교하며 조급해 지는 것이 아니라, 기다림과 지속성의 호학(好學)의 자세라 할 수 있습니다. 또한 다소 뒤처진다 하더라도 더 노력하겠다는 정진의 자세가 필요합니다.

여기에 관해 역사상 우리나라에 가장 큰 영향을 미친 사상가들의 학문을 참고할 필요가 있습니다. 우리 선조들이 학문의 자세에 대해 존경하던 사상가들인데, 다음 글에서 그 이유를 알 수 있습니다.

> # 十室之邑 必有忠信 如丘者焉 不如丘之好學也
> ## 십실지읍 필유충신 여구지언 불여구지호학야

'열 가구 정도 밖에 되지 않는 아주 작은 마을에도 나 정도 충실하고 신의가 있는 사람은 반드시 있을 것이나, 배우기를 나처럼 좋아하는 사람은 없을 것이다.'

논어 공야장편에 나오는 글인데 참으로 심오한 글입니다. 자신이 잘났다고 알아주길 바라거나 성취의 중요성을 이야기하는 것이 아니라, 태도의 중요성을 이야기하고 있기 때문입니다. 이 글을 해외도전에 적용하여 다음과 같이 바꿔 보도록 하겠습니다.

외국어에 있어서 나보다 능력이 뛰어난 사람은 어느 곳에나 많이 있을 것이다. 하지만 나만큼 그 외국어 공부하기를 좋아하는 사람은 없을 것이다.

항상 이 글을 참고하여 단기간의 향상만 생각하며 조급해 하지 말고, 호학하는 마음으로 즐거움을 갖고 외국어 학습과 해외도전에 임하길 바랍니다.

다음은 조선 성리학에 지대한 영향을 미친 주자의 글입니다.

人一能之 己百之 人十能之 己千之 果能此道矣 雖愚必明 雖柔必强
인일능지 기백지 인십능지 기천지 과능차도의 수우필명 수유필강

남이 한 번에 능하거든 나는 백 번을 하며, 남이 열 번에 능하거든 나는 천 번에 한다. 과연 이 호학의 도에 능하게만 되면, 비록 어리석은 자라도 반드시 현명해지며, 비록 유약한 자라도 반드시 강건하게 될 것이다.

주자는 유교의 체계를 갖춘 철학체계인 성리학을 집대성한 동양의 위대한 학자이며, 특히 조선 성리학에 큰 영향을 미쳤습니다. 이 글을 접한 우리 선조 현인들이 어찌 주자를 흠모하지 않을 수 있었을까 하는 생각이 듭니다.

참고로 유교 본연의 자세는 이러한 호학과 수신의 자세를 말하는 것이며, 유교 본

연에서 여성차별이나 사농공상 차별을 주장하지는 않습니다. 어느 시대나 사상과 철학을 자신의 이익을 위해 왜곡하여 혹세무민하려는 집단이 유교를 변질시켜 왔을 뿐, 동양의 수신사상은 실로 인류의 위대한 자산이라 할 수 있습니다.

짧은 노력과 짧은 좌절로 시간과 에너지만 허비하지 말고, 남이 한 번 할 것을 나는 백 번 하겠다는 신념으로, 남이 열 번 할 것을 나는 천 번을 하겠다는 호학의 자세를 평생 철학으로 삼아보길 바랍니다.

지식의 길고 짧음은 중요치 않습니다. 무엇보다 배움의 자세를 내면화 하는 것이 중요합니다. 얕은 욕망의 포로가 될 것이 아니라, 공자와 주자를 따라 해외도전에서 위대한 호학의 길을 걸어 보라고 조언하고 싶습니다.

17 글로벌 리스크 – 치안과 안전

해외로 나가는 데 있어 한 번쯤 생각하게 되는 것이 치안과 안전에 관한 문제입니다. 이에 관해서 몇 가지 알아보도록 하겠습니다.

1. 글로벌 리스크의 기본원칙

개인적으로 세계일주와 여러 나라를 다녀본 경험을 바탕으로 글로벌 리스크를 정리하면 다음과 같습니다. 전세계 어느 나라를 가더라도 '홀로, 인적 드문 곳, 야밤'에 다니는 것만 피하면 한국에서 생활하는 것과 크게 다름없는 생활을 할 수 있습니다. 또한 어느 나라 어느 지역을 가던 그 나라 사람들이 생활하는 수준에서의 생활을 하면 위험할 일은 거의 없다는 것입니다.

예를 들면 한국에서 새벽에 술에 취해 어두운 시골 논두렁 길을 홀로 헤매거나 도심의 어둡고 외진 골목길을 홀로 배회하는 행동을 하지 않듯이 외국에 가서도 그러한 행동을 하지 않고, 그 나라 사람의 수준에서 생활하면 위험할 것 없다고 보면 됩니다.

2. 언론의 의제설정이론

미디어 이론 중 의제설정이론이 있습니다. 미디어가 사실이 아닌 사항을 반복적으로 보도하면 대중은 그것을 사실로 인식하게 된다는 것입니다. 그리고 언론의

의제는 미덕이 아닌 사건사고 등 부정적인 부분으로 집중될 수 밖에 없는 속성이
있습니다.

이러한 이유로 해외도전에서 치안, 안전에 의구심을 갖게 되는 대표적인 나라가
인도, 필리핀, 호주 등인데, 언론을 통해 보면 마치 성폭행의 나라, 살인청부의 나
라, 동양인 테러의 나라처럼 인식되는 경우도 있지만, 실제 그 나라에서 일상을
살아가는 사람들은 전혀 의식하지 못하고 있습니다.
한국은 늘 북한과의 갈등으로 준 전시상태의 나라인 것처럼 해외언론을 통해 보
도되고 있는데, 한국에서 일상을 살아가는 우리는 전혀 그런 것을 느끼지 못하는
것과 같은 이치입니다.

얼마 전 아이돌 가수들이 인도에 한류전파의 가능성을 탐색하는 '두근두근 인도'라는 리얼 예능프로그램이 방영된 적이 있는데, 첫 회 인도에 도착하자 마자 '인도 좋네!'라는 말을 연거푸 하는 장면이 나옵니다. 이들도 인도에 가기 전 주변인들의 황당한 조언을 접하며 어느 정도 긴장했는데, 실제 가 보니 전혀 그렇지 않음을 느끼며 하는 말인 것입니다. 모든 어학연수생이 인도에 가서 하루 만에 같은 말을 합니다.

3. 인터넷의 의제설정

다음은 인터넷의 의제설정입니다. 우리가 일상적으로 사용하는 인터넷은 정보 취합의 도구로 이용하고 있기 때문에 일종의 언론이라 할 수 있습니다. 하지만 이 정보의 편향성에 대해 생각해볼 필요가 있습니다. 인터넷도 극단적인 경험만이 유통되고 있는 경우가 많습니다. 하나는 홍보성 글이고, 다른 하나는 비방용 과장된 글인 경우가 많기 때문에 정보를 가려서 판단해야 합니다. 이는 꼭 안전, 치안과 관련된 것만은 아니며 여러 가지 다른 정보에도 동일하게 적용되는 사항입니다.

4. 루소의 조언

사실과 무관한 치안, 안전에 관한 걱정과 두려움으로 도전을 망설이는 이들에게 사회정치분야 최고의 철학자이자 교육철학으로도 유명한 루소의 조언을 소개하겠습니다. 『에밀』이라는 저서 중 일부입니다.

> 세상사는 끊임없이 변하며 금세기의 혼란스런 양상에 비춰볼 때 그 정도는 점점 더 심해져 갈 것이 분명하다. 이런 상황에서 온실 속의 화초처럼 아이

를 키운다면, 그 아이는 환경이 바뀌는 순간 곧 파멸에 이르고 말 것이다. 그러한 식의 교육은 고통을 극복하도록 하기보다는 고통을 느끼도록 가르치는 셈이다.

사람들은 자신의 아이를 보호하기에만 급급한데, 이는 잘못된 것이다. 한 인간으로서 자신의 운명을 개척하며 살아갈 수 있도록 가르쳐야 한다. 행여 아이에게 무슨 일이라도 있지 않을까, 죽지 않을까 노심초사하는 것이야말로 어리석은 태도이다. 인간은 태어난 이상 죽게 마련이다. 아이가 죽지 않도록 하기보다는 아이가 당당하게 살아갈 수 있도록 해야 한다.

위의 글은 '자신의 아이'를 '자기 자신'으로 바꾸어 대입해보기 좋은 글입니다. 물론 해외도전에서 위험을 감수해야 한다는 의미는 전혀 아닙니다. 위 죽음의 표현도 비유일 뿐 실제를 가정하는 것은 아닙니다. 전혀 위험하지 않은데도 근거 없는 공포를 느끼고 개척 적으로 행동하지 못한다면 삶에서 더 큰 운명의 위험에 마주할 때 좌절할 수 있다는 것을 참고하길 바랍니다.

18 청춘의 마음가짐 – 고생할 수 있는 몸과 배짱

해외도전을 성공적으로 하면, 내 인생의 클라이맥스, 내 인생 가장 잘 한 일, 내 인생 가장 즐거운 시간 등의 후기 제목이 나오곤 하지만, 이는 사실 결과로써의 추억일 수 있고, 실제 외국생활을 한다는 것은 여러모로 많은 어려움을 겪게 되는 생활입니다.

특히 워킹홀리데이나 해외취업, 인턴, 봉사활동 등은 외국에서 일을 하는 것인데, 공간에 관계없이 일을 한다는 것도 절대 쉬운 일은 아닙니다. 운에 따라 편한 일을 할 수도 있지만 힘든 일을 하는 경우도 많습니다. 워킹홀리데이라면 특정 나라의 경우 필요에 의해 공장이나 농장에서 일을 하는 경우도 있는데 몸이 많이 힘들고 정신적으로 고달픕니다. 어떤 일이건 똑같은 과정을 수없이 반복하다 보면 권태로움과 단조로움은 극에 달하고, 마치 정상이 둥글어 바위가 고정되지 않는 산 위에 바위 올리기를 끊임없이 반복하는 시지프스의 형벌을 받은 것과 같은 느낌이 들 수도 있습니다.

『몸과 인문학』이라는 저서로 유명한 인문학자 고미숙 씨는 한 대학의 강연에서 다음과 같은 이야기를 했습니다.

> 여러분에게는 배짱을 가진 몸이 필요합니다. 배짱과 패기가 20대에 가져야 할 조건이에요. 20대에는 성공이라는 것을 할 수 없어요. 저는 20대에 제가 워낙 덜 떨어져서라고 생각했는데, 나이 들어서 보니까 20대에 갖고

있는 지식, 인적 네트워크나 재주 이런 것으로는 성공 따위를 할 수 없다는 것을 알았습니다. 그리고 이렇게 성공을 어쩌다가 했다고 하면 아주 위험합니다. 왜냐하면 그 성공이 아주 길게 남아 있는 중년의 삶을 나락으로 떨어뜨리거든요. 20대에는 배짱과 고생할 수 있는 몸이 바로 무기입니다. 고생을 해야 합니다. 몸을 수고하게 할 수 있는 그런 정신만이 청년을 다른 기성세대와 구별해주는 빛나는 특징입니다. 이것을 하지 않으면 청년은 언제까지나 기성세대의 보조물 밖에 안 됩니다. 여러분이 구사할 수 있는 사회적 부라는 것은 너무나 미미합니다. 그러나 청년이 갖고 있는 힘과 패기는 어떤 기성세대도 가질 수 없는 것입니다. 배짱과 패기를 가진 몸만이 필요합니다. 그러면 어떤 현장에도 주도권을 가질 수 있어요.

현재 미국 구글 본사의 제휴 상무로 일하고 있는 김현유 씨는 청춘을 위한 강의에서 다음과 같은 말을 했습니다.

20대는 자질구레한 일부터 시작하게 됩니다. 20대에 회사 생활에서 처음부터 전략기획 부서 같은 곳에서 일할 수 있는 것이 아닙니다. 저의 경우도 대학 시절 외국계 회사에 인턴 지원을 했는데, 할 수 있는 업무가 없어서 청소하기, 짐 나르기 등을 하게 되었습니다. 그런데 그러한 일들도 성실히 열심히 하다 보니 전산 부서 근무자들과 친해지게 되었고, 그것이 제가 IT분야에 인연을 맺게 된 계기가 되었습니다.

20대는 다른 세대와 확연히 구분되는 20대만의 가능성이 있습니다. 바로 고미숙 씨가 얘기하는 '배짱'과 '고생할 수 있는 몸'이 그것입니다. 40~50대가 터무니 없는 배짱을 부리면 집안이 풍비박산 날 가능성이 높고, 또는 고생할 수 있는 몸이라는 호기를 부리면 약값이 더 들 수 있습니다. 하지만, 20대는 무모한 배짱을 부려도 그것이 경험으로 승화되어 삶 전체에 큰 도움이 될 수 있으며, 고생할 수 있는 건강한 체력을 갖고 있기에 무슨 일이든지 강인하게 도전해 볼 수 있습니다.

진정한 청춘이라면 다음 문장을 최고 철학으로 삼아 보세요.

'두려워? 알게 뭐야!'

청춘이라면 계산기를 열심히 두들겨 이리저리 재는 게 아니라, 마음의 소리만으로도 과감하게 도전할 수 있어야 하며, 그것이 바로 삶의 한 시기인 청춘의 시기에만 가능한 모습이기도 합니다.

또한 20대의 능력은 어려운 업무에 있는 것이 아니라 작은 일들이라도 얼마나 성실하게 해 낼 수 있는지에 달려 있습니다. 즉, 기본 단련이 중요한데 기본에 대한 성실성으로부터 인연이 만들어 지고, 그것으로부터 인정을 받기 시작하기 때문입니다.

이러한 몸과 배짱에 대한 굳건한 철학을 바탕으로 외국에서 힘들고 어려운 일을 하게 되어도 좌절해서는 안 되겠습니다. '소중한 내가 이 나이에 외국까지 와서 왜 이러고 있는가?'라는 한탄이 아니라, '내가 더 나이를 먹기 전인 20대 청춘이기 때문에 이것들을 경험할 수 있구나. 이 경험은 내 인생 전체에 큰 도움이 될 것이다!'라는 생각을 해야 합니다.

청춘의 해외도전

가진 것 없는 상황에서 부지런 할 수 있는 몸, 배짱, 그리고 기본에 대한 성실성으로 주변의 인정과 조력자를 얻게 되고, 그러한 인연으로 성공하게 되는 것은 시대와 공간에 관계없는 보편적 성공 스토리입니다.

19 청년실업, 어떻게 바라 봐야 할까?

청년실업이 심각한 시대입니다. 이로 인해 삼포, 오포, 칠포세대라는 신조어까지 등장하고 있죠. 이러한 청년문제를 더욱 심화시키는 정치와 사회 구조에 대해 개인적으로 크게 비분강개를 하는 입장이지만, 구조의 문제는 구조적 차원에서 해결하려 노력하더라도, 개인적으로는 주어진 현실을 인정하고 그 안에서 더욱 노력하는 수 밖에는 달리 대안이 없습니다.

개인 간에도 행불행의 전반적 조건에 대한 운이 다르듯 세대 간에도 이러한 조건의 운은 다를 수 밖에 없는 것이 세상사이기 때문이며, 개인 운의 격차로 인해 늘 푸념만 하고 원망만 할 수 없듯이 세대 간 운의 격차가 있다 하더라도 푸념이나 원망만 할 수는 없는 노릇입니다.

또한 청년실업의 문제는 정도의 차이는 있겠으나, 세계 어느 나라나 예외 없이 공통적으로 겪고 있는 이 시대의 보편적인 문제이기도 합니다. 마치 첨단기술 발전으로 인한 자동화와 정보화 사회가 인간의 일자리를 앗아갈 것이라는 『노동의 종말』의 저자 리프킨의 무시무시한 예견이 현실화 되는 듯 느껴지기도 합니다.

다음은 영국의 한 신문 기사입니다. 영어공부를 한다는 생각으로 독해해보세요.

A new survey from Britain shows that a third of young, unemployed people regularly "fall apart" emotionally. They are so stressed or unhappy that they cannot control their emotions, so they have problems living a "normal" life. The survey is from a youth charity called the Prince's Trust. Its researchers asked questions to 2,200 people who did not have a job. Almost half of them said they often felt anxious about everyday situations, and that they tried not to meet new people. One in eight of those surveyed said they were too stressed to leave the house. The charity said: "Thousands of young people feel like prisoners in their own homes. Without the right support, these young people become socially isolated."

Many of these young people struggle with day-to-day life, which means they find it more and more difficult to find a job. Britain's Employment Minister Esther McVey said: "Our young people are some of the best and most talented in the world." She said it was important to try and match these people with the right jobs. Researcher David Fass added: "Young people are our future and

직업을 구하지 못한 영국 젊은이들이 사람을 만나는 것도 꺼릴 정도로 사회적으로 고립되어 가고 있다는 줄거리인데, 너무나 한국의 문제와 비슷합니다. 이런 문제는 비단 영국뿐만 아니라, 선진국이나 사회보장 제도가 가장 잘 되어 있는 나라들에서도 동일하게 나타나고 있는 현상입니다.

청년실업을 포함한 청년세대의 문제는 한국만의 특수한 상황이나 후진적인 제도의 문제라기 보다 인간의 일을 기계가 대체하는 고용 없는 성장과 양극화의 경제 환경으로 인해 발생하는 구조의 문제가 더 큽니다. 그리고 이러한 문제는 앞으로 더욱 심화될 가능성이 큽니다. 아마 지금의 청년세대가 40대 이상이 되면 그 시기의 청년들을 보면서 '우리는 그나마 가능성이라도 있었는데……' 라고 이야기할지도 모를 일입니다.

이러한 구조는 구조적 문제 해결을 위해 정부와 관계부처에서 노력해야 할 것이며, 개인은 개인대로 경쟁력을 갖추고자 노력을 해야 합니다. 아울러 일자리를 구하기 위한 경쟁이 다른 나라에 비해 더 치열한 국내를 벗어나, 세계를 무대로 사고할 수 있어야 하겠습니다.

이러한 측면에서 인공지능이나 기계가 대체할 수 없는 영역인 외국어능력을 쌓고 나의 활동영역을 전 세계로 넓혀줄 해외도전을 더 열심히 준비하여 능동적으로 미래에 대비하는 자세가 필요합니다.

20 문화인식 – 모든 것이 정상이다

외국에 가면 낯선 문화 속에서 여러 가지 문화 충격(Culture Shock)을 겪게 됩니다. 문화충격 자체가 해외경험의 목적이 되는 경우도 있으니 대부분 호기심 속에서 즐기는 경우가 많지만, 간혹 문화로 인한 문제로 큰 오해나 갈등을 겪는 경우도 있습니다.

해외도전에서 문화를 대하는 자세에 대해 다음을 참고하길 바랍니다.

1. 모든 문화는 정상이다.

단지 우리와 다를 뿐 다른 문화를 이상하게 여기는 자세를 없애야 합니다. 모든 문화는 그들만의 역사적 기원이 있으며, 특별한 필요성이 있어 형성된 것이라는 인식을 가져야 합니다.

2. 로마에 가면 로마법을 따라라.

어느 나라를 가던 그들의 문화를 따라야 하겠습니다. 손님으로 방문한 입장에서 그들의 문화를 비웃으며 어기려 하는 것은 여러 오해와 갈등을 초래합니다.

3. 다양한 문화를 즐겨라.

사실 인류에 다양한 문화가 있다는 것은 즐거운 일입니다. 떠남이란 그러한 것을 경험하면서 자신의 삶의 가능성과 자유의 영역을 넓히기 위함입니다. 다양한 문화를 있는 그대로 경험해 보는 자세가 필요합니다.

간혹 외국생활을 하면서 한국적 기준으로 그 나라의 문화를 조롱하거나 불평하는 이들을 봅니다. 심지어 그 이유로 적응을 못하고 어학연수, 워킹홀리데이, 해외취업, 배낭여행 등 자신의 목적을 달성하지 못했다고 변명하기도 합니다.
기본적인 문화 존중의 태도가 없다면 아예 외국에 가지 말아야 합니다. 세계에 어글리 코리안 이미지를 심을 가능성이 매우 높기 때문입니다. 세계 어느 나라를 가더라도 그 나라 문화를 존중하고, 그 나라 문화에 흠뻑 젖어 사랑할 수 있는 태도가 필요합니다.

21 해외에서도 겪는 인간관계 문제

인생을 살면서 가장 기쁜 일도 사람과의 관계에서 나오고, 가장 힘든 일도 사람과의 관계에서 나옵니다. 이는 한국에 있을 때나 외국에 있을 때나 마찬가지입니다.

외국에서 겪는 가장 큰 스트레스도 사람과의 관계에서 나옵니다. 특히 룸메이트, 쉐어메이트, 홈스테이 가족 등 함께 살아가는 관계에서 사사로운 오해나 갈등을 겪는 경우가 있습니다. 대부분 특별한 이유가 있는 것이 아니라, 원래 같이 살면 보편적으로 갈등이 생기기 마련입니다.

사르트르는 '다른 사람과 함께 하는 것은 지옥이다.'라는 말을 했는데, 외국에서의 여러 갈등이 앞으로 나의 결혼생활 갈등에 현명하게 대처하기 위한 연습이라고 생각하길 바랍니다. 함께 산다는 것은 큰 즐거움이 있는 만큼 큰 갈등도 함께 할 수 밖에 없습니다.

다음은 인간관계에서 오는 스트레스 해소법입니다. 참고하기 바랍니다.

1. 베푼 것만큼 받지 못해서 받는 스트레스 해소법

베푼 것에 대한 보답이 없을 때 상처를 받는다면 일단 너무 베풀려는 자세부터 고쳐야 합니다. 특히 서구사회는 개인주의 사회이기 때문에 성인 나이에 어떤 형식의 관여던 불편하게 여기는 경우가 많습니다.

감사할 줄 모른다고 화를 내거나 고민하기 보다는 아예 기대하지 마라. 예수는 하루에 열 명의 나병 환자를 고쳐주었지만, 감사를 표한 사람은 하나뿐이었다는 것을 기억하라. 예수 이상으로 감사 받기를 기대한다는 것은 무리가 아니겠는가?

행복을 발견하기 위한 유일한 방법은 감사를 바라지 말고, 주는 기쁨을 위해 베푸는 것이다.

〈망덕에 대해서 마음의 평화를 유지하는 방법 – 『카네기 성공론』中〉

2. 모든 이들에게 인정받고자 하는 욕구 스트레스 해소법

인정받고자 하는 욕구는 모든 인간의 원초적인 욕구입니다. 따라서 대부분 많은 갈등과 스트레스가 제대로 인정받지 못한다는 느낌에서 시작되는 경우가 많습니다. 여러 다양한 경우가 있겠으나, 두 개 정도 글을 참고해 보도록 하겠습니다.

人不知而不慍 不亦君子乎 (인부지불온 불역군자호)
남이 알아주지 않아도 성내지 않으면 군자가 아니겠는가?

〈논어 中〉

사람이란 원래 자기 인생 하나 건사하기도 힘들기에 남에게 근본적으로 관심이 없고, 관심을 보여도 깊이 있는 사색이 아니라 표면적이며 일시적인 느낌일 뿐입니다. 그러한 타인의 시선이나 평가에 마음이 흔들려 기뻐 들뜨거나 섭섭해 우울해 한다는 것은 참으로 어리석은 일이라 할 수 있습니다.

나는 그저 나일 뿐이고, 그들이 좋아하던 싫어하던 그들이 생각하는 나는 나의 본질이 아니며 단지 그들의 생각일 뿐입니다. 자기 자신에 대한 판단도 결국 내 자신만이 할 수 있다는 사실을 명심해야 합니다.

또한 모든 인간을 만족시키는 것은 불가능하다는 것을 깨달아야 합니다. 많은 사람이 자신이 옳다고 생각하는 것을 포기하면서 까지 주변을 만족시키려 노력하는데, 결국 나도 잃고 남도 잃는 결과만 생길 뿐입니다. 아래 그와 관련된 글을 참고하길 바랍니다.

젊었을 때는 회사의 모든 종업원들에게 완전한 인물로 인정되기를 바랐죠. 그래서 그들이 그렇게 생각하지 않으면 나는 고민했습니다. 나는 나에게 가장 심하게 반감을 가지고 있는 듯한 사람을 달래려고 했는데, 그것은 도리어 다른 사람을 분노하게 만드는 결과가 되었습니다. 그래서 이번에는 그 사람과 타협하려 하자 이번에는 또 다른 무리들이 기분 나빠하더군요. 나는 마침내 나에 대한 비판을 피하기 위해 수습하려고 노력하면 할수록 적이 늘어간다는 것을 깨달았습니다.

그래서 내 자신에게 타일렀습니다. '남의 윗사람 노릇을 하는 한, 남의 비판에서 벗어난다는 것은 불가능하며 신경을 쓰지 않도록 하는 수밖에 없다.' 이 생각은 놀라울 만큼 효과가 있었습니다. 그때부터 나는 내가 옳다고 생각하는 일을 실행하고, 실행한 뒤에는 낡은 우산을 받쳐 비판이라는 이름의 비가 어깨를 적시지 않도록 하고 있습니다.

〈 리더의 숙명 – 『카네기 성공론』中 〉

22 성격의 문제
– 적극성과 익명성

해외도전에 있어 성격의 문제는 매우 중요한 사항입니다. 하나는 적극성, 또 하나는 해외라는 익명의 공간에서 나의 성격을 변화시킬 수 있는 가능성에 관한 부분입니다.

1. 적극성

언어습득에 있어서 한마디라도 더 하고 사람에게 먼저 다가갈 수 있는 적극성은 매우 중요한 요소입니다. 언어는 실수가 잦고, 어색한 표현이라도 부딪혀서 한 마디라도 더 해야 실력이 늘기 때문입니다. 시도를 통해 실수와 표현을 교정해 나갈 수 있습니다.

언어향상에서 어휘, 문법 등 학습의 요소와 직접 부딪히며 거침없이 습득할 수 있는 성격적인 부분은 거의 비슷하게 중요한 요소입니다. 언어는 순전히 지적 영역이라 할 수 없으며, 특히 일상 회화는 우리가 자전거를 타고, 수영을 하듯 감각적으로 익히는 영역이 더 크게 작용합니다.

스포츠에 이미지 트레이닝이라는 훈련 방법이 있습니다. 실제로 많은 무용수들이 점프와 회전 등 특정한 기술을 반복적으로 머릿속에 그려보는 것만으로 실력이 향상되는 경험을 한다고 합니다. 이 이미지 트레이닝을 외국어 학습과 해외경험을 위한 적극성 향상에 적용할 수 있습니다. 해외에 가기 전부터 먼저 다가가서 말을 걸어보는 상상, 부끄러움이나 스스럼 없이 발표를 하고 의견을 말하는 상상, 파티나 학원 등 한 공간에 있으면서 소개를 받지 않은 이들에게 말을 걸어보는 상상, 여행자 숙소에 들어서면서부터 다른 여행자들에게 자연스레 인사를 하는 모습을 상상하는 등 여러 상황을 이미지 트레이닝 해보길 바랍니다.

성격은 초기 일정 기간의 모습으로 타인에게 고착화되는 경우가 있습니다. 해외에 가서 초기에 조용한 모습만 보인다면 소극적이고 내성적인 사람으로 고정될 수 있습니다. 반대로 처음부터 먼저 말을 걸고, 씩씩하게 행동한다면 그런 이미지로 고착화 될 수 있기 때문에 적극성을 자연스럽게 발휘해 나갈 수 있습니다.

2, 익명성

자신의 성격 중 한 두 가지 마음에 안 드는 부분이 있을 것입니다. 해외생활에 도전한다는 것은 자신의 성격을 변화시킬 수 있는 좋은 기회가 될 수 있습니다. 외국이라는 환경은 나를 아는 이가 없는 익명의 공간이기 때문에 남을 의식하지 않는 자유로움과 함께 변화의 가능성을 줄 수 있습니다.

아래 후기들을 참고해봅시다.

1.

솔직히 말하면 저는 자신감이 넘치는 사람은 아니었습니다. 매사에 긍정적으로 생각하지도 않았습니다. 그러나 외국에서 영어를 공부하고 영어로 생각하면서 자신감이 중요하다는 것을 깨달았고, 자신감을 키우기 위해 노력했습니다. 그 결과 저의 영어실력이 많이 향상이 되었습니다.

뿐만 아니라 영어 때문에 생긴 자신감이 저의 성격 또한 바꿔 놓았습니다. 평소 낯을 가리고 내성적이던 저는 영어를 통해 생긴 자신감 덕분에 조금 더 긍정적이고 외향적인 성격으로 바뀌었습니다. 이것이 언어가 가진 힘이 라고 생각합니다.

2.

외국에서의 생활은 무엇보다 나의 변화가 가장 중요한 자산으로 남습니다. 한국에 있었던 나는 매사를 씨니컬하게 보는 경향이 있고 항상 무슨 일이 던 뒷자리에서 남들의 뒷담화나 늘어놓기 일쑤였습니다. 앞서서 무언가를 해 나가는 이들을 보고 비아냥 거리기도 했고, 특히 봉사활동은 나의 이기 적인 성향으로는 도무지 이해가 되지 않았습니다.
하지만, 저는 외국에서 먼저 다가서는 법, 앞장서는 법, 도움을 주는 법, 밝게 웃는 법, 진정한 우정을 만드는 법을 배운 것 같습니다. 영어는 그냥 덤일 뿐, 저에게는 저를 변화시켜준 성격이 가장 감동적인 변화라 생각하 고 부모님도 그 부분을 기뻐하고 있습니다.

사람의 성격은 고정적이지 않습니다. 성격은 주변환경과 나의 유전자 간의 작용 과 반작용을 통해 형성되는 매우 복잡한 체계입니다. 주변환경이 바뀌고 주변문 화가 바뀌고, 주변사람이 바뀌면 성격은 크게 변화될 수 있습니다. 만일 자신의 성격에 다소 불만이 있다면 해외도전에서 변화를 꾀해보길 바랍니다. 외국에서의 환경은 한국에서처럼 '저 사람은 왜 저러지?'라는 소리를 들을 일 없는 익명의 공 간입니다.

23 생활습관 관리 –
슬럼프, 멘붕, 향수병

성공적인 해외도전이 무언가 거창한 것 같지만 진리는 단순하듯 해외도전의 성공에도 단순한 원칙이 적용됩니다. 바로 규칙적인 생활습관입니다.

공부의 방법론에 대해 여러 가지 의미를 부여하는 책들도 많이 나오지만, 어떠한 공부던 결국 예습, 복습의 문제로 귀결됩니다. 결국 자신만의 노하우가 생긴다면 예습 복습의 과정에서 생성되는 습관인 것이지 뜬금없이 노하우를 적용해서 효과를 보는 일은 발생하지 않습니다.

이러한 예습 복습의 실천은 궁극적으로 규칙적인 생활습관의 문제로 귀결되니 다양한 목적의 해외도전에서도 결국 생활습관을 어떻게 단순화하고 지켜내는가가 관건입니다.

외국에서 많은 이들이 당황하는 것 중 하나가 슬럼프입니다. 흔히 스포츠를 보면 잘 할 때는 정말 잘 하다가도 어떻게 저런 수준으로 경기를 할까 의구심이 들 정도의 슬럼프에 빠지는 경우를 보곤 합니다. 슬럼프는 열심히 잘 해오던 시기가 있는 경우 일시적 하락세를 나타내는 말입니다. 처음부터 성실하게 임하지 않고 게으름이나 나태를 슬럼프라는 개념으로 오해해서는 안 됩니다.

다음은 멘탈붕괴가 있습니다. 열심히 노력하고 성과를 느끼는 순간에는 1분 1초도 아깝게 느껴질 정도로 보람된 생활을 하는데, 어느 날 어느 순간 '여긴 어디지?

나는 왜 여기에 와 있지? 이렇게 까지 노력해서 내 인생에 어떤 의미가 있는 거지?'라는 명분과 의미상실의 멘탈붕괴를 경험하는 경우도 있습니다.

또는 타인의 가벼운 불친절이나 오해가 반복될 때 멘탈붕괴를 경험하는 경우도 있습니다. 때론 날씨 화창한 주말에 약속 하나 없이 쓸쓸한 오후, 해질녘 노을을 바라보며 굵은 눈물방울을 흘리는 멘탈붕괴를 경험하기도 합니다.

그리고 가족과 친구, 사람과 음식이 그리워 향수병에 빠지는 경우도 있습니다. 이럴 때는 누가 매콤한 라면 한 그릇만 끓여 주고 위로해 주어도 평생의 은인처럼 느껴질 정도로 약해집니다. 시간이 흐르면 흐를수록 한국으로 돌아가고 싶은 마음이 강해지는 경우도 있습니다.

학습과 노력의 성과가 더뎌 생기는 정신적 고통이라면 앞서 소개했던 '공자의 호학' 정신으로 극복할 수 있습니다. 육체적, 정신적 에너지의 소진으로 겪는 고통이라면 그 문제의 원인인 육체적, 정신적 에너지의 보충으로 이겨낼 수 있습니다.

체력은 모든 분야의 성공과 성취에 있어 절대적으로 중요한 요소입니다. 외국생활에서 체력이 바닥나지 않게 음식과 운동으로 꾸준히 체력을 관리해야 합니다. 정신적 에너지는 여행을 다니는 것이 도움이 됩니다. 또는 하루 이틀 술자리나 클럽을 즐기면서 보충할 수도 있습니다. 물론 술자리는 정도에 따라 더욱 깊은 수렁의 원인이 될 수 있으니 조심스럽게 해야 합니다.

다음 후기를 참고해보세요. 큰 도움이 되리라 생각합니다.

많은 분들이 연수 중 영어 학습에 대해 궁금해 하시는데, 그 보다 저는 먼저 생활에 대한 부분부터 짚고 넘어가고 싶습니다. 영어 학습이라는 것이 어학연수 생활과 직결되기 때문에 이를 따로 떼어놓고 생각한다는 것은 계획표만 짜놓고 실천하지 않는 것과 같다고 생각하기 때문입니다.

어학연수생에게 가장 중요한 것은 바로 자신과의 싸움입니다. 어학연수를 가게 되면 타지에 혼자 떨어지게 되어 가족은 물론, 마음을 나눌 친구도, 힘들 때 도와 줄 지인들도 존재하지 않고 모든 일을 혼자서 헤쳐 나가야 합니다. 그런 생활에서 가장 중요한 것은 무엇도 아닌 바로 생활입니다.

자신의 생활을 얼마나 잘 관리하느냐는 어학연수의 성공과 실패를 결정짓는 아주 결정적인 요소입니다. 70~80%를 좌지우지 한다고 생각하면 좋을 것입니다. 아침에 늦잠을 자면 학원에 지각을 하게 되고, 학원에 가서도 명하니 있다가 학원이 끝나면 친구들과 괜히 여기저기 어슬렁거리다 다시 집에 돌아와서 밤 늦게까지 한국 친구들과 통화를 하다가 잠이 들고 다시 일어납니다. 이런 생활을 반복하다 보면 자신의 목표와 방향을 잃고 복잡해진 마음에 친구들과 술잔을 기울이지만 현실은 절대 나아지지 않습니다. 저는 생활패턴을 바로잡아 오래 이끌어가고 성공적인 어학연수를 위해서는 다음 3가지의 사항이 필수적이라고 생각합니다.

첫째, 규칙적인 수면습관

규칙적인 수면습관은 생활의 기본이 됩니다. 아침에 일찍 일어나면 그만큼

하루의 시간이 많이 확보될 뿐 아니라, 전날 미루어 두었던 일들을 처리할 수 있고 하루를 훨씬 더 계획적으로 보낼 수 있습니다. 대부분의 어학연수생이 1년 정도를 계획하고 어학연수를 간다는 것을 생각하면 짧지도 길지도 않은 시간에 목표한 바를 이루기 위해서는 새벽에 늦게 자더라도 일찍 일어나는 습관이 필수적입니다. 부족한 잠은 그날 밤에 조금 더 일찍 잠들거나 이동 중 수면을 취하는 방법이 더욱 효과적입니다.

둘째, 구체적인 공부계획과 자신만의 일일 공부 목표설정

아무리 일찍 일어난 '새'이더라도 벌레를 잡지 않으면 늦게 일어난 '새' 만도 못하겠죠? 마찬가지입니다. 자신의 목표 할당량을 적당히 나누어 그날 그날 일정에 맞게 소화하도록 하는 작업이 필요합니다.

셋째, 슬럼프 관리 (운동, 여행, 문제해결)

어찌 본다면 이 슬럼프 관리가 가장 중요하다고 생각합니다. 누구에게나 슬럼프는 오게 마련입니다. 아무리 꾸준히 공부를 하는 친구라도 내적이거나 외적으로 슬럼프는 반드시 찾아오게 마련입니다. 슬럼프가 찾아오지 않게 한다는 것은 거의 불가능이라고 봐도 될 만큼 어려운 일입니다.

슬럼프가 오는 이유에는 여러 가지가 있지만 저는 크게 세 가지 정도가 있다고 생각합니다. 첫 번째로 학업에 관한 스트레스, 두 번째로 이성문제, 세 번째로 앞에서 말씀 드렸던 생활패턴 붕괴에 의한 스트레스 또는 생활패턴의 단조로움에 인한 스트레스가 그것입니다.

제가 가장 권장하고 싶은 학업에 관한 스트레스 해결 방법은 자기 자신을 믿고 마음을 편히 가지는 것입니다. 조바심 내고 자신을 혹사시킨다고 단기간에 얻을 수 있는 목표였다면 어학연수를 올 필요가 없습니다. 그와 더불어 운동과 여행도 이런 학업에 대한 동기부여와 스트레스 해소에 큰 도움이 됩니다.

두 번째는 이성문제인데, 이는 실제로 어학연수생들이 많이 겪는 문제이고, 제 주변에서도 많이 봤습니다. 저는 최대한 빨리 해결하는 것을 추천합니다. 자신의 인생에서 가장 중요한 1년일지도 모르는 날들을 낭비해서는 안될 테니까요.

세 번째는 생활패턴 붕괴나 생활패턴의 단조로움에 대한 문제인데, 생활패턴이 붕괴되었다면 다시 처음으로 돌아가 보는 작업이 필요합니다. 어학연수 초기의 마음가짐이 어떠하였는지, 어떻게 시작하였는지 등에 대한 반성과 함께 생활에 긍정적인 큰 변화를 주는 것도 좋습니다. 이와 달리 너무 단조로운 생활패턴으로 스트레스를 받는 분들도 많은데, 이는 가끔 일탈을 해주면 좋습니다. 다만, 이 일탈이 생활패턴의 붕괴로 가게 되는 것은 주의해야 할 것입니다.

24 생명의 본질 – 독립성

해외도전에는 다양한 실용적, 유희적 목적도 있지만, 그것만으로 한정 지을 수 없는 가장 거대한 목적이 하나 있습니다. 그것은 바로 생명의 본질에 해당되는 독립심, 자립심을 키울 수 있다는 것입니다.

독립심, 자립심은 외국어 능력이나 국제경험과는 비할 바 없는 평생의 삶에 적용되는 기본적 삶의 태도입니다.

한국은 가족간의 정 문화, 친구간의 의리 문화는 크게 발달되어 있으나, 그러한 경향으로 인해서 독립심, 자립심을 갖지 못하는 경우가 많습니다. 스스로의 의지와 계획으로 인생을 선택하여 만들어 나가지 못하고, 자신의 선택과 행동에 책임을 지지 못하며, 조금만 힘들어도 가족이나 친구에게 의지하여 도움을 받으려 하고, 돈을 얻어내려 하거나 돈을 빌리려 하고, 무엇이던 잘못 될 경우 주변만 원망하고 피해의식을 갖는 등의 모습이 흔히 발견됩니다.

독립성이 생명의 본질인 이유는 독립성이 없다면 종족보존이 불가능하기 때문입니다. 예를 들어 닭이 병아리를 키울 때는 병아리를 지키기 위해 큰 고양이와 혈투를 벌일 정도로 보호본능을 발휘하는데, 스스로 모이를 찾아 먹을 정도로 자라면 어미는 가차없이 어린 닭을 쫓아냅니다. 어린 닭이 어미의 품이 그리워 다가오면 머리를 가혹하게 쪼아 쫓아내기까지 합니다. 이는 닭이라는 종족보존을 위해 필수적인 일입니다. 어린 닭이 계속해서 어미에게 모이를 의지한다면 결국 어미가 죽으면 따라 죽을 수밖에 없게 되니 종족이 사라지게 되는 것이죠.

인류 중에도 창대한 문명을 발전시킨 국가나 선진국에서는 독립적인 문화가 보편적입니다. 고등학교만 졸업하면 집에서 나가야 하며, 집에 있더라도 부모에게 집세를 내야 합니다. 부모 밑에서 얹혀 살면 동네에서 손가락질을 받을 정도로 독립심, 자립심의 문화가 형성되어 있습니다.

물론 그런 문화가 일방적으로 좋다고 할 수만은 없지만, 한국의 경우 자녀에 대한 부모의 지나친 돌봄과 보살핌이 있고, 이는 곧 과도한 간섭으로 연결되어 독립심을 기르는 데 큰 방해가 됩니다. 부모가 자녀의 장래를 결정하고 심지어 결혼까지 결정하는 것은 현대문명의 관점에서 보면 매우 기이한 일입니다.

다음은 해외도전에서 큰 성공을 거둔 학생들의 후기 중 일부입니다. 결국 가장 큰 성공은 독립심, 자립심을 갖게 된 것이라 말합니다.

1.

외동딸로 태어나 온실 속의 화초처럼 귀하게 자란 제가 처음으로 내 가족, 내 나라의 울타리를 벗어나 낯선 나라, 낯선 도시에서 혼자 부딪혀 살아가며 많은 경험을 했습니다. 혼자 사는 집에 한 겨울 난방도 안 되고 전기도 안 들어오는 날이면 정말 주저 앉아 울고 싶었습니다.

하지만 저는 그 속에서 더 강해졌습니다. 세상은 결국 혼자 사는 것이라는 걸 가슴 깊이 느꼈고 아무도 내 인생을 대신 살아줄 사람은 없다는 것을 뼈저리게 느꼈습니다. 아무리 힘든 일도 혼자 해내야 하며 어쩌면 아무도 도와줄 사람이 없을지도 모른다는 것과 결국 인생을 사는 것은 나 자신이고 그것을 어떻게 만들어나갈지는 나의 선택이라는 것도 깨달았습니다. 그리고 가슴 속에 언젠가는 꼭 밝은 날이 오리란 희망을 품었습니다.

2.

그렇게 한국과는 전혀 다른 특수한 환경과 나라들에서 1년을 보냈습니다. 군대와는 또 다르게 내가 가고 싶은 곳에 가서, 내가 하고 싶은 것을 할 수 있었다는 것이 제 인생에 큰 한 발자국을 내 딛은 것 같습니다.

특히 혼자서 해냈다는 사실이 저에게 '자립'이라는 단어를 마음에 품게 해 주었고 앞으로 어떤 일이든 할 수 있도록 힘이 되어주었습니다. 이 힘이 귀국 이후에도 학교에서 꾸준히 장학금을 받고, 아프리카 봉사활동을 혼자 다녀 올 수 있게 한 원동력이 된 것입니다. 뿐만 아니라 제가 계획하는 삶을 능동적으로 살 수 있게 만들어 줬습니다.

3.

제가 자신 있게 얘기할 수 있는 것은 제가 살아오면서 한 선택 중 제일 잘한 것이 미국으로 어학연수를 간 것이라는 겁니다. 솔직히 22살 연수를 떠나기 전까지 부모님께 많이 의지했었고 자취라는 걸 해본 적도 없었습니다. 무엇이든 '부모님이 계시니까'라는 생각을 하면서 살았습니다.

그런데, 공항 게이트에 들어가면서부터 다시 한국에 올 때까지 제가 혼자 다 해결해야만 했습니다. 걱정도 되었지만 변화할 제가 기대되기도 했습니다. 음식도 할 줄 모르고, 길도 잘 모르고 낯도 많이 가리고…… 걱정이 이만 저만이 아니었습니다. 막상 가보니 닥치니까 다 하게 되더군요. 음식을 모르면 하는 방법을 알아내면 되는 것이고, 길을 모르면 물어보면 되는 것이었습니다. 결국 낯을 가리던 성격도 유쾌한 친구들을 만나면서 많이 바뀌었습니다.

25 인생 성공의 비결 – 자기신뢰

해외도전은 대부분 사람에게 인생 첫 도전인 경우가 많습니다. 따라서 이 도전 자체에서 얼만큼 성취하는지 성취도가 중요하지만, 그보다 더 중요한 것은 향후 인생 전반을 지배해 나갈 성공의 비밀을 터득하고 체화했는지 여부가 더 중요합니다.

성공의 선순환이란 성공한 이들에게서 나타나는 공통적 요소로 '성공의 비결'이라 할 수 있는데, '자신감(자기신뢰)'과 '성공'의 순환을 말합니다. 자신감을 가지면 성공하게 되고, 성공하면 더욱 자신감을 갖게 되고, 더욱 자신감을 갖게 되면 더 크게 성공하는 순환의 사이클을 의미합니다.

강의 전문 프로그램에서 주관한 '전국대학생 프레젠테이션 대회'가 있었는데, 대상을 수상한 학생의 경우를 예로 들겠습니다. '나를 있게 한 세 가지'라는 제목인데, 그 중 '밧줄'에 관한 에피소드가 인상적입니다.

이 학생은 지방대에 진학하고 여자친구는 서울 명문대에 진학을 합니다. 미래에 대한 고민과 여자친구에게 무언가 할 수 있다는 모습을 보여주기 위해 편입공부를 시작합니다. 그러나 공부습관이 없던 그 학생은 학업에 열중하지 못하고 지각과 결석, 학원에 있는 시간도 휴게실이나 계속 들락날락합니다.

그러던 중 여자친구는 휴학까지 하면서 헌신적으로 남자친구의 편입공부를 돕습니다. 이에 크게 각성한 그 학생은 이후 편입학원의 자습실에서 허벅지에 밧줄을

묶고 열심히 공부를 합니다. 자리를 벗어나지 않고 집중하기 위함이었는데, 사람들의 놀림거리가 되기도 하고 집에 오면 허벅지가 시퍼렇게 멍이 들기도 했습니다. 그리고 편입시험을 치릅니다.

보통 이런 스토리는 성취하는 것으로 결론 나는 경우가 많은데, 결과는 낙방이었습니다. 이에 그 학생은 큰 실의에 빠집니다.

하지만 그것으로 이야기는 끝나지 않습니다. 결국 다시 다니던 대학에 복학을 하고, 거기서 반전이 생깁니다. 스스로도 몰라보게 달라진 자신의 모습을 보게 되는 것입니다. 매사에 진지하고 성실하고 적극적인 모습으로 탈바꿈한 것입니다. 그로 인해 교내 여러 활동에서 큰 성과와 발전들을 일굽니다.

이 학생은 '밧줄'을 통한 열정적인 자세로 성공의 선순환을 만들어 낸 것입니다. 편입은 낙방했지만, 다리에 멍이 들 정도로 인내하며 노력한 자신에 대한 두터운 신뢰가 생겼기 때문에 무슨 일을 해도 할 수 있다는 자신감을 갖게 된 것입니다. 그것으로 성공하게 되고, 그 성공은 더 큰 새로운 자신감을 만들어 내는 것입니다.

여러분의 해외도전은 단순 외국어 능력 향상이나 수료증이 아닌, 자기신뢰를 경험할 수 있는 기회가 되어야 합니다. 위 사례처럼 원하던 바를 이루지 못할 수도 있습니다. 하지만 그 과정에서 진정 최선을 다 하고 어려움을 극복해 내려 했다면 자기신뢰라는 내면의 승리를 경험할 것입니다.

젊은 시절 대입에 도전하거나 취업에 도전하는 것 외에 다른 도전의 기회가 많지 않습니다. 따라서 해외도전은 젊은 시절 가장 큰 도전의 기회가 될 수도 있습니다. 이 도전에서 남은 인생 전체를 지배할 성공 습관을 습득한다면 다른 어떤 능력과 비교할 수 없는 큰 가치가 될 것입니다. 그리고 이는 역사적으로 성공한 이들만 깨달았던 '성공의 비결'입니다.

26 내 인생의 버킷리스트
– 자기만의 시간

사람은 일생에서 순수하게 자기 혼자만의 시간을 갖지 못하는 경우가 많습니다. 특히 부모의 훈육, 직장, 자녀의 양육 등의 사이클에 얽매인 한국인의 일생은 자기만의 시간을 가지기 더욱 어렵습니다.

학창시절 까지는 부모의 울타리에서 생활하고, 진학을 위한 과제의 양도 매우 많습니다. 학업을 마치면 취업에 고군분투하고, 취업 이후에는 대부분의 시간을 회사를 위해 사용합니다. 사회적으로 자리를 잡으면 결혼이라는 새로운 과제가 생기고, 결혼 후에는 아이가 태어나죠. 아이가 태어난 후에는 개인의 삶은 사라진다고 보아야 합니다.

특히 노동시간이 세계적으로 가장 긴 한국의 환경과 자녀양육에 과도한 열정을 쏟는 우리 문화에서는 직장생활과 결혼생활에서 자기 시간을 갖는다는 것은 어려운 일입니다.

그러나 해외도전은 순수한 자기만의 시간입니다. 이러한 자기만의 시간은 해외도전의 중요한 목적이 되는데, 특히 20대 중반~30대 후반 미혼여성들의 목적이 되는 경우가 많습니다. 지금까지 진학, 취업, 직장인의 삶을 사느라 피로가 쌓여왔고, 결혼 후에는 가정생활과 자녀양육 등 얽매인 삶을 살아야 하므로 인생에 유일할 수 있는 자기만의 소중한 시간을 갖고자 하는 것입니다.

자신에게 선물을 준다는 것은 꼭 필요한 일입니다. 미래에 자기 인생에 아쉬움을

줄일 수 있고, 타인에게도 관용적인 태도를 보일 수 있게 됩니다. 살아가며 느낄 여러 어려움에 위안을 줄 수도 있고 인생을 비관하는 자세를 최소화 할 수 있기 때문입니다.

어느 순간 이제껏 자신에게 해준 게 아무 것도 없다는 허망함은 자칫 우울증 등 여러 정신질환의 주요한 원인이 되기도 합니다.

소극적 개념의 자기만의 시간이 아니라, 적극적인 개념으로 본다면 젊은 시절 외국생활만큼 즐거운 축제도 없습니다. 피부색과 문화, 국적이 다른 다양한 세계의 친구들과 함께 하는 것은 그 자체로 큰 감동입니다. 또한 다양한 곳을 여행하고 다양한 경험으로 삶의 가능성을 확장시킬 수도 있습니다.

성공한 이들의 해외도전 수기는 '내 인생의 전성기', '내 인생의 클라이막스', '내 인생에서 가장 잘한 일', '내 인생에 잊을 수 없는 순간들', '다시 돌아가고픈 시간들', '주저 말고 떠나라', '한 치도 후회 없는 떠남' 등의 후기 제목들을 보면 알 수 있듯이 최고로 만족하는 내용들을 담고 있는 경우가 대부분입니다.

한국인의 삶은 다소 측은하기까지 합니다. 세계 어느 나라보다 긴 노동시간에 노동강도가 강하고, 개인의 삶이 풍요롭지도 않습니다. 늘 돈에 쫓기고, 자신이 아닌 다른 가족구성원을 위해 희생한다는 마음가짐으로 살아갑니다. 가장은 가족들을 위해 뼈빠지게 일한다고 생각하고, 주부는 가족만을 위해 헌신한다 생각하며, 자녀는 자녀대로 부모를 위해 노력한다고 생각합니다. 결국 남을 위한 희생의 논리 속에서 가정불화를 겪거나, 가족 구성원 중 누구도 행복하지 않은 상황이 되는 경우도 있습니다.

이러한 갈등의 원인이 자신에게 너무 해준 게 없다는 허망함일 수 있습니다. 따라서 해외도전이든 다른 경험이든 자신만을 위한 선물을 주도록 노력해야 하겠습니다. 이는 궁극적으로 자신과 가정을 더 행복하게 만들어 줄 것입니다.

27 내 인생의 코페르니쿠스적 전환

천동설을 너무도 당연한 것으로 여겨왔던 시대에 코페르니쿠스는 지동설이 정확한 사실임을 주장함으로써 당시 사람들에게는 존재의 근거를 흔들 정도의 큰 충격을 주었습니다. 사실 인간이 당연 우주의 중심이라 생각하였을 텐데, 그것이 아니라고 하니 그 충격이 엄청났을 테지요.

이후 철학자 칸트는 자신의 인식론을 주장하면서 이 개념을 이용하였는데, 이후부터 '코페르니쿠적 전환'이라는 개념은 사고방식이나 견해가 기존과는 혁신적으로 달라지는 것을 의미합니다.

여러 해외도전이 단순히 영어를 배우거나 견문을 넓히는 정도의 행위로 이해되는 경우가 많은데, 사실 해외도전이란 개인에게 있어서는 기존의 사고방식이나 삶에 대한 이해를 전폭적으로 변화시키는 '코페르니쿠스적 전환'의 계기가 될 정도로 큰 사건입니다.

다소 과장된 예를 들겠습니다. 헤로도토스의 『역사』를 읽을 때 다음 글을 읽으면서 카타르시스를 느꼈던 적이 있습니다.

트라우소이족은 특이하게 자식이 태어나면 가족이 주위에 둘러앉아 저마다 인간이 살아가면서 경험하지 않으면 안 되는 고통이나 고뇌를 이야기하고, 새로 태어난 생명이 앞으로 겪어야 할 여러 가지 고난을 생각하며 슬퍼하고 탄식한다. 그러나 누군가가 죽었을 경우에는 이와 정반대로 그가 이 세상의 여러 가지 고난에서 벗어나 이제는 완전히 안락한 상태에 놓여 있다는 이유로 모두 기뻐하며 축하하고 웃고 떠들면서 땅에 묻는다.

위의 문화를 보면서 그 당시 개인적으로 여러 죽음과 관련된 상황과 상념으로 힘들던 시기에 약간이나마 삶과 죽음에 대한 폭넓은 생각을 해보며 위안이 되었고, 무엇보다 실제 이런 문화가 존재했었는지 사실여부에 대해 큰 호기심을 느꼈던 기억입니다.

위의 예는 다소 극단적인 경우이지만, 여러분이 해외에 나간다는 것은 현재 여러분의 삶의 양식과 판이하게 다른 다양한 삶의 양식을 접한다는 것을 의미합니다. 삶의 양식이란 인생을 이해하는 방식, 타인을 이해하는 방식, 행복 불행을 판단하는 방식 등을 의미하며 이로 인해 생기는 셀 수 없이 많은 삶의 단계별 양태를 의미합니다.

해외에 나가서 다양한 문화와 사람들의 삶의 모습을 관찰하면서 이제까지 너무 당연시 여겨 왔던 것들, 그저 인생이란 한 두 가지 정도의 가능성을 설정하고 그 안에서만 선택하며 살아야만 하는 것으로 체념해 왔던 것들, 이러한 모든 것이 낯설게 느껴질 정도로 세상에는 매우 다양한 삶의 형태가 존재함을 엿보게 되는 것입니다.

실존주의의 대표 철학자인 사르트르는 인간이란 어떤 이유도 없이 세상에 던져진 존재이기 때문에 역설적이게도 절대적으로 자유로운 존재이기도 하다고 말합니다. 그로 인해 자신에 대해서 전적으로 책임감을 갖고 우리 스스로가 되기 원하는 인간을 창조하는 행위를 해야 한다고 하였는데, 이는 인간의 이미지를 창조하는 행위이기 때문에 타인에게는 새로운 가능성의 영역을 넓혀 주는 것이라 하였습니다.

다양한 인간의 이미지는 평생을 살아온 자신의 나라에서 관찰하기 어렵고, 특히 한국에서는 더욱 쉽지 않습니다. 우선 공간적 한계가 명확합니다. 한국사회처럼 삶의 개성이 다양하지 않고 정형화된 삶이 강요되는 나라도 드물며, 타인의 삶의 자유로운 시도에 대해서는 엄격한 판관 노릇을 하는 문화도 드문 편입니다.

사르트르는 인간이 세계 속에 있다는 것, 그 안에서 살고 그곳에서 죽는다는 것 정도가 필연성이며, 이외의 것은 필연이 아닌 무한한 가능성의 세계라 하였습니다. 우리가 알고 있는 삶의 모습이 정녕 전부인지 일생에 한번 정도는 호기심 어린 마음으로 세계를 두루 둘러봐야 하겠습니다.

삶의 가능성을 시도하는 것이 경제적 불우함을 의미하는 것이 아닙니다. 한국에서는 마치 정형화된 길을 가지 않는 것 자체가 경제적 불우함과 동일시 여겨지는 잘못된 문화가 있는데, 이는 나도 가능성을 포기했으니 너도 포기하라는 자유에 대한 질투에서 형성된 잘못된 문화입니다. 어느 시대나 그러하였겠지만, 특히 변화속도가 빠른 현대사회는 나의 개성과 가능성을 시도하고 실현하는 것이 변화에 대한 대처에도 더 유리한 방식입니다.

영국은 이미 80년대에 경제가 어려워 가장 먼저 개혁한 것이 공무원과 공공기업이었으며, 중국도 이미 90년대 후반부터 부실 국영기업 정리에 나섰고, 지속적인 조정을 이루고 있습니다. 결국 지금의 젊은이들이 마치 신의 직장처럼 여기는 공무원과 공기업이 언제까지 지금의 안정성을 유지할 수 있을지는 미지수입니다. 물론 공무원 준비를 하지 말자는 것은 아니지만, 지금과 같은 속도의 시대에 안정성 하나만을 위해 자신의 개성을 억누르는 것에는 큰 위험을 감수해야 합니다. 공직은 공직에 대한 소명감과 개성, 그리고 청렴성을 가진 경우에 적합한 선택이 됩니다.

해외도전을 열심히 하고 온 학생이나 고객들을 보면, 분명 그 사람은 동일인이지만 또한 동일인이 아니기도 합니다. 이름과 형체는 동일인이나, 삶을 대하는 생각과 행동 등의 자기동일성에서는 분명 과거보다 더 큰 거인이 되어 있기 때문입니다.

흔히 말하듯 우물 안 개구리가 아닌 창공의 나는 자유로운 새가 되어 보다 큰 가능성을 가슴에 품고 더욱 멋진 인생을 살아가길 바랍니다.

28 청춘은 놀아야 한다

청춘은 놀아야 합니다. 청춘 이외에는 놀 시간이 없기 때문이기도 하지만 놀아야 '발전'하는 것이 청춘이기 때문입니다.

여기서 노는 것은 혼자 노는 것이 아니라, 다양한 삶의 모습을 가진 타인과 노는 것을 의미합니다. 익숙했던 공간에서 노는 것이 아니라, 미지의 큰 세계에서 견문을 넓히며 노는 것을 의미합니다. 퇴보의 유흥이나 자포자기의 탐닉이 아닌, 미래를 준비하는 발전의 놀이를 의미합니다. 청춘의 가장 이상적인 놀이는 무엇보다 세계에서 세계인들과 영어로 노는 것을 의미합니다.

청춘은 시든 꽃과 같은 퇴락의 나이가 아닙니다. 피어나는 봉우리이며, 행동의 나이입니다. 고민 속에서만 찌들 것이 아니라, 자신감을 갖고 즉흥적인 행동으로 세계를 배경으로 자신이 직접 벌어서 자기 힘으로 신나게 놀아봐야 하겠습니다.

에라스무스는 『우신예찬』에서 놀이정신을 상실한 인간의 모습을 아래와 같이 묘사하였습니다.

"지식의 전형이라고 할 만한 사람, 어린 시절과 젊은 시절을 공부에 다 소진해 버리고, 가장 아름다운 시절을 밤샘과 근심 걱정과 끝없는 노고로 다 날려 버리고, 남은 삶마저 조금도 즐겁지 않게 보내 버린, 그런 사람을 한번 생각해 보라. 그는 늘 인색하고 난처해하고 침울하고 우울하며, 자기 자신에 대해서는 엄격하고 가혹하며 남에 대해서는 귀찮아하고 지긋지긋해하는, 창백하고 수척하고 병약하고 눈곱이 끼어 비틀어지고 늙기도 전에 머리가 벗어진, 요절할 운명을 타고난 사람이다. 하지만 그런 사람은 죽어도 상관없다. 여태껏 한 번도 제대로 살아 본 적이 없지 않은가!"

그저 책 속의 하나의 문장으로 흘려버리기에는 우리의 모습과 너무도 닮아 있음을 느낍니다.

'놀이하는 인간'을 뜻하는 『호모 루덴스』의 저자 하위징아는 인류의 여러 예술, 문화적 유산들이 놀이문화를 통해서 발전해 왔음을 역설하기도 합니다. 또한 이러한 경향은 지금과 앞으로의 시대에 있어서는 더욱 필요하고 중요한 요소이기도 합니다.

지금은 과거처럼 대량 제조업으로 산업발전을 꾀하는 것이 아니라, 창의적인 아이디어로 문화를 주도해 나가는 것이 산업에서도 매우 중요한 요소가 되었기 때문입니다. 그런데 창의적인 아이디어는 창의적으로 놀아보지 않고는 형성될 수 없는 것이기도 합니다. 스티브 잡스가 정식 대학 과정을 그만두고 대학 강의실에서 잠을 자면서 서체 강의를 호기심으로 듣고 놀이했던 것이 아름다운 서체의 컴퓨터 애플을 만들게 되었던 배경임을 고백하는 것과 같은 이치입니다.

어학연수로 기본을 닦고 워킹홀리데이로 돈을 벌어서 세계일주나 절반의 세계일주를 다녀온 많은 학생, 또는 고객들을 알고 있습니다. 놀이 자체의 추억은 그들에게 평생의 삶에 두고두고 에너지와 힐링이 됩니다. 놀이를 통한 다양한 경험은 평생의 삶에 두고두고 아이디어의 원천이 됩니다. 놀이 과정을 통해 사귄 세계의 다양한 친구들은 평생의 삶에 두고두고 글로벌 인맥이 됩니다.

세계일주를 마치 대단한 일이며 호사나 사치로 생각하는 경우가 있는데, 사실 세계일주는 서구나 기타 다른 나라 젊은이들에게는 매우 보편적인 도전으로 인식되고 있습니다. 아주 저렴한 여행자 숙소에서 생활하며 알뜰하게 먹고 다닌다면 사실 세계일주라고 해서 예상만큼 큰 비용이 들지는 않습니다.

또한 해외도전을 할 때 세계여행은 더욱 저렴한 방식으로 가능합니다. 외국생활을 할 때 같은 반, 또는 여행 중 사귄 다양한 외국인 친구들 집을 방문하는 것입니다. 이런 경우라면 숙식을 친구 집에서 할 수 있고, 여행도 현지 친구의 도움으로 그들의 실제 사는 모습을 경험하게 되니 여행의 질은 가히 최상이라 할 수 있습니다. 그들이 요리하는 진짜 그 나라 음식을 먹고, 그 나라 사람들이 마시는 진짜 와인을 마시고, 그 나라 친구가 소개해 주는 곳들을 둘러보기 때문입니다.

그리고 해외도전 후 귀국하고 일상을 살다가 방학이나 휴가 등에 경험하지 못한 다른 나라를 가 볼 수 있습니다. 이 때도 마찬가지입니다. 내가 사귄 외국친구들 집에 방문하는 것입니다. 많은 이들이 휴가 때 일본에 가고, 독일에 가고, 미국에 가곤 합니다. 가방 하나 메고 어디를 가는가 물어보면 외국에서 사귄 친구의 집에 간다는 답변입니다. 참으로 자유롭고 행복한 모습입니다.

물론 이러한 교류의 세계일주를 하려면 나도 친구들을 정성껏 반겨주어야 합니다. 그들이 한국에 오면 숙식도 제공해주고, 한국도 소개해주는 것입니다. 그런데 이는 언어학습 유지에 큰 동기와 자극을 주는 것이니, 사실 또 다른 의미에서 돈 주고도 못사는 공부가 되는 것이기도 합니다.

해외도전을 가게 된다면 세계지도를 하나 출력해서 나의 발길이 가는 대로 색칠을 해보길 바랍니다. 그 기간 안에 많은 대륙을 다 돌아보던, 이후에 하나씩 채워가던 그 자체로 세계지도는 내 인생의 버킷리스트가 되며 큰 행복을 선사해줄 것입니다.

29 늦은 나이? – 계산서와 새로운 꿈

어학연수는 90년대 까지만 해도 대학생들만 가는 것으로 인식되었습니다. 그러다 2000년 즈음부터 20~30대 직장인들이 어학연수를 가게 되었고, 2010년이 넘어서는 40~50대까지도 스스럼 없이 어학연수를 가게 되었습니다. 과거 같았으면 특히 50대가 어학연수를 간다는 것은 상상하지 못했고, 주변에서도 신기하게 생각했지만 지금은 그러한 어색함은 전혀 존재하지 않습니다.

나이가 많은 분들의 어학연수가 증가했다는 사실은 다음 두 가지를 반영하는 사항이라 할 수 있습니다.

하나는 급속한 세계화로 인해 외국어를 잘 하지 못해 겪는 불이익이 끊임없이 따라다니는 스트레스가 되었다는 것입니다. 40~50대가 넘어도 외국어 능력으로 수많은 기회를 잃는 일이 빈번해지고 있으며, 이로 인해 다소 많은 나이에도 단호한 결단을 내리는 경우가 많아졌습니다.

간혹 대학생들을 보면 외국어 능력을 취업까지만 필요한 것으로 여기는 경우가 많은데, 실제로는 취업 이후 더 높은 위치에 올라갈수록 그 필요성은 더 커집니다. 따라서 장기적인 시각을 갖고 외국어 능력을 쌓아야 하겠고, 또한 지속적인 유지 및 발전 노력을 해야 하겠습니다.

다른 하나는 평균 수명의 연장에 있습니다. 우선 어느 신문에 소개된 글을 하나 소개합니다.

〈어느 90세 노인의 수기〉

나는 젊었을 때 인생을 정말 열심히 살았습니다. 회사에서도 어느 누구보다 열심히 일을 하였고 그 결과 주위로부터 실력을 인정받고 존경도 받았습니다. 그 덕분에 60세까지 일을 하다가 당당히 은퇴할 수 있었습니다. 그런 내가 은퇴 30년 후인 90살 생일 때 얼마나 후회의 눈물을 흘리고 있는지 모릅니다. 내 60여 년의 삶은 자랑스럽고 떳떳했지만 이후 30년의 삶은 부끄럽고 후회되고 비통하기까지 한 삶이었습니다.

나는 퇴직 후 '이제 할 일 다했다. 남은 인생은 그냥 덤이다.'라는 생각으로 특별한 일 없이 살았습니다. 더 이상 이뤄야 할 목표를 상실한 채 덧없고 희망이 없이 죽는 날만 기다리는 식의 삶이었습니다. 그런 삶을 무려 30년이나 살아 왔습니다. 30년의 세월은 지금 내 나이 90세에 뒤돌아보니 꼭 1/3이나 되는 기나긴 시간이었습니다. 만일 내가 퇴직할 때 앞으로 30년을 더 살 수 있다고 생각했다면 난 정말 그렇게 살지는 않았을 것입니다. 그때 내 스스로 늙었다고, 뭔가를 시작하기에는 너무 늦었다고 생각한 것이 큰 잘못이었습니다.

나는 지금 90살이지만 정신이 또렷합니다. 앞으로도 10년, 아니 20년을 더 살지도 모르는 일입니다. 이제 나는 그 동안 하고 싶었던 어학공부를 시작하려 합니다. 그 이유는 단 한가지입니다. 10년 후 맞이하게 될 100세 생일날 90살 때 나는 왜 아무것도 시작하지 않았는지 후회하지 않기 위해서입니다.

(출처 : 동아일보)

현재 평균수명은 매우 빠른 속도로 늘어나고 있는 상황이며, 앞으로도 그러할 것입니다. 사회적으로 그 수가 적은 젊은층의 세금으로 다수의 노인층을 부양할 수 있을지 미지수입니다. 한 개인에게는 노후생활의 경제적 안정이라는 문제와 노후의 어마어마한 시간을 어떠한 삶으로 채워야 할지에 대한 문제에 직면하게 됩니다.

노후생활의 경제적 안정을 위해서는 큰 자산이 있는 경우가 아니라면 정년 이후에도 경제활동을 해야 한다는 얘기입니다. 결국 이는 자신의 경쟁력 문제가 될 것이며 경쟁력은 외국어 능력 문제로 돌아올 가능성이 큽니다. 즉, 경제활동 기간 연장에 대비한 가장 필수적인 준비 중 하나가 외국어 준비가 될 수 있다는 것입니다.

하는 일 없이 너무 많은 시간도 문제입니다. 노인이 되어서 매일 등산만 할 수도 없는 노릇입니다. 결국 주어진 시간에 몰입할 대상이 필요한데, 예술적 취미와 더불어 외국어 학습은 몰입대상으로써 가치가 높습니다. 언어란 문학을 포함하기에 예술적 향유를 느낄 수도 있고, 또한 지금 한국에 와 있는 수많은 외국인과도 교류하는 즐거움을 줄 수도 있습니다.

58세에 공직생활을 퇴직 전 그만두시고 3개월 어학연수를 다녀오신 한 분은 집 근처 등산에서 만난 외국인들과 대화하는 모습에 당신 부인께서 경탄과 존경을 보낸다 하시고, 또 그 외국인 친구와 즐거운 교류를 하고 있고, 영어공부에 흠뻑 빠진 지금이 인생 최고의 행복한 전성기라 말하곤 합니다.

그런데 간혹 이제 막 20대 중반을 넘어선 이가 상담을 하러 와서 '제가 너무 늦지 않았나요?'라는 질문을 합니다. 물론 인생의 어느 시기이던 조급함을 갖는 것은 이해할 수 있지만, 인생 전체로 보면 20대라는 어린 나이에 '늦었다'는 말을 하는 것은 적절하지 않다고 생각합니다.

인생의 어떤 나이에서든 새로운 꿈을 꾸는 것은 아름답습니다. 그리고 꿈을 꾸어야 행복해질 수 있고 시간을 지배할 수 있습니다.

30 발전의 변증법 – 떠나라!

꼭 해외도전이라는 명분이 없더라도 떠남은 인간의 발전을 위해 필수 요소입니다. 낯선 세계와의 만남 없이는 자극과 깨달음을 얻기 어렵고, 그로 인한 행동의 변화가 생겨날 가능성이 적기 때문입니다. 사람은 나서 서울로 보내고, 말은 나서 제주도로 보내라는 말도 있습니다.

분야를 막론하고 위인의 평전이나 자서전을 읽어 보면 모든 발전에는 떠남의 단계가 있다는 것을 발견하게 됩니다. 떠남으로 인한 외부 세계와의 만남, 그로 인한 변화나 발전의 단계가 없는 위인전이나 자서전은 거의 없습니다. 이처럼 떠남은 인생에 확연한 발전의 터닝포인트를 제공합니다.

이제 소개할 글은 영화 [시네마 천국] 중 한 장면입니다. 알프레도는 젊은 토토에게 떠남을 재촉하고 있습니다. 돌아오지 말라고 강하게 이야기하고 있습니다. 토토는 결국 낯선 대도시로 떠나게 되고, 이후 세계적 영화감독으로 성장합니다.

고생이나 실패도 인생의 소중한 경험으로 승화시킬 수 있는 20대라면 무작정 떠나보라고 독려하고 싶습니다. 그리고 알프레도 할아버지처럼 가급적 돌아오지 말라고 권하고 싶습니다. 물론 때와 경우에 따라 돌아올 사람은 돌아와야 하겠지만, 돌아오지 않겠다는 각오로 간다면 그만큼 많은 것을 느끼고 경험하고 성공할 확률이 커집니다.

영화 [시네마 천국] 中

알프레도 : 토토, 여기 작은 마을을 떠나거라. 이곳은 너에게 아무 도움이 되지 않
는 곳이란다. 여기에 사는 동안은 여기가 세계의 중심인 줄 알지, 변하
는 건 아무 것도 없이 느껴진단다. 그러나 네가 떠난다면 2년 정도 있
으면 스스로 변한 것을 느끼게 되고 그다지 보고 싶은 사람도 없어지게
되지.
한 번 이곳을 뜨면 아주 오래 있다 와야 한단다.
그러다 귀향을 하면 친구들과 정든 땅을 느낄 수 있지. 지금의 너로선
세상 속에 큰 의미를 갖지 못한단다.

토토 : (늘 영화대사를 인용해서 이야기하는 알프레도 아저씨에게 비야냥 거리는
어조로) 누구 대사죠? 게리 쿠퍼? 제임스 스튜어트? 헨리 폰다?

알프레드 : 아니, 누구의 대사도 아니란다. 내 대사지. 인생은 네가 본 영화하곤 다
르단다. 인생이 훨씬 힘들지. 떠나거라. 넌 아직 젊고, 앞날이 창창해!
돌아와선 안 된다. 깡그리 잊어 버리거라. 편지도 쓰지 말고, 향수에 빠
져서도 안 된다. 여길 잊어 버리거라. 만일 못 참고 돌아오면, 널 절대
로 다신 만나지 않겠다. 알겠니?
무슨 일을 하든 자신의 일을 사랑하렴.
됐다. 이걸로 됐다. 이젠.

31 해외경험 – 취업에 도움이 될까?

최근 몇 년간 국내 대기업에서 천편일률적인 스펙 쌓기는 취업에 크게 반영하지 않겠다는 기준을 제시한 적이 있습니다. 이로 인해 여러 해외도전 경험이 취업과 별다른 관계가 없는 것으로 인식되는 경우가 있습니다.

하지만 명분과 실재 사이에는 큰 괴리감이 존재합니다. 많은 취업지원자가 직무와 크게 관계도 없는 자격증 취득 등 스펙 쌓기에 열중하는 세태가 사회적 문제가 되니, 기업체에서 단순 스펙을 반영하지 않겠다는 발표를 한 것이 좋은 일이긴 하지만, 이는 해외도전에 적용할 사항은 아닙니다. 이유는 실제 기업체에서 지원자의 능력 중 가장 크게 평가하는 부분은 바로 해외도전이 아니면 획득하기 어려운 어학능력과 국제경험이기 때문입니다.

즉, 기업체에서는 해외도전의 수료증 같은 '형식'은 보지 않겠으나, 영어능력과 국제경험이라는 '내용'은 보겠다는 것이니, 사실상 다른 자격증과는 달리 해외도전의 경험은 취업에 매우 중요한 사항이 됩니다.

따라서 취업준비생의 경우에는 해외도전의 결과로 단순 수료증을 얻어오겠다는 것은 현재는 큰 의미가 없다는 것을 알아야 하며, 그 보다 해외도전으로 어학능력 향상과 여러 국제적 이슈에 대한 이해와 대응능력을 보여줄 수 있는 경험을 많이 하는 것에 중점을 두어야 하겠습니다.

어학능력은 외국어 면접을 잘 통과해 낼 수 있는 높은 수준을 획득해야 하며, 국

제경험은 자기소개서와 면접 등에 있어서 국제적 안목이 있음을 보여줄 수 있는 매력적인 도전과 경험을 많이 시도해야 합니다.

그리고 개인적으로 오랜 기간 많은 이들의 취업도전과 결과를 보면서 느낀점을 조언하자면 취업에 있어 학력보다 영어실력과 국제경험이 더 비중 있게 적용된다는 것입니다. 학력이 좋으나 영어실력이 낮고 국제경험이 미비한 A와 학력은 다소 낮으나 영어실력과 국제경험을 다양하게 갖춘 B가 있다고 할 때, A 보다 B 가 동일 기업 지원에서 취직을 하게 되는 확률이 훨씬 높게 나타나는 것을 보고 느끼고 있습니다.

또한 국제경험에 있어서도 단순히 한 나라만 경험한 경우보다 여러 대륙을 경험한 경우가 훨씬 유리하다는 점입니다. 다양한 나라를 경험하는 것이 글로벌 안목 형성에 필수적인데, 그 경험을 통해 문화적 다양성 체득, 글로벌 인맥 형성, 개인의 성찰과 삶의 의미 발견 등의 성장과 발전, 깨달음을 얻는 경우가 많기 때문입니다.

우리의 경우 대기업은 예외 없이 전부 글로벌 기업이라 할 수 있고, 중견기업, 소기업을 포함해 국내 내수시장만을 목적으로 하거나 글로벌 교류가 없는 회사는 거의 없다고 할 수 있습니다. 이러한 글로벌 기업에서 인재를 요구할 때 가장 우선시하는 것은 세계 어디에서나 누구와 비즈니스를 하더라도 주어진 업무를 제대로 수행할 수 있는 글로벌 인재입니다. 이는 달리 의미부여가 필요치 않는 매우 상식적인 사항입니다.

취업과 해외도전의 상관관계를 정리하자면, 단순히 다녀왔다는 타이틀이나 수료증 그 자체로는 취업에 큰 도움이 되지 않지만, 해외도전을 통해 높은 외국어 능력을 습득하는 것과 다양한 국제경험을 쌓는 것은 취업에 절대적으로 중요한 요소임을 정확히 인지해야 한다는 것입니다.

32 우리민족의 외국어 능력

한국은 세계에서 영어교육에 가장 많은 비용을 쓰는 나라이면서, 영어 말하기 능력은 전세계 121위로 꼴찌 그룹에 속해 있는 나라입니다. 연간 7조를 영어교육에 소비한다고 하는데, 이는 2위인 일본에 비해 인구수 대비 1인당 교육비는 매우 큰 격차로 세계 1위를 고수하고 있는 수준입니다.

이러한 현상의 원인은 여러 가지가 있겠지만, 가장 명확한 두 가지는 정규교육과정에서 말하기 교육이 전혀 이뤄지지 않고 있다는 점과 취업 등을 위한 궁극의 영어시험으로 TOEIC을 택하고 있다는 점입니다.

학창시절에는 늘 문어체와 번역, 읽기 위주로 교육을 받으니 말할 기회가 없고, 대학에 와서도 일단 취업에 필요한 TOEIC을 선택하게 되니 역시 말할 기회를 갖지 못하는 것입니다.

개인적으로 해외도전을 앞둔 학생들을 위해 영어공부를 위한 강의와 스터디 모임을 운영하고 있는데, 그 중 영작과제를 하고 앞에 나가 발표하는 과정이 있습니다. 대학생, 직장인들이 대부분인 참가자들은 발표를 하고 나서 '태어나서 처음으로 남들 앞에서 영어로 자기 이야기를 해보았다.'고 말합니다. 간단한 주제에 대해 매우 짧은 프레젠테이션을 하는 것인데, 그것만으로도 영어학습에 대한 흥분과 큰 가능성을 느끼게 되고, 남들 앞에서 자신의 이야기를 말한다는 것에도 큰 의미를 부여하곤 합니다. '왜 학창시절에는 이런 수업이 없었을까요?'라고 탄식을 하는 경우도 많습니다.

영어교육이라는 것이 거창한 개혁이 필요하다기 보다 단지 초·중·고등학교 때
라도 그 수준에 맞는 짧은 영어발표 기회가 주어진다면 혁신적인 발전을 할 수 있
으리라 확신합니다. 이러한 발표수업을 위해 원어민 선생님이 필요한 것도 아닙
니다. 한국인 선생님이 영어회화를 꼭 잘 할 필요도 없습니다. 학생들에게 발표의
기회를 준다는 것과 선생님이 회화를 잘 해야 하는 것과는 별 관련이 없습니다.

구한말 한국을 다녀간 서양인들의 책을 보면 '한국인은 외국어를 잘 하는 민족이
다.'라는 표현을 흔히 볼 수 있습니다. 2차 세계대전에는 일본어, 중국어, 영어, 러
시아어까지 출중한 한국인들의 능력으로 인해 미국, 영국 등 연합군 측에서 한국

인들을 통역병으로 대거 채용하기도 했습니다.

조정래 작가의 『정글만리』를 보면 중국인들의 한국인에 대한 인상 중 빠지지 않는 것이 '한국인은 외국어를 잘 하는 민족이다.'라는 것입니다. 전세계 많은 이들이 중국으로 파견되어 일을 하러 오지만 오랜 세월이 흘러도 중국어를 해내는 경우가 드물다고 합니다. 하지만, 한국인들은 매우 짧은 시간 안에 중국어를 열심히 공부하여 유창하게 구사하니 중국인들의 눈에 신기해 보이는 듯 합니다.

이렇듯 외국어 학습에 있어 출중한 능력의 유전자를 갖고 있는 민족이 바로 우리 한민족입니다. 바탕이 잘못된 교육 형태와 영어평가 시스템으로 인해 영어를 한 마디로 못하는 나라가 되었으며, 이는 국민들에게 평생 스트레스를 주고 있고 국가적으로도 큰 손실을 안기고 있습니다.

거창한 사회적 시스템 개편이나 대입영어제도 개편 등 거대 계획만 생각할 것이 아니라, 초중고 영어수업에서 발표수업을 의무화하는 것만으로도 지금보다 훨씬 영어 잘하는 나라를 만들 수 있으리라 확신합니다.

다음은 영어교육 개혁과 관련된 유럽의 사례에 관한 글입니다. 많은 사람이 유럽은 영어와 어순이 같아서 영어를 잘 하는 것으로 오해하고 있는데, 전혀 그렇지 않다는 점을 살펴보길 바랍니다. 또한 영어능력 세계 3위(1위 네덜란드, 2위 덴마크)인 핀란드는 한국어와 같은 어순인 우랄 알타이 어족의 언어를 사용하고 있기도 합니다.

한국의 영어교육 모방 국가로 적합한 나라는 핀란드, 네덜란드, 덴마크다.
그 중 네덜란드는 본래 무역이 발달하고 국가 사업상 외국어의 중요성이 부각되어 영어와 독어를 세계에서 제일 잘하는 민족 중 하나다.

결국 핀란드 혹은 덴마크가 되어야 하는데, 덴마크 사례가 조금 더 한국에 어울린다고 생각한다. 왜냐하면 덴마크가 바로 영어 지진아 국가였을 때 시행하던 영어 교육법이 지금 한국의 교육과 비슷하기 때문이다.

덴마크의 영어 교육은 모두 문어체 중심이고 번역, 문법 중심이었기 때문에 특히 구어에 대해서는 국민 전체가 영어를 못한다고 봐도 될 정도였다. 당시 덴마크 수상을 만난 영국인은 상황을 이렇게 묘사하고 있다.

"덴마크 수상을 만났는데 그는 영어를 시작했다. 그는 놀라울 정도로 광대한 어휘를 머릿속에 넣고 있었는데 그것은 모두 문학작품에서 얻은 영어 단어들이었다. 아주 고차원적이고 세련된 단어들이 유치한 수준의 문장과 함께 섞여 나오는데 영어라고 봐주기도 민망한 정도였다."

이후에 덴마크는 예스퍼슨이라는 영어학자를 중심으로 영어 개혁이 일어난다. 영어 못하는 국가에서 현재는 영어를 네덜란드 다음으로 잘하는 국가로 올라선 것이다. 어떻게 올라섰을까? 예스퍼슨은 자신의 책에서 영어 학습법을 다음과 같이 설명하고 있다.

"수영을 배우기에 가장 좋은 방법은 무엇일까? 고개를 몇 도로 젖히고 다리 모양을 이렇게 하고 손 모양은 이렇게 하며 호흡은 언제 쉬어야 한다는 이론을 외우고 시작하는 것일까? 아니다! 수영을 배우는 가장 좋은 방법은 일단 물에 들어가는 것이다. 그렇다면 영어도 마찬가지다. 덴마크 국민들의 영어 수준을 끌어올리기 위해서는 현재의 문어, 문법 중심의 교육을 접고 번역식의 교육을 지양하고 영어라는 바다에 빠져 들어야 한다.”

여기서 예스퍼슨의 이론을 모두 설명할 수는 없다. 하지만 한 명의 언어학자가 국민 전체의 외국어 수준을 끌어 올렸다는 것은 정말 두고두고 회자될 일이다. 한국의 예스퍼슨은 누가 될까? 아니 나오기라도 할까?

(출처 : 인터넷 게시판)

33 두 개 외국어는 기본

먼저 김대중 전대통령이 정계를 떠나 계셨을 때 쓴 글을 모은 『다시, 새로운 시작을 위하여(김영사 간행)』中 제3부 '영어를 배워라'의 일부 글을 보겠습니다.

영어는 영국이나 미국 등 영어 사용 국가만의 언어가 아닙니다. 오늘날은 세계일촌의 시대이고, 영어는 세계어입니다. 따라서 세계인으로 살아야 하는 우리는 영어를 배워야 합니다. 이것은 미국 말, 영국 말을 배우는 것이 아니라, 세계어를 배우는 것입니다. 우리는 이 현실을 받아들여야 합니다. 영어를 모르면 김포공항을 벗어나는 순간 벙어리가 되고, 그러므로 젊은이들은 외국어 가운데 영어 하나만이라도 반드시 배워야 합니다.

물론 다른 나라 말을 배운다는 것은 매우 어려운 일입니다. 하지만, 아주 불가능한 것은 아닙니다. 문제는 의지와 끈기입니다. 배우려는 의지가 있고 끈기 있게 노력하려는 자세만 되어 있으면 영어는 정복할 수 있습니다. 영어를 배우는 데 왕도는 없습니다. 오직 굳은 의지와 꾸준한 노력입니다. 혹시 '영어는 안 돼, 영어를 공부하기에는 너무 늦었어'하고 생각하는 사람이 있다면 나의 체험담을 듣고 용기를 내기 바랍니다. 나는 마흔 여덟 살 때부터 영어공부를 하기 시작했습니다.

나는 1972년 유신이 선포되기까지 약 10년 동안 국회의원 생활을 했습니다. 그때는 영어를 할 줄 몰랐기 때문에 외국의 공관 사람들이나 외신 기자들을 만나는 일이 참 괴로웠습니다. 그래서 일부러 피하기까지 했습니다.

영어를 배워야겠다고 다짐한 적이 한두 번이 아니었습니다. 또 실천에 옮겨 보기도 했습니다. 그러나 잘 되지 않았습니다. 아마도 의지는 있었는데 끈기 있는 노력이 부족한 탓이었던 것 같습니다. 나는 번번히 실패했습니다. 1972년까지 그런 꼴이었습니다.

(중략)

73년 여름에는 미국에 있을 때 한 달쯤 개인교습을 받아보기도 했지만, 그 정도 가지고는 되지 않았습니다. 귀도 열리지 않았고 입도 트이지 않았습니다.

바로 그 무렵 하버드 대학의 제롬 코헨 교수에게 긴급히 연락할 일이 생겼습니다. 대신 전화를 걸어줄 사람은 곁에 없고, 시간은 촉박했습니다.

다른 선택의 여지가 없었기 때문에 나는 할 수 없이 직접 전화를 걸었습니다. 더듬더듬 말을 하면서도 상대방이 내 말을 못 알아들을까 몹시 걱정이 되었습니다. 그런데 내 말을 듣던 그가 깜짝 놀란 목소리로 "당신, 영어를 할 줄 아는군요. 훌륭합니다. 참 잘 하십니다."라고 말하는 것이었습니다. 물론 그의 말은 과찬이었습니다. 외국인이 영어를 조금만 잘 하면 굉장히 잘한다고 칭찬하는 것이 미국인들의 버릇입니다. 지금도 나는 미국 사람들로부터 그런 칭찬을 들으면 어디까지가 진실이고 어디까지가 겉치레인지를 분간하지 못합니다.

어쨌든 그것이 내가 외국 사람과 영어로 대화를 제대로 나눈 최초의 사건이었습니다. 그때가 나의 나이 마흔 여덟이었습니다. 50세가 다 되어서야 겨우 영어를 시작한 것입니다. 어떻게 보면 너무도 늦게 시작한 영어공부였습니다.

(중략)

영어공부에 왕도가 없습니다. 체계적으로 배우고, 끊임없이 연습하는 것만이 영어, 특히 회화를 극복하는 길입니다. 영어는 한국말 다음으로 중요합니다. 그것은 영어가 세계어이기 때문입니다. 우리가 세계 속에서 당당하게 살아 나가려면 모두 영어를 배워야 합니다. 특히 젊은이들은 이 일을 반드시 해내야 합니다. 그러지 않으면 많은 불편과 손해를 감수해야 하고, 크게 후회하지 않을 수 없을 것입니다.

내가 강조하고 싶은 점은 대학 공부도 못 했고 또 50살이 다 되도록 전혀 영어를 할 줄 모르던 사람도 열심히 노력했더니 어느 정도는 할 수 있게 되었고, 그러니 젊은 여러분도 충분히 할 수 있다는 것입니다.

청춘의 해외도전

그리고 욕심을 내자면, 일어, 중국어, 독어, 불어 등 제 2외국어를 익힐 필요가 있습니다. 국제화 시대에 외국어는 가장 큰 재산입니다.

여러 모로 외국어 학습에 있어서 큰 자극과 지식이 되는 글입니다. 특히 영어공부의 필요성을 역설하면서도 맨 마지막 제2외국어 학습도 '익힐 필요가 있다'라고 강조한 부분이 눈에 들어 옵니다. 실제 이제는 영어뿐만 아니라, 제2외국어 능력도 반드시 필요한 시대가 되었습니다.

하나의 언어를 구사한다는 것에는 매우 다양한 의미가 포함됩니다. 그 언어를 모국어처럼 하는 사람도 그 언어를 구사하는 사람이며, 그 언어로 일상대화 정도만 하는 사람도 그 언어를 구사하는 사람입니다. 즉 방송국 아나운서도 한국어 사용자이며, 한국의 초등학생도 한국어 사용자인 것입니다.

제2외국어 학습의 시작은 일단 위에서 언급한 수준 중 기본적인 수준을 목표로 설정하면 부담이 덜합니다. 또한 외국어 학습이라는 것이, 두 번째 언어 학습부터는 처음 외국어 학습의 경험이 노하우가 되기 때문에 훨씬 쉽게 배울 수 있습니다.

사실 한국에서는 2개 외국어 능력자 중 상당수는 영어를 먼저 익힌 사람이 아니라 중국어, 일본어, 불어, 독어 등을 먼저 익힌 사람인 경우가 많습니다. 이유는 제2외국어를 익혔는데, 그 능력만으로는 여러 활동에서 큰 인정을 받기 힘들고 영어 능력이 바탕이 된 제2외국어 능력이 인정을 받기 때문에 영어를 다시 공부한 경우가 많습니다.

세계를 주름잡는 유태인들은 2~4개 외국어 구사는 기본이고, 가장 유연한 경제 성장과 복지국가로 알려진 핀란드, 스웨덴인들도 2~4개 외국어는 기본입니다. 유럽의 경제, 금융의 허브국가인 네덜란드, 스위스도 2~4개 외국어는 기본입니다. 즉, 한국과 같이 주변 국가들의 허브 국가가 되거나 세계를 무대로 활동해야 할 나라로서 성공한 나라들은 모두 외국어 능력이 출중한 나라라는 점입니다.

많은 사람이 앞서 언급한 학습의 잘못된 구조로 인해 영어 조차 익히지 못하고 있는 현실인데, 제2외국어까지 학습하자는 게 황당하게 들릴 수 있습니다. 하지만 외국어는 학습을 해갈수록 학습기간이 짧아진다는 점, 그리고 완벽한 수준이 아니더라도 어느 정도 소통 능력만으로도 가치를 가질 수 있다는 점을 고려해서 제2외국어 학습에 대한 장기적 계획을 세워 보길 바랍니다.

Learning
is not just for school,
but for life.

34 세계 어느 곳에서도 신뢰받는 한국인

불굴의 독립운동가인 김구 선생님은 저서 『나의 소원』에서 '대한(大韓) 사람이라면 간 데마다 신용을 받고 대접을 받아야 한다.'라는 새나라 국민에 대한 이상을 이야기하였습니다.

해외도전을 한다는 것은 개인적으로 여러 목적을 성취하기 위함이기도 하지만, 한 나라의 공동체로서 삶을 살아간다는 관점에서 보면, 나 자신이 한 나라를 대표하는 이미지를 만들어 나가는 것이므로 국가 이미지 제고를 위해서도 공헌할 수 있어야 하겠습니다.

우리가 외국인을 접할 때 그 나라 사람들을 골고루 만나보고 그 나라에 대한 이미지를 형성하지는 않습니다. 또한 대부분 나라에 대해서는 그러한 일이 불가능한 일이기도 합니다. 결국 그 나라 한 두 명의 친구를 사귀며 그 나라에 대한 이미지를 갖게 되므로, 그 한 두 명의 행동과 인격은 그 나라 이미지 형성에 있어 절대적 역할을 하는 것입니다.

따라서 여러분이 해외도전을 통한 외국생활을 할 때 한 번 더 생각한 후 행동하는 자세가 필요합니다. 외국에서 일을 한다면 성실성과 정직성을 발휘하여 '한국인들은 믿을 만하다.'라는 이미지를 형성해 준다면 다음 후배들에게도 큰 도움이 될 것입니다. 반대로 게으름과 거짓만을 보여준다면 그곳에서는 다음부터 한국인이라는 이유만으로 채용을 기피할 것이므로 후배들에게 큰 피해를 주는 일이 됩니다.

집을 사용해도 깨끗하게 사용하고 모든 뒤처리는 깔끔하게 해야 하겠습니다. 간혹 전기요금 등 적은 돈을 떼어 먹고 귀국하여 뿌듯하게 이야기하거나, 귀찮다는 이유로 은행계좌 정리나 기타 행정 처리도 하지 않고 귀국하는 이들이 있는데, 그러한 것은 타인에게 큰 피해로 돌아간다는 것을 명심해야 하겠습니다.

수학적으로도 증명된 사항인데, 모두 자기 이익만을 추구하는 것이 아니라 이익적 사고를 덜 할 때 모두에게 더 큰 이익이 돌아간다고 합니다. 나만의 작은 이익을 생각할 것이 아니라, 후에 올 다른 한국인의 이익까지 고려할 때 우리 공동체의 발전으로 연결되어 궁극적으로 나에게도 더 큰 이익이 돌아오게 되는 것입니다.

외국에서 우리는 한 개인이 아니라, 한국인 전체를 대표하는 '국가대표'가 되는 것입니다. 대한 사람이라면 세계 어디를 가나 신뢰받고 대접받을 수 있는 그 날을 기대합니다.

35 동북아 경제중심국가의 비전

우리는 해외로 뻗어나가야 합니다. 가진 것이라곤 인적자원 밖에 없기 때문입니다. 과거 반세기 동안은 자본주의적 민족성으로 유명한 중국, 인도 등이 사회주의 체제를 실험함으로써 우리는 저임금 제조업의 단순한 모델로도 경쟁 없이 빠르게 성장할 수 있었습니다. 우리의 발전에는 우리의 노력과 더불어 세계적 상황의 운도 많이 따라주었습니다.

하지만 이제는 치열한 글로벌 경쟁 속에서 우리 스스로의 모델을 만들지 않으면 안 됩니다. 우리가 누구이며, 우리 스스로 무엇을 할 수 있는지 세계에 보여주지 않으면 안 되는 시대입니다. 그리고 그 모델은 어떠한 형식이던 글로벌 방향성을 가지지 않을 수 없습니다.

그러한 방향성으로 동북아 경제중심국가라는 비전을 공유해 볼 필요가 있습니다. 동북아 경제중심국가라는 개념은 거대 경제대국인 중국과 일본 사이에 위치한 지리적 장점, 여전히 유일 강대국인 미국과의 긴밀한 협력관계, 북한, 러시아를 통한 유럽과의 육로 개통 가능성, 노동인구 중 대졸자 비율이 가장 높은 나라, 세계적 인기의 한류 문화콘텐츠 등, 우리가 가진 장점을 결합하여 한국이 동북아의 경제 허브 국가가 되고자 하는 비전입니다. 예를 들면 싱가포르, 홍콩, 네덜란드, 스위스 등이 점하고 있는 물류 허브, 금융 허브, 항공 허브, 다국적 기업의 아시아본부 허브, 국제기구의 허브 등의 되고자 하는 것입니다.

이러한 경제중심국가가 된다면 무수히 많은 인력수요가 창출되기 때문에 큰 경제적 성공과 번영을 누릴 수 있고, 무엇보다 세계 다양한 나라의 투자 및 기관, 기업을 유치하게 되어 세계적 이해관계에서 평화를 보장받을 수 있다는 큰 장점이 있습니다.

우리가 갖고 있는 능력이 무엇인지, 한국이 앞으로 세계 속에서 어떤 전략으로 발전을 이루어나갈 수 있을지, 그 중 동북아 경제중심국가라는 전략이 얼마나 타당한지, 타당하다고 생각된다면 그것을 위해서 어떤 노력이 필요한지, 해외도전을 준비하며 이 책을 읽는 모든 독자와 함께 공유하고 노력하고 싶습니다.

동북아 경제중심국가가 되려면 무엇보다 한국인의 외국어 실력이 높아야 하고, 한반도에 확고한 평화가 정착되어야 합니다. 여러분의 해외도전은 그 중 한국인의 외국어실력 향상에 큰 공헌을 할 수 있습니다. 그러한 하나하나의 성공이 모여한 나라의 능력을 만드는 것입니다. 영어능력은 모든 한국인에게 필수입니다. 그리고 제2외국어 또한 많은 한국인이 할 수 있어야 하겠습니다.

세계는 빠르게 변하고 있습니다. 그 속에서 우리 모두의 공감대와 노력이 있다면 우리는 더 빠르게 변화하고 발전할 수 있습니다. 속도에 관한 한 한국인의 기질과 능력을 따라올 민족은 없습니다. 우리 모두가 공감하고 노력한다면 단기간 내에 이룩할 것으로 믿습니다.

지금까지 알아본 여러 해외도전의 의미와 함께 우리 공동체의 발전에 대한 비전까지 더하여 꼭 성공하는 해외도전을 하기를 간절히 기원합니다!

어학연수

01 어학연수란?

어학연수는 목표하는 언어를 익히기 위해 그 언어권 국가에서 일정 기간 체류하며 학업을 하는 것을 뜻합니다. 유학과 어학연수의 개념을 혼용해서 이해하는 경우도 있는데, 유학은 어학연수와 달리 정규교육 과정인 초중고, 대학, 대학원, 석박사 과정을 외국에서 이수하는 것을 말합니다.

어학연수는 일반적으로 랭귀지스쿨을 의미하는 사설학원이나 또는 대학교에서 개설한 대학부설 어학연수 기관에서 학업을 하게 됩니다. 숙소는 랭귀지스쿨인 경우에는 현지인 가정집인 홈스테이나 외국인들과 함께 자취하는 쉐어 형태를 선택하게 되며, 대학부설인 경우에는 기숙사 입주가 가능한 경우도 있고, 이외 홈스테이나 쉐어 생활을 할 수도 있습니다.

어학연수 기간은 2주에서 최장 1년까지 자신이 원하는 기간만큼 선택할 수 있으며, 출국시기도 보통 매주 또는 매월 개강이 많으므로 연중 언제든지 편리하게 선택해서 출발할 수 있습니다. 대학부설은 학기제인데 보통 개강은 1, 3, 6, 9월인 경우가 많고, 각 대학별로 다소 차이가 있습니다. 어학연수 기간은 1년을 넘는 경우는 거의 없는데, 언어 과정의 커리큘럼 특성상 1년 이상 지속될 과정이 없기 때문입니다. 1년 이상의 언어습득을 원한다면 1년 이후에는 대학 등 유학과정의 일부에 참여하는 것이 일반적입니다.

어학연수 출국에는 대학입학 등의 유학과 달리 영어시험 점수 등 자격이 필요치 않습니다. 학원 시작 전에 레벨테스트를 받고, 그 레벨에 맞게 배정을 받아서 학업을 시작하게 됩니다. 다만, 효과적인 어학연수를 하고자 한다면 사전에 언어준비를 충분히 하여 높은 레벨부터 시작하는 것이 좋습니다.

가장 건전한 형태의 어학연수란 한국에서부터 외국어 학습을 꾸준히 노력해 온 이가, 그 외국어를 집중 사용해 볼 수 있는 시기로 어학연수를 가는 것입니다. 즉 한국에서 Input이 많이 되어 있는 사람이 Output을 위해서 어학연수를 가는 것이 이상적입니다.

또한 어학연수는 그 기간만으로도 실력이 늘지만, 공부능력도 향상시키기에 다녀온 이후 꾸준히 외국어 학습을 해주는 것이 매우 중요합니다. 즉 다녀온 후 꾸준한 복습 여부가 다녀온 어학연수의 진정한 성공과 실패에 큰 영향을 미칩니다.

02 어학연수의 환경적 목적

왜 한국에서의 외국어 학습이 아닌 해외로 어학연수를 가는가? 어학연수의 환경적 목적은 크게 두 가지로 나누어 볼 수 있습니다. 하나는 '24시간 외국어 사용 환경'이고 다른 하나는 '24시간 외국어 학습 환경'입니다. 각각의 의미는 다음과 같습니다.

1. 24시간 외국어 사용 환경

한국은 외국어 노출환경이 전혀 없으므로 어학연수를 가게 되는 것을 말합니다. 가장 본질적인 어학연수의 목적이라 할 수 있습니다. 외국어 학습의 성패가 '노출' 정도에 달려 있다고 할 때, 그 노출의 정도가 가장 높은 환경이 바로 그 언어를 사용하는 나라에서 생활하는 것이기 때문입니다.

24시간 외국어 사용 환경을 구성하는 요소는 여러 가지가 있는데, 가장 많은 시간을 보내는 두 가지 요소는 학원과 숙소 환경입니다.

학원에서는 부족한 언어를 학습하는 것과 더불어 다양한 또래 외국인 친구들과 우정을 나눌 수 있습니다. 유럽, 남미, 아시아, 중동, 아프리카 등 어학연수가 아니면 같은 공간에서 같이 어울릴 수 없는 인적구성이 되는데, 이는 어학연수에서 가질 수 있는 중요한 경험 중 하나입니다.

숙소는 홈스테이가 가장 보편적으로 현지인 집에서 생활하는 것을 말합니다. 어학연수를 가서 처음부터 원어민과 접해볼 수 있는 환경으로 의미가 크며, 숙소에

서의 일상을 언어 사용 환경으로 가질 수 있습니다. 대학부설에서 학업할 경우 기숙사에서 다양한 현지 대학생 또는 외국학생과 함께 생활할 수 있습니다.

이외 과외활동(Activity)이 있고 학원 친구, 스탭, 선생님들과 다양한 활동을 함께 할 수 있습니다. Pub에서 술자리를 가지거나 주말에 종교 활동을 가거나 스포츠, 여행, 봉사활동, 파티, 공원, 언어 교환 등을 통해 다양한 언어 사용 환경을 갖게 되는 것입니다.

어학연수를 성공하는 핵심적인 원칙은 '24시간 그 언어만 사용하는가'에 달려 있습니다. 그런데 일부 학생들은 어학연수를 가서 오히려 한국어에 더 몰입하는 생활을 하기도 합니다. 언어능력이 너무 부족하니 현지 환경에 어울리지 못하고 한국학생들과 시간을 보내거나, 적극성이나 노력이 부족하여 학원도 가지 않고 방에 틀어 박혀 한국 드라마, 예능프로그램 등을 다운받아 보는 경우입니다.

24시간 그 언어 사용을 노력하지 않는다면 어학연수는 효과를 기대하기 어렵습니다. 물론 어학연수 초기 기간부터 24시간 외국어만 사용하는 것은 어렵겠지만, 2~3개월 정도의 집중 학습으로 어느 정도 의사소통 능력을 확보한 이후부터는 '24시간 해당 외국어만 사용'하는 원칙을 반드시 지켜야 합니다. 그래야만 어학연수 효과를 볼 수 있으며, 어학연수가 의미를 가질 수 있기 때문입니다.

정상적으로 어학연수를 진행하는 학생들은 예를 들면 "부모님과 통화할 때를 제외하고는 6개월 동안 한국말을 쓰지 않고 있습니다. 오히려 한국말이 이젠 어색하네요."라거나 "외국인이 무리에 한 명만 있어도 에티켓 상 한국어 사용을 하지 않으니 거의 한국어 사용할 일이 없네요." 등의 말을 합니다.

그럼에도 많은 이들이 아직도 어학연수를 가서 그 나라 언어만 100% 사용하는 것이 대단히 과장된 이야기이거나 대단한 능력자들만의 행동으로 오해하는 것은 참으로 안타까운 일입니다. 어학연수 실패는 사회적으로 잘못 형성된 실패하는 경험을 답습하게 되어 실패할 뿐, 정확한 지식을 습득하고 제대로만 행동하면 실패할 일이 거의 없는 도전입니다.

어학연수의 가장 본질적인 목적이 24시간 그 나라 언어만 사용하기 위함이라는 것을 너무나 당연히 여길 수 있도록 깊이 체화하길 바랍니다.

2. 24시간 외국어 학습 환경

한국에서 일상생활을 하다 보면 해야 할 일들이 많습니다. 직장생활이나 학교생활은 시간의 대부분을 투자해도 따라가기 벅찹니다. 친구관계를 위해 주기적 만

남도 가져야 하며, 재미있는 TV 드라마도 거부하기 어렵고, 9시 뉴스나 드라마, 예능프로그램도 봐야 합니다. 가족 구성원으로서 집안일도 분담해야 하고, 가족 행사나 친척행사가 내 공부 흐름의 맥을 끊어 놓기도 합니다. 연인이 있다면 거의 생활의 대부분을 투자해야 하기도 합니다.

이러한 환경에서 주기적으로 외국어 학습 의욕을 불태우며 도전해 보지만, 아무래도 꾸준한 시간을 투자하기가 어려우니 작심삼일이 되는 경우가 대부분입니다.

하지만, 어학연수를 가게 된다면 그러한 '일상'에서 자유로워지는 것을 의미합니다. 의무적으로 해야 할 일이 없기에 순수하게 나만의 공부시간을 가질 수 있게 되는 것입니다. 외국어 학습이 단지 사용만 해서 이뤄지는 것이 아니며, 공부와 사용을 순환해야 단기간 빠른 향상을 이룰 수 있다는 점을 고려한다면 이러한 "24시간 학습 환경"은 우리의 일반적 생각 이상으로 어학연수의 매우 중요한 환경적 목적이 됩니다.

대부분의 한국학생에게 적용되는 이야기인데 어학연수 초기에는 언어준비가 거의 되어 있지 않기에 단순히 활용의 기회만 가져보려 시도하는 것은 효과를 기대하기 어렵습니다. 오히려 대화할 기회를 갖는 것이 고통으로 다가오기도 합니다. 하고 싶은 말이 있고, 친해지고 싶은 마음이 있는데 표현을 하지 못하니 답답하고, 그것을 넘어 미안하기도 하고, 멘붕이 되기도 합니다. 이로 인해 한국인들과만 어울리는 결과로 연결되기도 합니다.

하지만, 어학연수의 '24시간 학습 환경'이라는 목적에 대해 생각해 본다면 그러한 초기 언어 사용 환경에서의 한계를 극복해 낼 수 있는 좋은 의미를 발견할 수 있습니다. 어학연수 초기에는 '24시간 사용 환경' 보다 '24시간 학습 환경'이 더욱 의미를 갖게 되는 것이니 표현을 찾아보고, 문장을 써보고, 그것을 반복해서 읽어보는 등의 학습에 많은 투자를 해야 하는 것입니다. 즉 Output을 위한 Input 학습에 시간을 투자해야 하는 것입니다.

어학연수의 각 시기에 따라 위 두 가지 의미의 비중이 차이가 있지만, 전체적으로 위 두 가지 의미는 항상 유기적으로 함께 합니다. 준비한 만큼 더 말할 수 있게 되고, 더 말하는 만큼 더 많은 것들을 학습하게 되는 것입니다.

03 어학연수의 실용적 목적

어학연수의 실용적 목적은 두 가지로 요약할 수 있습니다. 하나는 외국어 실력을 높이는 것에 있고, 다른 하나는 국제경험의 가치를 높이는 것에 있습니다. 많은 이들이 언어습득 목적으로만 의미부여를 하는 경우가 있는데, 경험 목적은 우리의 일반적 생각 이상으로 중요합니다. 언어는 문화의 작은 개념이니 외국생활 경험을 갖는 것 자체로도 언어능력에 도움이 되고, 또한 국제적 안목은 경험 그 자체를 의미하기 때문입니다.

어학연수를 가야 하나 말아야 하나를 결정할 때 대부분 명확한 선택의 기준이 없이, 그저 '필요할 듯 해서……' '남들도 가니까, 나도 한번……' 등으로 어학연수를 결정하는 경우가 많습니다.

어학연수를 가야 하나 말아야 하나에 관한 결정은 모호한 정서나 모방이 아닌, 어학연수의 실용적 목적인 '외국어 능력'과 '국제경험의 가치'에 관한 투자 대비 이익이라는 경제적 관점이 되어야 하겠습니다.

어학연수는 장기로 9개월~1년 정도를 간다면 국가선택에 따라서 2,000~2,500만 원 정도의 비용이 소요됩니다. 영어와 국제 경험이 부족한 경우 어느 정도의 연봉을 받는 취업을 할 수 있을까? 2천 만 원 내외의 연봉이 예상된다고 가정해 봅시다. 그럼 영어능력 획득과 국제경험이 바탕이 된다면 어느 정도 연봉을 받는 취업을 할 수 있을까? 주요 분야나 주요 기업체에 입사해서 3~4천 만원 내외 또는 그 이상을 받을 수 있다고 가정해 봅시다.

이런 경우라면 2천 만 원을 쓰며 다녀온 어학연수의 투자금은 이후 1년 정도의 재직기간 만으로도 회수할 수 있게 됩니다. 그럼 재직 2년 차 부터는 순이익이 됩니다. 또한 어학연수로 벌 수 있는 이익은 시간이 흐를수록 엄청나게 누적될 것입니다. 이러한 성공적인 어학연수라면 다른 어떤 투자보다 투자 대비 수익률이 높게 나타나는 인생 일대의 투자일 수 있습니다.

어떤 이는 어학연수만으로 취업이 그렇게 잘 되겠느냐고 반문합니다. 물론 '단순히' 어학연수를 다녀왔다는 것만으로 좋은 취업이 보장되지는 않습니다. 하지만, '성공한' 어학연수라면 외국어 능력과 국제적 안목으로 인해 취업에 결정적인 도움이 되는 것은 누구도 부인할 수 없는 사실입니다.
오히려 위에 언급한 그 이상의 가치를 창출하는 경우를 더 많이 보기도 합니다. 한 개인이 어떤 수준의 기업에 첫발을 내 딛는가? 또는 정규직인가 비정규직인가? 등의 차이는 외국어 능력 및 국제적 안목과 큰 관련이 있는데 이러한 갈림으로 인해 받는 사회적 대우의 차이는 한 개인의 실제 능력의 차이보다 훨씬 크기 때문입니다.

어학연수를 선택할 때 여러 사람의 현상을 보면서 '어학연수' 자체가 효과가 있는지 없는지 여부를 관찰하는 것은 아무 의미가 없습니다. 어학연수 자체는 아무 의도성이 없는 대상이기 때문에 어학연수를 가기만 하면 나를 성공시켜 주거나 실패하게 하거나 하지는 않습니다. 문제는 내가 어학연수를 성공해 낼 수 있는가의 문제입니다.

어학연수를 선택하는 경우 위의 구체적인 질문을 스스로에게 던져 보길 바랍니다. 내가 어학연수 투자금을 1년 이내에 회수하고, 그 이후부터 순이익을 얻을 자신이 있다면 어학연수를 선택할 수 있습니다. 반대로 그러한 자신이 없다면 어학연수를 선택하지 않는 것이 낫습니다. 외화만 낭비하는 일이 되기 때문입니다.

어학연수는 위와 같은 실용적 목적 이외에 여러 보너스도 있습니다. 외국어 소통 능력을 갖게 되면 그 자체로 행복지수가 높아지며, 이제껏 외국어 능력 미비로 인해 가졌던 스트레스나 한을 푸는 기회가 되기도 합니다. 또한 다가올 100세 시대에 어떤 형식이던 현역 경제활동을 연장해야 할 것을 감안하면 미래의 가치는 더욱 무궁무진해 질 수 있습니다.

단지 남들이 가니까 어학연수를 가는 것은 명분도 없고 목표도 없기 때문에 성공의 가능성도 낮아집니다. 어학연수를 가야 할지 말아야 할지는 위와 같이 실용적 목적에 비추어 투자비용과 투자금 회수까지의 소요 시간, 투자 대비 효율성 등을 잘 검토해보고 결정해야 하겠습니다.

04 한국에서 외국어 습득이 가능한가?

어학연수에 대한 부정적 견해 중 하나가 '한국에서 외국어 습득이 가능한데, 왜 굳이 외국까지 나가서 공부해야 하는가?'라는 의문입니다.

물론 맞는 말입니다. 한국에서도 외국어 습득은 충분히 가능하긴 합니다. 하지만, 동시에 한국에서 외국어 습득을 하라는 조언은 여러 면에서 매우 무책임한 조언이 될 수 있습니다.

첫째, 한국에서도 외국어 습득은 가능하지만, 그것은 오랜 시간과 에너지 투자가 요구됩니다. 어학연수처럼 단기간에 24시간 노출환경에서 빠르게 실력 향상을 할 수는 없습니다. 따라서 단기간에 외국어 능력이 필요한 경우, 또는 언어학습능력이 탁월하지 않은 경우에는 그저 도전과 포기만 반복하라고 조언하는 것과 같습니다.

어떤 학생은 매년 회화 공부를 시작하고 포기하기를 몇 년째 반복하다가 도저히 한국에서 실력이 늘지 않아, 또 어떤 이는 유명한 영어교재는 모두 구입해 공부해도 회화가 되지 않아서 등 어려움을 겪지만, 이렇게 평소 노력하던 학습자는 단기 어학연수 도전으로 자신감과 언어능력을 빠르게 발전시키는 것을 관찰합니다.

둘째, 어학연수의 목적은 외국어 능력에만 있는 것이 아니라 문화 경험, 견문 확장, 독립심, 성공습관, 글로벌 안목 습득에도 있으며, 어떤 측면에서는 더 중요한 것이 될 수 있다는 것입니다. 그리고 이러한 것은 한국에서 습득할 수 있는 것들이 아닙니다.

외국어 구사 능력은 외국에 어학연수를 갔다면 너무 당연하게 습득해 와야 하는 것입니다. 당연한 결과이지 그 자체가 목적이 될 수는 없는 것입니다. 많은 의미를 담은 어학연수를 단지 외국어를 배우러 가는 것으로 축소해석해서는 안 됩니다.

자신이 외국어를 잘 하는 사람이라면 그 실력을 어떻게 얻었는지 잘 생각해볼 필요가 있습니다. 외국에서 태어나 잘 하게 된 것인지, 조기유학을 가서 잘하게 된 것인지, 한국에서만 공부해서 잘 하게 되었다면 그것이 일반인들도 해 낼 수 있는 정도의 시간과 에너지, 능력이었는지 등을 깊이 생각해야 하겠습니다.

일반적인 사람이 한국에서 외국어를 짧은 시간 안에 습득한다는 것은 매우 어려운 일입니다. 그런 이들에게 무작정 '나처럼 한국에서 공부하면 다 된다!'라고 말한다면 매우 무책임한 일이며, 타인의 삶에 해를 끼치는 행위라고도 할 수 있습니다.

물론 실패하는 이들이 많기에 사회적으로 어학연수에 대한 회의감이 팽배해 있을 수도 있습니다. 또한 외화를 쓰는 일이니 시선이 곱지 않을 수도 있습니다. 하지만 제대로만 이해하고, 준비하고, 노력한다면 어학연수는 어찌 보면 실패할 수 없는 일이기도 하며, 제대로 글로벌 인재가 되어 온다면 수십 배 이상 외화를 벌어들일 능력을 갖춰 돌아오는 일이기도 합니다.

우연히 TV를 보던 중 어느 대학총장의 강연을 듣게 되었습니다. 강의에서 2개 이상 외국어 능력을 매우 강조하였는데 한 학생이 질의하였습니다. "총장님 외국어 능력을 잘 습득하기 위해서는 어떻게 해야 하나요?" 그 총장의 답변은 다음과 같았습니다.

"어떤 외국어든 그 나라에 가서 6개월 정도 어학연수를 성실히 하면 외국어를 잘 습득할 수 있다네."

무책임하게 "그냥 열심히 하게.", "한국에서도 충분히 할 수 있다네."와 같은 답변을 기대하다가 듣게 되니 매우 구체적이고 현실성 있게 느껴졌습니다.

그 총장님의 답변을 풀어본다면 아래와 같지 않을까요?

"기본 단어와 문법을 한국에서 익히고 그 나라에 가서 어학연수를 성실히 하면 그 나라 실정도 알게 되고, 문화도 접하게 되고, 일상적인 의사소통은 가능해 진다네. 의사소통 정도만으로도 큰 가치가 있는 것이지. 그리고 어학연수를 통해 그 언어학습 능력이 매우 향상되고, 동기부여도 확실해 질 것이네. 그럼 공부하라는 말이 없어도 어학연수 이후에 여러 기회와 시간을 이용해 그 외국어 능력을 자연스레 꾸준히 향상시켜 나갈 수 있다네. 그러면 그 언어 능력자가 되는 것이지."

일반적인 평범한 수준의 능력자가 정말 한국에서 외국어를 단기간에 습득할 수 있다면, 저 역시 어학연수를 권하지는 않을 것입니다. 하지만, 그것은 현실적으로 유익한 조언이 될 수 없으며, 오히려 그 사람을 더 오랜 시간 미궁에 빠뜨리기만 할 뿐입니다.

단기간에 외국어 능력이 필요하고 자신이 뛰어난 언어학습 능력자가 아니라 판단된다면 어학연수를 다녀오는 것이 가장 효과적인 방법입니다.

05 학습의 어학연수와 문화의 어학연수

어학연수는 하나의 개념이 아니며, 두 개의 어학연수로 각각 달리 개념을 가져야 합니다. 이는 스포츠도 아마추어와 프로의 각기 다른 영역이 있는 것과 마찬가지인데, 어학연수의 경우에는 '학습의 어학연수'와 '문화의 어학연수' 개념으로 나눌 수 있습니다.

성공적인 어학연수를 위해서는 각각 내 상황에 맞추어 학습의 어학연수를 해야 하는지, 문화의 어학연수를 해야 하는지 잘 판단해야 합니다. 따라서 이러한 개념을 정확히 인식하는 것은 매우 중요한 일입니다.

1. 학습의 어학연수

일상 소통의 자신감(Confidence) 단계 이전의 공부의 비중이 높은 초기단계를 말합니다. 사람의 능력에 따라 다르겠지만 보통 2~4개월 정도 소요됩니다.

이 시기에는 외국어를 사용할 능력이 없기 때문에 단순히 부딪히며 프리토킹을 시도하는 것은 적절치 않은 방법이며, 이런 방법으로는 실력이 늘지 않고 좌절감만 더하게 됩니다. 이 시기는 공부의 비중 80%, 문화의 비중 20% 정도가 적당합니다. 문화생활도 공부에 관한 스트레스가 쌓일 때 하게 되는 여행 정도로 생각하면 됩니다.

이 시기 학습방법은 Input → Output 개념으로, 말할 주제에 대해 미리 써 보거나, 주요 표현이나 단어라도 미리 준비하고 말해 보는 연습이 효과적입니다. 언어 사용에 있어서 일상생활의 주제는 매우 제한적이기 때문에 이와 같이 콘텐츠 기반의 Input → Output 연습을 성실히 하면 자신감(Confidence) 단계까지 빠르게 도달할 수 있습니다.

학습의 어학연수 시기는 서구권 보다 아시아권이 효과적입니다. 서구권은 단체수업만 구성되고 생활을 본인이 챙겨야 하고 통학 등 시간소비가 많기 때문에 학습의 어학연수 기간을 단축하기에 한계가 있습니다. 하지만, 아시아권은 1:1 수업과 소그룹 수업이라 말하기 기회를 많이 확보할 수 있고, 식사, 청소, 세탁 등을 제공해 주는 기숙사 환경이며 통학시간도 필요치 않아 학습의 어학연수를 위한 말할 기회와 공부시간 확보에 훨씬 유리합니다.

출국 전부터 일상 소통의 자신감을 갖고 있는 수준이라면 학습의 어학연수라는 유예기간을 가질 필요는 없습니다. 그런 경우 바로 서구권으로 가서 문화의 어학연수를 하는 것이 가능합니다. 하지만, 본인에게 학습의 어학연수가 필요하다고 여긴다면 학습 환경이 유리하고 비용이 저렴하며 한 나라 경험이라도 더 해 볼 수 있는 아시아권을 연계하는 것이 바람직합니다.

2. 문화의 어학연수

일상 소통의 자신감(Confidence) 단계 이후의 시기를 말합니다. 이 시기에는 언어 사용 기회를 극대화하고 많은 시도를 해보는 것이 필요합니다. '문화의 어학연수'는 일종의 '유희의 어학연수'라 말할 수도 있는데, 언어로 열심히 놀면서 언어가 향상되는 경험을 하는 것입니다. 구체적으로는 숙소환경, 액티비티, 파티, 펍, 봉사활동, 일, 종교 활동, 스포츠, 여행, 랭귀지 익스체인지 등 여러 공간을 통해 즐기면서 언어 사용 기회를 최대화하는 것입니다.

이 시기에는 공부의 비중 40%, 문화의 비중 60% 정도가 적당합니다. 공부는 말하기, 듣기뿐만 아니라 쓰기, 읽기 능력도 함께 키울 수 있도록 시험과정이나 전문 과정에 참여하는 것이 바람직합니다. 말하기 속도가 많이 향상되어 정확성(Accuracy) 향상을 원하면 일대일 개인교습을 주2회 정도 겸하는 것도 좋습니다.

대부분의 경우 외국에 가면 자신의 실력에 관계없이 바로 문화의 어학연수를 하면 되는 것으로 생각하고, 돌아다니면서 언어 사용 기회만 찾으려 하는데, 준비되지 않은 상태에서 언어 사용 기회가 있어봐야 실력향상은 거의 되지 않습니다. 단순 프리토킹을 처음부터 시도하는 것은 유아의 언어습득 방식으로 아주 오랜 시간에 걸쳐 서서히 늘기 때문에, 이미 모국어를 익힌 상태에서 빠르게 외국어를 익혀야 하는 성인의 언어습득 방식으로 바람직하지 않습니다.

앞에서 언급한 언어잠복기 개념을 두 개의 어학연수 개념에 적용해 보면, '학습의 어학연수'는 언어잠복기 시기의 어학연수 방법이며, '문화의 어학연수'는 잠복기 너머 자신감 습득 이후의 어학연수 방법이라 할 수 있습니다. 즉, 두 개의 어학연수 개념은 언어잠복기 개념과 동일한 개념으로 이해할 수 있습니다.

어학연수 성공은 언어잠복기 개념처럼 초반 '학습의 어학연수'를 제대로 집중하여 얼마나 빠른 시간 안에 '문화의 어학연수'로 넘어가는지가 관건입니다.

06 어학연수 성공법칙 – 학이시습지와 음양원리

어학연수 성공을 위한 실질적 행동원리에 대해 고전과 동양사상을 이용해 알아보겠습니다.

어학연수에 논어의 한 구절, 그리고 고대 세계관과 같은 음양의 원리를 적용하는 것이 낯설게 느껴질 수도 있습니다. 하지만, 어학연수도 구체적 개념 이전에 인간에 의한 보편적 행동이라는 점을 고려할 때, 시대를 초월하여 적용되는 고전과 세계관을 적용하는 것은 타당하며, 또한 어학연수 성공에 큰 도움이 되는 사색과 깨달음이 될 수 있습니다.

1. 학이시습지 불역열호 (學而時習之, 不亦說乎)

[논어]의 첫 구절에 다음과 같은 문장이 있습니다.

> 學而時習之 不亦說乎 (학이시습지 불역열호)
> "배우고 그것을 사용할 때에 실제 사용해 보면 기쁘지 아니한가."

이 문장을 해외도전에 적용해 볼 수 있는데, '언어공부를 하고, 공부한 것을(그 표현을) 사용할 때 기쁘고, 실력도 늘어난다.'로 해석됩니다. 이 말은 아무것도 모르고 외국에 간다고 해서 언어가 늘지 않으며, 배우고 공부해서 사용할 것을 익힌 후 필요한 때에 사용해야 실력이 향상되는 것으로 정리가 됩니다.

이 문장은 비단 어학연수뿐만 아니라 삶의 여러 영역에 적용해 볼 수 있는 개념입니다. 우리가 지식을 습득할 때 흔히 단순히 대상을 지식으로만 보고 그것을 암기하거나 알게 된 것으로만 그치는 경우가 있는데, 공자의 조언은 공부를 공부로 그치지 말고 그것을 사색해서 실제 삶에 적용해 보라는 것입니다.

'학이시습지'는 성공 어학연수의 진리를 관통하여 정확히 적용되는 개념입니다. 어학연수를 가서 단지 말만 하면 성공하겠거니 하는 기대는 하지 말고 '학이시습지'의 원리에 따라 열심히 공부하고 그것을 사용하는 순환을 통해 성공적인 어학연수 결과를 얻기 바랍니다.

2. 음양의 원리

우리가 속한 동양 세계관의 뿌리는 음양사상에 있습니다. 음양은 삼라만상을 통제하고 모든 변화의 주체이며, 고로 만물의 만들어짐과 사라짐도 음양의 원리에서 나온다고 합니다. 음양의 짝을 태극이라 하는데, 그 태극 속에서 음양이라는 상대적인 두 힘이 늘 역동적으로 함께 하고 있는 것입니다.

우리는 현대문명 속에서 우리 것인 음양의 원리를 마치 미신처럼 여기는 듯한데, 실제 현대과학의 바탕이 음양의 원리라 할 수 있습니다. 서양이 동양의 음양사상을 사유의 방식으로 받아들여 현대과학과 철학 등에서 최고의 성취를 얻어 왔기 때문입니다. 양자역학은 음양의 원리 그 자체라 할 수도 있으며, 아인슈타인은 상대성 이론은 음양의 원리를 밝힌 책인 『주역』으로부터 힌트를 얻었다고 말하고 있습니다. 현대문명의 대표주자라 할 컴퓨터 문명을 만들게 된 0과 1의 디지털 이분법 또한 라이프니츠가 주역의 원리를 참고해 만든 것으로 널리 알려져 있습니다.

청춘의 해외도전

음이란 들이고 저장하며 침잠하는 성질을 의미하며, 양이란 발산하고 드러내며 생장하는 기운을 의미합니다. 이상적인 음양의 조화는 음과 양이 편중됨 없이 적절하게 합일된 중화라 합니다.

이를 언어공부에 적용하면 다음과 같습니다.

음이란 어휘, 문법, 듣기, 독해 등 공부해서 내면의 실력으로 쌓이는 것을 의미하며, 양이란 말하기, 대화하기 등 표현하고 밖으로 드러내는 기운을 의미합니다. 언어능력 성취를 위한 이상적인 조화는 학습하고 그것을 활용해 보는 음양이 적절하게 합일된 상태를 의미할 것입니다.

위와 같이 본다면 어학연수 자체는 '양'에 속할 것입니다. 그러면 그것을 중화시켜 주기 위해서는 어학연수 전 '음'의 공부를 충분히 해주어야 합니다. 가기 전 '음'의 공부 없이 어학연수를 가서 '양'의 기운만 발산한다면 축적됨이 없이 그저 기운만 허공으로 흩어질 뿐입니다. 어학연수를 가자마자 멘붕이와서 실패하는 케이스가 여기에 속합니다.

음양은 상대적 개념이기 때문에 양에 속하는 어학연수 생활 중에도 음과 양이 존재합니다. 여기에서 음은 학원에서의 공부와 개인적인 학습을 의미하며, 양은 현지에서 만난 친구들 및 현지인과의 다양한 언어관계, 예를 들어 숙소, 파티, 여행, 종교, 봉사, 언어 교환, 스포츠, 취미, 공원 등의 공간 속에서의 사용을 의미합니다.

어학연수 생활 중에도 음양의 중화를 이루기 위해서는 학원에서 학습과 철저한 예습을 통해 어휘, 문장 등을 익히고(음의 작용), 또 익힌 것을 수업이나 실생활에서 널리 사용해 보는 것(양의 작용)이 순환되어야 합니다.

가끔 어떤 이들은 외국생활에서 학원을 안 다니고 여행만 하는 것이 낫다거나, 또는 수업이나 개인공부 없이 술집이나 파티에만 열심히 다니는 경우가 있는데, 음의 축적 없는 양의 발산을 하게 되니 언어실력이 늘지 않습니다.

또는 반대로 활동성이나 적극성이 없어 언어 사용의 기회를 많이 갖지 못하고 늘 공부만 하는 경우도 있는데, 이는 음의 축적만 하게 되니 음의 기질인 우울증, 위장병 등에 걸리는 경우도 생깁니다.

어학연수 이후의 외국어 공부의 지속성에 대해서도 생각해 보겠습니다.

외국어 공부 전체를 기준으로 어학연수 생활을 양이라 했는데, 실제 24시간 외국어 사용의 환경이니 양의 극단이라 볼 수 있습니다. 양이 극이 되는 생활을 했다면, 어학연수 이후에는 양극생음의 법칙에 따라 그 실력이 전체적으로 한 단계 업그레이드된 수준으로 음의 기운으로 축적이 됩니다.

그런데, 한국에 와서 다시 외국어 사용을 계속하지 않고 음의 기운만 갖게 된다면 어학연수에서 얻은 양의 기운조차 흐트러지게 될 것입니다.

따라서 어학연수 이후에는 차원이 높아진 음의 기운을 보충해 줄 양의 활동을 꾸준히 해주어야 합니다. 랭귀지 익스체인지, 교내 외국유학생 도우미, 기업체 해외봉사, 전화외국어, 회화 클럽 활동 등을 꾸준히 해주어야 하는 것입니다. 물론 위에 언급했듯이 양 안에도 음양이 있으니 외국 드라마, 관심분야 외국어 잡지, 신문, 책 등을 읽는 음의 학습도 필요합니다.

여기까지 어학연수의 전, 현지, 다녀온 이후의 시기에 관하여 음양의 논리로 사유를 시도해 보았습니다. 음양의 원리는 어학연수 기간 내 학습방식으로 알아본 '학이시습지' 명제에도 적용이 됩니다. 다음과 같이 적용해 볼 수 있습니다.

"외국어를 배워서 익히고 [음의 작용], 이를 그 때에 맞게 기회 있을 때
마다 사용해 보는 것은 [양의 작용], 이 얼마나 즐겁고 보람 있는 어학
연수 생활이겠는가!"

생각이 힘이 됩니다. 어학연수 성공에 대해서도 이와 같은 사유의 힘으로 확고부
동한 원리를 확립하고 흔들림 없이 정진해 보길 바랍니다.

07 어학연수 환상과 실재

프랑스의 철학자이자 사회학자인 장 보드리야르는 현대인은 물건의 기능보다 기호를 소비한다고 주장하였고, 실재가 아닌 모사된 이미지가 현실을 대체한다고 주장하였습니다. 또는 더 이상 모사할 것이 없어지면 실재보다 더 실재 같은 하이퍼리얼리티가 생산된다는 이론을 주장하였습니다.

이를 어학연수에 적용하면 다음과 같습니다.

영어권을 예로 들면, 영어를 못하는 수준이고 그에 맞게 일단 아시아권에서 열심히 하고 서구권 어학연수를 가는 게 효과적인데, 단순히 개인적 환상으로 미국이나 영국으로 어학연수를 고집하는 이들이 있습니다. 또한 어학연수를 브로슈어나 경험자들의 사진(실제 친한 관계가 아니고 사진 한 장 찍었을 뿐인데 마치 언어적으로 자유롭게 소통 가능한 관계인 것처럼 여겨짐) 등의 모사된 이미지로 인식하는 경우가 많습니다. 최근에는 어학연수 홍보 동영상 제작에 모델을 기용하기도 하고 세트 촬영까지 하는 등 어학연수를 가서 실재로 경험할 수 없는 가상의 이미지(하이퍼리얼리티)들이 많이 생산되기도 합니다.

이러한 모사된 이미지들은 어학연수의 실재와는 거리가 멉니다. 환상을 가진다면 실제 어학연수를 가서 큰 실망과 낭패감을 경험할 수 있으며, 이는 어학연수 실패의 원인이 되기도 합니다.

어학연수의 환상과 실재에 대해 오해하는 몇 가지 사항을 살펴보도록 하겠습니다.

1. 어학연수를 가면 외국인들과 대화할 기회가 많을 것이다.

대화의 기회를 만들려면 그만큼 언어능력을 준비해야 합니다. 언어능력이 부족한데 인내심 있게 나와 대화해줄 사람은 어디에도 없습니다. 설령 친절한 봉사단체나 종교활동을 한다 하더라도 늘 답변도 없고 어색한 미소를 짓는 이와 오랫동안 대화를 나눠줄 사람은 없을 것입니다.

외국어 능력이 어느 정도 되어도 원어민과 대화 기회가 많지는 않습니다. 학원의 외국인 친구들은 액티비티 활동 등에 적극 참여하면서 친해질 수 있겠지만, 일상생활이 바쁜 현지인을 사귀는 것은 쉽지 않은 일입니다. 홈스테이 숙소 환경을 제외하고는 어떤 나라든 처음부터 원어민과 대화 기회가 많을 것이라는 생각은 착각입니다.

아무리 좋은 학원을 다녀도 본인의 노력 없이 실력이 좋아질 수는 없습니다. 누구도, 그 어떤 어학연수 기관도 내 노력 없이 나의 실력을 키워주지는 않습니다. 간혹 학원만 잘 고르면 어떻게 되겠지 하는 기대로 학원 선정에만 고민하는 경우가 있는데 헛된 망상입니다.

3. 숙소 환경도 노력하지 않으면 언어 사용기회가 없다.

홈스테이를 가도 시간이 많은 할머니, 할아버지가 계시다면 대화의 기회가 많을 수 있지만 일반적으로 숙소환경도 내 실력과 적극성으로 노력해야 어느 정도 대화 기회를 갖는 것이지, 가만히 있는데 그들이 다가와 친절하게 언어 사용기회를 주지는 않습니다.

4. 어학원은 소규모인 경우가 많다.

보통 학원 이름에 College라는 단어가 들어가므로 잔디밭도 있는 큰 규모의 대학 정도로 기대하는 경우가 많은데, 일반 랭귀지스쿨은 한국의 학원과 별반 차이 없는 규모가 대부분입니다. 4~5층 정도 건물의 전관을 쓰면 대형학원이고, 보통은 큰 건물이라면 1~2개 층을 임대해서 사용하는 수준이 대부분입니다.

이상 몇 가지 어학연수에 대한 환상과 실재에 대해 알아보았습니다. 여러 작은 사항들까지 고려하면 무궁무진한 내용을 다룰 수 있겠으나, 결국 주제는 내가 열심히 해야 한다는 능동성이 중요하다는 것, 내가 아닌 환경이 무언가 만들어 주겠지 하는 피동성에 대한 환상을 버려야 한다는 것으로 정리할 수 있습니다.

08 언어 사용의 여러 환경들

구체적으로 어학연수에서 어떤 언어 사용 환경이 가능할까요? 어학연수로 외국생활을 한다고 해서 사람 사는 공간이 크게 달라질 것은 없습니다. 대부분의 생활은 한국에서의 생활을 바탕으로 생각해 보면 됩니다. 내가 한국에서 어떤 공간을 통해 친구와 어울리고, 새로운 친구를 사귀고, 많은 말을 하게 되었는지 생각해 보고, 이를 외국생활에서도 동일하게 적용할 수 있습니다.

* 학원 – 교우관계

전 세계 다양한 국적의 친구들과 한 공간에서 함께 공부하며 생활한다는 것은 어학연수가 아니면 인생에서 갖기 힘든 경험입니다. 교실은 올림픽과 같은 작은 세계라고 할 수 있습니다. 같은 학원생들이니 소개를 받지 못한 친구가 있다 하더라도 먼저 스스럼없이 다가갈 수 있어야 하겠습니다. Hi.는 그로 인해 모든 관계가 시작되는 마법의 인사입니다. 또는 I don't think we have been introduced, I'm (자기이름). 표현을 사용해 먼저 다가가면 친구들도 반겨줄 것입니다.

* 학원 – 선생님, 직원과의 관계

어학연수를 가서 가장 먼저 만나는 원어민들이 학원 선생님과 직원들입니다. 선생님과 수업에서만 만나는 형식적인 관계에 머무르지 말고, 더욱 친밀한 관계를 나눌 수 있도록 노력해야 하겠습니다. 대부분의 선생님과 학원 직원은 외국학생들을 돕는 것을 즐거워하며, 오랜 경험으로 어떻게 도와야 하는지 잘 알고 있습니다. 그들과 친해져서 집에 초대를 받을 수도 있고, 외부 활동도 함께 할 수 있을 것입니다.

* 학원 – 액티비티

학원에서는 학생들의 다양한 활동과 어울림을 돕기 위해 정기적으로 액티비티를 제공하고 있습니다. 선생님과 직원들, 그리고 다른 학생들과 함께 바베큐 파티, 선상 파티 등을 하기도 하고, 스포츠 행사를 하기도 하며, 공연을 보러 가기도 하고, 도심이나 외곽지역, 또는 타 지역으로 며칠간 여행을 가기도 합니다. 이러한 액티비티만 열심히 참석해도 좋은 친구들을 많이 만들 수 있습니다.

* 숙소

하루 중 많은 시간을 보내는 곳이 숙소입니다. 어학연수에서 숙소 영어 사용은 반드시 구현해야 하는 필수사항입니다. 혼자 사는 것이나 한국인들끼리 사는 환경은 반드시 피해야 하겠습니다. 숙소에서의 언어 사용 환경만 만들어도 어학연수의 실패는 없다고 할 수 있을 정도로 숙소에서의 언어 사용 환경은 중요합니다.

* 파티

한국에서는 친구들과 어울려 술집에 많이 가지만 외국에서는 집에서 파티를 많이 합니다. 온갖 파티에 빠짐없이 참석하는 이를 가리켜 Party Animal이라 하는데, 어학연수를 가면 모두 파티 애니멀이 되는 게 좋습니다. 요리 실력이 있으면 인기가 높아 파티 초대도 많이 받고, 본인이 직접 한국요리 파티를 주관해 볼 수도 있습니다. 이외 다양한 현지 파티에도 참여를 권합니다.

* 펍, 클럽

언어학습에서 가장 중요한 요소는 바로 자신감입니다. 이런 관점에서는 펍에서의 영어 사용은 매우 효과적입니다. 적당한 음주는 자신감을 복돋아 주어 평소에 발휘하지 못했던 언어 사용의 용기를 발휘하게 해주기 때문입니다. 물론 적당한 수준에서 즐겨야 합니다. 과음하면 오히려 말이 꼬이기 때문에 언어 사용에도 도움이 되지 않고, 또한 다음날 생활에 지장을 줍니다. 금요일에는 펍이 클럽으로 바뀌기도 합니다. 거창한 클럽이 아닌 소규모 클럽인데, 모든 사람이 사이좋게 즐거운 시간을 보내므로 많은 친구를 사귀어 보도록 합니다.

친구와 함께가 아니라도 홀로 가서 음악을 즐기거나 독서 등을 하다가 눈이 마주치는 사람과 인사를 나누며 동행이 되어 볼 수도 있습니다.

* 언어 교환 (Language Exchange)

한국어를 원하는 외국인과 서로 영어와 한국어를 돌아가며 가르쳐 주는 방식을 랭귀지 익스체인지라고 합니다. 한국에도 많은 외국인이 와 있고, 랭귀지 익스체인지를 원하는 이들이 많습니다. 따라서 어학연수 기간에도 해보고, 이후 한국에서도 해보도록 합니다. 랭귀지 익스체인지를 통해 단순 언어교환뿐만 아니라 다양한 인연을 만들어 나갈 수도 있습니다.

랭귀지 익스체인지는 인터넷 검색으로 정보를 쉽게 찾을 수 있습니다. 한국어를 가르쳐 주는 시간이 아깝고 영어공부에만 집중하고 싶다면 약간의 수강료를 내고 개인교사를 구해서 공부할 수도 있습니다.

* 종교 활동

종교를 공유하는 이들과 매우 빠르게 친해질 수 있습니다. 일반적으로 교민 교회 보다는 현지인 교회를 찾는 것이 좋습니다. 종교 특유의 친절함으로 좋은 현지인 들을 많이 만날 수 있습니다. 지역에 따라 불교 사원이 있는 곳도 있으니 찾아볼 수 있습니다. 종교는 문화의 일부분이니 꼭 종교가 없더라도 현지 종교행사에 참 여해 보는 것을 권합니다.

* 취미활동

자신의 특기나 취미나 있다면 그러한 것을 공유하는 현지인 모임을 알아보도록 합니다. 현지인들과 밴드를 함께 하는 경우도 있고, 댄스 모임이나 요가모임에 가 볼 수도 있습니다. 또한 자신이 특기가 있다면 그것을 가르치거나 나눠 줄 수도 있습니다. 동일한 취미의 사람을 만나는 것은 공감대가 쉽게 형성되어 빠르게 친 해질 수 있습니다.

* 스포츠 활동

해당 지역의 축구팀을 응원하는 서포터스가 있고, 서포터스들의 축구팀에 가입하 여 축구를 통해 영어가 많이 늘었다고 말하는 학생도 있습니다. 지역 커뮤니티 산 하의 야구팀에 가입하여 야구를 통해 영어가 많이 늘었다고 말하는 학생도 있습 니다. 이와 같이 운동을 함께 즐기면 쉽게 친해질 수 있으며, 친구를 많이 사귈 수 있게 됩니다. 배드민턴, 탁구 등을 즐긴다면 그러한 운동모임에 가 보도록 합니

다. 외국에서도 지역 커뮤니티 센터에서 문화 활동을 주관하는 곳이 많습니다. 직접 운동을 하지 않아도 현지인들이 즐기는 축구나 야구, 농구, 아이스하키 등을 함께 응원하고 이에 관해 대화하면서 공감대를 쉽게 형성할 수 있습니다. 따라서 현지인들이 즐기는 스포츠에 대해 팀, 코치, 선수 이름과 여러 지식을 미리 공부해 보는 것이 좋습니다.

*** 봉사활동**

토론토 국제영화제의 자원봉사자가 되어 세계적인 배우를 안내한 학생도 있고, 현지 국제행사의 자원봉사자로 뽑혀 마침 그 나라를 방문한 한국 대통령을 안내한 학생도 있습니다. 이외 어려운 사람들을 돕는 봉사활동을 할 수도 있습니다. 봉사활동은 외국인들이라 차별하지 않고 우호적인 분위기이므로 참여하기 좋고, 가장 친절하고 인성이 훌륭한 현지인들을 사귈 수 있는 좋은 기회입니다.

* 일

합법적으로 일을 할 수 있는 워킹홀리데이 비자가 없더라도, 학생비자 등으로 일하는 경험은 할 수 있습니다. 일은 세금신고를 하는 Tax Job과 세금신고 없이 현금을 받는 Cash Job으로 나뉘는데, Cash Job은 대부분 가능하다고 보아도 무방합니다. 돈이 목적이 아니더라도 주 1~3회 정도 부담 없이 일을 병행해 볼 수 있습니다. 일이라는 공간은 현지인들이 쓰는 빠른 속도의 언어, 슬랭 등 실질적인 언어를 익히는 훌륭한 어학연수 공간이 될 수 있으며, 아울러 용돈의 일부나 여행비를 벌 수도 있으니 일석이조의 효과를 기대할 수 있습니다.

* 공원

외국에는 공원에서의 시간이 일상적인 나라들이 있습니다. 한가한 시간에는 공원에 책을 들고 나가 독서를 즐겨보는 것도 좋습니다. 벤치 한 쪽에 누가 앉아 있다면 Do you mind if I sit here?라고 물어보고 앉아 볼 수 있습니다. 먼저 말을 걸어오는 경우가 많으니 자연스레 현지인을 사귈 가능성도 높습니다. 시간이 다소 많은 할머니 할아버지와 공원에서 우정을 키우는 것도 좋은 일이며, 집 초대 등으로 연결되어 좋은 인연을 만들 수도 있습니다.

* 여행

여행은 어학연수 실력을 실전에서 테스트하는 기회가 되며, 또한 언어학습에 대한 강한 동기를 유지시켜 주기도 합니다. 다시 말해 여행은 그 시점까지의 어학

연수의 복습이며, 앞으로의 학습에 대한 동기 획득까지 매우 장점이 많은 활동입니다.

살면서 다시는 가기 힘든 곳일 수 있으니 어학연수 중 한 달에 한 번 정도는 정기적으로 여행을 하고, 어학연수를 마친 후 1~2개월 정도 장기여행을 권합니다. 언어실력이 높아지는 후반기가 되면 될수록 여행은 학원보다 더 어학연수에 효과적인 공간이 될 수 있습니다. 특히 산티아고 순례길이나 여러 나라의 트래킹 코스 등에 참여하면 길 위에서 좋은 인연을 많이 만들 수 있습니다.

어학연수에서의 언어활동 공간에 대해 알아보았습니다. 어떠한 공간이든 내가 목적하는 언어만 쓴다는 원칙을 잘 지켜보길 바랍니다.

09 한국학생 없는 곳으로?

어학연수를 준비하는 분들과 상담을 하다 보면 빠짐없이 듣는 이야기가 "한국학생이 없는 곳으로 소개해주세요."라는 요구입니다. 이는 한국어를 사용하지 않고 어학연수를 열심히 하겠다는 결연한 의지의 표현이라고 할 수도 있지만, 대부분은 어학연수에 대해 매우 잘못된 지식을 갖고 있기 때문에 생기는 현상이라 할 수 있습니다.

어학연수 효과와 한국학생 비율과는 상관관계가 없습니다. 어학연수 효과는 한국학생 비율이 아닌, 그저 초반 언어잠복기를 얼마나 빨리 단축하여 자신감을 빠르게 획득하는가에 달려 있을 뿐입니다. 따라서 어학연수 효과를 보려면 출국 전부터 언어공부에 열심히 몰입하는 것만이 중요할 뿐, 한국학생이 없는 곳을 찾는 것과는 아무런 관계가 없는 것입니다.

한국학생 탓을 하는 것은 실패한 어학연수 경험자들이 자신의 실패를 불성실과 게으름으로 인정하지 않고 한국학생 탓을 하기 때문에 생긴 매우 잘못된 개념입니다.

예를 들어 본인이 원해서 한국학생이 적은 곳으로 어학연수를 갔다고 가정해 봅시다. 한국학생이 없는 곳으로 가도 언어능력이 없으면 현지 생활에 어울리지 못하고 자괴감이 들기 때문에 다시 한국인들과 뭉쳐 생활하게 됩니다.

하지만 한국학생이 많은 곳으로 어학연수를 갔다고 가정을 해봅시다. 한국학생이 많은 곳으로 가도 언어준비를 성실히 하고 간 경우라면 자신감이 생기고, 언어 사용이 재미있고 의욕적이기에 외국학생들만 눈에 띌 것입니다. 나아가 같은 학원 학생이 아닌 현지 원어민들과 다양한 관계를 맺으며 한국학생이라는 개념조차 잊게 될 것입니다. 한국학생과도 서로 영어를 쓰는 것은 당연한 일입니다. 무리 중 외국인이 있을 것이며, 그러한 공간에서 자국어를 쓰는 것은 예의에 어긋나는 일입니다.

세계 곳곳에 여러 학생들을 안내한 경험이 20년 가까이 됩니다. 그 중 한국학생이 없는 곳으로 가서 성공했다는 이야기를 들은 적은 단 한 번도 없습니다. 오히려 한국학생 없는 곳을 추천해 달라던 학생을 영국 시골로 안내한 적이 있는데, 보름도 지나지 않아 한국학생 좀 보내달라는 연락을 받은 경우는 있습니다.

오히려 가장 성과가 좋은 곳들은 대부분 한국인들로 구성된 곳들이었습니다. 캐나다의 한 유명 인턴십 학원은 거의 모든 학생이 한국인과 일본인입니다. 다른 외국인은 빡빡한 커리큘럼을 따라오지 못하기 때문에 입학해도 금방 그만두니 지금은 아예 입학을 받지도 않습니다. 그럼에도 학습효과는 매우 높고, 학생들의 후기도 매우 좋습니다.

영어 능력 향상에 있어 비용과 효과가 좋아 인도 어학연수를 많이 추천하는데, 그곳에도 외국학생은 거의 없습니다. 이유는 마찬가지로 공부를 매우 열심히 해야 하는 환경이라 외국인은 버티지 못한다는 것입니다. 거의 한국학생으로 구성되어 있지만 어학연수 효과가 매우 높고, 인도를 거쳐 서구권으로 간 경우 서구권 보다 인도 어학연수가 훨씬 효과적이었다고 말하는 경우가 많습니다.

지금은 세계 어느 나라 어느 도시에나 한국인이 많습니다. 따라서 한국학생이 없는 지역을 찾는 것은 의미 없는 일입니다. 또한 학원은 어학연수의 전체 언어 사용 공간에서 일부분에 불과합니다. 학원 수업 중 한국어를 사용하지도 않습니다. 한국인이 많아도 본인이 노력한다면 한국어 사용 기회가 많지 않을 것이니 크게 걱정할 필요가 없습니다.

다음 학생들은 어학연수에서 한국어 사용을 거의 하지 않은 학생들인데, 공통적으로 미국, 캐나다에서 한국학생이 가장 많다는 밴쿠버, 샌프란시스코 등에서 생활한 경우입니다. 한국어를 사용하지 않는다는 것은 한국학생이 없어서 가능한 것이 아니라 그만큼의 언어능력이 되기 때문에 가능한 것임을 알아야 합니다.

1.

저는 외국에 있는 동안 한국에 관한 모든 것을, 심지어 제 자신이 한국인인 것조차 잊어버리려 노력했습니다. 앞서 말했듯이 조금 바보 같지만 유일하게 사용했던 SNS 페이스북을 모두 영어로 써버리는 것은 물론, 가지고 있는 모든 전자기기를 영어모드로 바꾸었고, 컴퓨터와 아이패드의 한국 사이트 목록을 지워버리고 아이패드로 메일계정을 연결해 네이버를 비롯한 한국 검색사이트 사용을 원천봉쇄 했습니다.

미국에 있을 때는 한국어로 말하는 일이 거의 없었습니다. 한국어를 한마디라도 한다면 그 동안 쌓아왔던 제 영어실력이 바로 떨어질 것 같았습니다. 한국학생들과 말할 때도 늘 영어를 썼습니다.

2.

항상 자신감 있고 적극적인 자세로 임하고, 한국인 친구들에게도 한국어로 물어봐도 정중히 *Sorry, but I can't talk to you in Korean.* 이라고 말하고 영어로 말해주세요. 당신을 이해하지 못하는 친구들을 예상했다면 오산입니다. 모두가 마음속으로는 대단하다고 생각할 것입니다. 저는 이러한 방법으로 꼭 필요한 상황을 제외하고 캐나다에 있는 동안 집을 나서서부터 집에 들어가기 까지 항상 영어를 사용하였습니다.

3.

인도에서는 수업시간에 열심히 영어를 사용했지만, 미국에서는 일상까지 포함해 근 6개월간 거의 부모님과 통화할 때를 제외하곤 한국말을 쓰지 않았던 것 같네요. 이런 말 하면 좀 우습지만 한국말 사용하는 게 약간 어색하네요.

10 한 나라, 여러 나라?

단기어학연수라면 기간이 짧기 때문에 한 나라에서 어학연수를 해야 하겠으나, 6개월 이상 중장기 어학연수라면 최소 2개 대륙 어학연수 + 1개 이상 대륙여행 등으로 가급적 다양한 대륙을 경험하는 어학연수를 계획하는 것이 필요합니다. 많은 이들이 어학연수 목적을 언어능력 향상만으로 생각하는 경우가 많은데, 실제 국제 안목을 기르는 것이 오히려 더 중요할 수 있습니다. 또한 언어능력도 한 나라 이상을 경험하는 것이 여러 모로 효과적입니다.

여러 나라를 경험하는 어학연수의 장점에 관해 정리했습니다.

1. 폭넓은 문화 경험과 다양한 국가와 인연을 맺을 수 있다.

문화적 경험과 글로벌 마인드 획득은 언어실력 향상과 더불어 어학연수의 중요한 목적입니다. 여러 나라를 경험하는 것은 그 자체로 나의 생존공간인 지구에 대해, 나의 존재 근거인 인류에 대해 가장 높은 수준의 경험을 한다는 것을 의미합니다. 한 나라 어학연수는 글로벌 마인드 형성에 오히려 해가 될 수 있습니다. 세계에 대한 일반화의 오류에 빠질 수 있기 때문입니다. 그 보다는 다양한 대륙과 선진국과 후진국을 두루 경험하면서 높은 수준의 국제적 안목을 형성할 수 있습니다.

2. 효과적인 언어실력 향상이 가능하다.

초반 공부에 집중해야 할 학습의 어학연수 시기에는 아시아권(인도, 필리핀)이 확연히 효과가 높습니다. 또한 서구권 국가도 중복 어학연수 경험을 해볼 수 있습니다. 다양한 영어를 접해보는 그 자체만으로도 영어실력은 월등히 향상됩니다.

3. 취업과 사회활동에 유리하다.

다양한 세계경험을 한 이들은 취업성공률이 매우 높습니다. 또한 취업하는 기업의 수준도 매우 높습니다. 한국 기업은 수출위주의 글로벌 기업입니다. 글로벌 마인드와 도전정신, 창의력은 모든 기업이 최우선시 하는 인재채용의 조건입니다.

4. 슬럼프 등을 피할 수 있다.

어학연수에서도 슬럼프는 피하기 어려운 장애물이 되는 경우가 많습니다. 보통 3개월 정도 되면 익숙해지면서 슬럼프라는 낭비의 시간을 보내게 됩니다. 그러한 시기에 환경을 변화 시켜 주는 것은 어학연수 성공을 위한 매우 좋은 전략입니다. 새로운 곳에서 새롭게 레벨테스트를 받으면서 분기별로 자신의 실력향상 정도를 평가하고 새로운 긴장감과 자극을 느껴 볼 수 있습니다.

5. 비용을 절감할 수 있다.

영어권 어학연수로 예를 들면 비용이 비싼 편에 속하는 미국이나 영국에서 1년 어학연수를 하는 것보다 아시아권과 다른 나라를 포함하면서 비용을 아낄 수 있습니다. 어학연수와 워킹홀리데이를 연계하면 자신이 일정 금액을 벌어서 비용을 충당할 수도 있습니다.

부모님의 지원으로 공부만 하는 경우에는 가급적 저렴한 비용으로 더 크게 성공하고 이후 효도를 해야 하겠으며, 자신의 힘으로 하겠다고 한다면 얼마든지 벌어서 어학연수를 하는 것이 가능합니다.

6. 자신감을 가질 수 있다.

여행은 사람을 성장시키는 최고의 경험이 되고 행복의 원천이 됩니다. 다양한 나라의 어학연수는 큰 의미로 세계일주 경험과 여행이 됩니다. 이는 자기 자신에게 주는 인생 최고의 선물이자 행복이 됩니다. 또한, 젊은 시절 우리가 살고 있는 지구를 한 바퀴 돌며 경험했다는 것은 자신감과 야망, 비전을 가지도록 도와줍니다.

7. 준비가 간편하다.

한 나라에 오래 있게 되면 비자 등 준비에 번거로움이 많고, 비자 거절로 어학연수 계획을 실행하지 못하는 경우도 있습니다. 다양한 나라를 경험하는 어학연수는 한 나라 체류기간이 6개월 이내로 한정되기 때문에 대부분 비자 준비가 필요치 않습니다. 준비도 간편하고 출국도 언제든지 자신이 원하는 시기로 결정할 수 있습니다.

11 어학연수 전·중·후 과정 요약

어학연수 준비의 전 과정에 대해 시간의 순서대로 요약해보겠습니다.

1. 어학연수 계획 세우기

첫째, 어학연수의 구체적 계획을 세우는 단계입니다. 어학연수를 단지 그 기간만의 이벤트로 계획하는 것은 무의미합니다. 예를 들어 1년 휴학이라는 공백기를 갖는다면, 어학연수를 포함한 전후 공백기를 전체 시간으로 해서 크게 세 가지의 시기로 나누어 계획을 세워야 합니다.

    A. 어학연수 전 언어준비 시기
    B. 어학연수 시기
    C. 어학연수 후 Follow up 시기

어학연수는 이렇게 영어 학습에 대한 일련의 과정 속에서, 24시간 영어 환경을 집중적으로 가질 수 있는 훈련의 한 시기라는 생각이 중요합니다. 준비 없이, 어학연수 후 지속적인 노력도 없이 어학연수 그 자체만으로 무언가를 완성하겠다는 생각은 절대 금물입니다.

2. 어학연수 전 언어준비하기

위에서 살펴본 세 가지 시기 중 가장 중요한 시기입니다. 이것이 선행되지 않으면 성공적인 어학연수를 하기 어렵습니다. 언어실력향상은 고사하고 문화적 경험조차 하기 힘들게 되며, 더 나은 미래를 위한 도전에서 좌절감만 안고 돌아올 수 있습니다.

예를 들어 어학연수 전, 어학연수 중, 어학연수 후 기간을 합해 1년 휴학 안에 모두 해야 한다면 2달 정도 집중적인 공부시간을 갖는 것이 적당합니다. 오히려 어학연수 후 공백 기간을 더 갖는 것이 유리할 수 있는데, 후 시기가 학습능력이 높아진 시기이고 한국에 와서 여러 시험에 응시하는 시기이기도 합니다.
대부분 어학연수 전 고민만 하다가 공부시기를 놓치는 경우가 많은데, 실패의 가장 큰 이유가 되니 조심해야 하겠습니다.

3. 어학연수 국가, 지역, 학교 선택하기

구체적인 수속에 들어가기 전 위의 사항들을 결정해야 합니다. 보통 나라별로 다르겠지만 출국 일정 기준으로 3~4개월 전에 결정하면 무방합니다. 비자가 필요한 경우에도 어학연수 비자는 실제 수속 기간이 1~2개월 내 가능한 경우가 대부분입니다.

4. 수속하기

어학연수 수속을 진행하는 단계입니다. 수속 과정에는 다음과 같은 내용들이 포함됩니다.

- 여권 만들기
- 입학신청 및 입학허가서 취득하기
- 신체검사(필요한 경우만)
- 비자서류 준비 및 비자 발급받기(비자가 필요한 경우만)
- 숙소 예약하기
- 픽업 예약하기
- 항공발권하기
- 유학생 보험 가입하기
- 국제학생증 등 준비사항 챙기기
- 짐싸기

일련의 순서대로 진행해야 할 것들도 있지만, 대부분 순서 관계없이 여유를 갖고 준비하는 것이 좋습니다.

이러한 과정을 진행하는 데에는 두 가지 방법이 있는데, 하나는 본인이 직접 준비하는 것이고, 또 하나는 유학원 등 대행업체에 맡기는 것입니다.

지금의 구조는 과거와 달리 대행업체를 통해 준비하는 것이 비용을 포함해 유리한 구조입니다.

5. 어학연수 생활 시작하기

초기 일정 기간은 문화적 적응시간을 보내면서 Culture Shock도 많이 느끼게 됩니다. 이러한 모든 것들이 어학연수를 가는 이유이니 즐겁게 받아들이는 것이 좋습니다.

어학연수 초기에는 문화적 어학연수 생활을 하기 어려우니 학원 생활 위주로 학습의 어학연수를 하는 것이 필요합니다.

다음 사항을 반드시 지키세요.

- **출석 100%, 지각과 결석 0% 하기**
- **예습, 복습 반드시 하기**

모든 공부의 보편적 성공 법칙은 위에 다 포함되어 있습니다. 위 사항만 지킨다면 학업의 결실을 보지 못하는 경우는 없다고 봐도 무방합니다.

6. 어학연수 생활 즐기기

일상 소통의 자신감을 얻고 나면 언어실력 향상이 탄력을 받는 시기에 진입합니다. 열심히 하면 2~4개월에 그 시기에 진입할 수 있습니다. 문화의 어학연수 시기라 말할 수 있는데, 이때는 교실 밖 영어하는 환경을 보다 적극적으로 이용하는 것이 필요합니다. 교실 안 영어도 일반 영어과정 이외에 시험과정이나 전문 과정을 진행하는 것이 자극을 유지하고 실력을 높이는데 효과적입니다.

7. 어학연수 후 Follow up 하기

어학연수를 통해 언어 능력향상과 지속적 학습에 대한 자극을 얻게 됩니다. 이제 그것을 끈질기게 이어나가 언어 능력자가 될 때까지 발전시켜야 합니다. 어학연수 후 공부와 활용의 Follow up을 해주지 않는다면 시간이 흐를수록 잊힐 수밖에 없습니다.

어학연수를 통해 크게 성장한 사람들을 관찰해 보면 모두 연수 후 지속적인 Follow up을 한 경우가 대부분입니다.

12 국가, 지역, 학원 선택의 기준

많은 사람이 어학연수 자체를 국가, 지역, 학원 선택으로 혼동하는 경우가 있습니다. 어학연수는 국가, 지역, 학원의 문제가 아니라 어학연수 전 언어공부를 열심히 한다는 것, 그리고 어학연수 생활에서 공부와 활용, 경험을 열심히 한다는 것, 그리고 어학연수 후 끈질긴 후속조치를 열심히 한다는 것을 의미합니다.

나라, 지역, 학원은 부수적인 사항일 뿐이니 다음 사항들을 참고하길 바랍니다.

1. 비용

우선 예산 범위를 정해야 합니다. 일단 여러 가지 경우의 비용을 알아보고 충당이 가능한지 검토하는 것보다, 예산을 먼저 정하고 그 예산으로 가능한 어학연수 국가, 지역, 학원을 알아보는 것이 좋은 방법입니다.

예를 들어 9개월 어학연수를 2,000만 원 내에서 가고자 한다면 그에 맞는 여러 나라, 지역, 학원의 정보를 얻을 수 있습니다. 또는 1년 700만 원 내에서 가고자 한다면 아시아권 단기어학연수와 워킹홀리데이 비자를 혼합한 형태로 가능하며, 이에 맞는 선택 대상 국가들이 나옵니다.

2. 개성

예산 내에서 복수의 선택 대상이 나오면 그 안에서 자신의 개성에 따라 선택하면 됩니다. 즉 자신이 선호하는 나라, 지역, 학원을 선택하는데, 예를 들어 특정한 나라나 지역이 끌린다거나, 특정 스포츠를 좋아해서, 특정 뮤지션이 좋아서 등의 이유로 본인이 선호하는 국가를 선택하면 됩니다.

과거 일부 국가의 경우 어학연수 산업이 늦게 발달하여 지역별, 학원별 수준 차이가 있었지만 요즘은 거의 평준화되어 있습니다.
차별점을 발견하기 어려운 대상, 무의미한 대상에 대해 고민하는 것은 가치 없는 일입니다. 자신의 예산과 자신의 개성에 의해 선택하면 무방합니다.

3. 게임

다소 황당하게 들릴 수 있지만, 본인의 예산과 개성으로 선택이 어렵다면 게임을 통해 결정하는 것도 방법이 될 수 있습니다.

> 결혼은 누구와 하느냐에 따라 개인의 삶이 크게 달라질 수 있는 중대한 결정이다. 오늘날 우리는 결혼을 '사랑'이라는 감정을 기준으로 결정한다고 생각하지만 게르만의 관습은 달랐다. 결혼이 한 사람의 운명을 좌지우지할 중요한 전환점이기에 오히려 개인의 판단에 맡길 수 없었다. 결혼 상대자를 결정하기 위해서는 개인의 판단 이상이 필요했다. 즉, 신의 판단이 간절히 필요했던 것이다. 신의 판단을 확인하는 방법, 그것은 놀이 경쟁이었다.

결혼같이 중대한 일을 개인의 판단에 맡길 수 없다 하여 놀이 경쟁을 통해 신의 판단을 확인하여 결혼한 풍습이 있었다는 것입니다.

어학연수를 어느 나라, 지역, 학원을 갈지에 대해서는 명확한 기준이 없기 때문에 고민하면 할수록 시간과 에너지만 낭비할 뿐입니다. 결국 이것은 가기 전 언어준비와 가서 외국생활에 쏟아야 할 에너지를 미리 소진하게 만들어 금방 에너지가 고갈되어 실패하는 어학연수를 만들어 버리게 됩니다.

조심하는 것은 필요하지만, 고민으로 시간과 에너지만 낭비하는 것은 어학연수뿐만 아니라 인생의 실패를 만듭니다. 선택의 기준이 모호할 때 거북등 점이나 천문, 게임 등을 통한 선택은 실질적인 것에 시간을 투자하기 위한 인류의 하나의 생활방식이었다는 점을 참고하길 바랍니다.

13 발음은 중요한가?

외국어를 구사하는 데 있어서 발음은 중요할까요? 우리가 흔히 발음이라고 하는 것에는 여러 가지 관점이 있는데, 정확한 발성구조로의 발음이라면 매우 중요합니다. 하지만, 스타일의 문제라면 발음은 별로 중요하지 않습니다.

가령 [p]와 [f], [b]와 [v] 발음은 발성구조가 다르니 정확히 지켜주어야 상대방이 알아들을 수 있으므로 매우 중요합니다. 하지만 소리의 차이, 억양, 강세의 개성 정도는 언어소통에 문제가 되지 않으므로 크게 중요하지 않습니다.

반기문 사무총장은 한국식 억양을 사용하지만 정확한 발성구조와 정확한 문장을 사용하기에 누구도 그의 영어를 문제 삼지 않습니다. 미국의 가장 유명한 국무장관이었던 키신저 장관도 독일태생 이민자라 발음이 서툴지만 문장을 정확히 말하기 때문에 누구도 문제 삼지 않습니다. 정확한 문장으로 말하고 발성구조만 지키면, 발음이 서툴고 강세를 엉뚱한 곳에 두더라도 소통이 가능합니다.

다음은 필리핀에서 어학연수를 했던 한 학생의 후기 중 일부입니다. 필리핀과 아일랜드에서 어학연수를 한 경우인데 한국 최고 기업에 입사하여, 영어를 잘 한다는 이유로 영어 업무를 하게 된 학생입니다.

> 회사에서도 이제 막 입사한 신입사원에게 외국 vendor와의 전화업무를 저에게 맡긴 만큼 저의 영어 실력은 어느 정도 인정받은 것 같아 기분이 좋습니다.

(중략)

여러분이 가실 지역에 살고 있는 필리핀인들은 교육을 잘 받은 엘리트들입니다. 그들의 영어실력은 우리 상상 이상이며, 따갈로그보다 영어가 편한 사람들입니다. 가끔 영어발음을 문제 삼는 분들이 계시곤 하는데, 저는 솔직히 굉장히 건방진 태도라고 생각합니다. 자기가 생각하는 바를 영어로 제대로 표현도 못하면서 발음 문제로 필리핀 선생님들을 무시하는 태도는 참을 수 없습니다. 발음은 자기 자신이 고치는 것이라고 생각합니다.

한 마디도 못하는 사람이 다른 나라 사람의 발음을 흉본다는 것은 참으로 이해할 수 없는 행동입니다. 영어를 잘 하건 못하건 발음을 논하는 자들은 스스로 무식함을 드러내는 것임을 절실히 깨달아야 하겠습니다.

공교육만으로 국민의 90% 이상이 영어를 하는 핀란드 영어선생님들은 인터뷰에서 항상 '발음은 중요하지 않습니다. 자신감 있게 의사소통을 시도할 수 있는 것이 중요하죠.'라고 말합니다. 그러나 세계 최고 영어 투자 국가이면서 영어 스피킹 121위인 한국인은 여전히 발음 타령만 하고 있는 것입니다.

발음을 강조하지 않는 핀란드인은 영어를 잘 하게 되어서 당연히 발음도 좋아진 것입니다. 영어를 잘 하게 되니 여러 가지 미디어와 영상매체를 즐길 수 있게 되고, 그러한 것을 즐기고 따라하다 보면 자연스레 발음도 좋아지기 때문입니다.

발음에 대한 잘못된 인식은 언어공부에 매우 심각한 지장을 초래합니다. 그러한 인식으로 인해서 다른 사람 앞에서 (특히 한국인 앞에서) 말하려는 노력을 하지 않으니 실수도 하지 않고, 시도와 실수가 없으니 말하기 실력을 쌓는 것이 불가능해집니다.

14 바보야,
문제는 공부란 말이야!

이번에는 여러 후기들을 통해 어학연수의 학습에 대한 구체적인 사례들을 참고해 보겠습니다.

1. 목표와 계획 없이 오는 경우

생각보다 많은 연수생들이 뚜렷한 목표나 계획 없이 어학연수를 오는 것 같습니다. 현지 대학 진학, 한국 대기업 면접을 위한 회화준비, 외국계 회사 입사를 위한 영어 실력 향상, 영어 교사가 되기 위한 영어실력 향상 등이 대표적인 목표가 될 것 같고요. 그 목표에 따라 연수 중 공부의 방향도 결정되는 것 같습니다.

하지만 이러한 목표 없이 막연하게 외국 가면 영어 늘고 뾰족한 수가 생기겠지 하는 생각으로 오는 경우가 있습니다. 하지만 한국에서 미래의 비전이 없었다면 연수를 온다고 해서 그것이 저절로 생기지 않습니다. 그렇기에 이런 경우 어학연수 중 자신의 미래에 대한 고민을 하거나, 이리저리 학원을 옮기다가 시간과 돈을 낭비합니다. 당연히 가지고 있는 모든 에너지를 영어 공부에 쏟지 못하고, 돌아갈 때쯤 되면 늘지 않은 영어 실력에 대한 고민으로 밤잠까지 설치게 됩니다. 어학연수를 오는 분들은 어학연수를 해야 하는 구체적인 이유, 어학연수를 통한 자신의 목표를 정확히 알고 오는 게 실패를 줄이는 한 방법이 될 것 같습니다.

구체적인 목표의 중요성을 이야기하고 있습니다. 구체적인 목표와 그것을 성취하기 위한 어학연수 전 영어준비를 충실히 이행하지 않고, 그저 외국가면 뾰족한 수가 생기겠지 하는 기대라면 외국생활에서도 미래 고민에만 허덕이게 됩니다. 이러한 모습이 내 모습이 되지 않도록 경계해야 하겠습니다.

2. 지나친 기대를 하고 오는 경우

많은 학생이 어학연수를 가면 공부를 하지 않아도 자연스럽게 영어가 늘 것이라는 착각을 하는 것 같습니다. 하지만 어학연수를 하면 영어 실력 속도가 빨라지는 것뿐이지 절대로 저절로 영어가 늘지 않습니다. 스스로 공부하지 않으면 10년 넘게 영어권 국가에서 살아도 영어를 단 한마디도 못하는 사람이 정말 많습니다. 그렇기에 영어가 자연스럽게 늘 것이라는 잘못된 기대를 하고 오는 경우 처음 어학연수를 와서 학원을 다니는 것도 특별한 것이 없고 홈스테이도 먼저 말을 안 걸어 준다며 불평을 하다가 계획했던 기간을 못 채우고 돌아가거나 공부에 집중하지 않고 시간 낭비를 하다가 돌아갑니다. 어학연수는 영어를 집중해서 공부하기 위해 오는 것이지 어학연수를 간다고 무조건 영어 실력이 향상되는 것은 아닌 것 같다는 게 저의 의견입니다.

어학연수는 공부를 열심히 했을 때 한국보다 향상의 속도가 빠른 것일 뿐이지, 공부하지 않아도 저절로 늘 것이라 착각해서는 안 되겠습니다.

생각 외로 어학연수를 오는 사람 중 불성실한 사람이 꽤 많은 것 같습니다. 물론 그 분들도 한국을 떠날 때 마음가짐은 누구보다 더 열심히 하겠다는 생각을 하고 오는 것이겠지만, 막상 와보면 영어가 빠르게 늘지 않고 외로움은 크고 그러다 보면 인터넷을 하거나 한국인을 만나거나 하며 시간을 많이 보내게 됩니다. 심지어 학원도 일주일 내내 지각을 하기도 합니다. 그리고 한국으로 돌아갈 때쯤 되면 후회를 합니다. 한국에서 성실한 사람은 어학연수를 가서도 성실하고, 반대로 한국에서 성실하지 않았던 사람들은 어학연수를 와서도 그렇지 못한 것 같다는 것이 제 개인적인 의견입니다.

성실한 생활에 대한 각오가 없다면 어학연수는 외국에서의 심심하고 외로운 시간밖에 되지 않는다는 점 경계해야 하겠습니다.

어학연수는 군대가 아니다.

제가 군에 있을 때 어머니에게 받았던 편지 중 가장 기억에 남는 구절이 있었습니다. '군대에서는 시간만 가면 너의 계급도 올라가고 힘든 일도 줄어들고 전역을 하여서 군생활이 끝겠지만, 사회에 나와서는 시간이 오히려 너에게 불리한 면을 가질 수도 있고, 시간이 간다고 해서 모든 일이 해결되는 것이 아니다. 네가 적극적으로 해결하지 않는다면 천 년 만년이 흐르더라도 해결되지 않을 것이다.'라는 말씀이 있었습니다.

무슨 말인고 하니, 단순히 어학연수를 다녀왔다는 그 자체로 모두가 영어를 잘하고 모두가 자신이 목표한 바를 이룬다는 논리라면, 우리나라에서 학원을 다닌 학생들 모두는 서울대를 가야 했었고, 하루에 12시간씩 일을 하는 사람들은 모두 부장으로 승진이 되어야 했고, 하루에 10시간 이상 연습을 하는 운동선수들은 모두가 국가대표가 되었어야 합니다.

하지만, 세상이 그렇듯 무엇이든 쉽게 손에 쥐어지는 것은 없습니다. 뼈와 살을 깎는 노력이 없다면 자신이 진정 원하며 필요로 하는 것을 이룰 수 없다는 이야기입니다.

어학연수 기간이 중요한 것이 아니며, 단지 공부의 시간이 중요한 것이 아닙니다. 더 집중하고, 더 노력해야만 진정 자신이 원하는 것을 얻을 수 있는 법입니다.

이 책의 곳곳에 어학연수에서의 공부와 노력을 강조하였지만, 그저 그런 조언으로만 생각할 수도 있습니다. 하지만, 앞의 후기 속에 구체적인 실패자의 모습을 한번 떠올려 보기 바랍니다. 아마도 내가 그런 사람이 되는 것은 상상조차 하기 싫어질 것입니다. 구체적인 계획과 정확한 지식, 그리고 성실에 대한 태도로 어학연수에 도전하길 바랍니다.

15 레벨 분류와
높은 레벨에서 시작하기

일반적으로 어학연수 기관에서 어떻게 레벨을 분류하는지 알아보도록 하겠습니다. 세계적으로 가장 일반적으로 사용되는 레벨 분류는 영국식 6단계 분류입니다. 각 교육기관별로 달리 적용하는 곳도 있는데, 레벨을 세분화 하고 있는 곳은 12단계 이상을 적용하기도 하고, 어떤 곳은 17단계로 세분화 하는 곳도 있습니다. 하지만, 레벨 세분화도 결국 큰 틀은 영국식 시스템인 6단계 레벨 분류에서 각 레벨을 더 세분화 한 것이라 보면 됩니다.

레벨은 다음과 같이 분류됩니다.

- Advanced
- Upper Intermediate
- Intermediate
- Low Intermediate
- Elementary
- Beginner

어학연수 레벨테스트는 학교에 출석하는 첫날 이뤄지거나, 대학 부설의 경우 개강일 전에 특정한 날을 정해서 오리엔테이션과 더불어 진행합니다. 레벨테스트 형식은 교육기관 마다 다르지만 대부분 다음과 같습니다.

- 기본 어휘능력과 문법능력을 보는 객관식
- 문장을 읽고 답을 찾아내는 읽기
- 작문 주제를 주고 글을 쓰게 하는 쓰기
- 인터뷰 대화

어학연수 레벨테스트를 위해 따로 단기간 집중 학습을 할 사항은 많지 않지만 인터뷰 테스트의 경우 흔히 예상될 수 있는 질문들이 있습니다.

- 자기소개
- 왜 영어를 공부하는가?
- 왜 이 나라를 선택했는지, 왜 우리 학원을 선택했는지?
- 영어실력을 쌓은 후 미래 계획은 어떠한지?

어학연수 레벨은 연수 초기부터 가능한 한 최고 레벨인 Advanced나 그 바로 아래인 Upper-Intermediate 정도부터 시작하는 것이 이상적입니다. 물론 쉽지 않은 수준이지만, 최소 Intermediate 이상은 될 수 있도록 해야 합니다.

낮은 레벨의 경우 시간제 강사가 가르치는 경우가 많아 강사 수준이 낮은 편이며, 국적의 구성도 아시안 학생으로 편중된 경우가 많습니다. 하지만 높은 레벨은 정규직 강사가 반을 맡아 수업의 질이 좋고 학생들의 국적도 다양하여 자극과 발전에 훨씬 유리합니다.

따라서 연수 전 판단해 Intermediate 이상의 수준이 아니라고 생각된다면 초기에는 저렴한 비용으로 학업이 가능하고 효과가 높은 아시아권을 연계해서 가는 것이 좋은 선택입니다.

레벨업은 보통 한 달 단위, 또는 두 달 단위로 이뤄지는데 기본적인 출석률을 채워야 하고, 시험 형식의 테스트와 강사의 평가를 종합해서 판단됩니다.

어학연수 프로그램 중 꼭 일반영어 과정으로만 가장 높은 단계까지 갈 필요는 없고 시험과정이나 전문 과정 참여가 가능한 레벨이 되면 그쪽으로 옮기는 방법도 좋습니다.

16 어학연수 프로그램과 목적 설정

어학연수 프로그램은 다음과 같이 세 가지 부분으로 크게 나눌 수 있습니다.

- 일반영어과정
- 시험영어과정 ⇨ Cambridge, IELTS, TOEFL 등
- 전문영어과정 ⇨ Business, TESOL, 통번역 등

일반영어과정은 영어로는 General English 또는 ESL이라 부릅니다. 이 일반 과정은 처음 어학연수를 가면 듣는데, 언어의 4대 항목인 Reading, Speaking, Writing, Listening을 골고루 배울 뿐 딱히 목적성이 없기 때문에 3개월 정도 시간이 흐르면 지루함을 느끼고 슬럼프의 원인이 되곤 합니다.

어학연수를 성공하고자 한다면 일반영어과정의 레벨을 빨리 높힌 후 시험과정과 전문과정을 수강하는 것이 좋습니다.

시험과정은 영국에서 주관하는 Cambridge, IELTS 시험이 있는데, 쓰기와 말하기 테스트를 포함하므로 실질적인 영어실력 향상에 매우 유리합니다. Cambridge는 취업용, IELTS는 진학용으로 주로 사용됩니다. TOEFL은 미국에서 주관하며 온라인 말하기 테스트가 포함되어 있으며 쓰기 테스트도 포함되어 있습니다. TOEIC은 시험 자체가 영어향상과 무관하기 때문에 어학연수에 가서 공부할 프로그램이 아니고, 이 과정을 제공하는 어학연수 기관도 거의 없습니다.

전문과정은 비즈니스 관련 영어를 익히는 Business과정이 있고, 영어교사 자격증 과정인 TESOL 과정이 있습니다. 나라에 따라 통번역 과정을 제공하는 곳도 있습니다.

어학연수 실패에는 여러 가지 이유가 있지만, 그 중 매우 큰 비중을 차지하는 이유가 어학연수에는 유학의 졸업과 같은 구체적인 결과물이 없다는 것입니다. 그런 이유로 어학연수는 부모님이나 외부 시각에 의한 객관적인 평가나 의무적인 결과물이 없으니 실패에 대한 부담이 적고, 이는 나태나 탈선의 원인이 되기도 합니다. 또한 본인 스스로도 자신이 어학연수를 제대로 해 낸 것인지 아닌지에 대해서 판단하지 못하는 결과가 생기기도 합니다.

따라서 구체적인 결과물을 얻을 수 있는 시험영어과정이나 전문영어과정을 추천하는 것입니다. 이 두 과정의 장점은 다음과 같습니다.

1. 회화 능력 향상에 유리

일반적으로 많은 사람이 시험영어과정은 회화능력 향상과는 무관한 것으로 알고 있는데 그렇지 않습니다. Cambridge, IELTS는 감독관과 면접을 통한 말하기 테스트가 포함되어 있고, TOEFL도 온라인 말하기 테스트가 포함되어 있어 회화 실력 향상에 효과적입니다.

2. 실력 향상

위 시험들은 Writing 테스트를 포함하고 Reading, Listening 학습 수준도 높기 때문에 회화뿐만 아니라, 영어 전반에 걸친 실력 향상에 유익합니다. 전문영어과정 또한 학습내용과 강도가 일반영어 보다 월등히 높으므로 실력 향상에 훨씬 유리합니다.

3. 동기부여

일반영어과정은 목표가 없어 단기간에 쉽게 지루해지고 슬럼프가 올 수 있습니다. 구체적인 목표가 있고 결과로 피드백을 받을 수 있는 시험과정, 전문과정을 선택하는 것은 어학연수 성공에 필수적인 요소입니다.

4. 좋은 강사

일반영어과정, 특히 레벨이 낮은 반은 신입 강사나 파트타임 강사가 지도하는 경우가 많습니다. 하지만 시험과정, 전문과정은 경력이 많은 강사들이 가르치므로 교육 수준이 높습니다.

5. 수준 높은 교우관계

어학연수 프로그램 중 시험과정, 전문과정은 일정 레벨 이상이 되어야 참여할 수 있기 때문에 함께 공부하는 학생들의 수준이 높습니다. 성공은 어떤 무리와 어울리는가에 크게 영향을 받는데, 이러한 점에서 매우 유리한 어학연수 환경을 만들 수 있습니다.

6. 보람

시험과정과 전문과정은 점수, 또는 합격, 불합격, 과정 이수 등으로 결과를 얻을 수 있습니다. 목표한 결과를 얻으면 어학연수 생활에 매우 큰 보람과 자기신뢰를 얻을 수 있습니다.

다양한 프로그램 관련 몇 가지 후기를 참고해보겠습니다.

1.

그냥 무작정 가서 공부하기 보다는 목표를 정해서 학업하는 것이 훨씬 효과적이라고 조언해주셔서 아일랜드에서 3개월 동안 캠브릿지 대학에서 주관하는 시험 중 하나인 *Cambridge FCE* 코스를 준비하게 되었습니다. 이 시험을 준비하면서 정말 많은 것을 배웠고 영어실력 향상에 아주 큰 도움이 되었습니다.

외국 학생들은 한국이나 일본 등 동양인 학생들에 비해 스트레스를 받거나, 꼭 통과해야겠다는 중압감 속에서 공부하기 보다는 비교적 자유로운 분위기 속에서 즐기며 공부하였고, 그러면서도 합격율이 높게 나오는 모습을 보며 경쟁심이 발동하여 의지도 강해지고, 그로 인해 더욱 열심히 할 수 있었던 계기가 되었던 것 같습니다.

또한 하루 종일 책상에 앉아 하는 공부가 아닌, 더 많이 이야기하고 그날 배운 표현들을 실생활에서 사용하도록 노력하고 책이나 드라마 등을 통한 학습 등을 이어나갔습니다. 그 결과로 시험에 당당히 합격할 수 있었고, 합격을 해낸 스스로가 매우 자랑스러웠습니다.

2.

혹시 시험코스를 들을까 말까 고민하는 분이 계시다면 듣는 것을 추천합니다. 개인적으로 어느 정도 기본실력이 된다면 시험코스가 일반영어에 비해 정말 큰 도움이 된다고 생각하기 때문입니다. 일반영어는 문법이나 스피킹, 리스닝에 초점을 맞추는 반면, 시험코스는 라이팅 또한 개별 첨삭도 해주고 스피킹도 일주일에 한 번씩 원어민과의 1:1 시험으로 긴장감을 유지하며 생활함과 동시에 그런 상황에서 오는 부담감 속에서 영어 실력을 향상시킬 수 있기 때문입니다.

3.

3개월간의 ESL 이후 좀 실망감을 느끼게 되었습니다. 과연 영어가 늘고 있는 건지, 과연 이것이 실효성이 있는 수업인지에 관해서 말이죠. 그러던 중 제가 아는 동생이 TESOL 과정을 듣는 다는 말을 듣고 이 과정을 듣기로 결정하게 되었습니다.

3개월 후 마지막 금요일 졸업식이 있었습니다. 거의 모든 학생들이 울고 말았습니다. 그만큼 정도 들고 3개월 간의 과정이 그리 만만치 않았다는 걸 모두 깊게 느끼는 순간이었습니다. 이미 포기한 사람도 많았고 계속된 과제물과 시험, 그 과정 속에서 서로 얼마나 정이 들었던지. 이제 다시는 볼 수 없을지도 모른다는 서운함. 서로가 서로의 행운을 빌면서 다시 만날 것을 기약하며 마지막 순간을 함께 했습니다.

이후 Business 과정에 참여했습니다. 연령과 국적이 매우 다양했는데, 다양한 학생이 모여서 이루는 수업은 정말로 최상의 학습 분위기였습니다. 함께 모여 시사문제로 토론하고 생각하고 해결책을 찾는 수업. 바로 이러한 것이 어학연수의 목적 아닐까요? 서로 미처 생각지 못했던 각기 다른 나라의 문제들도 접할 수 있고 그것에 대한 그들의 생각, 현재 일어나고 있는 일련의 사건에 대한 토론들.

또한 대다수가 20대 후반에서 30대 초반으로 다양한 직장 경험들을 갖춘 사람이 오기 때문에 그들로 부터 많은 이야기와 조언을 들을 수 있었습니다. *Business* 쪽에서 일하던 분, *Financial* 회사에서 일하시 분, 국제 무역업을 하던 분 등, 그들로부터 듣는 생생한 실전 경험담들. 사회에 아직 진출하지 못한 저로써는 정말 귀중하고 뜻 깊은 이야기들이었습니다.

다음은 각 시험과정과 전문과정에 대한 상세한 내용 정리입니다.

■ Cambridge

Cambridge 시험의 정확한 명칭은 Cambridge ESOL이며, ESOL은 English for Speakers of Other Languages의 약자입니다. 우리가 흔히 Cambridge 시험이라고 하면 일반적인 영어능력 평가를 위한 ESOL이라 보면 됩니다. 이외 비즈니스 평가시험은 Cambridge Business Exam (BEC), 영어강사 평가시험은 Cambridge Teaching Knowlededge TEST (TKT)라고 합니다.

Cambridge 시험은 기능적으로는 한국 등 동아시아에서 보는 TOEIC과 동일합니다. 즉, 유럽 등 전 세계에서는 취업을 위해 바로 이 시험을 치르고 기업체에서는 시험점수를 평가하기 때문입니다. 세계적으로 TOEIC과는 비교도 안 될 정도로 인정받고 있으며, 현재 130개국에서 200만 명 이상이 이 시험을 치르고 있습니다.

Cambridge ESOL은 실생활에서 다양하게 영어를 쓸 수 있는 능력을 키워주며,

매우 실용적인 영어능력을 테스트합니다. 다른 영어시험과 차별되는 특징은 시험 결과가 합격, 불합격으로 나뉜다는 것입니다.

과정 단계는 다음과 같이 5단계로 나뉩니다.

- Key English Test (KIT)
- Preliminary English Test (PET)
- First Certificate in English (FCE)
- Certificate in Advanced English (CAE)
- Certificate of Proficiency in English (CPE)

위 단계 중 주로 FCE와 CAE를 응시하는데, 일반적으로 어학연수를 가서 합격을 목표로 한다면 FCE 정도가 적절합니다. CAE는 수준이 매우 높기 때문에 합격이 쉽지 않습니다. 각 입학 레벨과 이수 후 영어능력 수준은 다음과 같습니다.

- **First Certificate in English (FCE) Course**

  수강 가능 레벨 : Upper-Intermediate

  수강 후 평균 레벨 : Higher Advanced (프리토킹 가능 수준, 영어권 대학 입학 가능 수준)

- **Certificate in Advanced English (CAE) Course**

  수강 가능 레벨 : Higher Advanced

  수강 후 평균 레벨 : Nearly Native 수준 (대학원 입학 가능 수준)

학급 구성은 유럽인이 높은 편입니다. Cambridge 시험 과정은 늘 개설되지 않는데, 세계적으로 1월 초 / 3월 중후반 / 9월 중후반 개강이 있으며, 시험은 각각 10~12주 과정이 끝난 후 3월 / 6월 / 12월에 치르게 됩니다. 시험 응시일도 정해져 있습니다.

Cambridge 시험 항목은 Speaking, Reading, Listening, Writing, Grammar in use 즉 말하기, 읽기, 듣기, 쓰기, 실용 문법으로 나누어져 있습니다.

■ IELTS

IELTS 시험은 영국문화원과 호주 IDP 에듀케이션, 영국 캠브리지 대학에서 공동 주관하는 시험으로, 미국에서 주관하는 TOEFL과 기능적으로 동일한 시험입니다. 미국, 캐나다 대학에 진학하려면 TOEFL을 보지만, 영국, 아일랜드, 호주, 뉴질랜드, 캐나다 대학에 진학하기 위해서는 IELTS 시험을 응시합니다. 참고로 캐나다는 두 시험 모두 가능하며, 다른 나라의 경우도 일부 두 시험 모두 가능합니다. 이외 여러 영어권 국가 영주권 획득을 위한 영어평가로도 이용되고 있어서 이민을 고려하는 분들도 이 시험을 준비합니다.

IELTS 시험은 진학을 위한 Academic Module과 일반영어능력 평가, 이민자 영어능력 평가를 위한 General Training Module이 있습니다. 하지만 대부분 대학 진학용으로 인식되고 있습니다.

시험구성은 Listening, Reading, Writing, Speaking 4가지 영역으로 구성되며, Cambridge 시험처럼 Speaking은 인터뷰 테스트를 치릅니다. 즉, 실질 영어 구사력이 필수적으로 필요한 시험입니다.

점수는 각 영역의 점수를 0~9점으로 채점하고, 전체 점수는 각 영역의 점수를 더한 후 4로 나누어 반올림합니다. 영어권 전문대학은 5.5 수준, 일반대학은 6.5 수준, 명문대학 및 대학원은 7.0~7.5가 되어야 입학이 가능합니다. 어학연수로는 6.5 이상을 목표로 하는 것이 적당합니다.

■ TOEFL

TOEFL은 한국인에게는 매우 익숙한 시험입니다. 한국은 미국 대학으로 유학이 편중되어 있고, 교환학생을 준비하는 경우도 많아 TOEFL 시험에 응시하는 인

원이 매우 많은 나라입니다. 일반적인 영어능력 시험으로도 많이 이용되고 있습니다.

과거 지면으로 치른 시험인 PBT에서 Computer 시험인 CBT로 시행되다가 지금은 Internet 시험인 IBT로 시행되고 있습니다. IBT 부터는 직접테스트는 아니지만 Speaking 테스트도 포함이 되었습니다.

TOEFL 시험은 영어로 주어지며 인터넷 방식으로 시행됩니다. 시험은 4개 영역 (듣기, 읽기, 말하기, 쓰기)으로 이루어지며, 전체 시험 시간은 4시간 30분입니다.

각각 다음과 같은 테스트가 이뤄집니다.

- Reading ⇨ 대학 교재의 글을 읽고 질문에 답하기
- Listening ⇨ 강의, 교실 토론 및 대화를 듣고 질문에 답하기
- Speaking ⇨ 익숙한 주제에 대한 의견을 표현하기, 읽기와 듣기 과제를 바탕으로 말하기
- Writing ⇨ 읽기 및 듣기 과제를 바탕으로 답안 에세이 쓰기, 의견을 글로 뒷받침하기

TOEFL IBT 시험 점수는 120점 만점으로 환산됩니다. 100점 이상이면 상당한 능력이라 할 수 있으며, 어학연수에서는 약 90~110점을 목표로 하면 적당합니다.

■ Business 과정

Business 과정는 비즈니스 분야에서 활용할 수 있는 영어를 전문적으로 배우는 과정입니다. 일반적으로 영어를 배우는 이유가 비즈니스 분야에서 활용을 위함이니 어학연수에서 시간과 레벨이 가능하다면 Business 과정 수강은 추천할 만한 사항입니다.

이력서, 비즈니스 문서작성, 비즈니스 회화, 관련 어휘, 국제환경과 국제비즈니스 이슈 토론 및 프레젠테이션 등으로 이뤄집니다. 각각의 교육기관에 따라 기간 및 과정은 다소 상이한 편입니다.

Business 코스 중 국제표준시험과정으로는 Cambridge Business Exam 과정이 있습니다. 다만 어학연수 학원에서 이 과정을 제공하는 곳은 많지 않습니다. 이외

대학부설 어학원에서 자체 Business 과정을 제공하는 곳들이 있고, 사설기관도 자체 커리큘럼으로 Business 과정을 제공하는 곳들이 있습니다.

■ TESOL

TESOL 과정은 영어로 영어를 가르치는 교사자격증 과정입니다. 이 과정은 원래 정규 석사과정으로 제공되는 경우가 대부분인데, 캐나다를 시작으로 어학연수 과정의 고급 레벨 학생을 위해 4~12주의 단기 TESOL 과정이 제공되는 곳이 많습니다.

미국은 UCSD, UCI 등 대학부설에서 TESOL 과정을 제공하고 있으며, 일부 사설기관에서 제공을 하고 있습니다. 캐나다는 매우 많은 사설학원에서 TESOL 과정을 제공하고 있으며, 역사가 오랜 곳들이 많아 프로그램에 대한 노하우와 수준이 높은 편입니다. 호주와 뉴질랜드도 일부 교육기관에서 전문 TESOL 과정을 제공하고 있습니다.
의외로 영국에서 TESOL 과정을 수강하기가 어려운데, 영국은 CELTA, DELTA 등 입학만 하려고 해도 상당히 높은 자격수준이 요구되는 과정을 제공하고 있으며 거의 원어민을 대상으로 하는 과정입니다.

영어교사를 목적으로 하거나 보다 수준 높은 학업을 원하는 경우 어학연수 국가에 따라 TESOL 과정을 수강하는 것도 좋은 선택입니다.

대학진학을 위한 영어과정을 말합니다. 각각 교육기관별 쓰이는 용어가 다릅니다. 보통 어학연수 기관에서 컬리지나 대학교 등과 협의를 맺고, 해당 어학연수 기관에서 일정 레벨 이상이 되면 대학입학을 허가해주는 조건의 프로그램인 경우가 많습니다. 이 과정은 대학생활을 할 수 있는 수준의 영어를 목적으로 합니다.

따라서 대학진학을 원할 경우에는 IELTS나 TOEFL을 목적으로 하고 점수획득을 한 후 대학을 선택하는 방법이 있고, 또는 Pathway 등으로 조건부 입학을 전제로 영어과정에 참여하는 방법이 있습니다. 진학 과정 기간은 참가자의 초기 레벨에 따라 다른데, 중상급 수준이면 보통 6개월 내외로 컬리지에 진학을 하고, 비기너 등의 낮은 레벨이면 1년 이상 기간이 필요합니다.

이상 주요 어학연수 프로그램들에 대해 알아보았습니다. 이외 각 교육기관별로 특화 프로그램을 제공하는 경우가 있는데, 캐나다의 경우 통번역과정이 개설되어 있는 곳도 있습니다. 그밖에 바리스타, 투어리즘, 패션, 아트 등의 과정을 일반과정의 오후 시간에 제공하는 경우도 있습니다.

17 직장인 어학연수의 의미와 효과

2000년대 이후부터 직장인 어학연수는 매우 보편화되었습니다. 휴직이 가능한 직업이나 기타 이직준비, 퇴직 후 어학연수 등 다양한 직장인 어학연수가 존재합니다. 최근 몇 년 사이에는 공무원 유학휴직 신설로 공무원 어학연수가 눈에 띄게 증가하기도 하였습니다.

직장인 어학연수의 여러 의미와 효과에 대해 알아보겠습니다.

1. 외국어 학습의 MBA 과정

어학연수는 경우에 따라 직장생활을 어느 정도 하고 가는 게 더 좋을 수도 있습니다. 물론 사회진출 전에 외국어 능력을 쌓으면 취업에 도움이 되지만, 그 시기에는 영어능력의 필요성을 절감하지 못 하기 때문에 열심히 하지 않는 경우도 있습니다. 이 예로 경영학 석사과정인 MBA를 들 수 있습니다. MBA 입학을 위해서는 직장경력이 필수입니다. 실제 직장 경험이 있어야 어떤 학문을 어떻게 공부해서 적용해야겠다는 필요성을 갖게 되기 때문입니다. 이러한 관점에서 본다면 사회활동에 있어 영어의 필요성과 유용성을 느끼고 어학연수를 가는 것이 보다 더 좋을 수 있습니다.

따라서 직장인 어학연수는 드믄 경우가 아닌, 오히려 더욱 바람직한 어학연수일 수 있습니다.

2. 글로벌 인맥 형성

한국에서 직장생활을 하면서 대학원 공부를 하는 경우, 물론 그 학문 자체에 대한 순수한 목적도 있지만, 그 안에서 갖게 될 인맥도 중요한 목적이 되기도 합니다. 이처럼 모든 학업과정에는 부수적인 인맥이 형성되며, 이는 오히려 그 학업과정의 가치를 뛰어 넘는 경우가 많습니다. 유학도 글로벌 인맥을 맺기 위함이라고 단정하는 유학경험자들이 많습니다. 어학연수도 마찬가지입니다. 세계 다양한 국가에서 오는 여러 사람들과 다양한 글로벌 인맥을 맺어야 합니다. 어학연수를 가보면 직장인으로 어학연수를 오는 많은 외국인을 만날 수 있습니다.

글로벌 인맥 형성은 여러 면에서 향후 경제활동에 큰 도움이 됩니다. 이를 위해 어학연수 프로그램에서도 비즈니스 영어 과정 등에 참여해 보는 것이 좋습니다.

3. 안식년, 재도약을 위한 휴식 및 재충전

서구에는 일정 사회생활 후 1년의 휴가를 갖는 안식년이 있습니다. 직장인 어학연수는 사회생활의 안식년이 될 수 있고, 또한 미래를 대비한 최고의 재충전이 될 수 있습니다. 안식년에 단지 여행이나 휴식을 선택할 수도 있겠지만, 자기발전, 자기계발 면에서는 언어학습의 가치를 따라올 것은 없습니다. 또한 자신만의 시간 및 해외경험은 평생의 삶에 큰 위안이 될 수 있습니다.

이상 직장인 어학연수에 대한 몇 가지 관점에 대해 살펴보았습니다. 무엇보다 중요한 개념은 직장인 어학연수가 늦은 어학연수라는 관점이 아닌, 실제 사회 생활에서 필요성을 느끼고 학업하는 MBA와 같이 더 목적이 분명한 어학연수가 될 수 있다는 것입니다.

18 언어향상의 단계와 학습방법

회화 학습에서 좋은 결과를 얻으려면 단계별로 어떤 전략을 취해야 할지 지식을 갖는 것이 매우 중요합니다. 각각 시기별 어떤 전략으로 학습할 것인지에 대해 정리를 해보겠습니다.

자신의 실력에 맞는 전략이 무엇인지 아는 것은 불필요한 좌절과 고민에 휩싸이지 않게 해주며, 중요한 것에 집중할 수 있게 함으로써 효율적인 회화학습에 도움이 됩니다.

1. Confidence(일상 소통 자신감) 성취 - Make sense 전략

Make sense는 '의미가 통한다'라는 뜻인데, 회화의 첫 단계 전략입니다. 낮은 레벨에서 회화를 시도할 때는 문법을 정확하게, 표현을 어색하지 않게 구사하는 것은 불가능합니다. 그러한 정확한 표현만 사용하려 하다가는 아예 대화 시도 조차 못하는 경우가 많습니다. 따라서 이 시기에는 단어학습을 기반으로 단어만 나열해서라도 의사소통을 해보겠다는 마음가짐이 중요합니다.

문법이 틀리고 표현이 어색한 수준이라 하더라도 문제되지 않습니다. 열심히 시도하면 마음만 통해도 충분한 의사소통을 경험할 수 있을 것입니다. 또한 시도하면서 실수를 많이 하지 않으면 실력은 늘지 않는다는 사실을 명심해야 합니다. 많은 시도와 실수 속에서 그 실수를 수정해 나가며 회화실력이 느는 것입니다.

2. Fluency(말하는 속도의 유창성) 성취 - Speed 전략

Fluency는 '유창성'을 의미하는데, 구체적으로 말하면 '속도의 유창성'을 말합니다. make sense 전략으로 회화학습을 시도해도 초기 수준에서는 즉문즉답 속도의 회화를 하기는 어렵습니다. 아무래도 표현 연상과 문장구성을 위한 시간이 필요하기 때문입니다.

어느 정도 자신감 단계를 넘어선다면 이제 빠르게 말하는 것에 중점을 두어야 합니다. 매번 말할 때마다 연상과 구성으로 뜸을 너무 많이 들이면 상대방은 답답함을 느끼게 됩니다.

Make sense의 학습과정을 지속하다 보면 단어와 표현의 범위도 넓어지고 반복 연습하는 문장도 늘어나는데, 그 과정에서 무엇보다 속도의 유창성에 중점을 두고 회화를 시도해야 합니다.

3. Accuracy(정확성) 성취 - Sound better 전략

Sound better는 '듣기에 더 낫다'라는 뜻으로 영어표현에 있어 문법이 정확하고, 표현이 어색하지 않다는 의미입니다.

Make sense와 fluency 전략의 결과물은 영어회화의 자신감으로 나타납니다. 반복되는 의사소통의 자신감과 비교적 빠른 대화는 본인 스스로도 뿌듯함을 느끼고 나아가 영어를 말하는 자신이 신기하게 느껴지는 즐거움을 맛보게 됩니다. 하지만, 이러한 즐거움도 일정 시간이 흐르면 또 다른 매너리즘으로 변화합니다. 바로 정확한 문법과 표현에 대한 욕구가 강해지기 때문입니다.

Sound better 전략의 학습이 되려면 이전에 공부했던 『Grammar In Use』같은 문법책을 다시 복습하면서 세밀하게 공부하는 게 좋습니다. 또한 이 시기에는 주

2회 정도 별도 개인교습을 권합니다. 방식은 본인이 말할 기회를 많이 갖도록 하고, 강사에게 틀린 문법과 어색한 표현을 빠짐없이 지적해 달라고 해야 합니다. 강사의 피드백을 별도 노트로 정리하여 반복학습하면 자신의 습관적인 실수들을 고쳐 나갈 수 있습니다.

위 내용을 참고하여 자신의 수준이 현재 어디에 있는지 잘 파악하고 그에 맞는 회화학습 전략을 세워보기 바랍니다. 초보 레벨인데 한 마디 한 마다 정확한 표현을 쓰려 한다면 실력향상은 요원해 지고, 반대로 고급 레벨인데 계속 동일한 단순 회화만 반복한다면 매너리즘에 빠져 발전의 동력을 잃게 됩니다. 전략에 대한 지식과 선택은 학습에 투자하는 시간 대비 효과를 높여 주는 매우 중요한 요소입니다.

여기에 한 가지 덧붙이자면 어떤 단계이던 용기를 잃지 말아야 한다는 것입니다. 큰 노력을 기울이지도 않은 상태에서 너무 큰 기대를 가지면 그로 인해 슬럼프에 빠지는 경우가 흔히 발생합니다.
한국어 원어민인 우리도 단어가 생각나지 않을 때도 많고, 어색한 표현을 쓰는 경우도 많습니다. 마찬가지로 영어전문가라 하는 이들도 그런 경우가 많습니다.
아래 글을 보면서 용기를 잃지 않고 즐겁게, 꾸준히 공부하는 마음을 가져보길 바랍니다.

영화를 보다가 경찰이나 범인들이 하는 말 중 못 알아듣는 것이 나오면 '뭐지?' 순간 의아해하지만 기가 죽진 않는다. *TV* 뉴스의 어려운 경제 얘기를 못 알아들으면 경제지식이 부족한 탓이지 우리말을 몰라서가 아니다. 심한 사투리를 쓰는 사람의 말도 마찬가지이다. 그런데도 영어로 똑같은 상황에 부딪혔을 때 우리는 *100%* 알아들어야 한다는 강박관념에 사로잡혀 있는 듯하다. 리스닝에서 끝장을 보겠노라고 벼르기보다 우선 이런 강박관념에서 자유로워야 한다. 리스닝을 논하기 전에 먼저 이 말부터 하고 싶다.

– 송연석 (통역대학원)

왜 열흘 중 엿새는 생방송 도중 제대로 된 영어 문장을 만들어 버벅대지 않고 말하기가 이렇게 어려운 건지. 늘 말하듯이 영어에서는 문법과 어휘가 제일 중요하고 스스로도 그 두 가지 공부에 꽤나 신경 쓰고 있다고 생각하는 데도 말도 잘 나오고 뜻대로 영어가 되는 *Good days*는 간혹 있는 데 반해 단어나 문형이 생각나지 않고 꽉 막히는 *Bad days*는 특별한 이유 없이 너무 자주 있는 건지. 더구나 매일 아침 만천하에 영어와 우리말 실력이 공개되어 도마 위에 오르는 상황을 겪으니 이로부터 받는 스트레스는 실로 엄청나다.

– 이보영의 『영어공부 비밀노트』 中에서

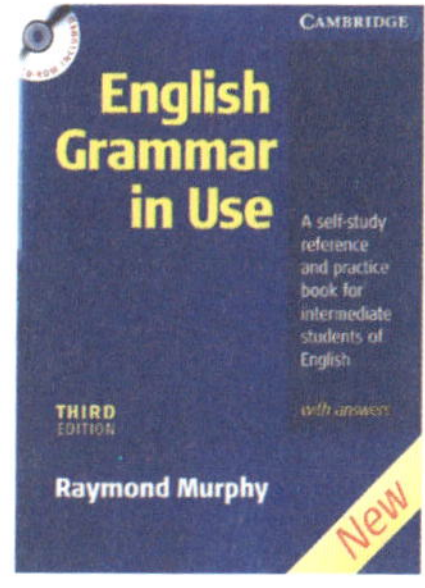

19 어학연수 성공과 숙소생활

어학연수 성공의 가장 중요한 요소인 숙소에서의 영어사용 환경, 그중 홈스테이에 관해 몇 가지 조언하겠습니다. 다른 숙소 형태인 쉐어나 기숙사에도 유사하게 적용할 수 있습니다.

1. 숙소에서의 영어사용 환경의 중요성

어학연수는 24시간 언어 사용 환경을 위해 가는 것입니다. 하루 가장 많은 시간을 보내는 장소를 생각해보면 단연 숙소에서의 시간일 것입니다. 따라서 어학연수의 성공은 실력이 비슷한 어학연수생들과 함께 하는 학원 보다, 원어민과 함께 생활하는 숙소환경에 더 영향을 받는다고 할 수 있습니다. 그 중 홈스테이는 원어민과 함께 생활하고 현지인의 문화를 알아가는 데 최고의 환경이라 할 수 있습니다.

이로 인해 많은 어학연수 성공자들은 홈스테이 생활이 자신의 어학연수 성공에 가장 큰 공헌을 하였다고 말합니다.

2. 홈스테이는 안 좋다?

홈스테이를 지속할 것을 권장하면 많은 사람이 인터넷 등에서 본 홈스테이 불만 사항을 떠올리면서 불편의 공간인 것으로 오해하는 경우를 봅니다. 하지만 이는 매우 잘못된 편견입니다. 홈스테이에 만족하고 성공한 많은 사람은 특별히 글을 남길 불만이 없어서 글을 올리지 않는 경우가 많습니다. 반대로 가벼운 오해나 불편이 생긴 사람은 어학연수에 성실한 노력을 하지 않아 남아도는 시간에 인터넷 접속을 해서 홈스테이 불평 글을 과장되게 남기곤 합니다.

3. 홈스테이는 복불복이다.

어느 정도 일리가 있습니다. 객관적으로 좋은 곳도 있고, 객관적으로 안 좋은 곳도 있을 수 있습니다. 또한 자신과 잘 맞는 성향의 가족이 있을 수 있고, 잘 맞지 않는 성향의 가족도 있을 수 있습니다.

이로 인해 홈스테이는 한 달만 계약을 하고 갑니다. 마음에 들면 연장계약을 해서 더 머물면 되고, 맞지 않으면 옮기면 되는 것입니다. 홈스테이에 대해서는 자기선택의 영역이 크기 때문에 일방적으로 홈스테이 제도를 부정적으로 생각할 필요가 없습니다.

4. 홈스테이는 자기노력

홈스테이 가족의 일원이 되려 노력하고, 오래 함께 하고자 하는 학생과 삐딱한 눈빛으로 이리저리 재면서 금방 나가려는 학생이 있다면 주인의 태도도 분명 달라집니다.

홈스테이 가족에게 가끔 한국요리도 만들어주고 문화를 교류한다면 환영을 받을 것이며, 그들의 가사일을 간혹 거들어 준다면 더욱 환영을 받게 될 것입니다. 또한 홈스테이 가족과의 대화를 위해서도 본인이 많은 노력을 해야 합니다. 현지 신문도 열심히 읽고, 현지인과 공유할 이야깃거리를 준비해서 질문을 많이 해야 그런 기회도 많이 갖게 됩니다.

본인이 아무 노력도 하지 않으면서 홈스테이 가족들과 대화 기회가 없다고 불평

하는 것은 매우 잘못된 행동입니다.

홈스테이는 본인이 최대한 노력을 하면서 홈스테이 가족과의 친분을 잘 형성해 나가는 것이 중요한 포인트라 할 수 있습니다.

홈스테이를 지속한 학생은 어학연수를 실패하는 경우가 거의 없습니다. 홀로 자취를 하거나 한국인 쉐어를 하거나, 일본인 쉐어를 하면 언어실력이 늘지 않습니다. 언어노출 환경을 갖지 못하니 자극과 활용이 안 되기 때문입니다.

어느 정도 언어향상이 되고 생활이 익숙해진 후 그때 쉐어하우스를 구할 수도 있으며, 어느 정도 영어자신감이 쌓인 상황에서는 쉐어하우스도 좋은 숙소입니다. 물론 반드시 현지인이나 영어를 잘 하는 외국인으로 구성이 된 곳을 선택해야 합니다. 다른 나라 어학연수생들과의 대화도 영어향상에 도움이 되지만, 그것은 학원에서의 생활로 충분합니다. 숙소에서만이라도 원어민과의 대화 기회를 반드시 가져야 합니다.

다음 몇 개의 홈스테이 후기를 참고하겠습니다.

1.

어학연수 생활에서 홈스테이를 나오는 날부터 어학연수에서 얻을 수 있는 가장 큰 것을 잃었다고 생각하는 것이 좋다. 그 엄청난 사례를 일일이 나열할 수는 없지만 일단 나와서 살면 마음에 맞는 친구들끼리 살 수 있다. 그런데 과연 그 친구들의 구성을 생각해보자 누구와 살 것인가? 한국인 친구? 아니면 외국인 친구? 정말 극소수의 사람들이 현지 대학생과 지낼 수 있는 기회를 갖는다.

그러나 그 경우라 할지라도 거의 무시당하기 일쑤이며 대화의 기회를 갖기 힘들고 간단한 인사정도나 하고 지낸다. 상식적으로 현지 대학생과 자유로운 토론이 가능한 사람이 어학연수 과정을 밟겠는가? 결론적으로 영어를 사용할 수 있는 아주 큰 비중을 차지하는 부분을 잃어버리게 되는 것이다. 함께 살다보면 여러 가지를 많이 배운다. 나는 흔히 어학연수의 성공담에서 볼 수 있는 천사표 홈스테이 주인과 생활했던 것은 아니다. 냉정하고 돈 계산 분명하고…… 하지만 나도 그만큼 노력을 많이 했다는 점을 이야기하고 싶다.

홈스테이 생활에서 가장 좋았던 것은 TV를 잘 안 보고 꼭 저녁 식사 후에는 차를 마시면서 대화를 나누었는데 정치, 경제, 사회 전반적인 분야에 이르기까지 어떤 때는 학원에서 보다 훨씬 많은 것을 배웠고 그들이 생각하는 방식을 알 수 있었다. 토론문화를 배운 것이다. 술 마시고 떠드는 신변

잡기의 수다가 아니라 재미있는 토론문화를 배운 것이다.

사실 나도 그냥 한국의 평범한 대학생에 불과하다. 아직 사회에서 큰 업적을 이룬 사람도 아니거니와 누군가에게 충고를 해줄 수 있는 입장이 아닌지도 모른다. 그 동네에도 한국 사람이 꽤 많았었는데 안타까워서 홈스테이를 지속하라는 충고를 해주면 날 이상하게 본다. 네가 운이 좋아서 그렇지 내 입장이 되면 그런 이야기를 할 수 없다는 식이다. 과연 그럴까? 홈스테이에서 많은 것을 배우고 오래 있으려는 사람과, 한두 달 있다 나갈 사람과의 행동에서 오는 차이를 홈스테이 사람들이 느낄 수 있다고는 생각해보지 않았는지 모르겠다.

2.

주인아저씨는 발명가라는 아주 독특한 직업을 가지고 있었기 때문에 시간이 항상 넉넉했었습니다. 그래서 나의 숙제를 많이 도와주는 등 영어공부에 적잖은 도움을 주었습니다. 학원에서 내주는 슬랭(slang)과 이디엄(idiom)에 관한 숙제는 아저씨가 도맡아서 도와주곤 했습니다.

아이들이 있는 것도 편안한 마음으로 영어를 말하는 데 도움이 되었습니다. 선천적으로 아이를 좋아하는 나는 애들과 집안에서 노는 시간이 꽤 많았는데 캐나다 아이들이다 보니 당연히 영어를 통해서 의사소통을 해야 하므로 영어를 쓸 기회가 늘어났습니다. 상대가 어린 아이들이라서 틀려도 망신당할 걱정이 별로 없었기 때문에 어른들과 말하는 것보다 훨씬 마음이 편했습니다. 아이들도 처음 만났을 때부터 나를 잘 따르고 스스럼없이 대했습니다. 홈스테이 아이들과 함께 지낸 경험은 훗날 지금 내가 하고 있는

영어교사라는 직업을 갖는데도 적잖은 영향을 끼쳤습니다. 아줌마는 낮에는 탁아소에서 일을 했기 때문에 일하면서 많이 시달려서인지 집에서는 혼자 쉬는 걸 좋아했는데, 내가 아이들과 놀아줘서 자기가 쉴 시간이 늘어나는 것을 매우 좋아하는 눈치였습니다. 당연히 호스트패밀리 식구들과의 사이가 좋아질 수밖에 없었습니다.

3.

저는 어학연수 시작부터 끝까지 홈스테이를 했습니다. 어학연수 가기 전 혼자 자취를 했는데 생활 습관이 많이 무너지고 성적도 많이 떨어져서 홈스테이는 무조건 해야 한다는 게 부모님의 의견이었기 때문이죠. 홈스테이 가족들은 제 영어 실력 향상에 가장 많은 도움을 주었기에 자세히 적어보려 합니다.

제가 처음으로 간 홈스테이는 백인 아주머니 혼자 사는 집이었습니다. 오래 전 이혼을 했고 자녀들은 결혼이나 직장 때문에 떨어져 살며 가끔 방문했기에 전 처음부터 아주머니와 대화를 하는 시간을 아주 많이 가질 수 있

있습니다. 아주머니 직장과 학원이 가까워 매번 태워주셨는데, 차안에서 대화를 굉장히 많이 했습니다. 아주머니가 퇴근을 하시면 같이 요리하고 저녁 먹고 최소 두 시간 이상 같이 TV를 보았습니다. 무엇보다 좋았던 건 아주머니께서 독일에서 19살 때 까지 살다가 캐나다에 오신 분이라 영어를 배우는 저의 입장을 너무 잘 이해해 주셨습니다. 항상 천천히 또박또박 말해주시는 건 기본이고 조금 어려운 단어는 항상 무슨 뜻이라고 말씀해 주셨습니다. 제가 잘못된 표현을 사용하면 고쳐 주기도 하셨고요. 제가 영어 실력이 많이 부족한 상태에서 갔지만 어렵지 않게 적응할 수 있었던 것은 모두 그 아주머니의 도움이 있었기 때문이었습니다. 하지만 아주머니가 직장을 그만 두시고 영어 강사로 유럽으로 떠나시면서 전 다른 홈스테이에 들어갔습니다.

새 홈스테이 역시 백인 아주머니 혼자 사는 집이었습니다. 분위기는 좀 많이 달랐습니다. 그 이전 집에 비해서는 아주머니께서 저한테 신경을 많이 써주지 못했습니다. 무엇보다 남편이 돌아가신지 얼마 되지 않아 많이 우울해 보였습니다. 이 홈스테이를 소개시켜준 분도 그 이야기를 미리 해주셨고요. 하지만 집이 아주 크고 좋았고(정말 영화에서 보던 집) 다른 차선책이 없었기에 그 집으로 들어가게 되었습니다. 예전처럼 홈스테이 아주머니와 많은 시간을 갖지는 못했지만 저녁은 항상 함께 먹었고, 아주머니께서 쇼핑을 가시거나 하면 같이 가는 등의 방법으로 많은 시간을 함께 보내려고 노력했습니다.

제가 도시를 옮기면서 다른 홈스테이로 가게 됐습니다. 이혼한 싱글맘에 어린 자녀들이 있는 집이었습니다. 우연히 본 아주머니 여권에서 아주머니

나이가 30살 정도라는 걸 알았는데 젊은 분이셔서 그런지 굉장히 개방적이었습니다. 룸메이트도 있었는데 남자 친구를 데려와 자는 것에 별말씀이 없으셨고 식사 시간을 어기더라도 크게 신경 쓰지 않으셨습니다. 자유로워서 좋은 것도 있었지만 스스로 자기 관리를 잘 못하는 저로서는 때때로 생활 리듬이 무너지기도 했었습니다. 어린 아이들이 있는 집에 홈스테이를 가게 되면 좋은 점이 아이들과 놀면서 지루함을 느낄 틈이 없다는 것입니다. 물론 좀 정신없기는 하지만요. 아이들이 7살, 8살이었는데 제가 조금만 관심을 주니 절 너무 따르고 좋아했습니다. 그들은 부모의 이혼, 엄마의 남자친구, 아빠의 새 부인 등으로 상처를 많이 받은 것 같아 안쓰러운 아이들이었습니다. 한국 동전, 지폐를 선물로 주니 너무 좋아하고 학교에서 악기를 연주하거나 혹은 스포츠 경기가 있는 날이면 저도 함께 가서 응원해 줬습니다. 가끔 한국 아이들과는 다른 당돌함에 좀 당황할 때가 있었지만 재미있었던 홈스테이였습니다.

그다음 또 다른 도시로 옮긴 저는 또 아주머니 혼자 지내는 집에 들어갔습니다. 룸메이트가 있었고 아주머니의 남자친구는 일주일에 서너 번 방문하곤 했습니다. 그리고 아주머니께서 성격이 아주 화끈하시고 저랑 성격이 정말 잘 맞았습니다. 이 홈스테이에 들어갔을 때는 제가 영어 실력이 많이 좋아진 편이라 아주머니와 큰 무리 없이 대화를 할 때였습니다. 인생에 대한 토론을 하기도 했고, 정치에 대한 토론을 하기도 했고 가끔 아주머니의 남자친구까지 합세하면 몇 시간 동안 토론이 이어지기도 했습니다. 언성이 높아질 때도 있었지만 대화가 끝나면 다 털어내고 다시 웃으면서 다른 이야기를 하기도 하고요. 이 홈스테이 아주머니와는 아직도 메일을 주고받으며 각종 토론을 즐기고 있습니다.

20 어학연수 비용과 형식들

어학연수 비용과 그에 따른 가능한 형식에 대해 영어권에 한해 알아보도록 하겠습니다. 다만 본 내용은 단순한 참고자료로만 생각하는 게 좋습니다. 나라별 경제 상황이나 국제정세 등의 변화로 환율이 단기간 큰 폭으로 변화하는 경우가 많기 때문에 비용도 그에 따라 상당한 수준으로 변할 수 있기 때문입니다.

또한, 적은 비용으로 장기어학연수를 고려한다면 필수적으로 일을 할 수 있는 워킹홀리데이 비자가 필요하기 때문에 워킹홀리데이 비자와 함께 고려해 보는 것도 좋겠습니다.

- 아래 비용은 항공, 용돈, 잡비 등 모두 포함하여 예상한 비용입니다.
- 한 국가 안에서도 비용은 지역, 학원에 따라 차이가 큰 경우도 있습니다.
- 환율의 급변동에 따른 차이가 있을 수 있습니다.
- 서구권 국가 어학연수 비용은 캐나다 〈 뉴질랜드 〈 아일랜드 〈 호주 〈 영국 = 미국 순입니다.
- 아시아권은 인도와 필리핀 어학연수를 말합니다.

300~400만 원

- 영어능력이 가능한 수준이면 워킹홀리데이 비자로 서구권 (편도항공, 비자비, 초기정착비)
- 아시아권 어학연수 2개월

- 아시아권 2~3개월 후 워킹홀리데이 비자로 서구권

- 아시아권 5개월 내외

- 서구권 2~3개월

- 아시아권 3개월 내외 후 워킹홀리데이 비자로 서구권 (다소 여유 있음)

- 워킹홀리데이 국가에서 초기 어학연수 2~3개월 후 워킹홀리데이 비자

- 아일랜드, 뉴질랜드 등 학생비자 어학연수로 아르바이트 병행 어학연수 가능

- 서구권 3~5개월

- 아시아권 2~3개월+서구권 2~3개월

- 어학연수+워킹홀리데이 비자 선택 폭 넓음
- 학생비자 아르바이트 병행 어학연수 가능
- 아시아권 3개월+서구권 3개월
- 서구권 4~6개월

- 아시아권 3개월+서구권 6개월(캐나다, 뉴질랜드, 아일랜드 등)
- 서구권 6~8개월

- 아시아권 3개월+서구권 6개월(미국, 영국 등)
- 서구권 9~12개월(캐나다, 뉴질랜드, 아일랜드 등)

- 서구권 9~12개월(미국, 영국 등)

- 어학연수 3개월+워킹홀리데이 6개월 내외+어학연수 2~3개월
- 어학연수 6개월+워킹홀리데이 6개월 내외

돈 벌어오기

- 어학연수 기간보다 워킹홀리데이 기간이 더 길고, 본인이 체력, 마음가짐이 강하다면 수입을 남겨 올 수 있습니다.

어학연수, 워킹홀리데이 비용에 관해서 큰 틀에서의 이해를 가져보길 바라며, 보다 구체적이고 세부적인 사항은 해당 시기 환율에 따른 정확한 비용 안내를 받아보길 바랍니다.

ONE WAY
STARBUCKS COFFEE
STARBUCKS
ONE WAY
3
COMMERCIAL
VEHICLES ONLY

PART 3
ONE WAY
ONE WAY
NO STANDING
Monday - Friday
7am - 7pm
CVS
pharmacy
24 HOURS
VOICE
VOICE

워킹홀리데이

01 워킹홀리데이란? 

많은 사람이 워킹홀리데이에 대한 개념을 고정된 생활 형태로 잘못 이해하고 있
는 경우가 있습니다. 하지만 워킹홀리데이는 어떤 생활 형태를 말하는 것이 아니
라, 비자의 명칭입니다.

비자란 외국에 나갈 때 그 목적에 따라 받는 그 나라의 입국허가서를 말하는데,
보통 일반인 신분으로 취득할 수 있는 비자로는 관광비자, 학생비자 등이 있습니
다. 관광비자는 체류 허가 기간이 짧고 일을 할 수 없으며, 학생비자는 학업을 지
속해야만 유지가 되는 비자입니다.
이에 비해 워킹홀리데이 비자는 일도 할 수 있고, 1년이라는 장기 체류가 보장되
며, 원하면 일정 기간 내에 학업도 할 수 있는 만능비자입니다.

워킹홀리데이 비자는 여러 다양한 나라와 협정이 체결되어 있는데, 영어권 국가로는 호주, 뉴질랜드, 캐나다, 아일랜드, 영국 등과 체결되어 있으며, 다른 주요 언어권으로는 가까운 나라인 일본과 체결되어 있습니다. 한국 젊은이는 호주가 3만 명대로 압도적으로 많고, 이외 일본 > 캐나다 > 뉴질랜드 > 독일 > 영국 순으로 많이 가고 있습니다. 다른 나라의 경우에는 아직 미미한 인원입니다.

외국과 관련된 모든 경험은 무엇보다 언어능력이 바탕이 되어야 제대로 된 경험을 할 수 있습니다. 언어능력이 바탕이 된다면 워킹홀리데이 비자의 장점을 십분 활용하여 언어향상을 위한 현지 일자리를 구할 수 있고, 생활과 여행을 위한 비교적 많은 돈도 벌 수 있고, 여러 경력과 경험, 견문, 국제적 우정 등의 기회들을 쌓을 수 있게 됩니다.
하지만 언어능력이 없는 수준에서 워킹홀리데이 비자는 그림의 떡일 뿐이며 도전해도 대부분 실패와 좌절로 결론이 납니다.

워킹홀리데이 비자와 도전에 대해 정확한 정의를 내려보겠습니다.

'워킹홀리데이 비자는 해당 국가의 언어능력이 어느 정도 준비되어 있는 상황에서 그 나라에 가서 일을 하면서 비용도 벌고, 제한된 기간의 어학연수도 가능하며, 여행도 즐기며, 언어실력을 더욱 향상시키며, 다양한 경험을 쌓고자 획득하는 만능비자이다.'

다음은 외교부 워킹홀리데이 인포센터에 나온 워킹홀리데이 비자 관련 정보와 한국의 워킹홀리데이 협정 체결국가 및 워킹홀리데이 누적인원 정보입니다.

워킹홀리데이는 체결 국가 및 지역 청년(만 18~30세)들에게 해당 국가 및 지역에서 최장 1년 동안 체류하면서 관광, 취업, 어학연수 등을 병행하며 현지의 언어와 문화를 접할 수 있게 허가하는 비자입니다.

워킹홀리데이 협정 체결국가 및 지역

우리나라는 현재 20개 국가 및 지역과 워킹홀리데이 협정 및 1개 국가와 청년교류제도(YMS)를 체결하고 있습니다.

우리 청년들은 호주, 캐나다, 뉴질랜드, 일본, 프랑스, 독일, 아일랜드, 스웨덴, 덴마크, 홍콩, 대만, 체코, 오스트리아, 헝가리, 포르투갈, 네덜란드, 이탈리아, 이스라엘(발효 예정), 벨기에(발효 예정), 칠레(발효 예정) 워킹홀리데이와 영국 청년교류제도(YMS)에 참여할 수 있습니다.

외교부는 더 많은 우리 청년들이 해외로 진출하여 글로벌 인재로 성장할 수 있도록 워킹홀리데이 협정 추가 체결뿐만 아니라, 쿼터가 제한되어 있는 기존 협정 체결 국가 및 지역들과의 쿼터 확대를 위해서도 노력하고 있습니다.

워킹홀리데이 비자

워킹홀리데이에 참가하기 위해서는 해당 대사관 · 영사관 또는 이민성에서 워킹홀리데이 비자를 신청해야 합니다.

이 비자는 해당 국가 및 지역에 체류하는 동안 여행과 일을 할 수 있는 '관광취업 비자'로써 현지에서 관광 경비 조달을 위해 합법적으로 임시 취업을 할 수 있도록 허용하는 비자입니다.

체결 국가 및 지역별로 요구하는 비자발급 조건, 구비서류, 신청기간 등이 상이하기 때문에 국가 및 지역을 선택한 후 해당 국가 및 지역에 대한 비자 정보를 꼼꼼히 살펴보기 바랍니다.

국가 및 지역	모집 시기	모집인원	어학연수 허용 기간	한 고용주 하 취업 제한 기간
호주	수시접수	제한 없음	4개월	6개월
캐나다	연 1~2회	4,000명	6개월	제한 없음
뉴질랜드	연 1회(4월)	1,800명(변동 가능)	6개월	3개월(변동 가능)
일본	연 4회(1,4,7,10월)	10,000명	12개월	제한 없음
프랑스	수시접수	2,000명	12개월	제한 없음
독일	수시접수	제한 없음	12개월	제한 없음
대만	수시접수	400명	12개월	제한 없음
스웨덴	수시접수	제한 없음	12개월	제한 없음
아일랜드	연 2회	400명	6개월	제한 없음
덴마크	수시접수	제한 없음	6개월	전체 취업기간 9개월
홍콩	수시접수	500명	6개월	6개월
체코	수시접수	300명	12개월	제한 없음
오스트리아	수시접수	300명	6개월	제한 없음
영국	연 1회	1,000명	24개월	제한 없음
헝가리	수시접수	100명	12개월	제한 없음
포르투갈	수시접수	200명	12개월	제한 없음
네덜란드	수시접수	100명	12개월	제한 없음
이탈리아	수시접수	500명	12개월	6개월
이스라엘	발효 예정	200명	6개월	3개월
벨기에	발효 예정	200명	6개월	전체 취업기간 6개월
칠레	발표 예정	제한 없음		

* 워킹홀리데이 비자 체류기간은 일반적으로 최대 1년임. 단 오스트리아는 6개월
* 호주, 뉴질랜드는 특정 조건 하에 비자기간 연장 가능함. 호주는 1년, 뉴질랜드는 3개월
* 영국은 처음 발급 시부터 최대 2년 발급

년	계	호주	캐나다	뉴질랜드	일본	프랑스	독일	아일랜드	스웨덴	덴마크	홍콩	대만	체코	영국	오스트리아	헝가리
2005	21,103	17,706	800	797	1,800											
2006	29,478	24,007	800	1,071	3,600											
2007	35,012	28,562	800	2,050	3,600											
2008	40,146	32,635	2,010	1,901	3,600											
2009	52,968	39,505	4,020	1,901	7,200	154	188									
2010	49,137	34,870	4,100	1,800	7,200	185	582	400								
2011	44,278	30,527	3,913	1,881	6,319	152	839	359	38	36	62	152				
2012	48,496	34,234	4,069	1,803	5,856	205	1,084	400	44	68	127	214	2	386	4	
2013	46,757	33,284	3,373	1,805	5,102	284	1,074	400	42	60	114	216	5	965	30	3

02 90% 실패하는 워킹홀리데이?

워킹홀리데이 비자는 여러 가지 장점이 있는데, 실제 이 비자를 사용하는 한국 학생의 경우 90% 이상 실패하는 것이 현실입니다.

이유는 매우 명확합니다. 모든 해외도전의 성과는 결국 언어능력의 문제로 환원되는 것인데, 언어준비가 안 된 상태에서 워킹홀리데이를 가기 때문입니다.

예전 워킹홀리데이 비자는 어느 정도 언어능력이 갖춰진 경우나 이미 어학연수를 다녀온 이들이 가는 비자로 인식되었습니다. 지금처럼 많은 사람이 언어능력이 없는 상황에서 워킹홀리데이를 가는 것은 드문 일이었고, 그런 경우가 있다면 무모하다고 여겨졌을 것입니다.

기본 언어능력이 없는 수준에서 단순히 일과 생활의 공간에서 언어능력을 향상시키는 것은 거의 불가능한 일입니다. 또한 현지인 일자리를 구하는 것도 거의 어렵고, 다양한 세계인, 현지인과 친구가 되고, 여러 가지 경험을 하며 견문을 넓히는 것도 어려운 일입니다. 이는 한국에 와 있는 단순 외국인 노동자의 상황과 크게 다를 바 없습니다.

자기만족으로 "그래도 나름 외국생활도 해보고, 이러저러한 점은 좋았어."라고 위안하기도 합니다. 하지만 이 또한 시간이 흐르면 크게 후회하는 경우가 대부분입니다. 사회생활을 하면서 언어능력의 중요성을 깨닫고, 일생에 한번 갖는 청춘의 소중한 해외도전 시기에 제대로 했더라면 언어향상을 했을 것이라는 후회가 가장 많습니다. 간혹 워킹홀리데이 시절 외국인 친구들과 맥주 한잔 할 정도의 자신감을 갖는 경우가 있는데, 그 정도 수준은 아무 능력이 되지 못합니다.

외국에 가면 어떻게든 언어능력이 향상되지 않을까 하는 막연한 기대의 워킹홀리데이 도전은 금물입니다. 조금 더 제대로 이해하고 제대로 준비한다면 워킹홀리데이는 평생의 큰 자산과 밑거름이 될 수 있습니다.
워킹홀리데이 비자는 국가마다 교차로 경험이 가능하긴 하지만, 보통 한 사람의 인생에 한 번의 경험인 경우가 많습니다. 그 소중한 해외도전의 시간을 반드시 성공적인 워킹홀리데이가 될 수 있도록 준비해야 하겠습니다.

청춘의 해외도전

03 워킹홀리데이는 문화의 어학연수

앞서 두 가지 어학연수 개념인 '학습의 어학연수'와 '문화의 어학연수'에 대해 알아보았습니다. 그럼 워킹홀리데이는 어떠한 어학연수가 되어야 할까요? 워킹홀리데이 도전은 문화의 어학연수가 되어야 합니다.

어학연수에 있어 문화의 어학연수 공간과 워킹홀리데이에 있어 문화의 어학연수 공간은 크게 다르지는 않습니다. 외국생활에서 숙소환경, 여행, 다양한 친구관계, 스포츠 활동, 종교활동, 공원, 파티, 펍, 랭귀지 익스체인지 등 모든 부분은 동일합니다.

다만 차이는 어학연수는 학원 공부가 필수적으로, 워킹홀리데이는 학원 공부가 초기 또는 후기 등 일부만 포함될 수 있다는 점, 또한 어학연수가 봉사활동을 하거나 일을 하더라도 적은 시간을 한다면, 워킹홀리데이는 봉사활동 대신 일하는 시간이 길다는 점이 다를 뿐입니다.

따라서 어학연수를 가면 언어향상을 잘 할 수밖에 없는 환경이고, 워킹홀리데이를 가면 언어학습을 못 할 수밖에 없는 환경이라고 생각하는 것은 잘못된 생각입니다.

물론 워킹홀리데이는 비용 문제로 인해 어학연수 보다 일을 의무적으로 하거나 많이 해야 하기 때문에 힘들 수 있겠지만, 워킹홀리데이도 충분히 언어적 성공을 할 수 있는 도전입니다. 또한 오히려 일이라는 공간을 최고의 어학연수 공간으로 이용할 수도 있습니다.

아래 한 학생의 후기를 살펴보겠습니다.

어학연수 이후에는 꼭 현지에서 일할 것을 강력하게 추천합니다. 실제로 학교에서 배우는 아카데믹한 영어와 실제 거리에서, 혹은 직장에서 쓰는 영어는 정말 다릅니다. 학교에서 배우는 영어는 문법적으로 완벽한 문장을 가르칩니다. 하지만 거리에서 쓰는 영어는 학교에서 쓰는 영어와 조금은 다릅니다. 간단히 말하느라 생략도 많고, 슬랭도 많고 속도도 엄청 빠르죠. 학교에서 공부만 하다가 거리에서 사람들이 하는 이야기들을 듣고 있으면 정말 좌절을 많이 하게 됩니다. 이제까지 학교에서만 배웠던 영어가 전부인양 열심히 배웠는데, 거리로 나가니 들리는 영어는 별로 없는 현실 말입니다.

연수를 마치고 일을 하면, 실제 쓰이는 말 위주로 많이 듣게 되고, 실용적인 부분에서 영어 실력이 많이 늡니다. 그래서 외국인들과 같이 일할 수 있는 곳이라면 어디든 찾아가서 일하라고 권유하고 싶네요. 일을 구하는 것을 무섭게 생각하시지 말고요. 저 같은 경우 밴쿠버 다운타운에 호텔이란 호텔은 다 돌아다니며 발품 팔아가며 이력서와 커버레터를 냈었습니다. 또 외국에 나오면 봉사활동을 할 곳도 정말 많습니다. 저는 일하느라 봉사활동 시간을 내지 못했지만, 주변 친구들은 외국에서 봉사활동을 정말 많이 하더라고요. 외국으로 나가는 것 자체가 어쩌면 많은 생각을 하고, 또 많은 경험을 쌓을 수 있는 기회가 될 거라 생각이 됩니다. 제 경험 상 일할 때만큼 영어가 많이 늘었던 적이 없었던 것 같네요.

이처럼 일이라는 공간은 최고의 '문화의 어학연수' 공간이 됩니다. 물론 위 학생의

청춘의 해외도전

경우 처음에는 하우스키핑, 디시워셔 등으로 일을 시작하였으나, 성실히 하여 이후 하우스맨으로 진급이 되면서 슈퍼바이저와 게스트 간의 소통업무를 하게 되어 영어 향상에 아주 큰 도움이 되었다고 말했습니다. 일할 때에도 처음부터 좋은 일이 바로 주어지는 것은 아니며, 어떤 도전이던 기본단계부터 성실해 해야 한다는 점은 고려해야 하겠습니다.

문화의 어학연수라는 측면에서 현지인과 함께 일하는 것만큼 현지 문화를 가까이 접해 보는 공간도 없을 것입니다. 초기에 학습의 어학연수를 열심히 하면, 워킹홀리데이라는 문화의 어학연수 시기에 한국인 사업장에서 일을 할 일은 없을 것입니다. 언어능력이 기본수준이 되니 현지인 일을 구할 수 있게 되고, 이는 최고의 문화의 어학연수 공간이 되니 워킹홀리데이를 매우 효과적인 어학연수 기회로 만들 수 있습니다.

04 청춘의 노동가치

한국의 최저시급은 2015년 기준 5,580원, 2016년은 6,030원입니다. 최근 2~3년 간 크게 오른 결과인데, 어떤 기준으로 평가해도 매우 낮은 수준입니다.

그마저 실제 사업장에서 최저시급은 지켜지지 않는 경우가 많고, 시간 외 추가수당이나 공휴일 추가수당 배수 규정은 거의 지켜지지 않고 있습니다. 200만 명 정도는 최저임금 이하의 급여로 생활을 하고 있다고 하며, 외국인 노동자들에 대해서는 최저시급에 턱없이 모자란 급여가 적용되고 있다고 합니다.

이에 비해 주요 영어권 워킹홀리데이 국가나 일본의 경우 한국에 비해 최소 1.5배에서 2.5배 정도를 최저시급으로 지급하고 있습니다. 불과 2년 전만 해도 2~4배였던 것이 최근 유로화, 엔화, 호주 달러 등이 대폭 하락하면서 환율효과로 그 격차가 줄어든 상황입니다.

또한 선진국들이라 최저시급이 외국인에게도 거의 동일하게 적용되고, 시간외 업무에 대해서는 1.5배, 휴일근무에는 2배를 적용하고 있습니다. 따라서 동일 노동에 있어 단순 최저시급만 본다면 1.5~2.5배 정도지만, 시간 외, 휴일 수당 등을 포함하여 실질적으로 적용받는 시급은 훨씬 높아집니다.

한국의 최저시급이 낮은 것은 특히 젊은이에게 큰 고난입니다. 고등학교 졸업 후 스스로 자립하여 삶을 헤쳐 나가려 해도 시급이 너무 낮기에 심한 노동에 시달려도 등록금을 감당하기 벅찹니다.

게다가 청년취업난으로 요구되는 능력은 갈수록 높아지기만 합니다. 특히 글로벌 의사소통, 글로벌 안목, 글로벌 경쟁력 등 '글로벌'이라는 말만 들어가도 주눅이 들기까지 합니다. 또한 청춘에 발산해야 할 에너지를 발산하지 못하니 안으로만 쌓여 마음의 병이 들 정도입니다.

이 모든 것을 한 번에 해결할 수 있는 것이 바로 워킹홀리데이 도전이라 할 수 있습니다. 청춘의 체력과 젊음을 바탕으로 일을 해서 돈을 벌 수 있고, 외국생활에서 제대로 된 노력으로 국제 안목을 넓히며, 또한 열심히 노력하여 번 돈으로 외국에서 사귄 세계의 친구 집을 방문하는 세계일주로 무한 에너지를 발산해볼 수도 있기 때문입니다.

워킹홀리데이라는 해외도전은 이 시대 가난하고 경험 없는 청춘들이 발전과 유희를 동시에 충족해줄 좋은 계기가 될 수 있는 것입니다.

동양 고전 순자(筍子)에 보면 다음과 같은 이야기가 나옵니다.

> 남쪽에 '몽구'라는 새가 있다. 깃털을 모아 집을 만들고 머리카락으로 엮어서 갈대 이삭에 매달아 둔다. 그런데 바람이 불어서 약한 갈대가 꺾어지자 알이 깨지고 새끼가 죽는다. 이것은 집이 완벽하지 않아서 그런 것이 아니라 매어둔 곳이 그렇게 만든 것이다.
> 남쪽에 '야간'이라는 나무가 있다. 줄기가 네 치밖에 안되지만 높은 산 위에 살면서 백 길이나 되는 연못을 바라보고 있다. 이것은 나무의 줄기가 길어져서 그런 것이 아니라 서 있는 곳이 그렇게 만든 것이다.

아무리 열심히 일하고 노력해도 그 공간이 낮은 공간이라면 멀리 바라 볼 수 없습니다. 아무리 치열하게 집을 짓더라도 환경이 받쳐 주지 못한다면 언제 무너질지 모를 위태로운 청춘이 될 가능성이 높습니다.

나의 체력과 마음가짐을 바탕으로 열심히 노력했을 때 정당한 대가를 받을 수 있고, 또한 그 공간이 외국이기에 노력하면 얼마든지 외국어 능력을 쌓을 수 있고, 세계의 다양한 친구들을 사귈 수 있고, 세계라는 연못을 여행해 볼 수 있는 멋진 청춘이 되길 기원합니다.

05 투자와 수익

수익을 올리기 위해서는 투자가 선행되어야 합니다. 이는 인과의 물리적 법칙으로 세상사 영역에 관계없이 어느 곳에나 적용되는 진리입니다. 공부 없이 좋은 성적을 얻지 못하며, 훈련 없이 좋은 선수가 되지 못하며, 연습 없이 위대한 연주가가 될 수는 없습니다. 이는 워킹홀리데이 도전에도 당연히 적용됩니다.

먼저 한 학생의 후기를 참고해 보도록 하겠습니다.

실패하는 워홀러들의 케이스, 모습들이란?

가장 먼저 지적하고 싶은 점은 아무런 계획과 준비 없이 오는 워홀러들에 관한 것입니다. 최소한 호주에서 합법적인 일자리를 구하려면 그에 맞는 투자가 필요합니다. 그 투자는 결국 호주에서 더 나은 일과 더 나은 수입을 통해 보상받을 수 있기 때문에 아깝다고 생각할 이유가 없습니다.

저의 경우 한국에서의 사전 어학연수 준비, 인도에서의 어학연수를 통해 호주 워킹홀리데이를 성실하게 준비했고, 그 결과 호주에서는 현지인 고용주 밑에서 최저임금 이상의 임금과 세금 및 연금 등의 혜택을 받으면서 법의 테두리 안에서 일을 했습니다. 그 결과 제 스스로 번 돈으로 많은 여행을 했고 그 돈으로 캐나다에서의 또 다른 어학연수를 준비하고 있습니다.

다음으로 말씀드리고 싶은 것은 꾸준히 영어 학습에 대한 노력을 유지해야 한다는 것입니다. 이것이 없다면 아무리 추억이 많거나 돈을 많이 벌었다 하더라도 초라할 수밖에 없는 절반의 워킹홀리데이가 될 수밖에 없습니다. 영어감각이 둔해지는 것은 금방이기 때문에 끊임없는 노력이 필요합니다. 한인 사업장에서 일하는 분들의 경우, 물론 자신만의 목표가 있고 처지에 맞게 결정했겠지만, 상대적으로 영어 환경에 취약할 뿐만 아니라 해외에서만 경험할 수 있는 돈 주고도 못 사는 소중한 경험을 못하게 됩니다. 따라서 열심히 준비하고, 일을 구하는데 다소 시간이 걸리고 힘들더라도 현지 사업장에서 일거리를 구해 좀 더 다양한 경험을 쌓는 것이 좋다고 생각합니다.

마지막으로 지나치게 운을 기대하는 워홀러들이 많다는 것입니다. 막연하게 외국에 가면 영어가 어찌 되겠지, 외국에 있다 보면 일자리가 어떻게 되겠지라는 요행을 바란다면 본인만 힘들어질 뿐이고 결국 의미 없는 고민으로 시간을 허비하게 됩니다. 운도 그것을 감당해 낼 능력이 있어야만 어느 순간에 기회로 찾아오게 되는 것이니 결국 운이라는 것도 준비된 능력의 문제라고 할 수 있습니다.

호주 워킹홀리데이를 가는 많은 사람이 호주인 고용주 밑에서 고임금의 합법적인 일을 하는 것이 아니라, 한인 고용주 밑에서 세금신고 없는 저임금의 일을 하는 경우가 많습니다. 그렇다면 외국까지 나간 의미가 없어집니다. 한국어만 사용하니 언어실력도 늘지 않고, 생활비 빼고 나면 한국에서 일하는 것과 별반 수입의 차이도 없습니다.

앞의 후기를 쓴 학생은 성공하는 워킹홀리데이를 위해 투자가 필요하다고 말하고 있습니다. 그에 맞게 한국에서 사전 공부와 워킹홀리데이 전 아시아권 어학연수라는 투자를 하였고, 그로 인해 호주에서 현지인 일자리를 구하게 되었고, 훨씬 높은 시급을 받게 되었고, 일이라는 공간을 통해서도 꾸준히 영어를 사용할 수 있었고, 번 돈으로 여러 나라 여행 및 캐나다에서의 어학연수도 계획할 수 있게 된 것입니다.

워킹홀리데이를 가게 되면 비자, 항공, 초기생활비로 보통 300~400만 원을 준비합니다. 그런데 위 학생은 사전에 인도 어학연수 비용을 지출하였기에 700~800만 원의 예산을 준비했습니다. 전자는 비교적 저렴한 비용을 준비했지만, 돌아올 때 0원을 얻어올 것이고, 돈을 더 송금 받거나 조기귀국을 하는 경우가 대부분입니다. 하지만 후자는 700~800만 원을 투자하였지만, 1,500~2,000만 원 이상을 벌어 그 돈으로 호주와 뉴질랜드를 여행하고, 캐나다 어학연수를 하고, 미국여행, 유럽여행까지 계획하고 실행하게 된 것입니다.

06 워킹홀리데이의 목적 및 여러 형태들

개인에 따라 워킹홀리데이의 목적이 다를 수 있습니다. 여러 가지 워킹홀리데이 비자의 목적과 형태에 대해 살펴보겠습니다.

1. 어학연수의 대용

대부분 워홀러들이 목적으로 취하는 형태입니다. 비용이 충분하다면 언어 향상을 위해 편하게 공부만 할 수 있는 어학연수를 선택하고 싶지만, 비용에 제약이 있기 때문에 워킹홀리데이 비자로 외국에서의 언어향상과 견문 확장을 꾀하고자 하는 목적입니다.

어학연수의 대용인 경우에는 준비할 수 있는 예산 범위에 따라 어학연수와 워킹홀리데이 기간을 배분하여 진행합니다. 즉 예산이 많다면 어학연수와 워킹홀리데이를 절반씩 진행하는 경우도 있고, 예산이 충분치 않으면 저렴한 아시아권 2달 정도 어학연수를 하고 워킹홀리데이를 가는 경우가 있습니다.

2. 돈 벌기

한국과 외국의 시급 차이, 또는 고임금을 받는 일을 하려고 워킹홀리데이를 가는 경우도 있습니다. 이 경우에는 주로 호주 워킹홀리데이로 한정되는데, 호주는 최저시급이 높고 1차 산업인 농장, 2차 산업인 공장 등 일자리 범위도 넓고, 다소 고되지만 평균 시급이 꽤 높은 일을 선택할 수 있기 때문입니다.

이 경우에도 돈만 벌겠다고 언어학습을 아예 포기하기 보다는 돈과 어느 정도의 언어실력을 함께 목표하는 게 현명합니다. 돈을 많이 모으는 것과 언어공부를 하지 않는 것과는 아무런 관계가 없는 일이니, 돈 번다는 이유로 언어학습의 끈을 놓아서는 안 됩니다.

3. 여행, 경험, 견문

가벼운 마음으로 여행을 가는데 워킹홀리데이 비자를 이용하는 경우도 있습니다. 관광비자의 경우 보통 3~6개월 이내의 체류가 가능한데, 워킹홀리데이 비자는 그 이상 체류가 가능하기 때문에 충분한 기간을 체류할 수 있고, 원한다면 어학연수를 하거나 일을 해볼 수도 있습니다.

이외에도 외국에 있는 친척이나 지인의 사업장에서 일을 하기 위해 가는 경우도 있고, 유학 전 언어습득을 위해 가는 경우, 단순히 자립심과 독립심 향상을 위해 가는 경우, 세계일주가 목적이어서 그 비용을 벌기 위해 가는 경우 등의 여러 가지 형태가 있습니다.

07 워킹홀리데이 성공과 실패 사이

이번에는 워킹홀리데이를 실패로 끝내는 요소와 사례에 대해 알아보고, 성공적으로 만들기 위해 필요한 사항들도 함께 알아보겠습니다.

1. 언어준비의 부족

이미 언급한 것처럼 언어준비가 안 되어 있는 워킹홀리데이는 실패합니다. 여기서 '언어준비'라는 것은 능숙한 수준을 요구하는 것이 아니라, 기본적인 의사소통, 문법이 틀리고 문장이 어색하더라도 표현하고 싶은 것을 기본 단어와 간단한 문법으로도 표현해 낼 수 있는 능력을 말합니다.

언어능력 없이는 일을 구하기 어렵고, 급여가 좋은 일을 구하기는 더욱 어렵기 때문에 자신의 목적을 달성할 수 없습니다. 외국에서 다른 외국인 친구들과 국제적 우정을 쌓는 것이 아니라, 한국인들과 살며 여행을 다녀도 자신보다 영어가 조금이라도 나은 한국 친구의 뒤만 따라 다니는 경우가 많습니다.

이런 경우 자신의 실패가 자신으로 인한 문제가 아닌, 원래 워킹홀리데이는 그런 것이라고 스스로를 변명하게 되며, 워킹홀리데이를 준비하는 친구들이나 후배들에게 성공을 독려하지 못하는 악순환이 실패하는 워킹홀리데이를 양산하고 있습니다.

언어준비는 거대한 것이 아닙니다. 최소한의 성실성만 발휘한다면 충분히 준비 가능하며, 초기 단기어학연수 등으로 충분히 자신감 단계 이상의 언어능력은 성취할 수 있습니다.

2. 목표의식의 부족

워킹홀리데이뿐만 아니라 목표의식이 없다면 그 어떤 도전도 성공적인 결과를 얻을 수는 없습니다. 워킹홀리데이의 목표 ① 언어능력 목표 ② 수입 목표 ③ 경험 목표 ④ 여행 목표 등을 구체적으로 세우는 것이 필요합니다.

언어능력 목표는 시험과정에 관한 구체적인 숫자 목표를 설정합니다. 그러한 과정은 IELTS 과정이 적합한데, 뒤에 별도로 다루겠습니다. 목표가 있어야 일과 이외의 시간에 언어향상을 위해 노력하게 됩니다.

수입에 관한 목표는 구체적인 금액을 목표로 세우길 바랍니다. 내 기간과 노력에 맞는 합당한 금액 목표를 세우는 것입니다. 일이 고되고 힘들더라도 구체적인 목표가 있다면 그것을 위해서 알뜰하게 노력할 수 있습니다.

경험 목표로는 여러 다양한 목표를 세워 볼 수 있습니다. 외국인 친구를 몇 명 이상 만들겠다거나, 또는 특정한 분야의 일 경험을 하겠다거나, 또는 외국에서 시장조사를 하여 한국에서 사업할 아이템을 연구겠다거나, 내가 존경하고 좋아하는 위인이나 예술가의 생가를 방문하는 등 여러 가지 개인적인 설정이 가능합니다.

여행 목표는 워킹홀리데이 수입으로 계획을 세웁니다. 세계일주를 하겠다거나 특정 국가들, 대륙을 여행하는 등의 목표인데, 많은 학생이 일이 고되고 힘들어도 그러한 목표가 있기 때문에 참을 수 있었다고 말합니다. 인내의 결과로 여행을 하니 더 뜻깊은 여행이 될 수 있습니다.

3. 성실성, 정신력, 자기관리

워킹홀리데이를 가서 해가 중천에 뜰 때까지 잠을 자고, 인터넷으로 한국의 예능 프로그램을 시청하고, 저녁에는 밤늦게 사람들과 술을 마셔댑니다. 메신저나 카톡을 하면서 오히려 한국 친구들과 더 많은 대화를 하고, 인터넷 뉴스를 습관적으로 보면서 한국뉴스를 세세하게 알게 되기도 합니다.

조금 일하고는 힘들다고 몇 달을 공부도 일도 하지 않고 노는 경우도 있습니다. 한국의 빡빡한 삶이 싫어서 왔으니 놀아야 한다는, 마치 노년 은퇴자들이나 가질 법한 핑계를 대기도 합니다.

워킹홀리데이 생활에 있어 성실성, 정신력, 자기관리는 필수입니다. 외국에서 일을 하면서 많은 경험을 쌓고, 언어 향상까지 성취한다는 것은 쉬운 일이 아닙니다. 쉬운 일이 아닌 만큼 강한 각오가 없다면 도전을 안 하는 편이 낫습니다. 여러 모로 본인에게 좋을 게 없고, 타인에게도 귀감이 안 되어 해만 끼치기 때문입니다.

워킹홀리데이 생활에서 규칙적인 수면 습관을 가질 것, 어려움에 인내할 것, 외로움과 고독을 내 공부의 시간으로 감사히 여기고 공부할 것, 술과 한국인과의 인간관계는 적당히 조절할 것, 카지노에 가지 말 것 등은 워킹홀리데이 생활의 규율로 해야 합니다. 가기 전부터 하나씩 사색해 보면서 해야 할 것, 하지 말아야 할 것에 대한 자기 자신과의 약속 리스트를 만들어 보길 바랍니다.

4. 연애

외국에서 외국인과 건전한 수준에서 이성교재를 한다면 여러모로 유익합니다. 문화와 국적, 피부가 다른 외국친구와 아름다운 국제적 우정의 경험을 가져볼 수 있는 것은 언어능력 향상과 자기발전의 자극 면에서도 큰 도움이 됩니다.

하지만, 외국에서 한국인 커플이 되는 것은 여러모로 부정적 영향을 미칩니다. 서로의 발전을 자극하는 좋은 관계는 매우 드뭅니다. 대부분 해외에서의 한국인 커플은 서로를 의지하며 보다 많은 언어사용의 기회를 막고, 보다 많은 경험을 차단하는 역할을 합니다.

순수하게 사랑하는 관계라면 어쩔 수가 없지만, 많은 경우 성적인 욕구나 외로움 등으로 연애를 하기도 합니다. 또한 고생해서 번 돈도 이성교재로 탕진하는 경우가 많으므로 이 기간 동안 만이라도 이성교재는 자재하도록 노력하는 것이 좋습니다.

인간생활에는 보편성이라는 공통분모가 있듯이 워킹홀리데이 생활에도 같은 현상이 찾아옵니다. 항상 제대로 인식하고 현명하게 대처하면서 자기관리의 끈을 놓치 말고 인내해야 하겠습니다.

08 일자리 종류

'워킹홀리데이를 가면 어떤 일을 하게 되나요?'라는 질문을 많이 받습니다. 딱히 일자리 범위가 정해져 있는 것은 아닙니다. 한국에서 아르바이트하는 것과 다르지 않습니다. 큰 기업이나 작은 상점을 막론하고 일이 필요한 곳이면 어떤 일도 가능하다고 보면 됩니다. 다만 특정 큰 기업에서 사무직 일을 한다거나, 전문직 일을 하는 것은 현실적으로 워킹홀리데이 비자로는 어려움이 많습니다. 언어능력과 업무능력을 갖춘 워홀러도 드물겠지만, 무엇보다 단기 체류하는 워홀러를 전문직종에 채용하지는 않습니다.

가장 많이 하는 일은 보통 시티잡이라고 하는 레스토랑, 커피숍, 오피스, 청소 등의 일입니다. 이외 안정적인 일자리와 높은 수입을 얻고자 한다면 공장에서 일을 할 수도 있고, 계절에 따라 지역을 돌아다니며 농장에서 일을 할 수도 있습니다. 성수기에 일손이 많이 필요한 관광지의 호텔이나 리조트에서 일을 할 수도 있습니다. 이외 수산업에 경험이 있다면 수산 관련 일을 할 수도 있고, 공사현장에 기술이 있다면 공사장에서 일을 할 수도 있습니다. 군시절 특기를 살려 일하는 경우도 있는데, 예를 들어 수송부였다면 트럭을 운전할 수도 있습니다. 아이를 좋아한다면 아이를 돌봐주고 무료숙식을 제공받거나 급여를 받을 수도 있습니다. 배관기술이 있다면 배관공으로 일할 수 있습니다. 이외 기타 무궁무진한 분야가 있다고 보면 됩니다.

그중 주요 일자리로 분류되는 몇 가지는 공장은 호주, 농장은 호주와 뉴질랜드가

많습니다.

또한 계절이나 시기별로 일자리 변화가 있으니 정보를 파악하는데 순발력을 발휘해야 합니다.

1. 시티잡

시티잡은 도심에서 할 수 있는 아르바이트를 총칭하는 표현입니다. 커피숍 서빙, 바리스타, 레스토랑 웨이터 및 웨이트리스, 주방보조(키친 핸드), 패스트푸드 점원, 접시닦이, 청소, 이사, 판매점원, 사무보조, 데이터 입력, 다양한 업종의 보조 등의 일이 있습니다.

도심에서 하는 일이니 도심생활을 즐길 수 있고, 주변 어학원들이 있어서 어학연수와 병행하는 것도 가능합니다. 대도시 지역은 일자리가 많고 빨리 일을 구할 수 있는 편인데, 급여가 높지 않고 도시에서의 생활이라 생활비가 많이 들어 돈을 모으는 데 한계가 있습니다. 투잡, 쓰리잡으로 다소 많은 돈을 버는 경우도 있으나 시간투자가 많고 노동강도가 그만큼 세집니다.

2. 공장

제조업 공장에서 일하는 것을 말하는데, 일반적으로 육가공 공장에서 많이 하는 편입니다. 시급은 국가에 따라 다르지만 비교적 높은 편이고, 초과근무에는 1.5배, 공휴일에는 2배를 받고, 6개월간 지속근무가 가능하며 경력이 쌓이면 급여가 오르므로 가장 안정적으로 돈을 벌 수 있는 분야입니다.

공장에서 일을 한다면 공부와는 무관하다고 오해하는 경우가 있는데, 주5일 근무이니 주말에는 쉬고, 퇴근 이후에도 개인시간을 많이 가질 수 있습니다. 이 시간을 이용해 개인교습이나 개인학습을 할 수 있으며, 공장에서 현지인과 다양한 외국인이 함께 일을 하기 때문에 외국친구들과 교류할 수도 있습니다.

개인적인 지원이 아닌 주로 직업소개소를 통해 지원할 수 있으며, 채용이 결정되고 나서도 일을 시작할 때까지의 대기 기간이 길어지는 경우도 있습니다. 일의 강도는 공장마다, 맡은 업무마다 차이가 있지만 일반적으로 힘든 편입니다.

3. 농장

농장에서 작물을 수확 또는 포장하는 일을 주로 합니다. 시급제 또는 능력제로 급여를 주는데 능력제의 경우 수확량이나 포장량에 따라 급여를 주기 때문에 숙련된 사람은 많은 돈을 벌기도 합니다. 그런 사람들은 워홀러 사이에 '농신'이라 불리기도 합니다. 하지만 성수기에는 일자리가 한정적이니 안정적으로 연속해서 많은 돈을 벌 수 있는 것은 아닙니다.

계절마다 작물이 다르고, 지역적으로도 다양하므로 실시간 정보를 잘 파악하며 옮겨 다녀야 좋은 수입을 얻을 수 있으며, 태풍, 가뭄 등 변수가 있거나 작황시기를 놓치면 낭패를 보는 경우도 많습니다. 몇 명이서 그룹을 만들어 차량을 구입하여 순발력 있게 다니면 유리합니다.

태양 아래에서 일하다 보면 살이 많이 탈 수 있고, 날씨 변수 등이 생기면 일이 아예 사라지는 경우도 간혹 발생합니다. 일이 끝난 오후 시간은 세계 각지에서 온 동료들과 파티 등을 하며 많은 교류를 할 수 있습니다.

4. 리조트, 호텔

리조트와 호텔에서 하우스키핑(방청소), 바, 레스토랑 등에서 웨이터, 웨이트리스

일을 합니다. 어느 정도 수준이 되면 고객과 하우스키퍼, 슈퍼바이저 사이의 소통을 맡는 하우스맨을 하기도 합니다. 일하는 곳이 고급시설이기에 숙소, 식사 등이 좋으며, 직원이나 고객 모두 어느 정도 수준 있는 사람들이라 영어사용의 기회도 비교적 많습니다. 업무 담당자에게 인정을 받아서 일을 더 할당 받게 되면 여러 일을 동시에 하면서 많은 돈을 버는 경우도 있습니다.

리조트의 경우 고립된 관광지에 있어서 외롭다는 경우도 있으나, 반대로 일 이외 시간에 공부에 몰입하기 좋은 환경입니다.

5. 한인 사업체 일

시티잡과 동일한 업종인데, 외국인 고용주가 아닌 한국인의 가게나 식당 등에서 일하는 것을 말합니다. 시급이 적고, 한국인 가게라 영어사용의 기회가 없기 때문에 일반적으로 권하지 않는 편입니다. 다만 가자마자 일을 바로 구해야 할 상황이라면 초기 일정기간 해 볼 수는 있습니다.

대부분 세금 신고를 하지 않는 현금 일거리이므로 엄밀히 말하면 규정상 불법입니다. 따라서 부당한 고용주의 횡포가 있더라도 대립할 수 없다는 점이 큰 단점입니다. 일을 구하기 전이나 초기 주변의 정보를 잘 파악해야 합니다.

6. 시골 일거리

대도시의 시티잡과 달리 소도시 이하의 작은 지역에서 일하는 것을 말합니다. 일자리는 물론 대도시에 많겠지만, 소도시나 시골지역이라고 일자리가 없는 것은 아닙니다. 의외로 시급도 높고 영어 사용 기회도 많은 장점이 있습니다.

작은 소도시라 처음으로 특정 지역을 정해서 가기에는 일자리 구하기, 집 구하기에 대한 확신이 없지만, 다양한 지역을 여행하다가 좋은 곳을 만나 정착하는 형태라면 의외로 좋은 일자리와 여유로운 생활공간을 만들 수도 있습니다.

7. 하우스 렌트

집을 본인이 렌트해서 세를 놓는 방법입니다. 렌트비와 입주자에게 받는 비용과의 차액이 이익이 됩니다. 차가 있는 경우 통근을 시켜주고 픽업 비용도 받고, 본인도 따로 일을 한다면 합해서 꽤 많은 돈을 버는 경우도 있습니다.

다만 초기 투자비용이 들고 단기 워홀러들이 하기는 어렵지만, 장기체류가 가능한 경우 시도할 수 있습니다.

다만 과한 이익을 목적으로 하면 워홀러들에게 인심을 잃는 경우가 많으니 조심해야 합니다. 관리 노고를 잘 산정하여 적당한 수준의 임차, 임대의 차액을 산정하고 깔끔한 관리를 하며, 워홀러들의 적응을 돕는다는 의식을 갖고 해야 하는 일입니다.

이상 크게 구분하여 몇 가지 일자리를 알아보았습니다. 이외에도 일의 범위는 무궁무진합니다. 자신이 특정 자격증이나 경력이 있다면 그와 연관된 일을 구할 수도 있을 것입니다.

워킹홀리데이 처음부터 끝까지 한 가지 일만 하는 것이 아니라, 3~6개월 단위로 바꿔야 하는 규정이 있습니다. 나라 별로 다소 기간 차이는 있고 다양한 경험을 목적으로 하는 청춘의 워킹홀리데이이니 만큼 그런 규정이 없더라도 지역과 일자리를 다양하게 경험해 보는 것은 좋습니다.

09 이력서 만들기, 추천서 받기

일자리를 구하려면 우선 이력서를 준비해야 합니다. 워킹홀리데이 생활은 외국에서의 생활이니 당연히 영문 또는 현지의 언어로 준비해야 합니다. 워킹홀리데이에 도전하면서 미리 이력서를 준비해 가지 않는다면 현지에 가서 시간이 지체됩니다. 따라서 가기 전에 영문이력서와 간단한 자기소개서와 같은 커버레터, 인터넷으로 구직 지원할 때의 영문편지 등은 미리 샘플을 작성해 보고 연습합시다. 참고로 이력서와 커버레터를 포함해서 보통 CV라고 부릅니다.

한국에서 바로 워킹홀리데이 생활로 가는 것이라면 한국에서 미리 준비하고, 아시아권 어학연수를 경유해 가는 것이라면 1:1 수업시간에 강사와 함께 정성껏 만들어 보고, 잡 인터뷰 연습도 예상 질문을 뽑아서 미리 해볼 수 있습니다. 또는 워킹홀리데이를 할 국가에서 초기 어학연수를 한다면 학원에서 워홀러를 위한 이력서 작성, 잡 인터뷰 연습 등의 과정을 제공하는 곳을 선택할 수도 있습니다.

이력서는 샘플을 하나 만들어 각 지원 분야에 따라 자신이 어필할 수 있는 내용을 편집해서 사용합니다. 또한 호텔 등의 규모 있는 회사는 회사만의 양식이 있는 경우가 있으니, 그 회사의 양식에 맞춰 현지에서 작성해야 합니다. 이때도 기존에 만들어 본 이력서 내용을 그대로 옮겨 적는 경우가 대부분입니다.

이력서 작성 시에는 간단한 내용의 커버레터를 만들어 맨 앞면에 올립니다. 보통 구인 담당자들은 해당 세부 내용을 다 검토하지 않는 경우도 많으니, 요점을 커버레터로 경력이나 일의 적합도, 일을 하고자 하는 열정 등에 대해서 작성합니다. 일반적으로 커버레터가 잘 작성되어 있는 이력서에 눈이 가게 되어 있습니다. 내용은 단순히 열심히 하겠다는 일반 내용 보다는 그 일을 위해 준비되어 있는 자신의 경력, 기질과 함께 설득력 있고 간략하게 작성하는 것이 좋습니다.

이력서 본문은 일정 형식이 있으니 그 형식에 맞게 작성을 하면 됩니다. 무조건 길게 작성한다고 담당자들이 다 읽어 보는 것이 아니니 자신의 경험 위주로 1페이지 이내, 길어도 2페이지 이내로 작성하는 것이 좋습니다. 관련 분야의 아르바이트 경험이나 직장경력이 있다면 주목을 받을 수 있습니다. 어떤 일이든 경험이 있는 자에게 기회는 더 가게 되어 있으므로 한국에서의 아르바이트 경험이 많다면 도움이 될 수 있습니다.

외국에서 일을 구할 때는 무엇보다 추천서의 역할이 막강합니다. 추천서는 현지에서 받은 것을 신뢰하니 워킹홀리데이를 가서 일을 구하기 전에 여러 가지 봉사활동이나 기타 활동을 한다면 추천서를 부탁해서 받아 두는 것이 유용합니다. 또한 워킹홀리데이를 가면 지역과 일자리를 바꾸어 가며 다양한 경험을 하기 때문에 일하는 직장을 그만 둘 때 추천서를 받는 것도 잊지 말아야 합니다.

처음 워킹홀리데이를 가서 일을 구할 때는 추천서가 없는 경우가 대부분인데, 한국에서 친한 교수님이나 과거 일을 했던 곳의 상사나 고용주에게 추천서를 받는 것도 좋습니다. 물론 본인이 성실히 한 경우에 추천서를 부탁할 수 있으므로 무턱대고 근거 없는 추천서 부탁은 결례라는 것을 고려해야 하겠습니다.

한국에서의 추천서를 현지에서 어느 정도 신뢰해 줄지 알 수 없으나, 없는 것 보다는 도움이 될 것입니다. 추천서는 영문으로 받아야 하니, 한글로 받는 경우 영문 번역을 하고 추천인의 이메일이나 연락처 등을 기재합니다.

이력서, 커버레터, 추천서 양식은 인터넷에서 쉽게 구할 수 있습니다.

10 일자리 구하는 방법

워킹홀리데이 생활에서 일자리를 구하는 방법은 한국과 특별히 다르지 않고 큰 틀에서는 한국과 유사합니다.

다음은 일자리를 구하는 여러 가지 방법들입니다.

• 소개

어느 분야나 소개는 가장 강력한 구직방법입니다. 주변 워홀러들과 좋은 관계를 맺어 소개를 주고받도록 합시다.

• 인터넷 구인사이트 이용

한국이나 외국이나 인터넷을 이용하는 것은 모든 분야에 적용될 수 있는 사항입니다. 그 나라의 대표적인 구인사이트는 미리 확인해 두는 것이 좋습니다. 이외에 원하는 특정 분야가 있다면 그 분야의 일자리로 직접 검색해 볼 수 있습니다.

• 구인잡지, 신문 구인란

지역별 구인잡지나 신문 구인란을 순발력 있게 확인하고 지원합니다.

• 잡에이전시 (직업소개소)

외국은 서비스를 대행하는 에이전시 문화가 발달되어 있으며, 일자리 알선에 있어서도 잡에이전시가 발달되어 있습니다. 보통 안정적으로 장기간 일할 수 있는 일자리는 잡에이전시를 통해 구합니다. 큰 회사나 리조트, 호텔 등은 개인적으로는 지원이 안 되고 잡에이전시를 통해서만 구할 수 있는 경우가 많습니다. 잡에이전시를 통해 일을 구할 경우 일정한 수수료를 내야 합니다.

• 발품 팔기

매장에 구인공고가 붙은 곳, 또는 구인공고가 없다 하더라도 자신의 강점이 있거나, 본인이 일하고 싶은 곳에 CV를 열심히 뿌리는 것입니다. 실제 각 소규모 영업장의 경우 인터넷이나 구인잡지 등에 구인광고를 올리지 않고 이렇게 배포 받은 CV를 모아두었다가 예상치 못한 결원이 생기는 경우 그 중에서 뽑기도 합니다. 워킹홀리데이 일자리 구하는 방법 중 가장 보편적인 방법입니다.

• 회사 홈페이지

원하는 분야나 강점이 있는 분야가 있다면 각 회사의 홈페이지를 통해 지원합니다. 홈페이지에 구인 메일이나 대표 메일을 통해 지원할 수 있습니다.

• 지역 별 취업센터, 이민자 지원센터

각 지역별로 취업센터나 이민자 지원센터가 무료로 운영되는 곳이 많으니 자신의 거주 지역에서 체크해 보고 이용합니다.

• 호스텔 게시판

여행자 숙소인 호스텔 게시판에 구인정보 등이 붙어 있는 경우가 많습니다. 또는 도시별, 지역별로 특정 지역의 여행사, 몰, 슈퍼 등에 있는 게시판에 구인정보가 붙어 있는 경우도 있습니다. 지역별로 참고해야 합니다.

앞의 방식에는 각각 현지 한국인 사이트, 한인업소, 한인 잡에이전시 등 한국인이 운영하는 것들도 많이 있습니다. 하지만, 초기 비용적으로 쫓기는 상황이 아니라면 언어사용 환경을 위해서 현지인 사이트, 현지 기업, 현지 업체, 현지 잡에이전시를 이용하는 게 좋습니다.

일자리에 지원한 후 인터뷰 요청이 오면 정해진 시간에 가서 인터뷰를 받습니다. 물론 영어로 인터뷰가 진행됩니다. 파트타임을 위한 인터뷰는 심층적으로 진행하지 않으므로 일반적인 질문들을 예상하면 됩니다. 질문 형태는 다를 수 있으나 아래 질문에 대해 영어로 답변 할 수 있도록 준비해두는 게 좋습니다.

- 지원하는 회사 또는 분야에 대한 지식
- 지원하는 업무에 대한 지식
- 나의 업무적 강점과 약점
- 지원하는 업무와 관련된 나의 경험이나 경력
- 일을 할 수 있는 기간, 시간
- 왜 자신이 이 일을 해야 하는지? 왜 회사에서 당신을 고용해야 하는지?
- 상황질문 (손님의 불만이 접수되면 어떻게 대처하겠는가? 등)
- 내가 면접관에게 물어볼 질문 (근무시간, 근무조건 등)

구직활동을 통해 일자리를 구하는 것이 급선무이긴 하지만, 인터뷰를 자주 하다 보면 그 자체로 아주 훌륭한 어학연수가 되기도 합니다. 인터뷰를 두려워하지 말고 그 자체가 좋은 경험이라 생각하고 언어학습에 대한 동기부여의 계기로 삼아보길 바랍니다.

일자리를 얻기 위해 여러 곳을 방문하여 CV를 돌리고 인터뷰를 하게 되는데, 기본적으로 복장과 자세, 표정 등을 잘 관리해야 합니다.

불량한 옷과 자세, 무뚝뚝한 표정으로 CV를 돌리면 그 자리에서 휴지통으로 직행할 가능성이 높습니다. 또한 인터뷰를 보더라도 대충 기본적인 질문만 하고 빨리 끝낼 것입니다.

다음은 이와 관련된 후기입니다.

커피숍 알바는 인터넷으로 우연히 구하게 되었어요. 인터넷에 커피숍 구인광고를 보고 CV를 냈는데 바로 답메일이 와서 인터뷰 본 다음 바로 일하게 됐어요.
Dublin 시내 한 중간에 엄청 바쁜 *Jonathan's cafe*에서 바리스타로 일하고 있어요. 그런데, 이게 순전히 운인 것 같아요. 한 번도 커피를 만들어 본적이 없어서 사장 아들한테 에스프레소 머신 다루는 법부터 하나하나 트레이닝 받았답니다. 일하기 시작한지 이제 2달 정도 돼 가고, 시급 10유로입니다. 사장님도 다 아일랜드인인데 모두 정말 친절합니다.

하지만, 이게 순전히 운이 좋았던 게 제 주변에 한국인 중 아일랜드인의 사업장에 알바를 구한 사람들이 거의 없고, 여기 사람들끼리 이야기가 도는 게, 알바 구하기가 '정말 어렵다.'입니다. 거의 포기하고 지내다 가는 사람들도 많다고 하더라고요. 하지만 포기하지 않고 끝까지 일하면 분명히 저처럼 알바를 구할 거라고 믿어요.

음, 제가 알려드리고 싶은 *TIP*은

1.

너무 여러 곳에 CV를 무작정 뿌리는 것보다 자기가 일하고 싶은 장소 몇 군데를 골라서, 계속 CV를 주기적으로(잊히지 않을 정도로) 돌리면서 그 사람들과 친해지고 좋은 인상을 계속 남기면서(일하고 싶은 열정을 보이는 전략), 만약에 당장 일하는 사람을 뽑지 않더라도 사람이 필요할 경우 제일 먼저 떠오르는 얼굴이 본인의 얼굴이 되게 하는 전략이 효과적인 것 같아요.

2.

그리고 또 한 가지는 CV를 돌릴 때 조금 깔끔하고 단정한 이미지(의상, 헤어 등)를 갖추는 것도 중요할 수 있다는 것입니다. 조금 이상하게 들릴 수 있지만, CV를 돌릴 때 매니저를 만나고 같이 일하게 될 수도 있는 동료들도 만나는 것이기 때문에 깔끔한 모습이 훨씬 좋은 인상을 남길 것이라는 거죠.

물론, 모든 일자리가 그렇다는 것은 아니고 손님들을 대해야 하는 커피숍, 바, 레스토랑에 지원을 할 때를 말합니다. 제가 느끼기엔 그런 곳 사람들이 직원을 뽑을 때 복장, 미소, 인상 등 외모를 아예 안 보는 것 같지는 않습니다.

특히 서양문화에서 스마일은 가장 중요합니다. 한국인에게 무표정이 서양에서는 불만 가득한 표정으로 비치는 경우가 매우 많습니다. 이는 꼭 일자리 구하는 것뿐만 아니라 인간관계에서 오해나 갈등으로 이어지는 경우도 많습니다. 그 나라에 가면 그 나라 문화를 따라야 하니 의식적으로라도 스마일을 잃지 않는 것을 꼭 기억하세요.

11 구직과정의 불안감과 좌절감

일은 빠르면 1~2주 안에 구하는 경우도 있고, 길면 1개월 정도 걸리는 경우도 있습니다. 공장, 리조트 등이라면 경우에 따라 대기 기간이 걸리는 경우도 있고, 농장이라면 시즌을 기다려야 하는 경우도 있습니다.

따라서 워킹홀리데이를 가자마자 반드시 일을 시작해야 할 정도의 자금상황은 만들지 않는 것이 좋습니다. 어느 나라던 먹고 자는 단순 생활비는 월 100만 원 이내로 가능하니, 최소 100~200만 원 이상의 생활자금은 준비해 가서 일을 구할 때까지 여유를 확보하는 것이 좋습니다. 조급하지 않게 좋은 일자리를 구할 수 있는 방법입니다.

이력서를 100통 넘게 배포하고 이메일을 보내도 연락 한번 못 받는 경우 너무 좌절해서도 안 됩니다. 보통 100통 정도 배포에 연락은 기대하지 않는 편이 낫습니다. 이력서라는 것이 접수한다고 해서 바로 검토되는 것도 아니며, 어떤 곳은 이력서를 보관해 두었다가 결원이 생길 경우 보니 어느 시점에서는 제안이 많이 와서 본인이 거절하는 경우도 생길 수 있습니다. 보다 시간적 마음적 여유를 갖고 꾸준히 일자리를 구하는 자세가 필요합니다.

한 이탈리아 이야기에 따르면 한 사람이 매일 성자의 동상 앞에서 복권에 당첨되게 해 달라고 기도했다고 합니다. 그렇게 오랜 시간이 흐르던 어느 날 동상이 얼마나 답답했던지 입을 열어 이런 말을 했다고 합니다. "애야, 복권을 좀 사고 기도를 해라." 소망이 있다면 작은 몸짓이라도 끊임없이 지속해야 하는 것이니, 더 좋은 일자리를 위한 이력서 배포는 꾸준히 한다는 자세로 임해야 합니다.

이와 관련된 후기를 하나 보겠습니다.

제가 호주에 온 지도 44일이 되었어요. 호주에 와서 한 달 어학원 다니는 동안 너무 힘든 시간을 보냈어요. 당연히 재미있는 사건도 많았지만 항상 일을 찾아야 한다는 압박감에 제대로 놀지 못하고 걱정만 하다가 스트레스로 한 달을 보냈습니다.
호주에서 제대로 직업을 구하기 너무 어려워서 인터넷 이력서와 직접 뽑은 이력서 포함해서 80장 넘게 뿌린 것 같아요. 그리고 한 달간 정말 다양한 직종의 알바 경험을 했습니다.
제가 보통 잠을 잘 자는데 여기선 새벽 3~4시에 꼭 깨고 나쁜 꿈도 꾸고. 모두 스트레스 때문에 그런 것 같습니다.

이렇게 한 달이 지난 지금 전 정말 잘 지내고 있어요! 한 달 동안 하느님께서 절 불쌍하게 보셨는지 좋은 집도 찾게 되었고, 좋은 친구들도 사귀고, 일자리도 두 군데나 찾아서 열심히 하고 있답니다. 하나는 태국 마사지샵에 접수원입니다. 처음에는 쉬워 보였는데 돈 관리, 전화응대, 손님관리, 스케줄 관리…… 정말 다 외우고 하느라 고생했어요.
그리고 며칠 전엔 친구들과 쇼핑하다가 화장실이 가고 싶어 어떤 쇼핑센터에 들렀는데 조그마한 액세서리 상점에서 사람을 구한다는 공고를 보고 무작정 가서 면접을 보고 왔어요. 결과는 합격!
사장님도 젠틀하고, 근데 유럽인이라 쿨하기도 하고 까탈스럽기도 하고 그렇습니다.

이외에도 두 군데에서 또 연락이 왔는데 우선은 욕심내지 않기로 했어요. 욕심부리다가 화만 입을 것 같아서. 요즘 일복 터졌어요!

제가 제대로 자리 잡고 돈 벌기 시작한 지 별로 안 돼서 어디 놀러 갈 생각은 엄두도 못 내고 있지만, 이번 달엔 제일 가까운 브리즈번, 다음 달엔 스카이 다이빙, 그 다음 달엔 시드니…… 이렇게 하나하나 여행 다니면서 제 한번뿐인 워킹홀리데이를 신나게 보내려고 해요. 지금 지난 한 달을 생각해보니 행복은 내가 만드는 건데 왜 그 소중한 시간들을 우울하게 걱정만 하면서 지냈을까 후회도 듭니다. 이제부터 신나게 즐기면서 지내려고요!

이 학생은 한 달 정도 기간 안에 일자리 정착이 잘 된 경우인데, 더 빨리 하는 경우도 있지만 훨씬 어려움을 겪는 경우도 있습니다. 이런 경우라면 초기 일정기간은 다소 빠르게 일을 구할 수 있는 한인 사업체에 정착하는 것도 방법입니다. 열심히 노력하고 일자리 구하는 과정도 배우는 과정이라는 자세로 하루하루 임하기 바랍니다.

청춘의 해외도전

12 외국인 친구 따라 강남 가기

개인적으로 인생을 살면서 친구나 지인 따라 강남 가는 일들이 상당히 많았던 기억입니다. 진학, 취업뿐만 아니라 인생 전반에 있어 그런 일들이 많았는데, 결국 인간은 사회적 존재이기에 어찌 보면 당연한 일이기도 합니다.

워킹홀리데이의 해외도전도 마찬가지입니다. 어떠한 계획이 있다 하더라도 그 과정에 만나는 많은 이들로 인해 새로운 인연들이 만들어집니다. 특히 워킹홀리데이의 가장 본질적인 일자리나 지역 이동에 있어 그런 일들이 많이 발생합니다.

워킹홀리데이를 가서 가장 많이 만나는 외국인 친구들은 당연히 같은 워홀러들입니다. 이외 여행자 숙소에 머문다면 여행자들을 만나게 되고, 유학생이나 직장인과 같은 친구들을 쉐어 등에서 만날 수도 있습니다.

워킹홀리데이는 한국학생뿐만 아니라 세계의 또래 젊은이들이 많이 참여하는데, 호주의 예를 들면 영국, 독일, 프랑스, 이탈리아, 스페인 순으로 유럽학생들도 많이 참여하고, 동아시아에서는 한국, 일본, 대만 학생들이 많이 참여합니다. 한국은 인원으로는 4위권 정도 수준입니다. 즉, 어찌 보면 워킹홀리데이를 가서 한국인 보다 외국인 워홀러를 만날 확률이 훨씬 많은 것입니다.

일하는 장소나 숙소, 여행지 등의 공간에서 많은 외국인 워홀러들을 만나고 그들과 함께 일행이 되어 일을 하러 가는 경우도 많습니다. 예를 들면 시드니의 레스토랑에서 일을 하다가 만난 일본인 친구인데, 그 친구의 친구가 유명리조트에서 일을 하고 있고, 그곳에 일손이 부족해서 오라는 연락을 받고 가는 경우입니다. 물론 한국인 워홀러 간에도 생길 수 있는 일이지만, 여러 경험과 언어적 차원 등에서 보았을 때 한국인 친구 따라 강남 가는 것보다는 외국인 친구 따라 강남 가는 것이 워홀러에게 훨씬 값진 경험입니다.

실제 워킹홀리데이를 하다 보면 우연적인 일들이 연속해서 일어나는 경우가 많습니다. 내가 일하는 곳에서 나의 성실성을 주의 깊게 바라보던 주인이 단골손님이 부탁하는 일손으로 나를 추천할 수 있고, 그곳에서 매우 좋은 조건에서 편한 일을 하는 경우도 생기곤 합니다.

따라서 워킹홀리데이 생활을 하면서 주변의 어느 누가 나에게 기회를 만들어 줄지 모르는 일이니 항상 친절하고, 성실한 태도를 유지해야 하겠습니다. 사실 누군가에게 일을 추천한다는 것은 친하다는 척도로 가능한 일은 아닙니다. 아무리 친해도 그가 일을 제대로 못할 것 같으면 소개해준 내가 비난을 받을 수 있으니, 덜 친하더라도 그 일을 잘 하고, 성실하고 정직한 사람을 소개해하는 것이 인지상정입니다.

외국인 친구 따라 강남 간다는 것을 곡해해서 늘 외국인 친구들과 어울려 술 마시며 몸을 축내서는 안 되고, 무엇보다 내가 위치한 공간에서 성실과 정직의 태도를 보여 좋은 인연을 많이 만들어야 한다는 것입니다.

13 집 구하는 방법

워킹홀리데이로 체류할 집을 정하는 방법은 두 가지로 나눌 수 있습니다. 하나는 초기 워킹홀리데이 국가에서 어학연수를 먼저 하는 경우인데, 이 경우에는 홈스테이로 우선 4주 정도 머뭅니다. 초기 생활을 안정적으로 할 수 있고 이후 여유를 갖고 쉐어(자취)를 구하면 됩니다. 참고로 홈스테이는 현지인 가정집에서 생활하는 것을 말하며 어학원을 다닐 경우 어학원에서 준비를 해줍니다.

어학연수 없이 워킹홀리데이 생활을 바로 하는 경우에는 초기 유스호스텔이나 백패커스(유스호스텔과 동일 개념이나 시설이 조금 떨어지고 저렴함)에 투숙을 하고, 쉐어를 알아봅니다. 또는 지역을 기반으로 운영되는 한인커뮤니티 사이트를 통해 쉐어나 한인 민박을 단기간 구하는 방법도 있습니다.

호스텔, 백패커스는 한 방에 4~8인이 함께 투숙하며 주방, 샤워장, 화장실을 공동으로 이용합니다. 전 세계 여행자들이 같은 방을 쓰고 저녁이면 테라스에서 맥주나 와인파티를 종종 하니 외국인 친구를 사귀기에 좋은 공간입니다. 하지만, 짐을 수납하지 못하기 때문에 안정감, 정착감을 느끼기 어렵고 비용도 하루나 주단위로 있을 수 있다는 것은 장점이지만 월 기준으로 계산하면 저렴한 수준이 아니므로 단기투숙을 주로 합니다.

쉐어(share)는 주택이나 아파트에서 주방과 거실, 화장실 등을 함께 사용한다는 의미로 일종의 공동 자취생활이라 보면 됩니다. 방은 1인이 쓸 수도 있고, 2인이 쓸 수도 있습니다. 간혹 대도시의 비용이 저렴한 쉐어는 3인 이상 함께 방을 쓰는 경우도 있습니다. 비용은 국가, 도시, 지역에 따라 편차가 큰데, 보통 워홀러 수준에서는 월 30~60만 원 선에서 구하는 경우가 많습니다.

쉐어를 구하는 방법은 일자리를 구하는 것과 마찬가지로 한인 커뮤니티 사이트가 있고, 현지인들이 보는 사이트가 있습니다. 세계 주요 워킹홀리데이 국가와 도시에는 워홀러들을 위한 인터넷 커뮤니티 사이트가 있는데 물품 매매나 기타 정보 등을 보는 것은 유용합니다. 하지만, 한인 사이트를 통한 집 구하기는 대부분 한국인 렌트에 한국인만 사는 경우가 대부분입니다.

초기 한 달 정도는 정보 취득 및 적응을 위해 한인 쉐어나 한인 민박을 하는 것도 의미 있지만, 그 이후부터는 외국인 쉐어를 권합니다. 하루 중 많은 시간을 보내는 숙소생활을 한국어 사용 환경으로 하는 것은 성공하는 워홀러들이 추구할 사항은 아닙니다. 현지인 및 외국인들이 이용하는 집 구하기 사이트를 통해 외국인과 함께 생활하는 쉐어를 반드시 구해야 합니다.

14 일과 일 이외의 시간

워킹홀리데이 생활에서 일과 일 이외의 시간을 통해 어떠한 어학연수 학습과 활용 환경을 구현할지 알아보도록 하겠습니다.

1. 일의 시간

워킹홀리데이가 일반 어학연수와 다른 가장 큰 차이점은 일의 공간을 어학연수 공간으로 이용한다는 점입니다. 따라서 일의 시간을 반드시 언어사용의 공간으로 이용하는 것이 필수입니다.

일에는 경우에 따라 매우 단순한 표현만 반복 사용하는 경우도 있는데, 그러한 업무용 표현 이외에 현지인 동료들과 현지인 고용주와의 교류를 나눌 수 있다는 점이 더 중요합니다.

물론 일을 하자마자 처음부터 동료들과 친해지거나 막역한 사이가 될 수는 없는 일이니, 시간을 갖고 조금씩 친분을 쌓도록 노력하는 자세가 필요합니다. 간혹 어떤 이들의 경우 일을 하기만 하면 영어를 쓰는 것으로 오해를 하거나, 친구가 마구 생기는 것으로 오해하는데, 모든 것에는 기본적인 기간이나 역사가 필요하다는 점을 알아야 합니다. 단지 일하는 공간뿐만 아니라, 봉사활동, 종교활동, 학원 친구 등 모든 공간에 있어 동일하게 적용됩니다.

몇 가지 후기를 살펴보겠습니다.

1.

바쁜 주방에서 일하다 보니 업무시간 동안 깊은 대화를 많이 못 했지만 다양한 국가에서 온 워홀러, 동료 쉐프들과 함께 일을 하면서 친해지다 보니 일상적인 대화는 물론 다양한 주제로 대화를 최대한 많이 하려고 했습니다. 예를 들면 한국에 대해 잘 모르는 외국인 동료들에게 한국을 소개해주거나 가끔 일을 마치고 술을 한잔 하면서 스트레스도 풀고 못 다한 이야기도 하면서 친분을 쌓았습니다. 한국인 동료와 같이 일을 한 적은 없어서 일을 하는 동안에는 한국어를 사용하는 경우는 없었습니다.

2.

현재 공장에서 일하는 동안 영어를 쓰고 있습니다. 일주일에 40시간 일을 하는데 한국인 비율이 낮고 호주인과 일본, 필리핀인 비율이 높아서 생활영어를 사용하기에 적합합니다.
인도와 호주에서 영어를 배웠고, 호주에서 워홀을 이미 했기 때문에 외국인 친구를 쉽게 사귈 수 있었습니다.

3.

저는 아르바이트로 한국 식당에서 웨이터로 일을 했었는데, 더블린에 제대로 된 한국 식당이 하나뿐이라 아일랜드인들에게 인기가 많았습니다. 손님의 80% 이상이 외국인이었습니다. 저는 주로 가게 오픈부터 점심시간에 혼자서 일을 했었는데, 그렇게 6개월간 일을 하다 보니 외국인과 대화하는데 두려움이 사라지게 되었습니다. 처음에는 말을 못 알아들으면 어떡

할까 하는 걱정도 많이 들었는데 경험이 쌓이니 제가 못 알아들어도 전혀 부끄러워하지 않고 천천히 다시 말해달라고 얘기하는 등 여유가 생겼습니다. 실제 외국인들의 매너가 너무 좋아서 일을 하는데 어려움이 전혀 없었습니다.

4.

저는 6개월 정도 연수를 마치고, 2개월은 올림픽 기간에 하우스키핑을 했습니다. TV에서 나오는 선수들을 직접 내 눈앞에서 만나면서 이야기를 나눌 수 있었고, 영어권에서 살고 있는 많이 동료들을 알게 되었습니다. 이후 3개월 정도 레스토랑에서 디쉬워셔도 해보았고요, 취미 삼아 중간중간 밴드 생활도 5개월 정도 했습니다. 이후 8개월은 밴쿠버 다운타운에 있는 객실 60개짜리 *L'hermitage* 호텔에서 하우스키핑 일을 하였습니다. 그때 저는 하우스맨 일을 하였습니다. 언제나 무전기로 *supervisor*들과 *house maid* 간에 소통을 원활히 해야 했고, 호텔을 방문하는 *guest*들의 요구사항이나 문제점을 해결하는 일이었습니다.

저만 한국인이고 나머지 직원들을 정말 영어를 잘하는 외국인뿐이었죠. 처음에 적응하는데 많이 힘들었지만, 그때만큼 영어가 많이 늘었던 적이 없었던 것 같네요. 저는 그들과 같이 일하면서 눈물이 핑 돌만큼 따뜻한 동료애를 느꼈고, 그들의 유머에 한국에서는 느낄 수 없는 그들만의 큰 웃음과 즐거움을 만끽한 적도 있었습니다.

워킹홀리데이를 가서 일에만 너무 집중하는 것도 올바르지 않습니다. 마치 일을 하기 때문에 공부를 할 수 없었고, 일을 하기 때문에 언어가 늘 수 없었고, 일을 하기 때문에 피로해서 잠을 잘 수밖에 없었고, 일을 하기 때문에 휴식시간에 한국 예능프로그램을 봐야 했다는 식의 과장된 핑계를 하는 경우도 많습니다.

전 세계에서 노동시간이 가장 긴 한국에서도 일을 하면서도 가족과 시간을 보내고, 취미생활을 즐기고, 하고 싶은 공부를 하고, 친구도 만나는 등 할 일을 합니다. 그런데 외국의 경우라면 한국보다 노동시간이 적기 때문에 일을 하면서 더 많은 자유시간을 가질 수 있습니다.

워킹홀리데이를 간 이상 일 이외의 시간은 외국어로 보내는 여러 어울림과 경험의 시간을 보내야 하겠고, 또한 그러고 남는 시간은 공부시간으로 노력을 많이 해야 합니다. 물론 전폭적인 공부는 힘들 수 있겠으나, 퇴근도 빠르고 여러 어울림의 공간이 늘 있는 것도 아니며, 주말도 쉬는 경우가 대부분이니 시간적으로 충분한 공부시간을 가질 수 있습니다.

아침이나 저녁에 파트타임 학원도 병행할 수 있으며, 또는 학원이 없는 시골지역이라면 개인교습도 병행할 수 있습니다. 외국인과 랭귀지 익스체인지를 해 볼 수도 있습니다.

그리고 개인적인 공부시간도 확보해야 합니다. 어학연수 건 워킹홀리데이 건 회화 실력 향상을 위해서는 미드, 영드 또는 현지 드라마 한 편 정도는 매일 보는 게 좋습니다. 또한 어느 정도 회화가 되면 책 읽기도 지속적으로 해주어야 합니다.

통근시간, 여행 시 이동시간 등에 외국어책 읽기를 즐긴다면 언어 능력 향상도 되지만, 무엇보다 한국에서 부족했던 독서의 즐거움을 느낄 수 있습니다.

이와 관련된 몇 가지 후기입니다.

1.

같이 일하면서 살고 있는 형들이 영어공부를 목적으로 온 것이 아니기 때문에 한국 드라마와 예능프로그램들을 보며 대부분의 시간을 보내는 것을 보면 조금 아쉽기도 합니다. 호주에서 보내는 하루하루가 소중하고 값진 시간인데, 그저 '일하고 있다, 돈을 벌고 있다.'라는 핑계로 공부를 하지 않는 것을 보면 안타깝습니다.

저와 제 동생이 매일 공부하는 것을 보고 '부럽다. 나도 해야지.'라고 느끼면서도 실천을 못 하는 것은 목표의식과 추진력이 부족하기 때문인 것 같습니다. 물론 다들 생활하고 일하는 데 지장 없는 영어실력을 가지고 있지만 저는 1차 어학연수의 마지막 학원에서 Cambridge 시험을 준비하는 학생들과 공부하며 그 정도로 충분하지 않다는 것을 깨달았기 때문에 지금도 여동생과 공부를 하고 있습니다.

2.

일을 하는 동안에는 같이 일하는 동료들과 바쁜 환경 속에서도 꾸준히 다양한 대화를 하려고 노력했고, 일이 끝난 후 여가 시간에는 미드와 영어로 된 이야기책 등을 활용해서 학습의 영어 감각을 유지하기 위한 노력을 했습니다. 이외에도 출 · 퇴근길에 기차 역 앞에서 무료로 배포해 주는 작은 영자신문을 활용해서 제가 거주했던 지역의 현안이나 글로벌 뉴스들을 접하기도 했습니다.

3.

제가 했던 노력 중 하나는 인터넷을 이용하는 것이었습니다. 그중 Craigslist 사이트를 자주 이용했습니다. 그 사이트를 통해서 한국어에 관심이 많은 친구를 알게 되었습니다. 인도계이지만, 본토 캐네디언이라서 영어를 정말 잘하더라고요. 밴쿠버에서 저널리스트로 활동하고 있던 친구였습니다. 한국 드라마를 광적으로 좋아했고, 가끔 집에 초대받아서 같이 한국 드라마를 보면서 우리말을 많이 알려줬었습니다. 이후 커피숍에서 자주 만나 슬랭을 많이 배웠고요. 또 이 사이트를 통해 밴드에 들어갈 수 있었습니다. 밴드에서는 캐나다 토박이 친구들과 함께 음악을 하면서 영어를 많이 썼습니다. 그때 일주일에 2~3번씩 만나서 음악을 했고 공연도 다섯 차례 정도 했습니다. 그러다 보니 밴드 맴버의 친구들을 알게 되었고, 이후 파티에 초대받아 참석하기도 하였습니다. 어느 날 친구가 제 영어가 많이 늘었다고 하더군요.

15 IELTS 과정 도전하기

워킹홀리데이도 어학연수처럼 주관적 판단이 아닌 객관적 목표로 성취도를 판단해야 하는데, 일반적으로 IELTS 과정을 목표로 하면 좋습니다. 앞서 여러 어학연수 프로그램에 대해 알아보았는데, 워홀러에게 가장 적당한 과정이 IELTS 과정입니다.

Cambridge 과정은 3개월 정도 지속하여 학원을 다녀야 하므로 워홀러에게는 다소 긴 시간이 될 수 있습니다. IELTS 과정은 학원수업도 한 달 단위로 수강할 수도 있고, 시험 응시도 자주 있는 편이어서 시간 내어 짧게 공부하는 것이 가능하고, 시험응시의 기회를 보다 쉽게 가질 수 있는 장점이 있습니다.

또한, 워킹홀리데이로 해외도전을 하다 보면 더 나아가 유학을 하고 싶다거나, 아예 그 나라에서 영주권을 받고 싶은 생각으로 발전하기도 합니다. IELTS는 단순 영어능력 향상을 위해서도 매우 좋은 시험과정이지만, 무엇보다 대학진학을 위한 자격시험이 되며, 또한 대부분의 나라에서 영주권 발급을 위한 자격시험으로 IELTS를 채택하고 있습니다.

따라서 단순한 나의 영어실력에 만족하지 말아야 하고, 그러한 단순한 회화실력은 해외도전이 끝나고 한국에 오면 쉽게 날아가 버린다는 것도 명심해야 합니다. 또한 취업 등 여러 도전에 있어서 단순 회화실력은 인정받을 수 있는 능력이 되지 않습니다. 우리가 회화에 너무 큰 한이 맺혀 있어서 다들 어느 정도 회화만 해도 대단한 것으로 느끼곤 하는데, 실제 언어를 구사한다는 것은 정보를 빠르게 습득할 수 있는 읽기 능력이 무엇보다 중요하고, 여러 업무적으로 글쓰기 능력이 더욱 중요합니다.

워킹홀리데이 생활을 하면서 중간에, 또는 일을 정리하고 귀국 전 공부에만 몰입하는 시간을 가져보길 바랍니다. IELTS는 말하기, 읽기, 쓰기, 듣기 등 모든 영역에 있어 영어실력을 고루 향상시켜 주며 구체적인 점수가 있기에 목표 설정, 동기부여에도 매우 좋은 과정입니다.

목표 점수는 영어실력에 따라 다르지만, 적어도 6.0 이상 받을 각오를 단단히 하고 시작하는 것이 좋습니다. 모든 계획은 현실에 바탕을 두어야 하니, 왕초보인 경우 위 점수가 어려울 수 있습니다. 그런 경우라도 출국 전부터 열심히 하여 최대한의 성과를 얻도록 노력해야 하겠습니다.

16 돈 벌어 오기 – 20대의 고뇌, 돈

먼저 후기를 참고해 보겠습니다.

1.

워킹홀리데이에서 마음만 먹으면 얼마든 돈을 모으는 것은 가능합니다. 그렇지만 그만큼 자제해야 할 것, 내가 그 돈을 버는 동안 할 수 없는 경험들도 고려해야 하고 나이가 20대 초·중·후반에 오기 때문에 사랑니 때문에 고생하다 귀국하는 사람도 봤고, 여자친구나 남자친구와 헤어지는 사람, 현지 남자친구나 여자친구를 사귀는 사람, 그로 인해 소비생활에 빠지는 사람 등 다양합니다.

열심히 일하고 허리띠 졸라매고 아끼면 가능합니다. 참고로 저는 첫 워홀 비자 때(지금은 세컨 비자로 체류 중) 공장에서 일을 많이 할 수 있는 환경이어서 호주에서 6개월 일했는데 2,600만 원 좀 넘게 벌었습니다. 주당 120만 원을 받았고 생활비로 최대한 아껴서 11만 원 정도 썼습니다. 세금환급, 연금환급을 제대로 잘 받아서 2,600만 원 정도 모았어요.

2.

리조트에서 하는 일은 호텔방 청소, 바, 웨이터, 레스토랑 잡일 등이 있습니다. 저한테 같이 가자고 했던 친구는 영어를 잘 하는 친구였어요. 그 당시 저는 호주에서 첫 일을 준비하는 시기였고, 일 경험이 없어서 영어를 많이 써야 하는 리조트 일은 조금 꺼려했습니다. 이 역시 비수기 성수기가 있

었기 때문이기도 하고요. 저는 모험을 좋아하는 듯하지만 돈에 관해서는 보수적이고 안정적인 것을 추구하는 편이라 다른 일을 구했습니다.

그렇지만 여기서 대반전! 그 친구는 군대에 있을 때 주조 자격증을 재미로 땄었는데, 여기 리조트 일을 구하고 나서는 바에서 일하면서 높은 시급과 팁을 받으며 밤에 일하고 낮에는 웨이터일과 호텔방 청소까지 슈퍼바이져들과 친분을 쌓아 일을 많이 하게 되었습니다. 그래서 이 친구는 일주일에 200만 원씩 벌면서 호주대학교 학비를 벌었고 지금 브리즈번에서 학교를 잘 다니고 있답니다.

3.

몸 쓰는 일, 부지런한 일에는 자신감이 있어서 저는 쓰리잡을 했습니다. 영어는 자신이 없어서 한인잡을 했는데, 운 좋게도 사장님이 성실함을 잘 보셔서 추가적인 일을 하게 되었습니다. 시급은 그다지 높지 않은데, 하루 최소 12시간 이상 일을 하고 주말에도 하루 이틀 빼고는 일을 해서 많이 벌 때는 한 달에 800만 원 정도 벌었던 기억입니다.

그리고 일의 숙련도가 높아지면서 시급이 거의 30달러에 육박해서 적은 시간에 돈을 모으고, 다른 경험도 많이 가질 수 있게 되었습니다.

앞의 후기는 호주 환율이 매우 높았던 시기였습니다. 환율은 항상 변화하니 앞으로 또 어찌 될지 모를 일이지만, 지금은 호주 환율이 많이 떨어져 있는 상황이고 원화 가치가 많이 올라가 있는 상황이라서 이 후기들만큼의 금액을 벌기는 어렵습니다.

워킹홀리데이의 가장 우선적인 목적은 언어향상이 되어야 합니다. 이는 단지 교육적 의미로 강조하는 것이 아니라, 언어가 바탕이 되어야 돈을 모으고 견문을 넓히고 여러 좋은 경험들을 할 수 있기 때문입니다.

언어향상을 기본 전제로 했을 때 워킹홀리데이로 돈을 모아 오겠다는 계획은 매우 좋은 일입니다. 동일 노동을 했을 때 한국보다 높은 수입을 얻을 수 있기 때문이기도 하지만, 무엇보다 20대의 모든 고뇌의 원인이 돈으로 인한 경우가 많기 때문입니다. 더 정확히 말하면 돈이 없으므로 인해 물질적, 정신적 독립성을 유지하지 못하게 되고, 그로 인해 불편함과 좌절, 갈등을 겪는 경우가 많기 때문입니다.

무언가 내 꿈을 위해 투자나 기다림의 시간을 가져야 할 때 돈이 있다면 스스로 자존감을 유지하면서 꿈을 위한 투자나 기다림의 시간을 가질 수 있습니다. 하지만, 부모님께 용돈을 받으면서 천연덕스럽게 자신의 꿈을 이야기할 수는 없는 노룻입니다. 아마 그리 한다면 주변으로부터 천덕꾸러기 취급을 받게 될 것입니다. 경제적 능력이란 이토록 한 개인의 삶에 있어 결정적인 역할을 합니다.

워킹홀리데이 기간에 번 돈으로 최대한 자기발전을 위해 투자하되, 남는 여윳돈은 알뜰하게 모아 오는 것이 정답이며, 이는 워킹홀리데이 이후 시간에 나의 자립심과 자유로운 선택에 큰 도움이 됩니다.

17 삼십대가 된다는 것

워킹홀리데이 나이 제한은 만 18세에서 만 30세까지입니다.

그 안에서의 스펙트럼은 매우 다양합니다. 20대 초반이라면 워킹홀리데이 도전이 그저 무한한 가능성 중 하나의 경험이 될 수도 있을 것이며, 30세를 얼마 앞두지 않은 나이라면 인생에 있어 무거운 질문에 대한 답을 찾는 도전일 수 있습니다.

워킹홀리데이의 여러 스펙트럼 중 30대를 얼마 앞두지 않은 20대 중후반 워홀러들에게 참고가 될 만한 글을 소개합니다. 서른이라는 자기 존재에 대한 증명을 해보일 나이를 앞둔 워킹홀리데이 도전이 보다 진지하고 성공적인 도전이 되어야 한다는 자극과 동기를 얻어보길 바랍니다. 오스트리아의 국민작가 잉게보르크 바하만의 글 중 일부입니다.

20대에 그는 다만 주어진 하나의 생을 살고, 주어진 하나의 자아를 소모하기만 하면 되었던 것이다. 행복과 아름다움을 열망하고 광휘를 갈망하는, 오직 행복을 위해 창조된 하나의 자아를 말이다!

이렇듯 그는 몇 해 동안 가장 극단적인 사상과 공상에 찬 계획들에 몰두했었다. 그리고 바로 자신이야말로 젊음과 건강을 누리고 있던 까닭에, 아직 얼마든지 시간이 있는 것으로 여겼었고, 닥치는 모든 일에 대해 긍정적으로 대하였다.

김이 나는 한 끼의 식사를 위해 학생의 공부를 돌봐주었고, 신문을 팔았고,

한 시간에 5실링을 받으면서 눈을 치웠으며, 그러는 틈틈이 소크라테스 이전의 그리스 철학자들을 연구하였다. 이것저것 가릴 여지가 없었기 때문에 그는 고학생으로서 어느 회사에 취직을 했다가, 어느 신문사에 입사함과 동시에 그곳을 사직했다. 신문사에서는 그에게 새로이 발명된 치아 송곳에 관해, 쌍둥이 연구에 관해, 슈테판 성당의 돔의 복구공사에 관해 기사를 쓰게 했었다.

그러던 어느 날, 그는 무전여행을 떠났다. 도중에 자동차들을 세워 탔고, 자신도 잘 모르는 친구가 또 제삼자의 주소를 적어준 것을 써먹으며, 이곳저곳에서 발길을 멈추었다가는 다시 여행을 계속했다. 이렇게 그는 유럽을 누비며 방랑을 하다가는 갑자기 굳힌 결심을 쫓아 다시 되돌아왔었다. 그리고는 자신에게 결정적인 직업으로 여겨지진 않았지만, 어떻든 쓸모 있는 직업을 얻기 위해 시험 준비를 해서 합격을 했다. 어떠한 기회에 부딪혀도 그는 긍정을 했던 것이다. 우정에도, 사랑에도, 무리한 요구에도, 하지만 이 모든 것이 항상 일종의 실험으로써, 또한 몇 번이고 거듭될 수 있는 것으로써였다. 그에겐 세계라는 것이 취소가 가능한 것으로 보였다. 자기 자신까지 취소가 가능한 존재로 여겨졌던 것이다.

그는 지금처럼 자신에게 30세의 해의 막이 오르리라고는, 판에 박힌 문구가 자신에게도 적용되리라고는, 또한 어느 날엔가는 자신도 무엇을 진정 생각하고, 무엇을 진정 할 수 있는가를 보여주어야 하리라는 것을, 그리고 자신에게 진실로 중요한 것이 무엇인가를 고백하지 않으면 안 된다는 것을 한순간도 걱정해 본 적이 없었다. 천한 개의 가능성 중에서 천 개의 가능성은 이미 사라지고 시기를 놓쳤다고는 – 혹은 자기 것이라고 할 수 있는 가능성은 단 하나뿐이니까 나머지 천 개는 놓칠 수밖에 없다는 것을 한 번도 생각해 본 적이 없었던 것이다.

그는 이제껏 한 번도 의혹에 빠져본 적이 없었다.
그는 이제껏 무엇 하나 겁내본 적이 없었다.
지금에야 그는 자신도 함정에 빠져 있음을 깨닫고 있는 것이다.

(중략)

30세에 접어들었다고 해서 어느 누구도 그를 젊다고 부르는 것을 그치지는
않으리라. 하지만 그 자신은 일신상 아무런 변화를 찾아낼 수 없다 하더라도,
무엇인가 불안정해져 간다. 스스로를 젊다고 내세우는 것이 어색하게 느껴지
는 것이다.

그러던 어느 날, 아마도 곧 잊어버리게 될 어느 날 아침, 그는 잠에서 깨어난
다. 그리고는…… 일종의 고통스러운 압박을 느끼면서, 지나간 모든 세월을,
경솔하고 심각했던 시절을, 그리고 그 세월 동안 자신이 차지했던 모든 공간
을 기억해내는 것이다. 그는 기억의 그물을 덮어씌워 자신을 끌어올린 어부인
동시에 어획물이 되어 그는 과거의 자신이 무엇이었나를, 자신이 무엇이 되어
있었나를 보기 위해, 시간의 문턱, 장소의 문턱에다 그물을 던지는 것이다.

— 잉게보르크 바하만 『삼십 세』 中에서 —

18 위대한 워홀러

1963년 3년 계약조건으로 독일로 간 간호사와 광부들이 있었습니다. 2만 명이 떠났는데, 당시 그분들의 급여는 한국 공무원들의 5~10배에 달했고, 대부분은 번 돈을 고향으로 송금하면서 아껴 쓰는 생활을 했다고 합니다. 한국의 가족주의 특성 때문인지 장남, 장녀들이 주로 많았다고 하는데, 외화를 벌기 위해 그 시절 낯선 독일까지 가서 힘든 노동을 했던 노고와 희생의 깊이는 이루 헤아릴 수 없으리라 생각됩니다.

이분들의 이야기는 최근 영화 [국제시장]을 통해서도 일반인들에게 널리 알려진 일입니다.

그 시절 독일로 간 분들의 이야기는 방송, 영화 등을 통해 반복적으로 매우 희생적이며 위대한 일로 묘사되곤 하는데, 매년 3~5만 명씩 떠나는 청년의 워킹홀리데이는 방송을 통해 사건사고로만 보도되거나, 혹은 쓸모없는 일이나 되는 것처럼 묘사되는 것을 보면 참 기이하다는 생각이 듭니다.

우리 사회는 과거 세대는 모두 먹을 것이 없었고, 모두 엄청난 고생을 했고, 모두 끈기와 인내심이 강했고, 모두 엄청난 희생을 한 것처럼 묘사되는 데 반해, 지금을 살고 있는 청년층은 먹을 것이 풍족하고, 고생을 모르며 자랐고, 끈기와 인내심이 부족하고, 호강하는 것처럼 묘사되곤 합니다. 청년실업 등 여러 어려움이 가중되는 상황에서 이처럼 사회적 호의나 동정도 얻지 못하니 이 시대 청춘들이 이중으로 사회적 고립감을 느끼게 되는 것 같습니다.

한 사회에서 인간의 삶의 풍요로움을 단지 물질적 조건으로만 계산하는 것은 매우 황당한 일입니다. 단지 먹고 사는 수준이 나아졌다고 그것으로 청년들이 배부른 소리나 하고 있다고 비난받을 이유는 없습니다. 의식주 수준이 조금 낮더라도 오히려 일자리가 많고, 계속 발전을 해 나갈 수 있다는 희망을 갖고 있는 상황이 오히려 더 행복하고 풍요로울 수 있습니다.

물론 윗세대의 희생과 노고를 깊이 존경하고 감사해야 하겠지만, 윗세대 분들도 당신 세대의 관점만 내세우기 보다는 젊은 세대를 넓은 포용력으로 따뜻하게 감싸주었으면 하는 바람입니다. 늘 가까이 청년세대를 지켜보면 아르바이트 하지 않는 학생이 없을 정도로 자립심이 강하고, 일자리가 없는 이 어려운 상황에서도 성실과 노력의 끈을 놓지 않고 자신을 발전시키고자 열심히 사는 이들로 인해 감동하곤 합니다.

한국의 많은 젊은이가 어려운 환경에 굴하지 않고 스스로 글로벌 인재로 발전하기 위해 자신의 힘으로 벌어서 공부하는 워킹홀리데이를 많이 가는데, 이는 위 60년대 해외인력파견에 비할 수 있는 위대한 애국이라는 생각을 해봅니다.

청춘의 아직 어린 나이에 외국에서 일을 한다는 것은 쉬운 일이 아니며, 일이라는 공간도 종류에 따라 다르지만 그다지 쉬운 공간은 없습니다. 경우에 따라서는 공장, 농장, 청소 등과 같이 반복적이며 신체적으로 강한 강도의 노동이 요구되는 일입니다.

이에 워킹홀리데이를 떠나는 우리 청춘은 자신의 행동에 강한 자부심을 가졌으면 합니다. 또한 실제로도 그것은 위대한 애국의 행동입니다. 자신의 힘으로 외국에서 외화를 벌어서 자신을 발전시키고, 그렇게 발전시킨 자신은 고국에 와서 우리 사회와 나라 발전에 더 큰 공헌을 하기 때문입니다. 아무 의미 없이 워킹홀리데이를 가서 일을 하는 것과, 의미를 제대로 이해하고 자부심과 사명감을 갖고 일하고 공부하는 것은 워킹홀리데이 성과에 큰 차이를 만들어 냅니다.

이 시대 청춘의 워킹홀리데이는 실로 위대합니다. 누가 뭐라 해도 이 시대 해외교육의 전문가로서 저는 그것을 믿어 의심치 않습니다. 여러분은 위대한 청춘의 워홀러들입니다!

19 국가별 워킹홀리데이 장단점

영어권 국가의 워킹홀리데이 비자에 대해 각각 비교를 해보겠습니다. 일본 워킹홀리데이는 PART 4에서 참고하길 바랍니다.

1. 주제별 워킹홀리데이 국가

▶ 워킹홀리데이 비자 취득이 편리한 순서 : 호주 〉 뉴질랜드 〉 영국 〉 캐나다 〉 아일랜드

- 호주는 연중 상시 발급, 거절 거의 없음, 2주 내외로 발급
- 뉴질랜드는 4월 중 1,800명 선착순으로 발급 (2016년부터 3,000명 예상)
- 영국은 지원자가 모집인원을 넘을 경우 컴퓨터 추첨. 다만 영국은 TOEIC, TEPS, IELTS 등 공인 영어시험 점수 한 개 있어야 함
- 캐나다는 지원자격 획득을 위한 인터넷 접속 경쟁률 매우 치열함
- 아일랜드는 여러 변수가 있으나 연간 400명으로 인원 자체 적음

▶ 워킹홀리데이 기간 중 어학연수가 유리한 순서 : 캐나다 〉 뉴질랜드 〉 아일랜드 〉 영국, 호주

- 캐나다가 어학연수 비용이 가장 저렴하며 다음으로 뉴질랜드

▶ 돈을 버는 목표에 유리한 순서 : 호주 〉 영국 〉 아일랜드 〉 캐나다, 뉴질랜드

- 호주는 시급이 높고, 공장, 리조트 등 안정적인 일자리와 가능성 높음

▶ 워킹홀리데이 실패확률이 높은 나라 : 영어능력, 체력, 마음가짐이 없다면 모든 나라

- 흔히 호주가 실패를 많이 하는 것으로 오해를 하는데, 많은 인원이 가기 때문에 주변에서 많은 사람을 보아서 그렇게 보이는 것일 뿐 영어능력과 체력, 마음가짐, 태도가 갖춰져 있지 않다면 실패하는 것은 모든 나라 동일

2. 국가별 워킹홀리데이 특징

호주 워킹홀리데이

- 호주는 워킹홀리데이 비자신청 정원, 시기, 거절 제한 없음, 비자획득 가장 빠름
- 워킹홀리데이를 가장 많이 가는 나라가 바로 호주
- 공장, 농장 등 88일 이상 일을 할 경우 세컨비자 신청으로 최대 2년 체류 가능
- 연중 비교적 온화한 기후

캐나다 워킹홀리데이

- 캐나다는 어학연수 비용이 저렴하여 어학연수 비중이 높을 경우 유리함
- 친절한 캐나다 국민성
- 미국여행이 편리, 캐나다 동부지역은 유럽여행도 비교적 편리
- 비자획득의 경쟁률이 높고, 비자 수속과정도 비교적 오래 걸림
- 서부 지역을 제외하고는 겨울 추위가 상당히 심함

뉴질랜드 워킹홀리데이

- 뉴질랜드는 어학연수 비용이 저렴하여 어학연수 비중이 높을 경우 유리함
- 친절한 뉴질랜드인의 국민성
- 한뉴 FTA 등으로 인해 2016년부터 3,000명으로 비자 인원 증원됨

영국 워킹홀리데이

- 세계에서 가장 많은 이들이 어학연수를 오는 나라, 영어의 본고장
- 다른 나라와 달리 워킹홀리데이로 2년 체류 가능
- 워킹홀리데이 중 학업기간과 학업대상에 제한이 없음
- 유럽여행이 편리함
- 비자획득을 위해 TOEIC 등 공인영어점수 필요함

아일랜드 워킹홀리데이

- 유럽학생이 많이 오는 나라로 어학연수 국적 구성이 좋은 편
- 저렴한 학원도 많은 편
- 유럽여행이 편리함

아래 표는 영어권 워킹홀리데이 국가별 참고사항입니다. 비자신청비와 신청 방식 등은 시기별로 변경될 가능성이 있으니, 해당 시기에 인터넷 등을 통해 다시 확인하길 바랍니다.

	캐나다	영국	아일랜드	뉴질랜드	호주
신청 정원	4,000명/1년 (2회 모집이었으나 2015년 1회 모집 하였음)	1,000명/1년	400명/1년(상반기 신청자 미달 시 하 반기 추가 모집)	1,800명/1년 (년 1회/선착순 마감/2016년부터 3,000명으로 증원 예정)	제한 없음
접수 기간	원래 상반기 하반 기 모집하였으나, 최근 일정이 불규 칙하였음	1월 – 정부 후원 보증서 접수	상반기 : 2~3월 하반기 : 11월	매년 4월 중 접수 시작	제한 없음
선별 방식	온라인 선착순 신 청으로 파일번호 수령	• 정부 후원 보증 서 신청 및 발급 • YMS 비자 온라 인 신청 • 영국 비자 신청 센터 방문 접수 • YMS 비자 수령	선착순 우편 접수	선착순 온라인 접수	온라인 접수
체류 기간	입국일로부터 1년	입국일로부터 2년	입국일로부터 1년	입국일로부터 1년	입국일로부터 1년 (세컨비자로 1년 연장 가능)
신청 가능 나이	만 18세~만 30세 이하				

	캐나다	영국	아일랜드	뉴질랜드	호주
진행 절차	• 1단계 : 온라인 선착순 신청으로 파일번호 & IEC 조건부 합격 통지서 수령 • 2단계 : MyCIC 온라인 계정을 통해 추가 서류 제출 • 1~2달 이후 최종 합격자 발표	• 정부 후원 보증서 신청(우편접수) • 정부 후원 보증서 발급 후 YMS 신청 구비서류 준비 후 비자 센터 방문 접수 • YMS 발급 통보를 받으면 비자 센터 방문하여 직접 수령	• 모집 공지 따라 구비서류 접수 • 접수확인서 수령 • 서류합격자 발표 • 2차 서류 제출 (여권, 왕복 항공권, 여행계획서, 보험 등) • 대사관으로부터 워홀 승인서 우편수령	• 모집 공지 따라 온라인 비자접수 (선착순 마감) • 온라인 신청 접수 확인 후 건강 검진 양식을 프린트 하여 지정 병원 신체검사 • 이메일로 워홀 승인 여부 수령	• 온라인 비자접수 • 온라인 신청 접수 확인 후 건강 검진 양식을 사이트에서 바로 출력 • 지정병원에서 신체검사 • 이메일로 워홀 승인 여부 수령
신청 비용	• 비자 신청비 : C$150 • 신체검사비 : 19만 원	• 비자 신청비 : US $320	• 비자 신청비 : 60 유로 • 우편 반송료 • 비자 연장비 : 150 유로 (현지 납부)	• 비자 신청비 : NZ $165 • 신체검사비 : 5만 원	• 비자 신청비 : AU $420 • 신체검사비 : 5만 원(12주 이하 학업) 또는 15만 원(12주 이상 학업)
주의 및 학업 기간	• 1차 모집 후 빠른 시일 내에 2차 모집 진행하므로 1차에서 파일번호를 못 받았을 경우 지속적인 확인 필수 • 2단계 서류 접수 시 구비서류 체크 후 PDF 파일로 업로드 • 1차 파일넘버 수령 후 신청비 및 서류 업로드 제한기간 체크 • 최종 승인이 되면 POE를 수령하게 되며 캐나다 입국시 POE 증빙 필수 • 학업 6개월 가능	• 공인영어점수 필수제출(토익기준으로는 600점 이상 지원 가능) • 학업기간, 학업 과정 제한 없음	• 아일랜드 입국 시 기본체류기간을 받고 한 달 이내 비자 연장 신청해야 함(여권/연장비 150 유로/워홀 승인 레터/아일랜드 거주 주소 필요) • 학업 6개월 가능	• 한 고용주 아래서 3개월 이상 근무 불가능 • 학업 6개월 가능	• 한 고용주 아래서 6개월 이상 근무 불가능 • 학업 17주 가능

청춘의 해외도전

연장 가능 여부	불가능	불가능	불가능	원예 및 포도재업에서 3개월 근무 증명 시 3개월 연장 가능	농장 및 공장 등 지정된 특정일을 3개월 했고 해당 지역이 세컨비자 신청 가능 지역일 경우 1년 연장 가능

20 짧은 조언, 정보들

짧게 전달할 수 있는 여러 조언 및 정보를 정리했습니다.

미래에 대한 투자에 돈을 아끼지 말자.

허튼 돈을 쓰지 않는 것은 반드시 필요하나, 미래를 위한 자격증이나 기타 영어공부 등에는 과감히 투자하는 것이 필요합니다. 예를 들어 IELTS 시험 과정이 비싸다고 안 하거나, TESOL 과정이 필요한데 돈이 아까워 못하는 일은 없어야 하겠습니다. 미래를 위한 투자는 수십 배, 수백 배로 돌아온다는 것을 항상 유념해야 하겠습니다. 또한 여행 등 새로운 것을 경험하는데 있어서는 아낌없이 투자해야 하겠습니다. 인생의 이후 시간에는 돈이 있어도 기회가 없어서 하지 못하는 경우가 매우 많습니다.

한국인?

한국인과 평생 지낼 수 있습니다. 여러분 인생에 1/50, 1/100 정도의 시간이 될 수도 있는 해외도전의 시기에 한국인과 어울려 지내는 것은 너무 아쉬운 일입니다. 물론 동포에게는 친절해야 하지만 어려운 이는 돕고, 정보가 부족한 후배들에게는 좋은 조언도 해주어야 하겠습니다. 다만 여행을 한국인과 같이 다니며, 항상 의지한다거나 항상 한국인과 생활하면서 여러 좋은 경험과 기회를 놓쳐서는 안 됩니다.

친절과 불친절 사이

독일의 극작자 브레히트는 인류의 보편정신으로 '친절'을 강조했습니다. 예수님의 '사랑'은 평범한 이가 실천하기는 다소 어렵게 느껴지기도 하고, 공자의 '仁'이나 석가의 '자비'는 무엇을 말하는지 이해하기 어렵기도 합니다. 하지만 '친절'은 구체적이며 이해하기 쉽고, 매사 어렵지 않게 실천해 볼만 합니다. 세계인과 대하면서 특정 나라, 인종을 우대하고, 반대로 특정 나라, 인종을 무시해서는 안 되겠습니다. 보편정신인 '친절'을 실천해야 합니다.

또한 어느 나라, 어느 사회든 보편정신이 부족하고 덜 떨어진 인간들은 항시 존재합니다. 외국에서 간혹 불친절이나 불쾌, 차별 같은 느낌을 경험하더라도 그러한 인간으로 인해 영향을 받는다는 것이 얼마나 무가치한 일인지 명확히 인식하고, 여러분의 소중한 영혼에 일말의 흔들림이 없어야 하겠습니다.

봉사활동 고려

생활을 위해 돈이 반드시 필요한 경우가 아니라면 봉사활동도 많이 경험해 보길 바랍니다. 호주의 CVA 프로그램이나 기타 나라별 여러 봉사활동 프로그램이 있습니다. 봉사활동 경험은 본인에게도 좋은 경험이 되고, 앞으로 사회활동에서도 좋은 이야깃거리가 될 수 있습니다. 또한 추천서도 얻게 되니 이후 워킹홀리데이 구직활동에도 도움이 됩니다.

사전 노티스 규정을 반드시 준수

일을 그만둘 때나 숙소를 나갈 때 말도 없이 나가고 이후 연락도 안 받는 경우가 있는데, 이런 행동은 한국이건 외국이건 절대로 해서는 안 됩니다. 보통 2주 전 노티스 규정이 많은데 그 나라, 그 직장 규정대로 반드시 사전 노티스를 하고 그곳에서 새로운 사람을 뽑을 수 있는 시간을 주고 그만두어야 합니다. 매우 상식적이며 기본적인 에티켓입니다.

모든 상황에 적용되는 말이지만, 특히 일을 할 때는 모르면 항상 물어봐야 합니다. 공자도 知之爲知之 不知爲不知 是知也(지지위지지 부지위부지 시지야 / 아는 것을 안다고 하고, 모르는 것을 모른다고 하는 것이 진정한 앎이다.)라고 하셨고, 무엇이던 물어보는 자세를 실천하셨습니다.

예전 한 학생이 그냥 적극성만 가지고 들어오는 손님들마다 Sit down.을 남발하였는데, 당연 좋은 반응을 얻지 못하고 한 할아버지한테 혼나기 까지 했던 에피소드가 있습니다. Sit down은 동물이나 만만한 친구, 또는 위급한 상황에서 쓰는 표현이지, 손님에게 쓸 수 있는 표현은 아닌 것입니다. Have a seat, 또는 Take a seat의 표현을 사용해야 하는 것입니다.

무엇이던 물어보는 것을 부끄러워할 필요가 없습니다. 배움의 단계에 있으니 오히려 아는 것도 물어보면서 대화의 기회로 삼아야 하겠습니다. 언어는 자꾸 물어봐서 실수를 해야 하고, 실수를 통해서만 실력이 늡니다.

워홀러들의 필독서 - 장준하 『돌베개』

외국 나가면 애국자가 된다고 합니다. 다양한 세계인과의 관계에서 한국인으로서의 정체성을 느끼게 되기 때문입니다. 또한 워킹홀리데이는 여러 모로 힘든 경우가 많습니다. 일로 인해 육체적으로 힘들 수도 있고 정신적으로도 힘들 수 있습니다.

장준하 선생님은 일제시대 청춘의 나이에 일제에 강제 징집 당한 후 탈출하였고, 중국대륙을 횡단하는 엄청난 대장정 후 임시정부에 합류하게 됩니다. 청춘의 나이에 그만한 애국심, 그만한 고생담은 없을 것입니다. 청춘의 워홀러들이 반드시 읽어보아야 할 필독서입니다.

사업기회 아이디어 얻기

한국에서 성공한 여러 사업아이템 중에는 경영자가 외국 시절 보고 경험했던 것을 한국에 들여와 성공하게 된 것들이 매우 많습니다. 주점의 인테리어나 메뉴부터 대기업의 사업분야까지 매우 다양합니다.

세계를 둘러 보면서 보고 느끼는 사항을 그냥 단순히 지나칠 것이 아니라, 하나의 사업아이템으로써 관찰해 보는 것도 외국 생활의 좋은 의미가 됩니다. 반대로 한국의 것을 현지에 소개해서 좋을 아이템도 함께 관찰해 보길 바랍니다.

최근 FTA가 급속도로 맺어지고 있기 때문에 국가간 비즈니스 장벽은 매우 낮아지고 있습니다. 국제비즈니스는 앞으로 지금 보다 훨씬 더 보편화 될 가능성이 높습니다.

모든 것이 별일이다.

워킹홀리데이에서는 모든 것이 다 별일입니다. 외국에 와서 과일을 따는 것도, 고기를 자르는 것도, 매트리스를 정리하는 것도, 스시를 만드는 것도, 음식을 나르는 것도 다 별일입니다. Part 1에서 말한 것처럼 청춘이기 때문에 그러한 일을 경험해 볼 수 있는 것입니다. 내가 외국의 이곳에 와서 이런 경험을 하는 것이 참 별일이네 하는 즐거움을 느껴보길 바랍니다. 미래에 이런 경험이 얼마나 큰 도움이 되려고 내가 이런 일을 다 하고 있나 하는 기대를 가져보길 바랍니다.

'소중한 내가 외국까지 와서 왜 이런 힘들고 하찮은 일을 하고 있나.'라고 자기비하를 한다면 실제로도 이후 그런 하찮은 인간이 될 것이지만, '별일이네.'하면서 즐거이 여긴다면 이후 분명히 '별 볼 일 있는' 사람이 될 것입니다. 모든 것은 마음 먹기 달려 있는 것입니다.

Superdry
PART 4
국가별 어학연수 ·
워킹홀리데이

01 미국 어학연수

미국은 여전히 한국 등 동아시아 지역에서 가장 선호하는 어학연수 국가입니다. 세계 최고의 정치, 경제, 군사적 파워와 대중문화를 리드하고 있는 미국에서의 어학연수에 대해 알아보겠습니다.

1. 미국 어학연수 장단점

우선 미국이라는 국가를 선택하는 의미에 대해 본인이 명확한 인식을 해야 하겠습니다. 미국 어학연수의 장점과 단점은 다음과 같습니다.

장점

- 한국에서 교육받고 사용되는 영어는 미국영어라 할 수 있습니다.
- 세계 정치, 경제, 사회, 문화에 가장 강한 영향력을 발휘하는 국가를 경험할 수 있으므로 야망을 키우는 어학연수로 가장 적합합니다.
- 다른 국가에 비해 대학부설이 많아, 대학부설을 선호하는 이에게 유리합니다.
- 유학으로의 연결이 용이합니다. 어학연수 후 컬리지 입학, 이후 대학교 편입학 루트가 가능합니다.

단점

- 어학연수 비용이 가장 비싼 편입니다.
- 대학 재학생이나 공무원 등 신분이 확실한 경우를 제외하고는 현재 미국 학생비자 획득이 매우 어렵습니다.

다른 국가와 달리 미국은 비자로 인해 어학연수 계획 자체가 불가능한 경우가 생깁니다. 따라서 비자 가능성을 미리 확인해야 합니다.

1) 학생비자 (F비자)

미국에서 3개월 이상 어학연수를 한다면 반드시 학생비자를 받아야 합니다. 근래 3~4년 전부터 미국 학생비자 발급이 매우 어려워진 상황입니다. 비자획득의 어려움은 시기별 변화가 있는 편인데, 현재는 어려운 상황이며 큰 변동의 조짐은 보이지 않고 있습니다. 변동 여부는 자신이 어학연수를 준비할 시점에 비자 상황을 확인해야 하겠습니다. 현재 시점에서 비자 승인 가능성이 큰 경우는 다음과 같습니다.

- 대학 재학생이며 휴학이 많지 않고, 성적이 나쁘지 않은 경우
- 공무원 및 기타 복직이 확실하거나 복직 예정증명서 첨부가 가능한 전문직, 공공기관, 규모 있는 기업체의 경우

현재는 위 상황이 아니라면 일단 어학연수 목적의 학생비자 가능성이 어렵다고 보면 됩니다. 특히 뉴욕, LA 등 대도시이면서 한인 밀집 지역으로의 어학연수라면 비자발급이 더욱 어렵고, 저렴한 학원으로 입학허가서를 취득한 경우에도 비자발급이 어렵습니다.

귀국 개연성, 학업 개연성, 재정능력 등 우선 전반적으로 전문가 상담을 통해 비자 가능성을 파악해 봐야 미국 어학연수를 계획할 수 있습니다.

2) ESTA 무비자

미국은 3개월까지 전자여권과 인터넷으로 간단히 ESTA 여행허가 신청을 하여 무비자 입국 및 체류가 가능합니다. 이 시기 안에 어학연수도 가능한데, 주당 18시간 이하 파트타임 수업이 가능합니다.

만일 미국 어학연수를 꼭 가고 싶은데 학생비자 받기가 어려울 것 같으면 무비자 3개월과 캐나다 등 기타 다른 나라 어학연수를 연결해 진행하는 것도 좋은 방법입니다.

미국 학생비자 가능성이 작다면 비자 승인 시도를 하지 않는 것이 좋은데, 이유는 학생비자가 거절되면 무비자로도 당분간 미국 입국이 어려워지기 때문입니다. 이는 사회생활에 있어서 미국여행 결격사유를 갖게 됨으로써 불리한 조건이 될 수 있습니다.

3. 미국 어학연수 비용

미국은 영국과 더불어 어학연수 비용이 가장 비싼 국가입니다. 일반적인 어학연수 비용은 수업, 숙식, 용돈으로 월 300만 원 정도를 예상해야 합니다. 뉴욕 등 대도시라면 더 큰 비용이 소요될 수 있으며, 특히 아이비리그 대학이나 명문대학 부설기관에 간다면 월 400만 원 이상 예상해야 합니다. 평균적으로 1년 예상 3,000~4,000만 원 비용이 예상됩니다.

다만 지방도시나 시골 지역이라면 월 200~250만 원으로 가능한 곳들도 있습니다. 또는 처음 비자를 받을 때는 중급 이상의 학원으로 등록을 했다가 그 학교 학업이 끝난 후 대도시에 많은 저렴한 학원으로 옮길 수도 있습니다. 저렴한 학원은

50~80만 원 수준의 학원들도 있습니다. 아울러 대도시에서 아르바이트로 생활비를 벌어 사용한다면 비용을 조금 더 줄일 수 있습니다.

4. 미국 어학연수 지역

미국은 매우 광대한 영토의 국가입니다. 따라서 미국 어학연수를 선택할 경우 지역 선정에 어려움을 겪는 경향이 많습니다.

미국 어학연수 지역 선정을 위해 동부, 남부, 서부, 중부로 나누어 지역별 특징을 먼저 알아보겠습니다.

★ 동부

- 미국의 핵심지역인 뉴욕(New York), 보스턴(Boston), 워싱턴 DC

(Washington D.C.), 필라델피아(Philadelphia) 등 도심 지역을 말합니다.

- 미국 어학연수에서 가장 비용이 많이 드는 지역입니다. 월 수업, 숙식, 용돈으로 300~400만 원 예상합니다.
- 4계절 흐름은 한국과 비슷하지만 겨울 추위는 심한 편입니다.

★ 서부

- 미국의 서부는 동부와 함께 미국의 핵심지역입니다. 주요도시는 시애틀(Seattle), 포틀랜드(Portland), 그리고 캘리포니아(California) 주의 샌프란시스코(San Francisco), LA, 샌디에이고(San Diego) 등이 있습니다.
- 어학연수 비용이 비싼 지역 중 하나입니다. 월비용 250~350만 원 예상을 합니다.
- 여름에 아주 덥지 않고, 겨울에 아주 춥지 않은 기후 조건이 매우 좋은 지역입니다.

★ 중부, 남부, 북부

- 미국은 동부, 서부를 제외하면 거의 중남북부의 시골 지역이라 보면 됩니다. 예외적으로 시카고(Chicago)를 중심으로 한 중동부, 마이애미(Miami)를 중심으로 한 남동부, 휴스턴(Houston) 등 텍사스(Texas) 주요도시를 제외한 지역 등은 미국의 주요 도심지역에 속합니다.
- 중남북부 지역은 대도시 발달이 되어 있지 않고, 흔히 행정중심지로 오후에는 인적이 드문 지역들이 많습니다.
- 어학연수 기관들은 대학부설 위주로 발달이 되어 있으며, 월 250~300만 원 정도 비용을 예상합니다. 물가 수준은 저렴하나 대학부설의 학비가 저렴하지 않기 때문에 어학연수 최저 비용이 많이 내려가지는 않습니다.

- 기후는 광활한 범위라 일반화 시켜 설명하기 어렵습니다. 그러나, 일반적으로 북부는 겨울 추위가 강하고, 남부는 더운 기후라 할 수 있습니다.

지역적 특색 이외에 지역 선정에 있어 다음 사항이 고려되어야 합니다.

★ 기본은 대도시

장기 어학연수인 경우 초기에는 소도시에서 생활할 수 있지만, 주요 목적이 영어와 국제경험에 있기 때문에 궁극적으로는 많은 경험을 할 대도시 지역으로 가는 게 좋은 선택입니다.

★ 지역은 한 곳 이상으로

미국은 각 주(State)가 하나의 국가 개념입니다. 그만큼 각 주 별로 문화적 차이가 많습니다. 따라서 중장기 어학연수라면 지역을 한번 정도 옮겨 보는 것도 좋습니다.

5. 미국 어학연수 학원

어학연수 기관은 대학부설과 사설기관으로 나눌 수 있습니다.

1) 대학부설 어학연수 기관

미국은 대부분 사설학원이 많은 다른 국가와 달리 대학부설 기관이 많은 국가입니다. 대학부설의 장점은 무엇보다 '또래 원어민 대학생들이 많은 환경', '훌륭한 대학시설을 이용할 수 있는 환경', '기숙사 이용 가능 환경'이라 할 수 있습니다. 단점은 대학진학을 위한 학생 위주로 가르치기 때문에 독해, 작문 위주의 교육이 진행되는 경우가 많습니다.

따라서 대학부설은 초기 회화에 집중해야 할 시기 보다는 또래 원어민들과 어울릴 정도 되는 수준에 적합한 환경입니다.

다음은 추천 명문대학 부설 기관들입니다.

- University of Pennsylvania(U penn) — http://www.sas.upenn.edu/elp/

- Columbia University — http://ce.columbia.edu/alp/programs/intensive

- New York University — http://www.scps.nyu.edu/academics/departments/ali.html

- Boston University — http://www.bu.edu/celop/

- University of Delaware — http://sites.udel.edu/eli/

- Goergia Institute of Technology — http://www.esl.gatech.edu/

- University of California, San Diego(UCSD) — http://extension.ucsd.edu/Department/ELP/

- University of California, Los Angeles(UCLA) — http://www.uclaextension.edu/alc

- University of California, Irvine(UCI) — http://unex.uci.edu/international/

- University of Washington(UW) — http://www.elp.washington.edu/elp/

- University of Southern California(USC) — http://www.usc.edu/dept/education/langacad/

- University of California, Riverside(UCR) — http://iep.ucr.edu/

- Michigan State University(MSU) — http://www.eurocentres.com

- University of Illinois, Urbana Champaign(UIUC) — http://www.iei.illinois.edu/

- University of Colorado — http://iec.colorado.edu/

- University of Florida — http://www.eli.ufl.edu/

2) 사설 어학연수 기관

미국에도 여러 전통 있는 어학연수 기관들이 있습니다. 미국 내 가장 많은 센터를 운영하는 ELS를 비롯하여, 전 세계 가장 많은 어학연수 센터를 보유한 Kaplan, 글로벌 어학연수 기관인 Embassy, EC, St. Giles, LSI, 그밖에 Converse, ELC, The Language Company 등을 들 수 있습니다. 이외에도 각 도시에 운영되는 소규모 학원들도 다수 있습니다.

사설 어학연수 기관은 비용 조건이 다양하고, 다양한 프로그램을 선택할 수 있다는 점, 회화 위주, 다양한 액티비티 등이 장점입니다.

다음은 추천 사설 어학연수 기관입니다.

- St. Giles International (뉴욕, 샌프란시스코) – http://www.stgiles-international.com/
- Converse International (샌프란시스코, 샌디에고) – http://cisl.edu/
- ELC (보스턴, LA, 산타바바라) – https://www.elc.edu/
- EC (미국 주요지역 다수) – http://www.ecenglish.com/en
- Kaplan (미국 주요지역 다수) – http://www.kaplaninternational.com/
- Embassy (미국 주요지역 다수) – http://www.embassyenglish.com/
- ELS (미국 주요지역 다수) – http://www.els.edu/ko
- LSI (미국 주요지역 다수) – http://www.lsi.edu/en/
- The Language Company (미국 주요지역 다수) – http://www.thelanguagecompany.com/

이외 미국 어학연수에서는 커뮤니티 컬리지(Community College)의 학과 과정을 선택할 수도 있습니다. 컬리지는 부설 어학연수 기관을 운영하고 있는 곳도 있는데, 어느 정도 영어실력이 높아지면 본과정에서 한 학기 정도 학업을 해볼 수 있습니다. 이는 미국에서 대학생활로 어학연수를 하는 것이니 고급스런 어학연수 과정이 될 수 있습니다.

6. 미국 어학연수 프로그램

미국 어학연수 프로그램의 시험 과정 중 IELTS 과정은 드물고 TOEFL을 개설한 곳들은 매우 많습니다. Cambridge 시험 과정은 사설학원 위주로 선택이 가능합니다. 따라서 미국 어학연수에서 프로그램 목표는 시험 과정으로는 TOEFL 또는 Cambridge 과정 중 선택하고, 전문과정은 Business, TESOL 과정이 가능합니다.

다음은 각 프로그램별 특장점이 있는 어학연수 기관들입니다.

- **TOEFL 과정 :** 각종 시험 전문기관으로 역사를 자랑하는 Kaplan, 이외 대부분의 미국 어학연수 시설 및 대학부설 기관에서 TOEFL 과정을 개설
- **Cambridge 과정 :** 미국 내 유럽학생 비율이 높은 St. Giles, EC, ELC, Converse
- **TESOL 과정 :** 대학부설이면서 TESOL 과정을 제공하는 UC San Diego, UC Irvine
- **Business 과정 :** 비즈니스 과정은 여러 대학부설과 사설기관에서 다수 제공

일반적으로 선택하는 어학연수로 3대 숙소가 모두 가능합니다. 홈스테이, 대학부설인 경우 기숙사 생활, 개별적으로 숙소를 구해 생활하는 쉐어도 가능합니다.

이외 미국의 샌프란시스코와 샌디에고 등은 특이하게 사설기숙사 회사들이 많이 있습니다. Vantagio가 대표적인데, 전문 기숙사 회사에서 생활하는 것도 가능합니다.

대학부설이라면 기숙사 경험을 해 볼 수 있는데, 일반적으로 비용이 비싸고 경쟁이 치열해 빨리 신청해야 가능합니다.

중소도시라면 홈스테이 비용이 저렴한 경우가 많고, 중소도시의 친절함이 있으니 홈스테이를 지속하는 것도 좋습니다. 대도시는 홈스테이 비용이 비싸고 만족도도 낮은 편이므로 어느 정도 적응 후 쉐어하우스를 구해 나오는 것이 좋습니다.

8. 미국 어학연수 중 아르바이트

미국은 별도의 워킹홀리데이 비자가 없습니다. 그리고 규정상 어학연수 학생비자로 아르바이트는 금지입니다. 하지만, 어느 국가든 세금신고를 하지 않고 현금을 받는 캐쉬잡이라면 아르바이트를 할 수 있습니다. 일반적으로 미국 어학연수 중 학생비자로 일을 많이 하고 있습니다.

따라서 미국의 경우도 일자리를 구할 수만 있다면 캐쉬잡을 해 볼 수 있습니다. 특히 대도시이면 일자리도 많고, 저렴한 학원도 많기 때문에 본인이 알뜰하게 한다면 저렴한 비용으로 아르바이트 어학연수가 가능합니다.

어떤 항공사의 CF에서 '미국, 어디까지 가 봤니?'라는 카피가 인상적이었습니다. 미국 어학연수를 하면서 가급적 많은 곳을 가 보는 게 좋습니다. 여행은 어학 연수의 복습이며 새로운 자극이기 때문입니다.

어학연수 도시와 주변으로 여행을 다녀보고, 장기 어학연수라면 동부와 서부에서 각각 어학연수를 하면서 동부와 서부를 두루 여행해 볼 수 있습니다.

그리고 대륙횡단을 해 볼 수도 있는데, 광활한 영토에 차가 없는 여행자를 위한 숙소나 편의시설이 매우 부족한 편입니다. 트렉아메리카 같은 미국여행사 프로그램에 참가하여 다국적 배낭여행을 즐긴다면 여행과 어학연수의 일석이조 효과를 얻을 수 있습니다.

또한 남미로 이동이 편리하며 미국 동부에서는 유럽 이동도 가깝습니다. 어학연수 같은 반 친구들 집에 방문을 하며 남미와 유럽도 여행을 시도해 볼 수 있습니다.

02 영국 어학연수 · 워킹홀리데이

여러 어학연수 국가 중 영국 어학연수를 선택하는 이유 및 장단점은 다음과 같습니다.

영국 어학연수 장점

❶ 국적구성이 다양하며, 한국학생, 아시아학생 비율이 낮다.

한국 등 아시아 학생은 주로 미국, 캐나다 등 미주지역으로 어학연수를 많이 가지만, 이외 세계의 다른 국가 학생들은 영국으로 어학연수를 가장 많이 가고 있습니다. 특히 가까운 유럽학생 비율이 높고, 유럽학생들이 Speaking 실력이 좋기 때문에 영어사용 환경이 다른 국가에 비해 좋습니다.

❷ 유럽여행이 쉽다.

유럽은 젊은 시절 꼭 한번 여행해 보아야 할 대륙입니다. 영국은 유럽과 가까이 위치해 있어 방문이 쉽고, 또한 어학연수 중 사귄 유럽 친구들 집에 방문할 수 있어 여행비용이 덜 들고, 친구의 집 방문이라는 즐거운 경험을 할 수 있습니다.

❸ 어학연수 프로그램이 우수하다.

영국은 전 세계 학생들을 대상으로 영어교육을 해 온 역사가 가장 긴 국가입니다. 50년 넘는 역사의 연수기관도 흔합니다. 외국인에게 영어를 가르쳐 온 노하우, 인프라 등에서 가장 우수한 수준을 보이고 있는 국가가 영국입니다.

영국 어학연수 단점

❶ 어학연수 전 영어공부가 더 필요하다.

영국 어학연수에서 유럽학생이 많은 환경이 장점이라 하였는데, 장점은 단점이
되기도 합니다. 주로 단기 어학연수를 오는 유럽학생들이 많기 때문에 파티나 어
울림의 활동이 잘 발달되어 있는데, 이는 영어가 잘 준비된 이들에게는 좋은 환경
이지만 영어가 잘 준비되어 있지 않은 학생들에게는 오히려 고립되기 쉬운 분위
기입니다.

물론 어느 국가나 어학연수 전 영어공부를 열심히 해야 하지만 영국 어학연수는
특히 준비가 더 필요한 국가입니다.

❷ 영어 스타일

일반적으로는 영어 스타일은 문제가 되지 않고, 최근 한국에서도 영국영어를 선호하는 경향이 있습니다. 하지만, 영어교육 분야에 종사한다거나 특히 어린이 영어선생님 등을 목적으로 한다면 북미영어를 선택하는 게 좋습니다. 국내 영어교재들이 대부분 북미영어를 바탕으로 제작되어 다소 차이가 있기 때문입니다. 또한 미국유학을 고려하고 있는 경우도 마찬가지입니다.

❸ 비싼 비용

영국은 평균적으로 미국과 더불어 어학연수 비용이 가장 비싼 국가에 속합니다. 이는 영국 어학연수를 쉽게 선택하기에 걸림돌이 되기도 합니다.

2. 영국 어학연수 비자

영국은 6개월 이하 어학연수라면 한국에서의 비자 준비 없이 간편하게 다녀올 수 있는 국가입니다. 기간과 목적에 따라 비자에 대해 설명하겠습니다.

1) 6개월 이하 단기 어학연수 – SVV 비자

SVV 비자는 Student Visitor Visa의 약자입니다. 우리말로 하면 '학생방문비자' 정도로 이해할 수 있으며, 보통 인터넷 상으로는 무비자 어학연수로 이해됩니다. 6개월 이하 어학연수인 경우 입국 시 다음 서류를 준비하여 입국심사를 받습니다.

- 스쿨 레터 (학교 비자 레터 또는 입학 레터로 학비 완납 후 받음)
- 숙소 관련 레터 (숙소 주소 및 연락처 기재)
- 왕복항공권

- 재정보증 (반드시 필요한 것은 아니나, 영국에서의 체류기간 중 비용을 어떻게 충당할
  것인가 질문을 받는 경우가 있음, 준비해 간 국제직불카드 등 보여줌)

2) 관광비자 입국 후 학원 등록

이 경우에는 SVV 비자를 받기 위해 영국 주변 국가에 갔다가 다시 입국하면서
SVV 비자를 받습니다. SVV 비자 획득 과정을 거치지 않으면 6주 이내 어학연수
가 가능하다 알려져 있는데, 영국은 규정에 엄격한 편이기 때문에 단기 어학연수
의 경우에도 SVV 비자를 받고 어학연수를 하는 것이 좋습니다.

3) 6개월 이상 어학연수 – ESVV 비자

ESVV 비자는 Extended Student Visitor Visa의 약자입니다. 위 SVV 비자 기
간을 더 연장한 비자라는 의미입니다. ESVV 비자는 최장 11개월 이내 체류가 가
능하며, 한국의 영국대사관에서 받고 출국을 합니다.

학업 등록 28주 이상이 되어야 신청이 가능하며, 이후 기간은 영국에서 자유롭게
11개월 이내 체류가 가능합니다. 즉 어학연수를 해도 되고 하지 않고도 체류가 가
능합니다. 비자 심사는 미국 학생비자 처럼 까다롭지는 않은 편이고, 신분과 재정
만 일반적인 수준이면 무리는 없습니다.

4) 11개월 이상 – GSV 비자

GSV는 General Student Visa의 약자로 일반 학생비자입니다. GSV는 비자획
득을 위한 영어능력도 필요해서 쉽지 않고, 11개월 이상 어학연수를 하는 경우가
많지 않으므로 어학연수를 준비할 때 고려하지 않는 비자입니다. 간혹 어학연수
이후 대학진학을 고려하여 GSV를 미리 받아야 하지 않느냐고 문의하는데, 외국
에서 체류하다 보면 1년에 한번 정도 한국에 나오게 되니 그때 GSV 비자를 신청

할 수 있습니다.

5) 영국 워킹홀리데이 비자

영국 워킹홀리데이 비자는 일이 허가되는 비자이며, 학업에도 제한이 없는 비자입니다. 체류기간도 2년으로 매우 긴 편으로 일과 어학연수를 함께 하고자 하는 경우 유용한 비자입니다.

영국 워킹홀리데이 비자는 토익 600점 이상 점수를 갖춰야 신청이 가능하며, 매년 1월 중 1,000명을 모집합니다. 정부후원보증서를 발급받아 최종적으로 비자를 획득하게 됩니다. 지원자가 넘칠 경우 추첨을 하기 때문에 비자 획득의 확실성은 장담할 수 없습니다.

비자신청의 자세한 과정은 [외교부 워킹홀리데이 인포센터(http://whic.mofa.go.kr/)] 〉 국가 및 지역별 정보 〉 영국 〉 워홀비자 파트를 참고하면 됩니다. 비자신청에 관한 규정은 매년 바뀌는 경우도 있으니, 실시간 수정이 어려운 책 보다는 위 사이트와 기타 인터넷 등을 참고하는 것이 효율적입니다.

3. 영국 어학연수 비용

영국 어학연수 비용은 미국과 더불어 다른 국가에 비해 높은 편입니다.

- 런던, 캠브리지, 옥스퍼드, 브리스톨 등 중부 주요도시에서의 어학연수라면 월 수업, 홈스테이, 용돈, 잡비를 포함해서 300만 원 내외 지출을 예상해야 합니다.
- 브라이튼, 본머쓰, 이스트본 등 남부 해안도시 등에서의 어학연수라면 동일

청춘의 해외도전

조건으로 250만 원 내외 지출을 예상해야 합니다.

- 대도시라도 매우 저렴한 학원을 선택하고 숙식을 알뜰하게 하거나, 또는 물가가 저렴한 남부 해안 도시들 중 저렴한 학원을 선택하면 월 200만 원 이내로 가능한 경우도 있습니다.

4. 영국 어학연수 지역

영국 어학연수의 핵심은 런던이지만, 영어교육의 역사가 긴 국가인 만큼 전역에 어학연수 학원이 있습니다. 주요 지역 위주로 어학연수 도시들을 살펴보겠습니다.

★ 런던 (London)

런던은 영국 어학연수 인구 절반이 선택하는 도시입니다. 영국에서 가장 큰 도시이며, 두 번째 큰 도시의 몇 배 이상 규모입니다.

어학연수 학원 등 인프라도 전체의 절반을 차지하는 지역입니다. 박물관, 팝의 본고장, 펍, 뮤지컬, 패션 등 경험하고 즐길 거리가 많은 도시이며, 관광도시로써 유적지도 많습니다.

대부분 건물의 외관은 오래된 그대로 유지한 채 리모델링을 하고 있어 아직도 중세의 느낌을 간직하고 있습니다. 물가가 비싼 편이고, 이민자가 많은 도시라 영국 토착 런더너들이 별로 없다는 말도 있습니다. 대도시에서 다양한 경험을 즐기고자 하는 어학연수생이라면 선택하기 좋은 지역이고, 장기 어학연수를 고려한다면 처음 조용한 중소도시에서 실력을 갈고 닦아 후반에 런던 생활을 하는 것도 좋습니다.

★ 캠브리지, 옥스퍼드 (Cambridge, Oxford)

캠브리지와 옥스퍼드는 소도시로 세계적으로 유명한 대학도시이기도 합니다. 수십 개의 컬리지가 모여 각각 캠브리지, 옥스퍼드 대학을 이루었으며 도시 규모는 작습니다.

공부하기에 좋은 분위기이며, 명문대학생이 많은 환경이라는 장점이 있으나 생각보다 비용이 런던과 크게 차이 나지 않을 정도로 비싼 지역입니다. 다소 지루함을 느낄 수도 있습니다. 각각 런던에서 1시간 정도 떨어진 거리이고 어학연수 학원의 수가 많고 품질도 높은 편입니다.

★ 브라이튼, 이스트본 (Brighton, Eastbourne)

런던 직선 남쪽으로 해변에 위치한 도시들입니다. 브라이튼은 어학연수로 영국에서 런던, 본머스 등과 더불어 가장 유명한 도시입니다. 런던에서 한 시간 거리로 가깝고 해변이 잘 꾸며져 있습니다. 시내 중심가가 해변에 위치하여 학원도 대부분 해변에서 5~10분 이내에 위치합니다. 낭만적 환경과 런던에 비해 비교적 저렴한 비용으로 인기가 높으며, 주요 어학연수 학원들이 밀집해 있습니다.

이스트본은 브라이튼 동쪽에 위치한 작은 해변도시입니다. 영국의 노년층이 은퇴 후 가장 살고 싶어 하는 도시이며, 아름다운 해변에 조용하고 물가도 저렴한 편입니다. 노년층이 많아 어학연수 환경으로는 장점이 많은 지역입니다.

★ 본머스 (Bournemouth)

런던, 브라이튼과 더불어 어학연수 인프라가 가장 많고 발달된 도시입니다. 주요 학원들의 지점이 몰려 있고, 자체 브랜드 학원들도 많습니다. 무엇보다 아름다운 해변과 저렴한 물가, 그리고 영국에서 기후조건이 가장 좋은 도시로 유명합니다.

★ 브리스톨 (Bristol)

런던에서 서쪽으로 죽 선을 긋다 보면 웨일즈로 건너가기 전에 위치한 도시입니다. 최근 몇 년 사이 어학연수 주요도시로 부각되고 있는 곳이며, 영국 남서부의 대표적인 대도시라 할 수 있습니다. 유명 락밴드 공연이 매해 정기적으로 열리고 있기도 합니다. 근처 소도시 바쓰도 어학연수로 찾는 이들이 있어 참고할 수 있습니다.

★ 맨체스터 (Manchester)

영국 3대 대도시로 꼽히는 산업혁명으로 유명한 도시이며, 맨체스터 유나이티드, 맨체스터 시티 등 유명한 클럽팀이 2개나 있는 축구로 유명한 도시입니다. 잉글랜드의 중간 정도에 위치하였으며, 남북부 교통의 요지이기도 합니다. 도시 규모에 비해 어학연수 기관의 수는 적은 편이나, 최근 몇 년간 지속적으로 어학연수 지역으로 관심이 증가하고 있는 곳입니다.

★ 남서부

영국 남서부 해안도시들로 작은 규모의 소박하고 친절한 도시들입니다. 포츠머스(Portsmouth), 사우스햄튼(Southampton), 엑시터(Exeter), 토베이(Torbay), 플리머스(Plymouth) 등에 어학연수 기관들이 있습니다.

★ 남동부

런던 남동부 지역으로 작고 물가가 저렴한 친절한 소도시들이 있습니다. 캔터베리(Canterbury), 헤이스팅스(Hastings) 등이 대표적입니다. 활달하고 활동적인 성격이라면 소도시는 다소 지루할 수 있다는 점을 고려해야 합니다.

★ 중북부

영국 지도에서 북쪽은 스코틀랜드(Scotland)이며, 1/3 이하 지점부터가 잉글랜드(England), 중북부는 잉글랜드 중북부를 말합니다. 어학연수로 유명한 런던을 포함한 남쪽 지역에 비해 한국 학생이 적은 편입니다.

축구와 비틀즈로 유명한 리버풀(Liverpool), 영국 2대 도시인 노리치(Norwich), 첼튼햄(Cheltenham), 과거 고대 영국의 수도였던 요크(York), 대학 도시로 유명한 뉴캐슬(Newcastle) 등을 들 수 있습니다.

중북부 지역은 의외로 학비나 생활비용은 저렴한 편이 아니지만, 한국인이나 한국학생이 적은 분위기에서 생활하길 원한다면 좋은 선택이 될 수 있습니다.

★ 스코틀랜드, 웨일즈 (Scotland, Wales)

영국은 잉글랜드가 스코틀랜드, 웨일즈, 북아일랜드를 점령하며 형성된 국가로, 영어로는 British 또는 UK(United Kingdom)라 합니다. 이외 스코틀랜드, 웨일즈, 북아일랜드 사람들에게 잉글랜드로 지칭하면 큰 무례를 범하는 것입니다.

스코틀랜드와 웨일즈의 언어는 영국영어와는 달라 일반적으로 어학연수 지역으로 선호하지 않지만, 본인의 특정한 이유 등으로 어학연수를 가는 경우도 있습니다. 스코틀랜드의 에든버러(Edinburgh), 글래스고(Glasgow) 등에 어학연수 학원들이 많고, 웨일즈는 대표 도시로 카디프(Cardiff)를 들 수 있습니다.

5. 영국 어학연수 학원

영국 어학연수 학원 선택에 대해 다음 사항을 참고하세요.

1) 사설학원이 압도적으로 많다.

영어의 본고장 영국은 영어를 배우기 위해 수많은 사람이 찾아옵니다. 미국이 광활한 영토로 인해 학원이 많이 생기기 어려운 환경이고, 그로 인해 대학부설 기관에서 어학연수 프로그램을 제공하고 있다면, 영국은 반대로 유서 깊은 영어학원들이 어학연수 프로그램을 제공하고 있습니다. 따라서 영국 어학연수라 하면 특별한 경우를 제외하고는 대학부설이 아닌 사설학원에 다니게 됩니다.

2) 적어도 한 학기(Semester)는 공부해야 한다.

영국 어학연수 기관들은 학기제 프로그램이 발달되어 있습니다. 학기는 6개월 기준인데, 최소 한 학기는 학업을 해야 영어를 어느 정도 익힐 수 있다는 것이 바탕이 되어 있습니다. 따라서 학비도 6개월 기준인 곳이 대부분이며, 6개월 단위로 등록할 경우 비용이 저렴해집니다. 영국은 2~3개월 등록하면 학생비자를 발급해주는 미국과 달리 7개월 이상 등록을 해야만 학생비자를 발급하고 있습니다. 영국으로 어학연수를 간다면 한 학원에서 6개월 이상 학업 하는 것이 비용도 저렴하고 일반적인 일입니다.

3) 영국 어학연수 기관들

어학연수 학원은 비용에 맞춰 원하는 지역의 학원을 선택하면 대부분 무난합니다. 수 십 년의 역사가 있는 곳들이라 크게 무리 없는 곳들이 대부분입니다.

* 대부분의 어학연수 기관은 영국 각 지역마다 위치한 멀티 센터를 운영하고 있습니다.

- University of London, SOAS
- British Study Centres
- Francis King School
- Eurocentres
- International House
- Bell English
- The London School of English
- EC
- St.Giles International
- Kaplan
- Embassy
- LSI
- ELC
- Stafford House School
- The Language Gallery
- Oxford House
- Studio Cambridge
- Cambridge Academy of English

- EF

- ISIS

- Oxford English Centre

- Oxford School of English

- BEET Language Centre

- Bournemouth and Poole College

- Anglo Continental

학원을 선택할 때 막연히 리스트만 참고하기 보다는 자신의 예산과 영어수준, 공부하고자 하는 스타일과 함께 전문가 상담을 통해 선택 범위를 좁히는 게 좋습니다.

6. 영국 어학연수 프로그램

영국에서 주관하는 IELTS, Cambridge 시험은 평가 방식, 국제적 인지도, 실질 영어향상 효과에 있어 미국의 TOEFL, TOEIC 보다 월등합니다. 영국 어학연수를 간다면 IELTS, Cambridge 시험 과정을 이수하고 높은 수준의 목적을 설정하여 반드시 성취하고 와야 하겠습니다.

전문 과정으로는 Business 과정과 TESOL이 있는데, 영국의 TESOL은 다른 국가와 달리 영어수준이 상당히 높아야만 참여가 가능합니다. CELTA 과정이라고 하는데 일반적인 어학연수 수준으로는 등록이 어렵습니다.

영국 어학연수는 사설학원 중심의 어학연수이기 때문에 홈스테이 생활이 보편화 되어 있습니다. 런던 등 대도시의 경우 홈스테이 비용이 비싸기 때문에 초기 홈스테이 생활 이후 쉐어를 선택하는 게 좋습니다. 기숙사 입주가 가능한 대학부설은 많지 않으며, 지방 도시를 중심으로 몇 곳의 대학만이 가능합니다.

영국은 사설학원에서 별도 기숙사를 운영하는 곳이 많은데 비용이 상당히 비싼 편이어서 추천하지 않습니다. 쉐어하우스는 주로 유럽에서 온 영어실력이 좋은 구성원으로 생활하는 경우가 많습니다.

영국은 워킹홀리데이 비자 신청이 가능한 국가입니다. 3년 전부터 시행되어 오고 있는데, 매년 1,000명에게 기회를 줍니다. 다른 국가 워킹홀리데이 비자와 달리 토익점수(다른 영어시험도 가능하나 한국인들은 보통 토익을 제출함) 600점 이상 되어야 지원이 가능하고 모집인원을 넘을 경우 추첨을 통해 선발하기 때문에 비자 획득을 확답할 수는 없습니다.

매년 1월 한국 정부의 후원보증서 신청을 먼저 진행하고 이후 영국비자센터에 비자접수를 하는 절차를 거치게 됩니다. 1월 비자획득자 중 포기자가 나오면 그 결원은 7월 정도로 다시 접수를 받습니다. 예년의 경우 약 200명 재접수를 받았습니다.

영국에서 아르바이트를 하려면 워킹홀리데이 비자를 받아야 합니다. 이외 학생비자로는 규정상 아르바이트를 할 수 없습니다. 워킹홀리데이 비자는 다른 국가 워킹홀리데이 비자와 달리 처음부터 2년 이란 여유 있는 기간이 주어지고, 학업 기간이나 학업 대상의 제한이 없고, 한 일자리에서의 기간 제한이 없습니다. 모든 것이 허용된다는 측면에서 가장 자유로운 워킹홀리데이 비자입니다.

9. 여행

영국 어학연수의 꽃은 유럽여행입니다. 특히 어학연수 같은 반 유럽 친구들 집으로 여행해 볼 수 있다는 점이 큰 장점입니다. 숙식비용도 절감되고 친구의 안내로 가장 효과적인 여행을 할 수 있기 때문입니다.

또한, 영국을 두루 여행할 수도 있고, 가까운 아일랜드를 여행할 수도 있습니다. 영국만 해도 무수히 많은 여행지가 있습니다. 스코틀랜드의 백파이프, 요크의 고풍스러운 중세의 느낌, 맨체스터의 산업혁명 발상지, 런던, 옥스퍼드, 캠브리지 등 엄청나게 많은 여행지가 있고, 자전거로 여행하는 것도 적극 추천합니다.

03 캐나다 어학연수 · 워킹홀리데이

1. 캐나다 어학연수의 장단점

캐나다 어학연수의 장점

❶ 서구권 국가 중 가장 저렴한 비용

캐나다는 현재 서구권 국가 중 가장 저렴한 비용으로 어학연수가 가능한 국가입니다. 과거에는 호주가 더 저렴했지만, 지금은 비용이 상당히 차이가 날 정도로 캐나다가 더 저렴하며, 뉴질랜드와 비교해도 캐나다가 약간 더 저렴합니다. 평균 비용이 수업료 90~110만 원 내외, 홈스테이 비용 70만 원 내외 수준입니다.

❷ 어학연수 인프라

학원의 다양한 프로그램, 액티비티, 강사들의 높은 수준 등 여러 면에서 어학연수 인프라가 가장 발달된 국가입니다.

❸ 친절한 캐나다인

세계적으로 가장 친절하고 우호적인 국민성을 가진 국가가 캐나다입니다.
다음 한 학생의 경험담을 참고하세요.

'내가 기억하는 캐나다는 이렇습니다. 지나가는 사람의 얼굴엔 언제나 웃음꽃이 피어있고, 사람들을 대할 땐 언제나 친절이 몸에 배어있었으며, 버스 안에서 처음 보았지만, 만나서 술 한 잔 기울일 수 있을 만큼 오픈된 마

음을 갖고 있는 사람들. 대부분 유머가 풍부하고, 삶에 대한 그들의 자세를 통해서 행복이란 무엇인가에 대해 곰곰이 생각할 수 있었습니다.'

❹ 미국 접경

캐나다 어학연수를 하면서 미국을 여행하기에 가깝다는 이점이 있습니다. 미국은 세계 최고 수준의 국가로써 여행 경험만으로도 자신감과 야망을 불어넣어 주기에 좋은 국가입니다.

❺ 편리한 어학연수 준비

캐나다는 6개월 이내 무비자로 어학연수를 하도록 규정하고 있으며, 실제로 그 이상의 기간도 현지에서 관광비자 연장으로 어학연수를 많이 하고 있습니다. 단순 어학연수인 경우 비자 준비 없이 편리하게 어학연수를 갈 수 있습니다.

캐나다 어학연수의 단점

❶ 한국학생과 한국인 환경

캐나다 어학연수는 한국학생이나 아시아학생이 많고 슈퍼, 식당 등 한국인이 운영하는 편의시설이 많습니다. 이는 어학연수에서 방해요소가 될 가능성이 큽니다. 따라서 캐나다에서 영어사용의 환경을 높은 수준으로 유지하고자 한다면 가능한 한 홈스테이를 지속하는 것이 좋습니다. 또한 학원 수업 외 개인교습 등을 통해 원어민과의 시간을 많이 가질 수 있도록 노력해야 합니다. 캐나다는 전체 어학연수 비용이 저렴하고 홈스테이와 개인교습 비용도 타 국가에 비해 저렴한 편이므로 큰 부담이 없습니다.

❷ 겨울 추위

캐나다는 밴쿠버, 빅토리아 등 서부지역을 제외한 중동부 지역은 겨울에 매우 춥습니다. 혹한을 지극히 싫어하는 경우 기간이나 지역 선택을 잘 해야 합니다. 또한 방한 준비를 철저히 해야 하겠습니다.

❸ 과도한 평화로움에서 오는 지루함

캐나다는 한국에 비해 역동성이 없습니다. 따라서 그러한 분위기 속에서 생활이 느슨해지거나 지루함을 느끼는 경향이 있습니다. 가급적 자주 여행을 하면서 어학연수 생활의 활력을 유지해야 합니다.

2. 캐나다 어학연수 비자

1) 관광비자 어학연수

관광비자는 다른 표현으로는 무비자입니다. 캐나다의 경우 규정상 6개월 이하의 어학연수라면 관광비자로 할 수 있도록 하고 있습니다. 관광비자 어학연수란 한국에서 비자를 준비하는 것이 아니고 캐나다 입국 시 입학허가서(6개월 이하), 왕복항공권, 숙소 주소 및 연락처를 준비해서 입국심사를 받습니다. 보통 위 세 가지를 준비하고 입국심사를 받으면 일반적으로 6개월 체류허가를 받습니다.

6개월 이상 계획하더라도 규정과 달리 현실적으로는 관광비자 연장으로 어학연수를 더 할 수도 있기 때문입니다. 또한 학생비자는 학원을 지속적으로 다녀야만 비자가 유지되는 것에 반해 관광비자는 학업시간과 학업 외 시간을 자유롭게 사용할 수 있다는 점에서 어학연수 비자로 더 편리합니다.

2) 학생비자 어학연수

학생비자는 학업을 목적으로 하는 비자이며, 어학연수나 유학에 동일한 학생비자를 받습니다. 한국의 캐나다대사관에 비자를 신청하여 유학허가서라는 레터를 받고, 입국 시 그 유학허가서를 제출하고 학생비자를 받습니다.

학생비자는 캐나다에서 학업을 지속해야 유지되고, 학업이 종료되면 비자 만료 기간 전에 캐나다를 출국해야 합니다.

캐나다에서 장기 어학연수를 하거나 어학연수 후 대학진학을 할 경우 학생비자를 받습니다. 특히 캐나다는 대학을 졸업하고 취업을 일정 기간 하면서 세금을 성실히 납부하면 영주권 획득이 가능한 국가이므로 그런 목적이라면 학생비자를 받아 가는 게 적당합니다.

비자 획득은 크게 어렵지 않은 편입니다. 미국처럼 까다롭게 거절되는 경우가 많지 않고 유학계획서 등을 성실히 작성하고 재정능력 등 기타 결격사유가 없으면 무난하게 비자를 받을 수 있습니다. 비자 신청 방식은 시기별 변동이 있는 편이니 해당 시기에 캐나다대사관 홈페이지를 참고하길 바랍니다.

3) 캐나다 코업 비자

코업 비자는 유급인턴십 비자라 하는데, 캐나다에서 어학연수를 하고, 어학연수를 한 기간만큼 캐나다에서 일할 수 있는 허가를 받는 비자를 말합니다. 비자 형식은 학생비자를 획득하고, 그것에 추가로 취업허가서를 받는 형식입니다. 보통 취업허가서는 현지에 가서 받는 편입니다.

코업 비자는 취업 프로그램 진행이 가능한 어학원에 등록했을 경우에만 받을 수 있습니다. 어학연수 후 짧은 인턴십을 하는 경우도 있고, 또는 학업기간과 일 허가 기간이 동일하게 받는 경우도 있습니다. 예를 들면 6개월 어학연수+6개월 취업허가와 같은 형식입니다.

4) 워킹홀리데이 비자

캐나다는 한국과 워킹홀리데이 비자 협정이 체결되어 있어서 비자 신청이 가능합니다. 1월과 7월에 각 2,000명을 모집했는데, 최근 2년 동안 이와 다른 기간에 모집했기 때문에 준비하는 경우 해당 시기별 캐나다대사관 홈페이지나 기타 정보를 확인해야 합니다.

캐나다 워킹홀리데이 비자는 인기가 높아서 비자 신청을 해도 100% 장담할 수는 없습니다. 신청 시 인터넷 상으로 수분 안에 마감되는 경우가 많기 때문입니다.

워킹홀리데이 비자는 일, 학업, 여행 등 모든 것이 가능하고 6개월 이내 어학연수도 가능합니다. 캐나다에서 일을 하거나 유급인턴십을 하는 경우 워킹홀리데이 비자를 여유 있게 준비해야 합니다.

3. 캐나다 어학연수 비용

캐나다 어학연수 비용은 서구 영어권 국가 어학연수 중 가장 저렴한 수준입니다.

1) 학원비

학업 기간별, 학원별 차이가 있으나 보통 월 90~110만 원으로 좋은 학원에서 풀타임 수업이 가능합니다.

2) 홈스테이 비용

환율 변동에 따라 다르지만 최근에는 월 70만 원 내외로 하락한 상태입니다. 식사까지 제공되는 홈스테이로 전 세계에서 가장 저렴한 수준입니다.

3) 월 비용

학원비와 홈스테이 등 숙식비에 개별 용돈을 더할 경우 월 200~220만 원 내외로 한 달 어학연수가 가능합니다.

4. 캐나다 어학연수 지역

캐나다 어학연수는 70~80% 이상이 밴쿠버와 토론토로 집중되어 있습니다. 광활한 영토의 캐나다에서 대도시라 할 만한 도시가 많지 않고, 특히 어학연수 인프라의 대부분이 이 두 도시에 밀집해 있기 때문입니다. 실제 캐나다 유명 어학연수 기관은 대부분 이 두 도시에 센터를 운영하고 있습니다.

캐나다는 다른 국가와 달리 대도시와 중소도시 간 어학연수 비용 차이가 거의 없습니다. 오히려 관광도시나 부촌인 중소도시가 대도시보다 홈스테이 비용이 더 비싼 곳도 있고, 학원비도 큰 차이가 나지 않습니다.

대도시와 중소도시를 함께 경험하고 싶다면 초기에는 중소도시에서, 그리고 후반에는 대도시에서 어학연수를 하는 것이 좋습니다. 사람들의 친절도 등 우호적인 환경은 중소도시가 더 좋고, 중반 이후 레벨이 올랐을 때 전문영어과정을 하기에는 대도시 지역이 어학연수 인프라가 발달되어 있습니다.

★ 밴쿠버 (Vancouver)

밴쿠버는 산과 바다가 모두 있는 북미에서도 손꼽히는 살기 좋은 도시입니다. 밴쿠버 시내의 중심가는 랍슨 스트리트인데 이곳에서도 바다가 보이는 낭만이 있는 도시입니다.

추위가 심한 캐나다에서 기후조건이 가장 좋은 도시로 유명하고, 겨울인 1월에도 0~5도 사이이며, 여름에는 13~21도로 쾌적한 기후조건을 갖고 있습니다. 다만, 겨울에 비가 많이 오는 게 단점입니다.

대표적인 공원으로 스탠리 파크가 있는데, 자전거로 라이딩 하기에 매우 좋습니다. 다양한 인종이 어울려 살며 홍콩에서 이주해 온 중국인들이 많아 밴쿠버 공항에는 입국심사를 하는 중국인 직원도 있습니다.

캐나다의 유명 어학연수 기관은 빠짐없이 밴쿠버에 센터를 운영할 정도로 어학연수로 유명한 도시이며, 강사 수준, 다양한 프로그램 운영, 액티비티 운영 등에서 세계 최고의 어학연수 인프라를 갖추고 있습니다.

★ 토론토 (Toronto)

캐나다 최대 경제 중심도시입니다. 인구가 약 500만 명으로 북미에서도 규모가 큰 도시로 분류됩니다. 미국과 프로 스포츠를 함께 진행하고 있어 다양한 스포츠를 즐길 수 있으며, 다운타운은 경제 중심도시다운 화려한 위용을 자랑합니다.

이민자의 국가 캐나다의 도시답게 세계 각지에서 온 이민자들이 어울려 살고 있으며, 미국과 달리 주류와 비주류가 아닌, 비교적 평등한 화합을 이루며 공존하는 모습이 인상적입니다.

밴쿠버에 비하면 유럽 학생의 비율이 높은 편인데, 대서양 건너 유럽이 가까운 영향일 것입니다. 밴쿠버와 더불어 캐나다의 양대 어학연수 도시이며, 주요 명문 어학연수기관들이 빠짐없이 토론토에 센터를 운영하고 있습니다.

청춘의 해외도전

★ 몬트리올 (Montreal)

과거 올림픽이 개최된 도시로 과거에는 캐나다에서 가장 유명한 도시였습니다. 파리 다음으로 불어 사용자가 많고, 영어와 불어가 혼용되고 있습니다. 어학연수 지역으로 적합할지 의구심이 생기기도 하지만, 대부분 영어 구사가 가능하고 한국학생이 적은 도시로 어학연수 만족도는 꽤 높습니다.

역사가 오래된 도시로 유럽의 분위기가 강하게 느껴지며, 불어와 영어를 함께 배우고자 할 경우, 그리고 한국학생이 적은 대도시를 원할 경우 몬트리올을 추천할 수 있습니다.

★ 캘거리 (Calgary)

대평원의 중심도시이며, 록키 여행의 관문입니다. 캐나다에서는 대도시로 분류되고 있으나, 인구가 많은 한국인들에게는 큰 도시로 느껴지지 않습니다.

과거 동계올림픽이 열렸던 도시로 유명한 캘거리에는 주요 어학연수 기관 중

GV, LSC가 위치하며, 이외 가족적인 소규모의 사설학원들, 다수의 대학부설 어학연수 기관이 있습니다. 어학연수 인프라 면에서도 캐나다에서 5위권 안에 속하는 도시입니다.

★ 빅토리아 (Victoria)

밴쿠버와 마주 보고 있는 밴쿠버 아일랜드에 위치한 빅토리아는 British Columbia 주의 주도이며, 고풍스러운 영국풍의 도시로 유명합니다. 기후가 좋은 곳으로 성공한 은퇴자들이 요트를 즐기며 노년을 보내는 도시로 인기가 높습니다.

캐나다의 주요 어학연수 기관 중 꽤 많은 학원이 빅토리아 센터를 운영하고 있으며, U of Victoria가 대학부설로 유명한 도시입니다.

기타 중소도시들

- 켈로나 (Kelowna)

  캐나다 최고의 기후조건이라 할 수 있는 켈로나는 할리우드 스타들의 별장과 캐나다 부자들의 별장이 다수 위치한 지역이기도 합니다. 유명 어학연수 기관인 Vanwest와 IGK 어학연수 기관이 있습니다.

- 휘슬러 (Whistler)

  밴쿠버 동계올림픽에서 많은 경기가 치러진 스키리조트로 세계적으로 유명한 지역입니다. Tamwood, IH와 같은 어학연수 기관이 있으며 리조트에서 아르바이트를 하기 좋은 지역입니다.

- 애드먼턴 (Edmonton)

  세계에서 가장 큰 쇼핑센터인 웨스트 에드먼턴 몰이 있으며, 알버타 주의 주도

청춘의 해외도전

로 U of Alberta 등 몇 곳의 대학부설 어학연수 기관이 있습니다.

• 메디슨햇 (Medicine Hat)

메디슨햇 컬리지가 위치한 곳으로 대학부설로는 만족도가 높은 어학연수 기관이 있습니다.

• 위니펙 (Winnipeg)

위니펙은 지리적으로 캐나다의 정중앙에 위치한 도시로 발레단, 교향악단, 오페라와 현대식 극장 등 문화의 중심지이기도 합니다.

대학부설은 기숙사 생활이 쉽지 않은데, 기숙사 제공이 되는 U of Manitoba가 위치해 있습니다. 이외 U of Winnipeg, Heartland라는 사설학원이 있습니다.

• 할리팩스 (Halifax)

겨울에도 얼지 않는 항구도시로 캐나다의 대서양 교역의 관문입니다. 활기찬 항구 분위기를 느낄 수 있는 곳이며, Eastcoast, KGIC 학원과 몇 개의 대학부설 기관이 있습니다.

• 샬럿타운 (Charlottetown)

[빨간 머리 앤]으로 유명한 지역입니다. 인구 3~4만 명의 작은 도시로 SAC 영어학교가 있습니다.

• 오타와 (Ottawa)

캐나다의 행정수도이며, 행정수도답게 어학연수 학원도 제법 많은 편입니다.

5곳의 사설 영어학교와 1곳의 대학부설이 있습니다.

• 킹스턴 (Kingston)

커리큘럼이 빡빡하기로 유명한 Queen's Univ.가 있는 곳인데, 학비가 비싼 점
이 흠입니다. KLI 사설학원도 있습니다.

• 런던 (London)

영국의 수도 이름인데 캐나다 온타리오의 주요도시 중 하나입니다. LLI,
Fanshawe College 등의 어학연수기관이 있습니다.

5. 캐나다 어학연수 학원

캐나다는 어학연수 인프라가 밴쿠버, 토론토 두 도시에 편중되어 있다 보니 다른
국가에 비해 수준별 어학연수 기관의 분류가 명확한 편입니다. 다음과 같이 분류
할 수 있습니다.

1) 국적 구성이 다양하고 자유로운 학업 분위기

ILAC

주요 어학원 중 비용이 가장 합리적이고 시설이 가장 좋은 곳. 특히 동일한 비용
으로 레벨만 가능하면 시험과정과 전문과정을 추가비용 없이 선택할 수 있기 때
문에 더욱 저렴함. 가장 많은 대학과 협약이 체결되어 있어 대입과정도 우수함

ILSC

캐나다에서 가장 프로그램이 다양한 곳. 일반 학업과정 이외에 다양한 선택과정

이 존재함. 밴쿠버에서 가장 큰 규모의 학원. 동일 비용으로 캐나다와 미국센터에서 각각 학업이 가능함

EC

캐나다 최초의 어학연수 기관인 LSC가 수년 전 EC 그룹으로 편입됨. 유럽학생 비율이 높은 편임. 캠브리지 시험과정 우수. 문법이 부족한 경우 선택이 용이함

GV

과거 수년간 캐나다 최고 인기학원. 국적구성이 다양하고 프로그램이 다양하여 높은 레벨의 학생이 선택하기 좋음

Kaplan

과거 캐나다 최고 명문학원이었던 PLI가 Kaplan 그룹으로 편입됨. 국적구성이 다양하고 프로그램 강도가 높은 곳. 높은 레벨의 학생이 선택하기 좋음

2) 동양 학생에게 유리한 강도 높은 학습 위주

KGIC

TESOL 과정으로 가장 유명함. 파워 스피킹, 테솔, 통번역 등 여러 프로그램을 가장 먼저 선도한 곳. 빡빡한 커리큘럼과 많은 수업, 많은 과제가 특징

PGIC

TOEIC 공인센터, 매달 공인 TOEIC 테스트 및 Speaking 테스트 진행. English Only 규율 적용 등 엄격하고, Cambridge 과정 우수함

SEC

다양한 프로그램을 운영하고 있으며, 유연한 학원 운영으로 학생의 니즈를 최대한 맞추는 곳. 대학 진학 과정 우수

3) 대학부설 어학연수기관

밴쿠버, 토론토 등 대도시의 주요 대학부설 기관인 UBC, SFU, U of Toronto 등은 미국대학부설보다 오히려 더 비싼 학비가 필요합니다. 저렴하면서도 좋은 대학부설로는 위니펙에 위치한 U of Manitoba, 빅토리아에 위치한 U of Victoria 그리고 캘거리, 메디슨햇 등 중소도시의 대학부설을 고려할 수 있습니다.

참고로 캐나다는 미국과 달리 사설학원 위주로 어학연수 기관이 형성되어 대학부설 기관이 많지 않고 기숙사 제공이 되는 대학부설도 드뭅니다.

6. 캐나다 어학연수 프로그램

캐나다 어학연수의 장점은 무엇보다 어학연수 프로그램이 수준 높게 운영되고 있으며 다양하다는 것입니다. 특히 다른 국가에서는 제공되지 않는 통번역 과정도 있으며 TESOL 과정 또한 가장 다양합니다.

시험과정

캐나다에서는 전 세계적으로 제공되는 TOEFL, IELTS, Cambridge, TOEIC 등 모든 시험과정을 제공하고 있습니다. 캐나다는 문화적으로 미국과 공유하는 것이 많고, 또한 과거 영국과도 영연방 소속으로 공유하는 것이 많기 때문에 두 국가 영어 과정을 모두 제공하고 있습니다.

전문과정

TESOL, Business, 통번역 과정 등을 제공합니다. 캐나다는 다른 국가에 비해
TESOL 과정이 가장 다양하고, Business 과정도 Cambridge Business Exam
을 제공하는 등 다양하며, 통번역은 다른 국가에 없는 과정이기도 합니다.

7. 캐나다 어학연수 숙소

캐나다는 다른 어떤 국가에 비해서도 홈스테이를 지속하기에 좋은 국가입니다.
첫 번째 이유는 홈스테이 비용이 저렴합니다. 식사를 포함해 월 70만 원 내외로
매우 저렴합니다.

두 번째 이유는 친절한 캐나다인 성향을 들 수 있습니다. 전반적으로 홈스테이는
친절하며 우호적인 분위기로 다른 국가에 비해 장점이 있습니다.

이외 홈스테이를 나와 쉐어하우스에 사는 경우도 있습니다. 캐나다는 영국, 아일
랜드처럼 현지인이나 영어실력이 뛰어난 사람들과 쉐어할 수 있는 곳이 흔치 않
아 동양인끼리 쉐어하는 경우가 많습니다. 영어 사용이 원활하지 않은 쉐어라면
자유로움이 덜 하더라도 영어공부를 목적으로 간 것이니만큼 홈스테이를 지속하
는 것이 바람직합니다.

8. 캐나다 워킹홀리데이 · 아르바이트

캐나다에서 아르바이트를 하는 방법은 두 가지입니다. 하나는 워킹홀리데이 비자
를 받는 것이고, 다른 하나는 코업 비자를 받는 것입니다. 다만 코업 비자는 어학
연수 기간만큼의 취업허가를 받는 것이고, 코업 비자 가능 학원은 학비가 비싼 편

입니다.

캐나다 워킹홀리데이 비자는 다음과 같은 방식으로 신청이 가능합니다. 세부 사항은 매년 변동될 수 있으므로 캐나다대사관 홈페이지를 통해 확인해야 합니다.

1단계 : IEC Kompass 계정 만들기

Kompass 계정을 만들기 위해서는 먼저 등록을 마쳐야 합니다. 등록을 완료하고 계정이 만들어지면 Kompass 시스템에서 이메일로 계정번호와 계정 활성화 방법을 안내받습니다. 캐나다 워킹홀리데이 비자 획득을 위해서는 이 Kompass 계정 오픈이 비자 모집인원 순번 안에 들어야 합니다.

2단계 : 구비서류 준비, 참가비 납부

구비서류 목록을 확인하여 서류는 스캔본이나 전자 파일 형태로 준비합니다.

3단계 : IEC 지원서 작성 및 제출

Kompass 계정에 로그인하여 지원서와 서류를 제출합니다.

9. 캐나다 어학연수 여행

캐나다 어학연수를 가면 접경지역인 미국여행이 가능합니다. 이로 인해 미국 어학연수를 가려다가 비용이나 비자 문제로 캐나다 어학연수를 대안으로 하는 경우도 많습니다.

동부지역은 뉴욕, 보스턴, 워싱턴, 시카고 등 미국 동부 여행이 편리하고, 서부지역은 시애틀, 포틀랜드, 샌프란시스코, LA 등 미국 서부 여행이 편리합니다.

캐나다는 광활한 영토에 자연을 잘 보존하고 있는 국가입니다. 로키산맥 밴프 여행은 캐나다 어학연수 시 꼭 한번 가봐야 할 여행지입니다. 이외에도 지역별 여행할 곳들이 많습니다. 공부에 몰입하다가 지치거나 지루해지면 정기적인 여행으로 활력을 찾아보길 바랍니다.

캐나다 동부지역은 유럽도 멀지 않습니다. 유럽을 가보지 못했다면 단기간이라도 유럽여행을 다녀올 수 있습니다.

04 호주 어학연수 · 워킹홀리데이

1. 호주 어학연수 장단점

과거 호주로 어학연수를 많이 떠났던 시기가 있었는데, 어느 순간부터 호주는 우리에게 워킹홀리데이의 국가로만 인식되기 시작했습니다. 10여 년 전 700~800원대의 환율로 캐나다보다 더 저렴한 어학연수가 국가였지만, 자원개발 등으로 외화획득을 시작하면서 한때 환율이 1,200원까지 오르기도 했습니다. 요즘 호주 달러는 800원대로 떨어져 다시 어학연수 국가로 많이 선택되지 않을까 생각됩니다.

호주 어학연수 장점

- 호주는 워킹홀리데이 비자도 간편하지만, 학생비자도 아르바이트가 가능하므로 어학연수를 하면서 아르바이트 병행이 가능합니다. 학생비자로 학업 기간 제한이 없어 장기 어학연수에 적합하고, 워킹홀리데이 비자로는 17주까지 어학연수가 가능하여 단기 어학연수 후 일을 할 경우에 적합합니다.

- 호주는 여러 어학연수 국가 중 기후조건이 가장 좋은 국가입니다. 혹한이 있는 캐나다나 가을, 겨울 날씨가 어둡고 스산한 영국, 아일랜드, 겨울 추위가 있는 뉴질랜드에 비해 연중 온화한 기후에서 어학연수가 가능합니다. 겨울에도 그다지 춥지 않고, 겨울에도 아열대 기후인 지역도 있습니다.

- 호주는 여행하기에 좋습니다. 1년 내내 여행하기 좋은 기후이므로 세계 많은

젊은이가 호주로 여행을 옵니다. 따라서 여행지나 숙소에서 많은 친구와 교류할 수 있습니다.

• 어학연수 이후 다양한 교육과정 선택이 가능합니다. 호주는 국제학생이 매우 많으며, 어학연수 이후 TAFE 같은 기술전문학교에 진학할 수 있고, 단기 학위 과정인 Cert 4 과정, 그리고 여러 호텔, 요리, 제과제빵 등 다양한 전문교육 기관으로 진학 가능한 국가입니다.

호주 어학연수 단점

- 현재 환율이 많이 떨어졌지만 시드니, 멜버른 등 대도시는 여전히 학비와 물가가 비싼 편입니다.

- 교육과정, 강사의 수준, 영어 스타일, 학업 분위기 등 여러 면에서 미세하게 다른 국가에 비해 긴장감이 적습니다. 아마 여유 있는 생활 분위기와 따뜻한 기후조건에 의한 것으로 생각됩니다.

2. 호주 어학연수 비자

호주 어학연수는 학생비자, 워킹홀리데이 비자, 관광비자로 가능합니다.

학생비자

호주에서 12주 이상 학업을 지속하려면 학생비자를 받아야 합니다. 특히 어학연수 이후 전문교육기관이나 대학 등 정규교육과정에 진학하고자 한다면 학생비자를 받고 호주에 입국해야 합니다. 학생비자 획득은 미국 학생비자처럼 어렵지는 않은 편입니다.

관광비자

호주는 항공권을 발권할 때 여행사에서 전자비자를 대행해주기 때문에 편리합니다. 관광비자로 12주 이내 어학연수가 가능하며, 현지에서 관광비자를 연장하면 현실적으로 어학연수를 더 하는 것도 가능합니다. 하지만 호주는 워킹홀리데이 비자 획득이 매우 간편한 국가라 관광비자로 비자 연장을 하면서 어학연수를 할 필요는 없습니다.

다만 3개월 이내 단기 어학연수를 하고자 하는 경우 관광비자로 어학연수가 가능합니다.

워킹홀리데이 비자

호주는 현재 무제한 워킹홀리데이 비자를 발급하고 있습니다. 산업발달에 따른 노동력 부족을 외국 젊은이들에게 워킹홀리데이 비자를 발급함으로써 해결하고 있는 것입니다. 워킹홀리데이 비자로는 17주 어학연수가 가능합니다. 현실적으로는 학원을 옮겨가며 그 이상 어학연수도 가능합니다.

공부나 일, 혹은 아무것도 하지 않고 여행만 하는 등 자유롭게 체류하려면 워킹홀리데이 비자가 매우 유용합니다.

3. 호주 어학연수 비용

근래 1~2년 사이 국제환율이 심하게 변동하고 있습니다. 최근의 특징은 원화가치 상승과 호주 달러, 유로화의 하락이 눈에 띕니다. 호주 달러는 2~3년 사이 약 1,200원에서 800원으로 하락했습니다. 이런 상황에서 어학연수 비용을 예상하기는 쉽지 않습니다.

호주의 중소도시 지역이라면 학원비, 숙식비, 용돈을 합해 월 200~250만 원 수준, 시드니, 멜버른을 포함한 대도시는 동일 기준으로 250~300만 원 정도 예상됩니다. 정확한 환율에 근거한 비용은 어학연수를 갈 때 전문가와 다시 산출할 필요가 있습니다.

참고로 호주는 지역별, 학원별, 프로그램별 어학연수 비용의 차이가 크기 때문에 생각보다 저렴한 어학연수도 가능하고, 고급과정의 경우 매우 비싸다는 느낌을 갖는 경우도 있습니다.

4. 호주 어학연수 지역

호주의 주요도시는 다음과 같습니다. 어학연수 인프라도 이 주요도시를 중심으로 발달되어 있습니다.

★ 시드니 (Sydney)

시드니는 호주 동부해안에 자리 잡은 도시로 호주 최대의 도시이며, 인구는 약 430만 명입니다. 시드니 사람들은 시드니가 세계적으로 매우 큰 도시로 생각하여 서울보다 큰 것으로 착각하는데, 서울 인구가 1,000만이라고 이야기하면 깜짝 놀라곤 했던 기억이 있습니다. 그만큼 시드니 사람들의 시드니에 대한 자부심이 높습니다.

시드니는 세계 3대 미항으로 꼽히며 호주 경제의 중심도시이자 2000년 올림픽이 열린 세계적인 도시입니다.

시드니의 주요 지역은 현대적인 고층빌딩이 들어선 시내 중심가, 온갖 유흥가와 백패커스 등이 밀집해 있는 킹스 크로스, 고급스러운 집들이 모여 있는 더블 베이, 도심에서 멀지 않은 곳에서 해변을 즐기는 본다이 비치, 맨리 비치 등이 있습니다.

시드니 기후는 여름은 한국보다 시원하고 겨울은 영하로 내려가지 않는 좋은 기후조건입니다. 다만 일교차가 큰 편이니 입거나 들고 다닐 옷을 갖고 다니는 것이 좋습니다.

★ 멜버른 (Melbourne)

멜버른은 호주에서 가장 유럽적인 면모가 느껴지는 도시입니다. 고풍스러운 건물들, 안개 낀 도심에 들려오는 트램 소리, 한껏 도시의 매력에 푹 빠져 볼 수 있는 곳이 멜버른입니다.

멜버른은 여러 면에서 시드니와 경쟁하는 도시입니다. 수도를 캔버라로 지정한 것도 시드니와 멜버른 사람들이 서로 수도를 자기 도시에 유치하겠다고 갈등하다가 두 도시의 정확히 가운데 지점인 캔버라로 정했을 정도입니다.

멜버른은 호주에서는 기후 조건이 좋지 않은 편에 속합니다. 하지만 영국이나 캐나다 등 다른 워킹홀리데이 국가의 도시들과 비교하면 좋은 편입니다. 멜버른은 겨울에 비교적 쌀쌀하고 일교차가 크며 날씨의 변덕이 심한 편입니다.

호주 대도시는 시드니, 멜버른, 브리즈번 정도를 들 수 있는데, 그 중 한국 교민이나 유학생, 워홀러들이 비교적 적은 도시입니다.

★ 브리즈번 (Brisbane)

브리즈번은 시드니, 멜버른에 이어 호주 3대 대도시입니다. 인구는 약 220만 명으로 시드니와 멜버른에 비해 절반 규모입니다. 아열대 지역으로 겨울이 없이 온화한 날씨이며, 동부 해안으로 해변관광지 및 리조트가 많고, 내륙으로는 공장 등 여러 산업시설이 많아 한국학생이 어학연수와 워킹홀리데이로 자주 찾는 도시입니다.

여름에는 덥고 습도가 높으며, 겨울은 건조하고 온화한 편입니다.

★ 퍼스 (Perth)

호주 4대 도시이며 다른 도시와 달리 호주 서쪽에 위치한 도시입니다. 인구는 약 150만 명으로 도시 면적에 비해 인구밀도가 낮습니다. 그로 인해 한국인의 시각으로는 시내 중심가도 매우 작게 느껴집니다. 호주의 백만장자들이 은퇴 후 가장 살고 싶어 하는 도시로 청명한 기후에 요트를 즐기는 노년의 호주인을 많이 볼 수 있습니다.

기후조건이 좋은 도시이며, 여름은 덥지만 건조하고 겨울 추위는 심하지 않은 편입니다. 서부 개발로 인해 일자리도 많이 늘고 있고 시기에 따라 다르지만 급여 수준이 높은 곳입니다.

이외 중소도시

• 애들레이드 (Adelaide)

남부 중앙에 위치한 남호주의 주도입니다. 호주 남부의 중심도시이며 남서부를 연결하는 교통의 요지입니다. 인구 약 110만 명 규모입니다.

• 케언즈 (Cairns)

케언즈는 겨울에 다소 쌀쌀한 기후로 휴양을 오는 관광도시입니다. 거대 산호초 등으로 세계적으로 유명하며 다양한 해양스포츠 활동이 유명합니다. 일자리도 풍부한 지역이라 워홀러들이 선호하는 도시입니다.

• 골드코스트 (Gold Coast)

브리즈번과 매우 가까운 해변도시이며 마찬가지로 주목해 볼 만한 도시입니다. 40Km 이어진 해변을 따라 호텔, 레스토랑이 위치한 곳으로써 관광으로 세계적으로 유명한 도시입니다. 많은 워홀러들이 성수기에 몰려오기도 합니다.

청춘의 해외도전

- 캔버라 (Canberra)

  시드니와 멜버른의 경쟁 속에서 두 도시의 정확히 중간지점에 건설된 행정수도입니다. 작은 도시이며 행정수도답게 계획도시입니다.

5. 호주 어학연수 학원

호주는 사설학원이 대학부설보다 훨씬 높은 비중을 차지하고 있습니다. 또한 캐나다처럼 대학부설의 경우 학비가 상당히 비싸기 때문에 미국 대학부설을 선택하는 것에 비해 큰 장점이 없습니다.

대부분 어학원은 주요 도시에 센터를 운영하는 멀티센터 어학원들이 많습니다. 그중 주요 어학연수 학원들을 살펴보겠습니다.

Embassy CES

전 세계 영어권 국가에 센터를 운영하고 있는 유명 어학원입니다. 스마트 보드 등 첨단시설로 운영되고 있으며 College와 동일 건물을 사용하고 있는 경우가 많습니다. 호주 주요도시 대부분에 센터를 운영하고 있습니다.

Kaplan

영어권 전 국가 기준으로 가장 많은 센터를 운영하고 있는 세계 최대 규모의 유명 어학원입니다. 호주에서도 주요도시들에 센터를 운영하고 있습니다.

Navitas English

구 ACE 어학원이 수년 전 이름을 바꿨습니다. 호주에서 전통적으로 가장 명성 있는 어학원입니다. Cambridge 합격률이 가장 높고, TESOL 과정도 가장 오랜 역사가 있으며 프로그램도 가장 다양합니다. 호주 주요도시에 센터를 운영하고 있는데, 학비가 비싸다는 단점이 있습니다.

ILSC

캐나다의 유명 어학원이 수년 전 호주 주요도시에 센터를 설립했고, 현재 캐나다, 호주, 미국에 센터를 운영하고 있습니다. TESOL 과정을 포함해 다양한 과정을 운영하고 있습니다.

LEXIS

브리즈번 센터와 이외 호주 주요 관광지 해변에 센터를 운영하고 있습니다. 국적이 다양하고 레저형 어학원으로 유명합니다.

Eurocentres, LSI, EF, CIC, Holmes

위 학원들과 더불어 호주 전역에 멀티 센터를 운영하고 있는 학원들입니다.

이외 각 도시에만 센터를 운영하는 어학원과 대학부설 어학원, 그리고 호주의 기술대학인 TAFE 부설 어학원 등 무수히 많은 어학원이 있습니다.

6. 호주 어학연수 프로그램

호주는 영국이 건설한 국가로 영연방에 속해있습니다. 또한 워킹홀리데이는 영국 젊은이들이 가장 많이 오기도 합니다. 사회 전반적인 문화가 영국과 밀접한 관련을 맺고 있으며, 영어 스타일 및 교육도 영국식을 유지하고 있습니다. 따라서 어학연수 프로그램은 영국과 유사합니다.

1) 시험과정

시험과정으로 IELTS, Cambridge 시험 과정이 보편적입니다. 특히 IELTS는 영국과 호주가 공동주관하고 있습니다. 호주 어학연수 및 워킹홀리데이라면 이 과정 중 하나를 목표로 설정하는 것을 권합니다.

2) 전문과정

Business 과정을 수강할 수도 있고, TESOL 프로그램도 가능합니다. TESOL은 호주 정부 인증과정인 Certi 4 과정으로 운영되는 곳도 있습니다. 위 소개한 Navitas를 포함해 몇 곳의 어학원에서 과정을 제공하고 있습니다.

3) TAFE

호주에서 일정 언어능력 습득 후 전문과정에 참여하고자 한다면 TAFE에 진학하여 전문과정과 언어를 동시에 습득할 수도 있습니다. 과정과 기간은 다양하게 선택할 수 있습니다.

7. 호주 어학연수 숙소

사설학원의 경우 홈스테이가 일반적입니다. 대학부설은 기숙사를 제공하는 곳이 드물기 때문에 홈스테이가 더 일반적입니다.

호주는 국제학생과 여러 나라에서 온 워홀러가 많기 때문에 현지인과 외국인 환경에서 쉐어를 하는 경우도 많습니다. 워홀러의 경우 유스호스텔과 비슷한 환경인데, 그보다 비용이 저렴한 백패커스에서 장단기 투숙을 하는 경우도 있습니다.

오래 체류하는 경우에는 집을 렌트하여 각 방을 다시 다른 이들에게 세를 주는 형식으로 본인 무료 숙박이나 일정 차액을 수입으로 얻는 경우도 있습니다.

8. 호주 워킹홀리데이 · 아르바이트

호주는 워킹홀리데이 비자와 학생비자 모두 아르바이트가 가능합니다. 다만 학생비자는 학업을 유지해야 체류가 유지되고, 주당 20시간 이내 아르바이트가 가능하다는 점이 차이입니다.

워킹홀리데이 비자는 정해진 비자신청 기간 없이 신청이 가능하고, 비자 거절이 거의 없고, 접수 후 2주 내외에 획득이 가능하므로 가장 많은 사람이 신청하는 워킹홀리데이 비자입니다. 신청도 매우 간단하여 온라인으로 하면 되고, 이후 지정 병원(서울과 부산에 있음)에 방문하여 신체검사만 받으면 됩니다. 이후 비자는 이메일로 전달받게 됩니다.

워킹홀리데이로 일할 경우 한 직장에서 최장 6개월 이내에만 일하는 것이 가능합니다. 그리고 농장, 공장 등 지정된 1, 2차 산업에서 88일 이상 일하면 워킹홀리데이 비자가 1년 더 연장되는 세컨 비자 취득이 가능합니다.

9. 호주 여행

호주는 여행으로 세계에서 가장 유명한 대륙입니다. 역사가 오래지 않아 유럽과 같이 인문적 환경은 거의 없지만, 자연환경과 다양한 레저활동이 잘 발달되어 있습니다. 이로 인해 호주를 즐기다 온 이들의 사진을 보면, 스카이다이빙, 급류타기, 서핑, 기구 타기 등 여러 가지 레저활동의 사진을 볼 수 있습니다. 이외 에어즈록을 비롯해 수많은 자연경관이 유명합니다.

또한 호주는 여행자 숙소가 비교적 저렴하고 기후조건이 좋기 때문에 언제든 여행하기에 좋은 국가입니다. 게다가 가까운 뉴질랜드를 방문하기에도 편리합니다. 워킹홀리데이로 비용을 모아 세계여행을 계획하는 경우도 많습니다.

05 뉴질랜드 어학연수 · 워킹홀리데이

청정 자연의 국가, 작은 국가, 지루할 것 같은 국가로 여겨지는 뉴질랜드 어학연수에는 어떠한 장단점이 있는지 알아보겠습니다.

뉴질랜드 어학연수 장점

❶ 공부에 몰입하는 어학연수

공부보다 말을 많이 하는 활동 위주의 어학연수를 원한다면 뉴질랜드는 부적합합니다. 뉴질랜드는 조용한 환경에서 공부에 몰입할 수 있습니다. 어학연수 성공자의 경우를 보면 말만 많이 하기보다 공부도 열심히 하고 말도 열심히 한 이들이 훨씬 실력이 늘게 마련입니다. 그러한 측면에서 뉴질랜드 어학연수의 공부환경을 잘 이용하면 좋은 결과를 얻을 수 있습니다.

❷ 저렴한 비용과 아르바이트 가능

뉴질랜드 어학연수는 미국, 영국, 호주 어학연수에 비해 비용이 저렴합니다. 또한 워킹홀리데이뿐만 아니라, 학생비자로도 아르바이트를 할 수 있는 국가입니다. 일에만 집중해서 많은 돈을 벌려 한다면 뉴질랜드가 적절치 않지만, 어학연수와 더불어 합법적 아르바이트로 용돈과 여행비용을 벌고, 일의 공간을 어학연수 공간으로 이용해 보겠다면 뉴질랜드 어학연수가 제격입니다.

❸ 소그룹 환경

한 반의 인원은 어학연수에서 매우 중요한 요소입니다. 뉴질랜드 어학연수는 전 세계 어학연수 국가 중 한 반의 인원이 가장 적습니다. 학원이나 레벨에 따라 편차는 있겠으나, 평균적으로 13~15명 수준인 타 국가에 비해 뉴질랜드는 8~10명 수준을 유지합니다.

❹ 어학연수를 병행한 여행

배낭여행을 다니기에 가장 저렴하고 편리한 국가입니다. 유스호스텔, 백패커스 등이 다른 국가에 비해 저렴하고 많은 유명 관광지가 있습니다. 특히 영국, 아일랜드 등 유럽국가들, 미국, 호주인들이 여행을 많이 오기 때문에 여행지에서 원어민을 만나기에도 가장 좋은 환경입니다.

뉴질랜드 어학연수 단점

❶ 지루할 수 있는 환경

뉴질랜드는 인구가 적은 국가입니다. 따라서 도시 규모도 작고 즐길 거리가 적습니다. 물론 자연에서 즐길 것은 많지만 일상생활에서는 쉽게 지루함을 느낄 수 있습니다.

❷ 어학원 인프라

오클랜드 등 일부 대도시는 인프라가 잘 되어 있지만 도시의 동양인 거주 비율이 높고, 이외 중소도시에는 어학연수 학원 등 선택범위가 좁습니다.

2. 뉴질랜드 어학연수 비자

뉴질랜드 어학연수는 다음과 같은 비자로 가능합니다.

1) 무비자, 관광비자

뉴질랜드와 한국은 사증 면제 협정이 체결되어 있어 한국에서 별도 비자 준비 없이 뉴질랜드 입국 시 3개월 체류허가를 받습니다. 별도의 비자 준비가 없으니 무비자라고도 하고, 또는 관광비자라고도 합니다.

따라서 3개월 이하의 단기 어학연수라면 비자 없이 학업을 할 수 있습니다. 무비자 입국 시 준비사항입니다.

- 3개월 이내 귀국하는 왕복항공권
- 3개월 이내 기간의 입학허가서
- 체류할 곳의 주소 및 연락처
- (재정능력을 보여줄 수 있는) 신용카드, 직불카드, 잔고 증명

뉴질랜드는 관광비자로 입국 후 비자 연장이 가능합니다. 3개월 이상 학업을 원할 때는 관광비자 연장으로 가능합니다. 하지만 이 경우 입국심사에서 문제가 되기도 하므로 관광비자 어학연수는 3개월 이내로 한정하고, 그 이상 어학연수를 원하면 아르바이트도 허용되는 학생비자를 받아 가는 게 좋습니다.

2) 학생비자

3개월 이상 어학연수를 할 경우 학생비자를 준비합니다. 학생비자는 지역과 학원에 따라 아르바이트도 가능한 장점이 있습니다.

학생비자 준비는 다음과 같은 순서로 진행됩니다.

- 개강일 기준 2개월 이전부터 학생비자 신청 가능
- 접수 후 비자발급 시간 2~3주 예상
- 구비서류 : 여권, 최근 6개월 이내 촬영한 여권사진 2매(비자신청서에 부착), 비자신청서 (www.immigration.govt.nz에서 다운로드), 입학허가서, 학비납입영수증, 비자신청 수수료+비자지원센터 이용료+우편으로 서류 받을 경우 우편료(비용은 시기별 변하니 해당 시기에 확인 바랍니다.), 재정증명서(영문 은행잔고 및 가족관계증명서), 신체검사

본인이 직접 하기보다는 대행을 받는 것이 편리합니다. 유학원에서 어학원 등록만 하면 비자 등 관련 서류업무는 무료 대행을 받을 수 있습니다.

3) 워킹홀리데이 비자

워킹홀리데이 비자로 학업은 3개월까지 가능합니다. 하지만 원한다면 그 이상 하는 것도 현실적으로 가능하며, 2016년부터는 6개월까지 어학연수가 가능하도록 변경 예정입니다.

뉴질랜드 워킹홀리데이 비자는 매년 4월 특정일을 정해 선착순 1,800명을 모집합니다. 온라인 접수로 이루어지며, 지원 이후 신체검사만 하면 되는 아주 간단한 절차입니다. 한뉴 FTA 체결로 2016년부터는 모집인원이 3,000명으로 늘어날 예정입니다.

뉴질랜드 워킹홀리데이 비자를 준비하려면 매년 4월 특정일 공지를 미리 파악하고 해당 시간이 되면 빠르게 신청해야 합니다. 마감은 매년 다른데 2015년의 경우 2~3시간 안에 빠르게 마감되기도 했습니다.

뉴질랜드 환율은 2년 전 약 980원까지 상승한 적이 있었으나, 지금은 700원대를 유지하고 있습니다. 어학연수 시설이 많지 않아 비용 편차가 크지는 않은데, 학비 및 숙식을 합해 200~220만 원 내외입니다.

어학연수 비용은 학원, 프로그램 선택, 숙식 형태에 따라 차이가 있습니다. 좋은 학원에서 고급프로그램을 수강하면 총비용 300만 원까지 상승할 수 있고, 저렴한 학원에서 학업하고 알뜰 숙식과 용돈을 쓴다면 200만 원 이하로 절약하는 경우도 있습니다.

4. 뉴질랜드 어학연수 지역

뉴질랜드는 인구가 500만 명이 넘지 않는 작은 나라입니다. 영토 규모에 비해 인구가 적기 때문에 한국인의 입장에서 보면 도시들이 다 작게 느껴집니다.

★ 오클랜드 (Oakland)

북섬의 북쪽 아름다운 해변이 많은 지역에 위치해 있으며 GDP의 1/3을 차지할 정도로 최고 상업도시입니다. 주변 해변관광지가 많고 뉴질랜드의 경제중심도시입니다. 하지만, 인구밀도가 높은 한국에서 살다 가면 매우 작은 도시처럼 느껴집니다.

퀸스트리트를 중심으로 중심가에는 아시아인이 많이 거주하여 초기 어학연수지로 거부감이 들 수도 있는데, 조금만 떨어진 지역에 가도 뉴질랜드인을 흔히 볼 수 있습니다.

뉴질랜드 최대 도시인만큼 어학연수 인프라도 가장 발달되어 있으며, 유명 어학

연수 기관이 거의 다 위치해 있다고 보면 됩니다.

★ 크라이스트처치 (Christchurch)

인구 40만 명의 남섬의 중심도시이며, 오클랜드, 웰링턴에 이어 뉴질랜드 제3의 도시입니다. 평지에 도심이 분포되어 있으며, 중심가에는 도시의 상징인 대성당이 위치해 있습니다. 녹음이 우거진 정원이 많아 정원의 도시라 불리고 해마다 정원 콘테스트가 열릴 정도로 시민들이 정원 가꾸기를 좋아하는 지역입니다.

남섬 최고 도시인만큼 오클랜드 학원의 지점이 위치해 있고, 기타 크라이스트처치의 대학부설 학원들이 꽤 많은 곳입니다.

★ 웰링턴 (Wellington)

북섬 남단에 위치한 뉴질랜드의 행정수도입니다. 북섬 남단이라 남섬과 연결되는 페리가 운영되고 있으며, 뉴질랜드 정치, 문화의 중심도시입니다. 관공서가 많아 정장 차림의 사람을 많이 볼 수 있으며, 매년 '국제 아트 페스티벌'이 열릴 정도로 문화, 예술, 패션의 중심도시입니다.

뉴질랜드 수도이자 비교적 큰 도시이지만 어학연수 기관은 많지 않은 편입니다.

★ 퀸스타운 (Queenstown)

큰 도시는 아니지만 도심 대부분이 리조트 타운으로 구성이 되어 있을 정도로 세계적인 리조트 도시이자 휴양도시입니다. 세계적인 레저스포츠가 탄생한 곳으로 번지점프, 제트보트, 래프팅으로 유명하며 겨울에는 스키, 다른 계절에는 골프로 매우 유명한 도시입니다.

도시 규모는 크지 않고 주변 밀키블루색의 아름다운 호수들이 많고, 리조트 관광산업이 발달되어 있어 아르바이트를 하면서 지내기 좋은 도시입니다.

여러 액티비티 활동과 더불어 어학연수로 찾는 이들이 꽤 많은 도시입니다. 따라서 어학연수 학원도 도시 규모에 비해서는 상당수 있는 편입니다.

이외의 뉴질랜드 여러 지역에는 한두 곳씩 대학부설이나 사설어학원이 있습니다. 해밀턴(Hamilton), 오타고(Otago), 넬슨(Nelson), 티마루(Timaru), 인버카길(Invercargill), 네이피어(Napier), 더니든(Dunedin), 로토루아(Rotorua) 등 소도시에 1~2개의 어학연수 기관들이 있습니다.

5. 뉴질랜드 어학연수 학원

뉴질랜드도 사설학원이 대학부설보다 많습니다. 사설학원은 글로벌 멀티센터를 운영하고 있는 곳들과 뉴질랜드에만 오랜 역사를 가지고 운영해 오는 곳이 있습니다. 인구가 많지 않아 대학도 적은데, 뉴질랜드 대학은 모두 세계적으로 높은 순위를 차지하고 있는 명문대학들입니다.

1) 사설학원

Kaplan, Embassy, LSI

모두 전 세계 영어권 국가에 센터를 운영하고 있는 글로벌 멀티 랭귀지 스쿨입니다. 뉴질랜드에서도 주요 학원으로써 상급 교육기관을 운영하고 있습니다.

LI, Dominion, Worldwide

이 학원들은 뉴질랜드 전통 명문학원으로 평가받고 있습니다.

이외 지역별로 그 지역에 기반을 둔 사설 어학원들이 있습니다.

2) 대학부설

뉴질랜드는 다른 국가의 College나 호주의 TAFE 같은 교육기관으로 Polytechnic이 운영되고 있습니다. 이 Polytechnic 부설 어학연수기관도 많습니다. 다음은 대학부설 기관 리스트입니다.

- University of Auckland
- UNITEC
- University of Canterbury

- University of Waikato

- Victiria University

- Auckland University of Technology

- Christchurch Polytechnic

- Nelson Polytechnic

- Aoraki Polytechnic

- Southern Institute of Technology

- Eastern Institute of Technology

6. 뉴질랜드 어학연수 프로그램

뉴질랜드 어학연수 프로그램은 호주처럼 영국 쪽에 가깝습니다. 단기 집중 일반 영어과정 이후 시험과정에 있어 IELTS, Cambridge 과정을 보편적으로 제공합니다. IELTS나 Cambridge 시험을 공부하는 것은 뉴질랜드 어학연수의 필수 코스로 생각하면 됩니다.

이외 Business 과정이나 TESOL 과정도 교육기관별로 제공하는 곳들이 여럿 있으므로 선택의 폭은 다양합니다.

7. 뉴질랜드 어학연수 숙소

뉴질랜드 어학연수도 사설학원이 많아 홈스테이 생활이 일반적입니다. 대학부설도 기숙사를 제공하는 곳은 많지 않아 홈스테이로 안내받는 경우가 많습니다.
뉴질랜드는 다른 국가에 비해 홈스테이 비용이 저렴한 편이며, 또한 친절한 집들이 많아 어학연수라면 가급적 홈스테이에 머무르는 것이 좋습니다.

장기체류자인 경우 본인이 직접 집을 렌트해서 세를 주는 방식으로 지내는 것도 가능합니다. 또는 스튜디오(원룸)라면 단독 렌트를 해서 생활할 수도 있습니다.

워홀러나 여행자의 경우 유스호스텔이나 다소 저렴한 백패커스 등을 이용하는 것이 좋습니다.

8. 워킹홀리데이 · 아르바이트

뉴질랜드 워킹홀리데이는 해마다 1,800명 선발해왔습니다. 2년 전만 해도 마감까지 한 달 정도 여유가 있었지만 요즘은 당일 마감이 되고 있으며, 2015년에는 2~3시간 안에 마감이 되었습니다.

2016년부터는 3,000명으로 인원이 늘어날 것으로 예상됩니다. 뉴질랜드 워킹홀리데이 비자는 4월 중 비자신청 일시와 신청 방법을 미리 파악해 두고 신청시간에 서둘러 신청해야 합니다.

뉴질랜드 워킹홀리데이 비자는 꼭 한국이 아니더라도 뉴질랜드나 기타 3국에서 받는 것이 가능합니다. 물론 호주 워킹홀리데이 비자도 그렇지만, 호주는 연중 발급이므로 한국에서 받아 가면 될 뿐 외국에서 굳이 받을 이유는 없습니다. 하지만, 뉴질랜드 워킹홀리데이 비자는 4월 중 신청 시기가 정해져 있기 때문에 본인의 일정에 따라 현지나 제3국에서 비자를 받는 경우도 많습니다.

예를 들면 뉴질랜드 워킹홀리데이를 앞두고 아시아권 어학연수를 미리 출발하는 경우, 또는 뉴질랜드에 미리 출국해야 할 상황이라면 관광비자로 출국해서 현지에서 워킹홀리데이 비자를 신청하는 경우입니다.

워킹홀리데이 비자와 학생비자 모두 아르바이트가 가능합니다. 다만 학생비자는 학업을 지속해야 비자가 유지되므로 공부할 비용이 많이 부족하거나 시간을 공부와 일, 여행 등에 자유롭게 배분하고자 한다면 워킹홀리데이 비자를 받아 가는 것이 좋습니다.

9. 뉴질랜드 어학연수 여행

뉴질랜드는 여행을 만끽할 수 있는 국가입니다. 여러 도시에 인문적 관광지는 많지 않지만 자연경관 및 즐길 수 있는 활동이 매우 많습니다.
최근 한 잡지의 조사 결과 뉴질랜드는 전 세계에서 홀로 여행하기 가장 좋은 나라로 선정되기도 했습니다. 여러 가지 모험과 탐험이 있는 나라, 안전한 나라, 친절하고 열린 마음의 나라 뉴질랜드는 여행하기 최적의 국가입니다.

또한 여행자 숙소 비용이 비교적 저렴하고, 전 세계 많은 젊은이가 여행으로 찾고 있는 나라입니다. 트래킹, 번지점프, 빙하와 우윳빛 빙하호수 구경, 돌고래, 낚시, 스키와 골프도 즐길 수 있는 곳입니다.

06 아일랜드 어학연수 · 워킹홀리데이

1. 아일랜드 어학연수 장단점

아일랜드 어학연수 장점

❶ 한국학생이 적고, 유럽학생 비율 높음

어학연수 국적 구성에 있어 다른 국가에 비해 좋은 조건을 갖고 있습니다. 한국인이 비교적 적어 언어적 방해를 최소화할 수 있고, Speaking 실력이 뛰어난 유럽학생이 비교적 많아 언어사용 환경이 보다 효과적입니다.

❷ 유럽 여행이 편리하고 알찬 여행 가능

많은 유럽학생이 오기 때문에 유럽친구를 사귀고, 그들 국가로 여행을 해볼 수 있습니다. 여행비용을 줄이고 어떤 여행 보다 알찬 여행이 가능합니다.

❸ 한국에서 비자 준비 필요 없이 입국 가능

비자 거절의 위험성도 없고 한국에서 비자 준비의 번거로움도 없습니다. 비자는 아일랜드에 입국하여 현지 이민국에 등록하는 절차를 밟게 됩니다.

❹ 아르바이트 가능

아일랜드는 6개월 학업으로 8개월 체류비자를 주기 때문에 어학연수와 여행을 분배하여 진행이 가능합니다. 또한 6개월 학업의 학생비자로 합법적 아르바이트가 가능하기 때문에 생활비와 여행비를 벌 수 있습니다.

❺ 말하기를 좋아하는 아이리쉬의 성향

아이리쉬들은 말하기를 좋아합니다. 이는 어학연수 환경에 큰 장점이 되는 요소입니다. 본인의 기본 영어실력과 노력만 있다면 원어민과 쉽게 대화할 수 있습니다.

아일랜드 어학연수 단점

❶ 작은 국가

아일랜드도 뉴질랜드처럼 작은 국가입니다. 인구도 적고, 도시도 크게 발달한 곳이 없습니다. 지역에 따라 지루할 수도 있습니다.

❷ 어학연수 인프라

아일랜드에 좋은 어학원들은 많고 시험 과정은 높은 수준으로 발달되어 있으나, 전문영어과정은 많이 발달되어 있지 않습니다.

2. 아일랜드 어학연수 비자

1) 관광비자 (3개월 이내 어학연수)

관광비자라 하면 별도의 비자 준비가 없는 무비자를 말합니다. 한국과 아일랜드는 3개월 이하 무비자 체류가 가능합니다. 따라서 입국 시 90일 체류허가를 받게 되는데, 이 기간 내에 어학연수를 할 수 있습니다.

2) 학생비자 (6개월 이상 어학연수)

아일랜드의 학생비자는 무엇보다 한국에서 별도 준비 없이 아일랜드 현지에 가서 받는다는 장점이 있습니다. 물론 현지에서 하루 정도 시간을 내야 하는 번거로움이 있지만, 한국에서 시간을 허비할 필요 없으며 비자 승인 거절 가능성이 있는 다른 국가에 비하면 매우 큰 장점입니다.

학생비자로 6개월 학원을 등록하면 추가 2개월 체류허가를 받을 수 있으며, 시기에 따라 주당 20~40시간 이내 아르바이트가 가능합니다. 6개월 학업에 추가 기간은 원래 6개월이었는데, 2015년 10월 1일부터 2개월로 규정이 바뀌었습니다. 학생비자는 연장이 3번까지 가능한데, 6개월 학업+2개월 추가 규정은 동일하게 적용됩니다.

3) 워킹홀리데이 비자

워킹홀리데이 비자는 6개월까지 학업이 가능합니다. 다만 아일랜드 워킹홀리데이 비자는 1년에 400명의 적은 인원을 뽑기 때문에 학생비자 아르바이트로 대체해서 가는 경우도 많습니다.

3. 아일랜드 어학연수 비용

아일랜드 어학연수는 저렴한 형태로는 수업, 숙식, 용돈을 포함해 월 170만 원 수준, 중상급의 경우 250만 원 이상 비용이 예상됩니다.

1) 저렴한 예산의 어학연수

만일 영어능력이 높은 수준인 경우 아일랜드 어학연수를 간다면 초기부터 아르바이트를 알아보고 병행이 가능합니다. 물론 아일랜드는 인구가 적어 산업발전이 활발하지 않은 국가이기에 일자리가 많지 않지만, 영어능력이 높은 경우라면 적극적인 구직활동으로 일자리를 구하는 것이 가능합니다.

아일랜드 어학연수는 6개월 학업으로 파트타임 학비 300~400만 원대의 저렴한 곳을 선택하고, 알뜰한 쉐어하우스를 구해 자취생활을 하면서 아르바이트를 초기부터 진행하고, 이후 2개월 여유 기간에 학업 없는 아르바이트를 한다면 800~1,000만 원 정도의 초기비용으로 어학연수를 계획할 수 있습니다.

2) 많은 예산의 어학연수 1년 비용

풀타임 학업을 하고 홈스테이 생활을 한다면 어학연수 비용이 캐나다, 뉴질랜드보다 높아집니다. 지속적인 어학연수 과정을 밟고 홈스테이를 지속하고, 고급학원에서 고급과정의 어학연수를 한다면 월 250~300만 원 정도 지출이 예상됩니다.

4. 아일랜드 어학연수 지역

아일랜드는 총인구 약 420만 명인데 인구 대다수가 더블린, 코크, 골웨이, 리머릭에 거주하고 있습니다. 따라서 아일랜드 어학연수는 대부분 이 도시들로 가게 됩니다.
각 도시와 지역별 특징에 대해 알아보겠습니다.

★ 더블린 (Dublin)

100만 이상의 인구가 거주하는 아일랜드 최대도시입니다. 낭만과 변화의 도시라고도 하며, 외자 유치로 세워진 세련되고 화려한 최신 건물들과 가난한 이민자들의 모습이 교차되는 인상을 풍기는 도시입니다. 음악과 예술의 도시인 더블린은 골목마다 펍(Pub)을 발견할 수 있고, 비가 오는 날이면 대낮부터 아일랜드 흑맥주 한 잔 걸치기에 안성맞춤인 분위기입니다.

한강처럼 도시를 동서로 가로지르는 리피강을 중심으로 남북으로 나뉘는데, 남부는 아일랜드 최고 명문대학 트리니티 대학과 박물관이 밀집하였으며, 북쪽은 신시가지인 오코넬 스트리트를 중심으로 번화가가 자리하고 있습니다. 리피강을 따라 늘어선 파스텔톤의 건물은 더블린의 상징과도 같은데 강변을 따라 산책을 즐겨 볼 만합니다.

★ 골웨이 (Galway)

골웨이는 아일랜드 서쪽 해안에 위치한 관광도시입니다. 시내 중앙에는 에어광장이 있고 광장을 중심으로 번화가가 위치해 있습니다. 이중 윌리엄 스트리트에서 숍 스트리트에 이르는 길이 인파로 가장 붐비는 지역입니다.

평소에는 조용한 시내의 이미지로 어학연수를 하기에 매우 적합한 도시이며, 여름부터 많은 축제가 열려 다양한 문화 경험을 할 수 있습니다. 9월의 오이스터 축제 때 굴을 많이 먹어볼 수 있습니다.

★ 코크 (Cork)

2005년 유럽 문화의 수도로 지정된 바 있는 도시이며, 아일랜드 남부에서 가장 발달된 도시입니다. 도심 면적이 넓지만, 한국인이 볼 때는 작은 타운같습니다. 남부 해안의 여러 항구와 해안을 중심으로 휴양지가 발달되어 있으며, 시내에는 다양한 식당, 펍, 쇼핑가들이 형성되어 있습니다.

★ 리머릭 (Limerick)

과거에 큰 영향을 미쳤던 바이킹 시대에 형성된 도시로 아일랜드 세 번째 규모의 도시입니다. 다른 도시에 비해 상공업의 비중이 높은 도시이며, 아일랜드에서 가장 큰 강인 샤논 강을 끼고 있습니다.

킹존스 캐슬, 헌트 박물관을 둘러볼 만하고, 리머릭에 어학연수를 가고자 한다면 퓰리처상을 수상한 세계적인 베스트셀러 『안젤라의 재』를 읽고 가면 리머릭을 더 깊이 감상할 수 있습니다.

5. 아일랜드 어학연수 학원

아일랜드 어학연수 기관도 영국과 같이 사설학원이 많습니다. 여러 국가에 센터를 운영하고 있는 멀티 랭귀지 스쿨은 많지 않고, 아일랜드만의 어학원이거나 가까운 영국과 아일랜드에 각각 센터를 운영하고 있는 학원들이 대부분입니다.

학원은 6개월 기준 파트타임으로 총 300만 원 정도의 학비로 저렴한 곳부터 풀타임으로 6개월 700만 원 이상 비싼 학원들도 있습니다. 500~600만 원 정도면 중상급 수준으로 선택 가능합니다.

아일랜드는 최근 2년 내 학생비자 정비와 어학원 정비과정에서 많은 어학원이 도산했습니다. 지금은 정비가 완료된 상황이지만 어학원 도산에 대해서는 조심하고, 대행업체를 통해 학비 보증을 받고 가는 것이 안전한 방법입니다.

다음은 아일랜드 어학원 인증기관 및 추천 어학연수 기관 리스트입니다. 이외에도 많은 어학원이 있으니 자신의 예산과 선호하는 도시를 고려하여 상담안내를 받아보면서 범위를 줄여나가세요.

- A2Z School of English
- Active Language Learning

- Alpha College of English

- Applied Language Centre, University College Dublin

- Arena School of English

- ATC Language & Travel

- Atlantic Language School

- Centre of English Studies

- Dublin City University

- Delfin School of English

- Dorset College

- Dublin School of English

- ECM College

- EF

- English Language Academy

- ELTA

- Emerald Cultural Institute

- Griffith College Dublin

- International House Dublin

- International Study Centre

- Irish College of English

- ISI

- Kaplan

- Language Learning International

- Malvern House

- SEDA Academy

- The Horner School of English

- The International School of English

- ULearn

- University of Limerick

6. 아일랜드 어학연수 프로그램

아일랜드 어학연수 프로그램은 영국과 유사합니다. 대부분의 교육기관에서 IELTS, Cambridge 과정을 제공합니다. 이외 전문 과정으로 Business, TESOL 과정 등이 있는데, TESOL 과정은 프로그램을 제공하는 곳이 많지 않습니다.

7. 아일랜드 어학연수 숙소

아일랜드 어학연수에서는 쉐어하우스 생활이 보편적입니다. 쉐어는 집과 구성원을 판단해야 하고, 그 구성원들도 새로운 식구를 평가하기 때문에 금방 구하기는 어렵습니다. 따라서 초기 한 달 정도 홈스테이를 하고 그 기간 내에 쉐어를 구하는 것이 좋습니다. 또는 사람에 따라 단기여행자 숙소로 개별적으로 들어가고 그곳에 체류하면서 쉐어를 구하는 경우도 있습니다.

물론 홈스테이 가족이 좋다면 홈스테이를 지속해 보는 것도 좋은 방법입니다. 다만 홈스테이 비용이 비싼 편이고, 아일랜드는 쉐어 구성원들이 아일랜드 사람이거나 유럽인으로 구성된 경우가 많아 쉐어생활을 통해 어학연수 효과를 높일 수 있는 나라입니다.

청춘의 해외도전

8. 워킹홀리데이

아일랜드도 호주나 뉴질랜드처럼 학생비자로 아르바이트가 가능합니다. 또한 학생비자로 학업이 끝난 후 단기간 내에 그 국가를 떠나야 하는 게 아니고, 2개월의 추가 체류 기간을 얻을 수 있습니다. 그러한 추가 기간에는 풀타임 일을 하거나 단순 체류를 하면서 그간의 친구들과 교류하거나 아일랜드를 여행하는 것도 좋은 방법입니다.

아일랜드 워킹홀리데이의 장점은 유럽에서 워킹홀리데이를 경험한다는 것인데, 단점은 선발 인원이 너무 적고, 일자리가 많지 않아 영어가 부족한 경우 일자리 구하기가 매우 어렵다는 것입니다. 따라서 아일랜드 워킹홀리데이는 영어능력을 특별히 중점적으로 준비해야 하겠습니다.

아일랜드 워킹홀리데이는 상반기는 2~3월, 하반기 7~8월로 각각 200명씩 나누어 선발합니다. 선착순 우편발송이며 동시 도착분의 경우 추첨으로 선발합니다.

9. 아일랜드 어학연수 여행

초록의 국가 아일랜드에서 여행을 빼놓을 수 없습니다. 남동부 해안지방으로 여러 관광지와 유적지를 관광할 수 있는 국가입니다. 친절과 미소의 국민 아일랜드인들은 그 여행의 훌륭한 동반자가 되어줍니다.

아일랜드에서 가까운 영국, 웨일즈, 스코틀랜드, 잉글랜드 등 영어를 사용해야 하는 여행을 다닐 수 있습니다. 런던은 저가항공사를 이용해 주말에도 부담 없이 다녀올 수 있는 도시입니다.

07 필리핀 어학연수

1. 필리핀 어학연수 장단점

필리핀은 이제까지 알아본 서구 영어권 국가와는 어학연수 형태가 다른 국가입니다. 서구 영어권 국가는 '문화의 어학연수'가 적합하다면 필리핀은 '학습의 어학연수'가 적합한 환경입니다. 필리핀은 어울려 놀면서 영어를 학습하는 환경이 아니라, 열심히 공부하고 그것을 소규모 수업에서 사용하면서 영어가 느는 환경이라 이해하면 됩니다.

필리핀 어학연수 장점

❶ 1:1 수업, 소그룹 수업

영어 수준이 낮은 언어잠복기 시기라면 서구권의 단체수업 환경에서는 하루 20~30분도 영어사용을 못 하는 경우가 대부분입니다. 하지만, 필리핀은 1:1 수업과 소그룹 수업을 제공하기 때문에 수업만으로도 그 10배에 달하는 영어사용의 기회를 가질 수 있습니다.

❷ 풀서비스 기숙환경

필리핀은 통학이 필요치 않은 일체형, 또는 근거리 숙소에 식사, 세탁, 청소 등을 모두 제공하기 때문에 학업에만 몰입하기 좋은 환경입니다.

❸ 저렴한 비용

1:1 및 소그룹 수업과 풀서비스 생활환경을 제공받고도 100만 원 초반의 비용으

로 어학연수가 가능하기 때문에 비용이 저렴합니다.

❹ 가까운 거리

한국에서 항공시간 3시간 반~4시간 정도 거리로 이동이 편리하다는 장점이 있습니다.

❺ 친절한 필리핀인

친절한 성향의 필리핀인과 수업을 하기 때문에 초반 영어사용에 대한 거부감이 적습니다. 어떤 측면에서 다소 만만하다는 느낌, 또는 나를 존중해 준다는 느낌이 드는데 언어사용 환경에 있어서는 도움이 되는 환경입니다.

필리핀 어학연수 단점

❶ 넘쳐나는 유흥가

필리핀은 저렴한 비용으로 즐길 거리가 많습니다. 이러한 유흥환경에 젖어들면 어학연수 성공은 불가능합니다. 주말을 제외하고는 외출 없는 생활을 원칙으로 해야 합니다.

❷ 강사 수준의 편차

오랜 경력의 좋은 강사들은 서구권 강사 이상의 능력이 있지만 초보 강사는 수준이 매우 낮은 경우도 있습니다. 강사가 나의 스타일과 맞지 않거나 수준이 낮다고 생각된다면 강사교체를 요청할 수 있습니다.

❸ 수준 낮은 수업 주제

글로벌 이슈에 대한 이해능력에 있어 대화를 이끌어가는 지식 등이 부족한 경우가 있습니다. 필리핀은 언어잠복기를 극복하는 초반에 단기 어학연수이니 만큼 큰 단점은 아닙니다.

필리핀 어학연수에 대한 오해

❶ 발음이 이상하다.

발음에 대한 견해는 두 가지인데, 하나는 정확한 발성구조이며 다른 하나는 스타일입니다. 정확한 발성구조는 무리가 없는 편이며, 스타일은 어느 국가 어느 지역이건 자기 스타일이 있습니다.

성인의 언어학습은 외국에 간다고 해서 저절로 느는 것이 아니라 공부를 열심히 해야 느는 것입니다. 발음 역시 어떤 국가에 간다고 해서 그 국가 발음이 되는 것이 아니라 스스로 교정연습을 많이 해야 합니다.

필리핀은 초기 언어잠복기를 줄이고 실력 향상의 속도를 높여주므로 발음교정 연습을 할 능력도 빠르게 성장시켜줍니다. 따라서 발음 학습에도 오히려 도움이 될 수도 있습니다.

❷ 안전, 치안

정상적인 생활을 할 경우 위험한 곳이 아닙니다. 게다가 보통은 기숙사 생활을 하게 됩니다. 하루만 가서 생활해 보아도 안전에 대한 불안은 없어질 것입니다. 다만 술에 취해 홀로 밤거리를 배회하거나 상식을 벗어나는 행동을 하면 한국이건 필리핀이건 위험합니다.

❸ 수업이 많은 곳으로 가고 싶어요.

성인 외국어 학습은 단지 말할 기회를 많이 갖는다고 절대 늘지 않습니다. 열심히 공부하고 그것을 사용했을 때 말이 느는 것입니다. 즉, 수업의 강도가 실력을 보장하는 것은 아닙니다. 적당한 수업시간과 충분한 개인공부를 하는 것이 오히려 더 효과적인 방법입니다.

2. 필리핀 어학연수 비자

필리핀 어학연수는 한국에서 비자 준비가 필요치 않습니다. 입국 시 30일 체류 허가를 받게 되며, 이후 현지에서 지속해서 월 단위 연장을 할 수 있습니다. 연장은 현지 학원에서 대행을 해주므로 신경을 쓸 필요는 없는데, 연장할 때마다 비용을 납부해야 합니다.

이외 필리핀 어학연수의 경우 SSP라는 것이 있는데, Special Study Permit의 약자로 필리핀에서 신청합니다. 1회 신청하면 되고 신청은 현지 학원에서 대행해주며 약 15만 원 정도 비용이 청구됩니다.

이외 필리핀에서 8주 이상 거주하는 외국인으로서 ACR I-Card도 받아야 합니다. 약 10만 원 이내 비용이 소요됩니다.

3. 필리핀 어학연수 비용

필리핀 어학연수 비용은 학원 별, 기간 별 차이가 있는데 수업, 숙식비용을 합해 월 90~120만 원 정도 필요합니다. 여기에 위에 언급한 비자연장비, 용돈, SSP,

ACR I-card, 전기세 등을 합하면 월 110~140만 원 정도로 어학연수가 가능합니다.

비용이 저렴하다는 것은 필리핀 어학연수의 큰 장점이며, 초기 경제적 손실에 해당되는 언어잠복기를 단축시킨다는 것은 비용 면에서 큰 이익이 될 수 있습니다.

4. 필리핀 어학연수 지역

필리핀 어학연수는 지역과 별다른 관계가 없습니다. 보통 서구권 국가로 어학연수를 간다면 지역선택에 고심을 하는데, 규모, 즐길 거리, 문화적 환경, 기후 등 고려 사항이 많기 때문입니다.

그러나 필리핀 어학연수는 외부 활동을 하거나 돌아다니면서 영어를 익히는 환경이 아니며, 거의 실내생활의 어학연수이기 때문에 지역 선택과 무관하다고 보면 됩니다.

어학연수 주요지역은 아래와 같습니다.

★ 세부 (Cebu)

마닐라에 이어 필리핀 제2의 도시이며, 필리핀에서 어학원이 가장 많이 위치한 도시입니다. 여행지로 유명하며 유명 리조트들이 많이 위치해 있기도 합니다. 외국자본의 투자가 활발하고 글로벌 기업의 아웃소싱 콜센터들이 많이 위치해 있습니다.

★ 바기오 (Baguio)

필리핀에서 스파르타 어학원이 최초 설립된 곳이며, 지금도 스파르타 학원들로
유명합니다. 마닐라에서 북쪽으로 버스로 6시간 정도 가면 도착하는 고산도시로
아침저녁으로 서늘하여 필리핀의 여름 수도라는 애칭도 있습니다.

★ 마닐라 (Manila)

필리핀에서 압도적으로 큰 도시로 필리핀의 행정수도, 경제중심도시입니다. 메트
로 마닐라라 하여 그 안에 다양한 시내가 있습니다. 주요 상업지역은 서울보다 더
국제도시적 면모가 느껴지기도 합니다. 어학연수 학원은 대학이 많은 퀘존시티에
주로 위치해 있습니다.

★ 일로일로 (Iloilo)

마닐라와 더불어 한국인들의 필리핀 어학연수가 시작된 곳이며, 필리핀 중부에
위치한 파나이섬(Panay)의 중심도시입니다. 어학연수 비용이 일반적으로 저렴한

수준이고, 필리핀 유명 여행지 보라카이(Boracay) 해변이 위치해 있습니다.

앞의 도시들에 어학연수 학원 대부분이 위치해 있고, 이외 도시들에는 소수의 어학원이 운영되고 있습니다.

- 바콜로드 (Bacolod)

  필리핀 중부에 위치한 네그로스섬(Negros)의 중심도시입니다.

- 다바오 (Davao)

  필리핀 남부 민다나오섬(Mindanao)의 중심도시입니다.

- 클락 (Clark)

  과거 미군 주둔지였던 곳으로 비교적 쾌적한 환경을 갖추고 있습니다.

5. 필리핀 어학연수 학원

필리핀 어학연수 학원은 학원과 기숙사가 한 건물에 일체형으로 운영되는 곳이 많습니다. 따라서 통학에 시간이 걸리지 않습니다.

어학원은 가고 싶은 지역, 예산, 원하는 수업 형태 등을 고려해 선택하면 되고, 보통 설립 역사를 보고 판단하면 되는데 운영 기간이 어느 정도 되는 곳으로 선택하면 무난합니다.

요즘은 어학원 수가 많아져서 특정 몇 곳만을 선택하여 추천하기 어렵습니다.

보통 10~20개 정도 유명 학원 중 고려하면 됩니다. 주요 학원으로는 CPILS, CNN, CG, Cebu Study, HELP, JIC, SPC, GS, PINES, Philinter, Fella, EV, UV, MK 등을 들 수 있습니다.

6. 필리핀 어학연수 프로그램

필리핀은 서구권과 같이 일반영어, 시험과정, 전문과정으로 프로그램을 분류하기 어렵습니다. 보통 서구권에서 일반영어 과정을 수강할 시기에 필리핀에서 학업한다고 보면 됩니다.

따라서 프로그램별 분류가 아닌 수업 인원에 따른 분류가 보편적입니다. 1:1 수업, 소그룹 수업, 1:8 정도의 대그룹 수업 식의 분류입니다.

시험과정으로는 IELTS 과정을 제공하는 학원들이 있으며, 간혹 TESOL 과정을 제공하는 경우도 있습니다. IELTS 과정은 강사나 프로그램이 좋다기보다 공부에만 집중할 수 있는 기숙학원으로 시험공부에 몰입하기에 좋으며, TESOL 과정은 굳이 필리핀에서 수강을 권하지 않습니다.

7. 필리핀 어학연수 숙소

숙소는 거의 기숙사 형태로 제공됩니다. 학원과 동일 건물에 있거나 또는 근거리에 위치해 있으며 식사, 청소, 세탁이 모두 제공됩니다. 룸은 1인실부터 5인실까지 다양합니다. 1인실은 비용이 비싸지만 혼자 공부에 몰입하기 좋고, 다인실로 갈수록 비용이 저렴한 편입니다. 다인실이라 하더라도 별도 도서관 등에 공부시설이 갖춰진 곳들이 있습니다.

8. 필리핀 어학연수 여행

필리핀은 7,000개의 섬으로 이루어진 섬나라입니다. 많은 해변 관광지가 있고 해양레저활동을 즐길 수 있습니다. 대부분 어학연수 도시가 바다를 접해 있어서 아일랜드 호핑, 스노우쿨링 등을 즐길 수 있고, 선상 레스토랑에서 해산물을 즐길 수도 있습니다. 스킨스쿠버 자격증에 도전하거나 즐기는 것도 가능합니다. 열심히 공부하고 리조트로 휴식을 취하러 갈 수도 있으며, 중년 어학연수라면 주말을 이용해 골프를 즐길 수도 있습니다.

08 인도 어학연수

아직 많은 이들이 낯설어 하는 인도 어학연수에 대해서 알아보겠습니다.

인도 어학연수를 추천하게 된 계기는 우리 학생들이 향후 한국 발전에 도움이 될 국가와 인연을 맺으면, 나아가 우리 사회 발전에 도움이 되고, 인도를 경험한 이들의 취업이나 발전에도 큰 도움이 되리라는 생각이 발단이었습니다.

어학연수 국가를 선택하는데 그 나라의 단순한 이미지가 아닌, 시대 변화에 대한 지식, 어학연수가 갖는 사회적 역할, 그리고 어학연수를 통한 나의 발전 등에 대해 정확한 시각으로 선택해야 합니다.

1. 인도 어학연수 장점

❶ 높은 어학연수 성공률

인도는 어학연수 성공률이 가장 높은 국가입니다. 필리핀과 같은 소그룹 수업과 풀서비스 기숙사 환경으로 학업 몰입도가 높고, 또한 유흥환경이 없이 건전한 환경이므로 학습에 대한 진지함이 자연스럽게 형성됩니다. 공부도 일종의 수행인데, 세계에서 가장 깊이 있는 수행문화를 가진 인도야말로 공부하기에 좋은 환경입니다. 게다가 강사 수준도 높은 편이며, 특히 대화 주제에 대한 지적 수준이 높습니다.

❷ 취업과 사회생활에 유리

인도는 올해로 일본을 제치고 G3 국가가 되었습니다. 구매력 기준 세계 3위의 경제대국이 된 것입니다. 민주주의 국가로써 중국처럼 압축 성장은 없었지만, 오히려 그러한 점으로 인해서 지속적인 경제성장이 예상되고 있습니다. 또한 평균 나이 25세의 젊은 대륙이라는 점은 향후 더 큰 구매력 향상이 예상되기도 합니다. 아울러 자동차, 전자, 사회 인프라 건설, 플랜트 분야, 철강 등 한국의 주력산업이 인도시장에 큰 기대를 걸고 있습니다.

인도 어학연수를 다녀온 이들이 이구동성으로 하는 말은 취업면접 때 인도 경험에 대한 질문을 받는다는 것과 그것이 취업에 큰 도움이 되었다는 것입니다. 남들 다 가는 뻔한 어학연수가 아니라 흔치 않은 인도 어학연수 도전과 경험은 크게 부각되는 것입니다. 또한 사회생활에서도 인도를 경험한 이들이 많지 않기 때문에 대체 불가한 자기만의 국가 경험을 가질 수 있다는 점도 장점입니다.

❸ 인도 여행

인도는 죽기 전에 꼭 가 봐야 할 나라로 추천되고 있고, 많은 이들이 평생 한 번은 꼭 가보고 싶은 나라로 여깁니다. 인도 어학연수는 어학연수와 더불어 여행의 기회도 가질 수 있으며, 영어 이외에도 큰 깨달음과 성장의 기회를 제공합니다. 또한 많은 서양인이 인도여행을 하기 때문에 여행지에서 동행이 되어 외국인 친구를 사귈 수 있으며 영어사용 기회도 가질 수 있습니다.

❹ 1:1 수업, 기숙사 환경, 저렴한 비용

위 사항은 필리핀 어학연수와 동일합니다.

2. 인도 어학연수 비자

인도 어학연수는 학생비자로 가야 합니다. 다른 나라처럼 학생비자를 받는데 많은 서류가 필요하거나 번거로운 과정을 거치지는 않습니다. 사진 2장(5*5사이즈)과 여권만 있으면 2박 3일 후 받을 수 있습니다.

3. 인도 어학연수 비용

인도 어학연수는 월평균 110~120만 원 정도로 가능합니다. 수업은 하루 8교시 제공되며, 필리핀과 마찬가지로 숙식, 청소 등이 제공되는 기숙사 환경에서 학업하게 됩니다.

인도의 주요도시는 다음과 같습니다.

★ 벵갈루루 (Bengaluru, 방갈로르에서 개명)

인도의 실리콘밸리이자 인도 항공우주산업의 수도로 불리는 곳으로 인도 IT 기업의 선두도시입니다. HP, Intel, IBM, Oracle 등을 포함해 세계적 기업들의 첨단 클러스터가 위치해 있습니다. 고산도시로 여름에도 다른 지역처럼 혹서기는 존재하지 않으며 기후조건이 좋은 도시입니다.

★ 델리 (Delhi)

북인도에 위치한 인도의 행정수도로 올드델리와 뉴델리로 구분됩니다. 영국 식민지 시대부터 뉴델리가 건설되었다고 합니다. 인구는 1,300만 명이며 주변 구르가온(Gurgaon) 등 수도권을 포함해 1,600만의 인구가 거주하고 있습니다.

★ 뭄바이 (Mumbai, 봄베이에서 개명)

인도 서쪽 해변에 위치한 인구 1,300만의 최고의 상업도시입니다. 밤에 네온사인이 켜져 있을 때는 매우 현대적인 느낌이 듭니다. 과거부터 유럽과의 교역로였고, 현재 인도 경제를 이끌고 있으며 영화산업의 중심지인 볼리우드가 자리 잡고 있습니다.

★ 콜카타 (Kolkata, 캘커타에서 개명)

인도 동북부에 위치한 대도시입니다. 과거 영국식민지 시절 한때 수도였던 적이 있습니다. 인도 3대 대도시로 인구 1,400만에 이릅니다.

★ 첸나이 (Chennai, 마드라스에서 개명)

인도 동남부 해안에 위치한 도시입니다. 한국의 현대자동차가 위치해 있는 도시이기도 합니다. 인구 750만의 4대 대도시에 속합니다.

5. 인도 어학연수 학원

인도는 곧 미국을 제치고 세계 1위의 영어 사용인구의 국가가 될 전망입니다. 인구가 많고 영어를 배우고 있는 사람들도 많기 때문에 곧 영어가 능숙한 이들이 미국 인구 3억 명을 넘어설 전망이기 때문입니다. 이런 이유로 인도에 영어학원이 매우 많습니다. 또한 주요도시에는 글로벌 멀티 센터를 운영하는 유명 어학원이 있습니다.

하지만 인도는 필리핀과 마찬가지로 문화의 어학연수를 하는 곳이 아닌, 학습의 어학연수를 위해 가는 곳입니다. 현재로써는 인도의 실리콘밸리라 불리는 벵갈루루의 PSP 어학원을 추천합니다. 어학연수 환경과 성과 등에서 일정 수준 이상의 성과를 보이고 있는 어학원이며, 한국인이 지내기에 좋은 기후로 학습 효과를 높일 수 있습니다.

6. 인도 어학연수 프로그램

필리핀 어학연수와 마찬가지로 시험과정과 전문과정이 아닌, 일반영어 과정을 위한 어학연수 국가입니다. 인도 어학연수는 단기 어학연수로 영어사용의 자신감과 학습능력을 향상시키고 싶은 경우, 인도에서 언어잠복기를 극복하고 서구 어학연수 국가에서 처음부터 높은 레벨로 학업을 원하는 경우, 인도에서 자신감과 좋은 마음가짐을 갖고 서구권 워킹홀리데이를 가려 하는 경우 인도 어학연수를 추천합니다.

7. 인도 어학연수 숙소

숙소는 기숙사가 제공됩니다. 학습의 어학연수에서는 단순한 말하기 기회를 갖는 것보다 의식적으로 공부하고 공부한 것을 사용할 수 있도록 노력하는 것이 효과적입니다. 기숙사는 식사와 청소가 모두 제공되고, 세탁은 별도 세탁기가 비치되어 있습니다. 학원과는 도보 5분 거리입니다.

8. 인도 어학연수 아르바이트

인도는 급여 수준이 한국보다 낮아서 아르바이트를 권하지 않습니다. 차라리 한국에서 일을 하고 인도에서는 공부에만 몰입하는 것이 낫습니다. 다만 아르바이트가 아닌 봉사활동은 다양하게 시도해 볼 수 있습니다. 어학원 근처 고아원 등에 봉사활동을 갈 수 있고, 전 세계 젊은이들이 모여 봉사활동을 하는 워크캠프 등에 지원할 수도 있습니다. 세계적으로 유명한 마더 테레사 단체에 가서 봉사활동을 해볼 수도 있습니다.

9. 인도 어학연수 여행

인도는 가장 여행하고 싶어 하는 나라이며, 세계에서 아직도 자본주의에 물들지 않은 다양한 정신세계를 추구하고 있는 나라입니다. 그러한 인도여행에서 정신적 깨달음을 얻고, 다양한 경험을 하고, 잊히지 않는 추억을 만드는 것은 무엇과도 바꿀 수 없는 경험이 될 것입니다.

또한 저렴한 비용으로 여행이 가능하다는 장점이 있습니다. 서구권보다 훨씬 저렴한 비용으로 원 없이 여행할 수 있습니다.

여행에 큰 기대를 하지 않았다가 여행의 참 의미를 깨닫는 경우, 저렴한 비용이지만 유럽여행보다 훨씬 더 낫다는 평가, 어학연수 이후 또 다른 인도여행을 찾는 이들 등 어학연수로 찾은 인도에서 영어실력 뿐만 아니라 여행으로도 큰 발전을 이루는 사례가 많습니다.

09 싱가포르, 말레이시아, 몰타, 남아공, 피지 어학연수

이제까지 알아본 국가 이외의 영어어학연수로 떠나는 국가들입니다. 간단하게 특징을 알아보겠습니다.

1. 싱가포르 · 말레이시아 어학연수

아시아권 어학연수의 시작은 필리핀 어학연수입니다. 필리핀은 저렴한 비용으로 1:1 수업이 가능하다는 점 등의 의미가 있고, 이외 인도 어학연수는 그에 추가하여 발전하는 거대시장을 경험한다는 측면의 의미가 있습니다.

싱가포르, 말레이시아 어학연수는 아시아권 어학연수에 대한 관심이 확대되어 주목받기 시작했는데, 필리핀과 인도 어학연수의 장점과는 크게 관계가 없는 국가들입니다.

저렴한 비용으로 많은 수업시간과 1:1 수업 환경이 제공되는 것이 아니고, 숙식환경도 풀서비스가 제공되는 기숙사 환경도 아닙니다. 어학연수 형태는 서구권 국가와 유사한 형태입니다.

즉, 몰입형 아시아권 어학연수를 가고 싶은데, 필리핀이나 인도의 이미지가 왠지 열악할 것 같아 싱가포르나 말레이시아를 선택하는 것은 올바른 선택이 아닙니다. 이 나라들에 가는 개인의 명확한 목적이 있다면 선택해 볼 수 있습니다.

싱가포르는 인구 500만의 도시국가입니다. 세계적인 항공, 해운의 허브국가이며,

세계 4대 외환시장이 있는 금융의 허브입니다. 아울러 관광산업으로도 유명합니다. 1인당 국민소득이 5만 달러에 달합니다. 싱가포르는 개인적인 전문 분야나 선호도가 싱가포르와 연관이 있거나, 또는 영어가 어느 정도 갖춰진 상태에서 발전된 수준의 싱가포르 서비스 분야에서 인턴십 등을 경험하기 좋습니다.

말레이시아도 흔히 생각하는 동남아의 이미지는 아니고 경제적으로도 많이 발전된 국가이며, 한국과 별다른 차이를 느끼지 못하는 도시 환경입니다. 말레이시아 역시 개인적인 전문분야나 선호도가 말레이시아와 연관성이 있을 경우 선택할 수 있습니다.

싱가포르와 말레이시아 모두 중국어 사용자가 많은 국가이기 때문에 영어 중급자나 중국어 중급자가 영어연수와 중국어연수를 동시에 하고자 할 경우 선택할 수 있습니다. 다만 두 언어 모두 초보인 경우 동시에 모두 익히는 것은 현실적으로 불가능합니다.

2. 몰타 어학연수

몰타는 지중해에 위치한 섬나라입니다. 베이지색 벽돌건물 사이로 중세의 분위기를 만끽하거나, 성수기에 해변 관광지에서 휴가를 보내기 좋은 나라입니다. 이러한 이유로 몰타는 여름 성수기에 많은 유럽학생들이 휴양과 영어연수를 겸하여 찾습니다.

몰타는 영어능력을 어느 정도 갖춘 후 단기간 휴양과 어학연수를 겸하기 좋은 곳입니다. 특히 동일한 센터의 학원이 각각 몰타와 영국에 운영되는 곳이 있어서 같은 유럽의 영국이나 아일랜드에서 어학연수 할 때 연계하는 것도 좋으며, 특히 유럽학생 비율이 높은 어학연수 국가입니다.

몰타는 일반 서구권 어학연수에 비해 비용이 저렴한 편입니다. 하지만, 관광국이므로 실제 생활 물가는 저렴하지 않습니다. 언어는 몰타어와 영어를 공용으로 사용합니다.

3. 남아공 어학연수

남아공은 개성 넘치는 어학연수 국가입니다. 무엇보다 미지의 대륙 아프리카를 경험할 수 있는 기회가 되기 때문입니다. 남아공 어학연수로는 주로 케이프타운(Cape Town)이 선택되는데, 바다에 접해 있고 뒤로는 평평한 테이블 마운틴이 위치해 있는 매우 낭만적인 도시입니다.

어학연수 형태는 일반 서구권 어학연수와 동일하며 비용은 다른 서구권 국가보다 저렴한 편입니다. 아프리카 여행을 하다 보면 주로 유럽 젊은이들을 많이 볼 수 있는데, 그런 이유로 유럽학생 비율도 높은 편입니다.

청춘의 해외도전

여러 나라를 경험하고 싶을 때 남아공을 포함하여 일정을 짜보거나, 또는 아프리카를 특별히 선호해서 남아공 어학연수+아프리카 여행을 고려할 수도 있습니다.

4. 피지 어학연수

피지는 남태평양의 섬나라로 영어, 피지어, 힌디어를 공용어로 사용하는데, 전 국민이 거의 영어사용이 가능합니다.

남태평양의 천혜의 자연환경과 그 지역 특유의 낙천적이고 친절한 환경에서 어학연수를 할 수 있습니다. 어학연수 형태는 단체수업이 주를 이루고 비용은 서구권보다 저렴한 편입니다.

천혜의 자연과 시간이 멈춘 듯 느껴지는 여유, 낙천적 사람들, 남태평양에 대한 동경이 있다면 피지 어학연수를 선택할 수 있습니다.

CHINESE, JAPANESE
비영어권

01 중국 어학연수

중국은 인도와 더불어 인류 역사상 가장 오랜 기간 강대국이었습니다. 또한 가장 획기적인 문명 발전의 도구 종이, 인쇄술, 나침반 등을 발명한 국가입니다. 그러던 중국이 서구 과학문명에 무릎 꿇고 어두운 시기를 보냈지만, 그 기간은 전체 역사에 비하면 매우 짧은 시간에 불과합니다. 특히 오랜 역사의 동반자인 한국에 뒤떨어진 시간은 사회주의 실험으로 인해 반세기 정도에 불과할 뿐 전체 역사에 비할 수 없이 짧은 시간입니다.

그런데도 우리는 아직 중국의 저력을 무시하는 경향이 있습니다. 하지만, 중국은 미국과 함께 G2로 세계 경제의 확고한 위치를 점하고 있고, 곧 G1으로 미국을 앞지를 것으로 세계는 예상합니다. 지리, 역사적으로 긴밀한 우리에게 있어서 중국은 엄청난 위협이자 기회가 되는 것입니다.

짧은 시간에 이룬 무서운 발전과 성장에는 중국인의 철학과 사상을 바탕으로 한 엄청난 저력이 있었고, 13억 인구의 개화와 함께 여전히 빠르게 진행되고 있으므로 앞으로의 발전이 어떤 모습일지, 얼마나 빠른 시간 내 세계 최강대국이 될지 두려움마저 느끼게 합니다.

중국은 역사상 한국과 가까운 관계를 맺어 왔습니다. 지금도 미국을 압도하고 한국 전체 수출입의 25%가량을 중국과의 교역이 차지하고 있습니다.
이러한 중국과의 역사와 현재에 대해 정확하게 이해한다면 중국어를 배우고 익히는 것은 영어를 배우는 것과 더불어 미래를 대비하는 가장 효과적인 외국어 학습일 것입니다.

1. 중국 어학연수 비자

중국 어학연수 비자는 개인 신청이 아닌 대행사를 통해 해야 합니다.

1) 180일 이하 어학연수

X2 비자를 받아야 하고 중국 어학연수 기관의 입학통지서 원본 및 사본을 준비합니다.

2) 180일 이상 어학연수

X1 비자를 받습니다. 중국 어학연수 기관의 입학통지서 원본 및 사본, JW201 또는 202(외국인 유학생 중국비자 신청서) 원본 및 사본을 준비합니다. X1 비자는 건강검진을 받아야 하는데, 중국 입국 후 30일 이내 중국 내 지정병원에서 받으면 됩니다. 또한 X1 비자는 중국 입국 30일 이내 거류지 출입국관리국에서 거류증 신청 수속을 해야 합니다.

2. 중국 어학연수 비용

중국 어학연수 학비는 대도시나 중소도시에 따라, 또는 교육기관별 차이가 크지 않습니다. 생활비 역시 시간과 교육기관별 차이가 작습니다. 일반적으로 수업, 숙식, 용돈, 항공 등 어학연수에 드는 제반 비용을 합해 출국에서 돌아오는 시기까지 1년에 약 1,500~1,700만 원 내외를 예상하면 됩니다.

중국 어학연수 지역은 매우 다양하게 선택할 수 있습니다. 우리에게 잘 알려져 있는 중국의 수도이자 자금성, 천안문광장, 올림픽의 도시 북경, 그리고 중국 제일의 경제중심도시 상해, 한국과 가까운 동북부 해안도시 천진, 상해 근처의 역사도시 항주, 소주, 중국의 표준어라 일컬어지는 안중근 의사로 유명한 하얼빈 등을 포함하여 청도, 연태, 위해, 대련, 심양, 서안, 장춘, 사평, 남경, 무한, 중경, 광저우, 심천 등 다양한 도시 선택이 가능합니다.

생활비 예산과 기후 조건, 개인 선호도 등을 고려하여 어학연수 지역을 선택하면 됩니다.

4. 중국 어학연수 학원

중국 어학연수 교육기관은 대학부설 기관이 많습니다. 각 지역의 다양한 대학교에서 부설 어학연수 과정을 운영하고 있습니다. 이외 학원에서의 어학연수도 가능합니다.

대학부설은 대학이라는 공간이므로 또래 대학생이 많고, 대학 시설을 이용할 수 있다는 점이 장점입니다. 사설학원은 비용이 저렴하고 친밀한 환경에서 학업을 할 수 있다는 점이 일반적인 특징입니다.

02 일본 어학연수 · 워킹홀리데이

일본은 인구 18위의 경제 강국 독일(8천만)에 비해서도 50% 이상 인구가 많은 국가입니다. 또한 일본은 전 국민의 교육수준과 의식 수준이 골고루 높고 여전히 GDP 기준 세계 3위의 경제 대국이며, 구매력 세계 4위로 세계경제 중심축 역할을 하고 있습니다. 게다가 우리와 가장 가까운 이웃나라입니다.

일본이 1980년대까지 세계경제에 슈퍼맨처럼 성장하다가 90년대 이후 주춤하고 있지만, 여전히 많은 인구와 경쟁력을 바탕으로 세계의 주요 국가로 위치를 점하리라는 것에는 이견이 없습니다.

따라서 일본어 학습 및 일본 어학연수는 과거부터 지금까지 한국인이 많이 선택하는 외국어 학습 및 어학연수 국가이며 앞으로도 여전히 그러할 것으로 전망됩니다.

1 일본 어학연수 비자

1) 90일 이내 어학연수

2006년 3월 이후 관광비자가 면제됨에 따라 90일 이내의 단기 어학연수는 무비자로 진행합니다. 다만 일본 입국 시 입국목적란에 '단기 어학연수'라고 기입하고, 입국 시 일본어학교에서 발급하는 입학허가서를 지참해야 합니다.

2) 90일 이상 어학연수

이 경우 유학비자를 받아야 합니다. 6개월 이상 학업을 등록하여 비자를 받습니다. 일반적으로 1년 비자를 받는데, 2년 3개월까지 연장이 가능합니다. 학비는 6개월 단위로 납입하는 것이 일반적입니다. 요즘 비자 심사가 엄격해졌다고 하나 미국처럼 거절 확률이 높지 않고, 특별한 경우가 아니면 가능합니다.

참고로 전문학교나 대학 어학당에 입학하는 경우 의료비 보조, 교통비 할인, 공공기관 학생할인 등의 추가혜택이 있는 유학비자 발급도 가능합니다.

2. 일본 어학연수 비용

어학원별 학비의 차이, 기숙사 비용의 차이, 용돈의 차이가 있겠지만 보통 월 200만 원 정도 예상하면 됩니다. 다만, 일본어는 한국어와 문법 구조, 어순이 유사하고 비슷한 어휘가 많아 초기 기본 의사소통까지는 성취가 빠르고, 어학연수도 아르바이트가 가능하기 때문에 아르바이트를 통해 많은 부분 충당할 수 있습니다.

3. 일본 어학연수 지역

어느 국가 어학연수나 마찬가지겠지만 일본도 수도이자 경제 중심도시인 동경이 연수 지역으로도 가장 선호됩니다. 무엇보다 어학원의 수가 많고, 어학연수 이후 진학할 학교도 많으며 아르바이트 자리도 가장 많습니다.

동경 이외 가장 선호하는 곳은 오사카입니다. 한국인과 성향이 비슷한 지역이라 정이 가는 곳이라는 사람도 많고, 외국인에게 호의적이고 지역민과의 교류 가능성도 큽니다.

오사카와 가까운 고베는 서양의 느낌이 물씬 나는 도시이며, 환경이 깨끗한 것으로 유명합니다. 많은 이가 도시 방문 후 큰 호감을 갖게 되는 곳이기도 합니다.

교토는 일본의 경주라고도 불리는 역사적인 유적지가 많은 곳입니다. 외국인이 일본에서 가장 가보고 싶은 도시 1위에 선정되기도 했습니다. 어학연수와 유학생을 위한 다양한 혜택도 제공하고 있는 도시입니다. 그 외 중소도시의 친밀함을 느낄 수 있는 나고야, 후쿠오카 등도 어학연수로 많이 선택되는 도시입니다.

4. 일본 어학연수 학원

일본은 어학교라 부르는데 어학원 위주의 어학연수 기관이 형성되어 있습니다. 주 학생은 일본어를 배우고자 하는 한국, 중국인 비중이 가장 크고 동남아와 서양 학생들이 그 뒤를 차지합니다. 국적 구성은 학원 간 차이가 있습니다. 언제든 입학이 가능한 영어권 어학연수 학원과 달리 일본 어학교는 입학시기가 1월, 4월, 7월, 10월로 제한되어 있습니다. 또한 특이하게도 6개월 전부터 입학신청을 해야만 입학이 가능합니다.

일본어학교 수는 동경 170여 개 〉 오사카 40여 개 〉 고베, 나고야, 후쿠오카 약 30여 개 〉 교토 약 20여 개 순입니다.

5. 워킹홀리데이 및 아르바이트

일본은 매년 1만 명의 워킹홀리데이 비자를 발급하고 있습니다. 총 체류기간은 1년이며, 어학연수 기간과 취업 기간의 제한은 별도로 없습니다. 비자는 연간 4분기로 나누어 접수절차를 진행하고 비자신청 사항은 변동이 있을 수 있으니 원하는 시기에 정보를 확인하는 게 좋습니다.

과거에는 워킹홀리데이 모집인원이 적었고, 가고자 하는 사람은 많았기 때문에 비자 취득이 매우 어려웠습니다. 하지만 지금은 모집인원이 대폭 늘어났고, 특히 2011년 동일본 대지진 이후 일본 입국 희망자가 줄어 오히려 기준 인원 미달인 해도 있습니다. 최근 엔저 영향으로 과거처럼 일본 워킹홀리데이의 경제적 효율성에 대한 기대도 낮아진 탓입니다.

일본은 워킹홀리데이 비자로 일을 할 수도 있고, 유학비자로도 일하는 것이 가능합니다.

PART 5
해외취업 · 인턴십

01 해외취업,
인턴십의 필요성

지난 20년 경제적인 측면에서 뒤돌아보면 한국사회에 몇 가지 큰 사건이 있었습니다. 그 중 첫 번째가 1997년 IMF 구제금융입니다. 이전 세대가 가지고 있던 평생직장의 개념이 무너지기 시작했고, 대학생은 청춘의 낭만을 즐기기 보다 학점과 스펙 쌓기에 더 비중을 두어야 했습니다. 그 후 2000년대 초반 닷컴버블의 붕괴, 카드 대란, 부동산 거품 등으로 인해 청년 세대가 '희망'이라는 단어를 품기에 너무 각박한 사회 환경이 되어버렸습니다. 세계화라는 명문 하에 국가 간의 금융 및 무역 장벽이 허물어졌고 그로 인해 2008년 미국에서 시작된 서브프라임모기지 사태는 글로벌 금융위기를 초래하게 되었습니다. 글로벌 금융위기는 국내외 고용시장 환경의 급격한 침체를 가져왔습니다.

1. 국내 취업시장의 어려움

신문에 청년 실업이 화두가 된 것은 어제오늘 일이 아닙니다. 자세히 보면 IMF 구제금융 이후 취업난에 대한 기사는 아주 짧은 몇 번의 기간을 제외하면 항상 대두되는 이슈였습니다. 국내적으로는 고용 없는 성장 속에 나날이 더해가는 고용불안과 비정규직 양산이 사회 문제화 되고 있고, 그로 인한 국내 취업시장의 악화는 현실이 되어버렸습니다. 소위 '88만 원 세대'로 표현되는 청년 실업의 암울한 현실 속에서 기업들은 더욱 높은 경쟁력의 '스펙'을 요구하고 있습니다. 10년 전만 해도 해외 어학연수는 취업을 준비하는 예비 졸업생들에게 중요한 스펙이었습니다. 하지만, 이제 기업은 그 이상의 것을 요구하고 있습니다. 대학에서 배운 학문적 지식과 단순한 어학시험 점수로는 나만의 경쟁력을 어필하기가 어렵습니다. 기업 인사담당자에게는 수만 명의 지원자 중 한 명에 지나지 않습니다. 말 그대로 'One of Them'입니다. 남들과 다른 그 무언가가 필요합니다. 그것이 바로 기업체 실무경험이고, 그 경험을 해외에서 쌓았다면 더욱 높은 관심과 선택을 받을 수 있을 것입니다. 해외 인턴십 혹은 해외 취업 경험이 이 시대의 또 다른 경쟁력으로 대두되고 있는 시점입니다.

2. 눈높이를 낮추자

해외취업은 이 시대에 꼭 필요한 나만의 경쟁력이 될 수 있습니다. 하지만, 해외취업에 대한 눈높이를 너무 높이면 그 꿈을 이룰 수 없습니다. 만일 사회경험과 동일 직종에 대한 경력이 없는 고등학교 혹은 대학교 예비 졸업생이라면 더욱 그렇습니다. 예를 들어 네이버 한국 본사에서 구글 싱가포르 지사로 이직하는 경우는 해외취업의 영역 중 인맥과 헤드헌팅을 통한 이직입니다. 첫 직장을 해외에서

구하고 싶거나 국내 취업을 위한 스펙을 해외취업을 통해 쌓고 싶다면 가장 먼저 취업처 및 직종에 대한 눈높이를 낮춰야 합니다. 경력이 아닌 경험을 쌓을 수 있는 분야와 직종으로 취업을 고려하고 준비하는 것이 맞습니다. 예를 들어 국내 굴지의 호텔 취업을 목표로 하는 호텔 및 관광 관련 학과의 졸업예정자라고 하면 우선 이 분야의 해외취업이 활성화되어 있는 국가 즉, 싱가포르 혹은 미국 호텔 취업을 고려하는 것이 좋습니다.

3. 해외취업을 위한 도전정신

청년일 때 필요한 것은 도전정신입니다. 창의적인 사고와 과감한 결정으로 미래를 대비하고 투자해야 합니다. 더 넓고 큰 세상에 나가 직접 몸으로 부딪치며 배운 경험은 먼 훗날 각자에게 큰 자산이 되어 돌아옵니다. 학업도 중요하고 경제적인 이유로 해야만 하는 현재의 아르바이트도 중요합니다. 하지만, 청년 때 해외로 도전할 수 있는 기회는 다시 오지 않습니다. 내가 먼저 결정하고 찾으면 분명히 길이 있습니다. 지난 정부의 '글로벌 청년 리더 10만 명 양성사업'을 통해 몇 만 명의 청년들이 해외취업을 위해 각 국가로 파견되었습니다. 모든 일에 빛과 그림자가 있듯이 정부의 해외취업 사업에는 밝은 면과 어두운 면이 있습니다. 하지만, 청년의 해외취업에 큰 역할을 했고 도움을 주었음은 분명한 사실입니다. 현 정부의 'K-Move 사업' 역시 청년의 해외취업을 돕는 정부지원 프로그램입니다. 매년 보다 나은 양질의 일자리를 확보하기 위해 각 정부 부처에서 다양한 노력을 기울이고 있습니다. 이 밖에도 현재 여러 루트와 채널을 통해 해외취업, 해외인턴십, 해외봉사를 할 수 있는 다양한 방법이 있습니다. 지금 가장 먼저 해야 할 일은 더 큰 세상을 향해 도전하겠다는 마음의 결정입니다.

04. Know-How의 시대에서 Know-Who의 시대로

해외취업을 통해 얻을 수 있는 것은 해외실무 경험 및 경력뿐만 아니라 다양한 사람들을 만날 수 있는 기회입니다. 해외에 거주하는 교민, 주재원으로 파견된 직장인, 유학생, 현지 국적의 친구들, 제3국에서 온 외국인 등 각기 다른 환경의 사람들을 만날 수 있습니다. 다양한 인맥은 사회에 나왔을 때 결국 개인의 경쟁력이 됩니다. 과거에는 Know-How가 중요한 시대였습니다. 그래서 많은 지식을 쌓고 '내가 아는 것'이 바로 경쟁력이었습니다. 하지만, 정보의 홍수 시대에 살고 있는 우리에게 많은 분야의 지식, 즉 Know-How를 아는 것은 이제 불가능해졌습니다. 이제 필요한 것은 그 분야의 전문가를 아는 힘, 즉 Know-Who의 시대입니다. 다양한 인맥은 다양한 경험을 통해 쌓을 수 있습니다. 국제화 시대에 해외취업은 다양한 환경의 사람들과 만날 수 있고 그들과 소통할 수 있는 기회를 제공합니다.

사회가 고도화되고 안정화 될수록 젊은 세대가 위로 올라갈 기회의 폭은 점점 줄어들고 있습니다. 격동기 때는 사회가 불안했지만 상대적으로 '취업의 기회' 또는 '사업의 기회'가 많았습니다. 하지만, 지금 청년들이 당면한 이 시대에는 불안과 불확실성의 환경이 압도하고 있습니다. 수많은 청년들이 공무원 시험에 매달려 있고 S전자 입사시험에 수 십만 명이 응시하고 있습니다. '이태백'이 넘쳐나는 시대에 중소기업은 인력난에 시달리고 있는 기현상이 일어나고 있습니다. 사람들은 점점 더 안정된 공무원이나 대기업 취업만을 바라보고 있습니다. 많은 사람이 향해 가고 있는 곳에서 내가 서 있을 자리는 비좁을 수밖에 없습니다. 남들이 가지 않는 길이 지금은 어려워 보이지만 오히려 쉬운 길이고 넓은 길일 수 있습니다. 격동의 지난 반세기 동안 우리는 과감히 도전해서 전 세계로 활동반경을 넓혀 왔습니다. 다음 세기에도 이러한 추세는 이어질 것으로 예상됩니다. 국내보다 해외에서 더 많은 기회가 있음을 알아야 합니다. 큰 강도 조그만 물줄기에서 시작하듯이 작게 시작하는 해외취업의 도전이 불확실성의 시대에 큰 도약의 초석이 될 것이라 믿습니다.

02 해외취업 검토사항

1. 해외취업 성공 포인트 10

국내 고용시장의 낮은 취업률과 치열한 경쟁으로 인해 취업의 문을 쉽게 두드리지 못한다면 시야를 넓혀 해외취업을 고려하는 것이 중요합니다. 최근 해외취업에 대한 관심이 높아지면서 많은 구직자가 해외취업에 도전하고 있습니다. 해외취업을 성공하기 위해 가장 중요한 것은 열정과 패기, 그리고 도전정신입니다. 하지만 단지 그것만 가지고 도전하면 오히려 더 위험하고 곤란한 상황에 처할 수 있습니다. 해외취업을 성공적으로 이끌고 싶다면 아래 소개하는 해외취업 성공 포인트 10가지를 꼭 숙지하길 바랍니다. 다양한 분야의 해외취업 전문가들과 실제 해외취업을 경험한 선배들의 실질적인 충고가 많은 도움이 될 것입니다.

1) 나에게 적합한 국가와 직종을 찾자

해외에는 취업자들의 도전을 기다리고 있는 다양한 일자리가 있습니다. 하지만 기회가 주어지더라도 내가 원하는 분야에 무조건 취업할 수 있는 것은 아닙니다. 국가에서 필요로 하는 직종과 구직자의 능력, 취업비자를 발급받을 수 있는 충족 요건이 모두 다르기 때문입니다. 그렇기 때문에 해외취업에 도전하기 앞서 가장 먼저 해야 할 일은 관심 국가와 관심 분야를 정하는 것입니다. 그 후 자신이 구직자로서 어떤 능력을 갖추고 있으며, 그 능력에 부합하는 직종에 취업할 수 있는지를 파악한 후, 취업에 필요한 역량을 키우는 것에 집중하는 것이 가장 효율적으로 해외취업을 준비하는 방법입니다. '하고 싶은 일'과 '할 수 있는 일'을 구체화 해서 나 자신을 객관적으로 점검하는 일은 해외취업의 첫걸음입니다.

2) 국가별 고용 수요를 파악하자

호주, 캐나다, 뉴질랜드의 경우 자국민 인력이 부족한 직업군을 '장기 부족 직업군'으로 별도 분류하여 외국인 취업을 독려하고 있습니다. 조리, 유아교육, 용접 등이 이에 해당합니다. 최근 중국 시장이 커지면서 중국으로 진출하는 취업자들이 늘고 있습니다. 또한 한국과 일본 양국이 IT 기술자격 상호인증에 관한 양해각서를 체결하면서 일본 IT 시장의 전망도 밝은 편입니다. 이를 보면 우리나라의 인재들이 가장 많이 진출하는 직종은 IT와 사무 및 서비스직이라는 것을 알 수 있습니다. 이와 같이 각 국가의 해외취업 상황과 우리나라와의 관계 등 취업동향을 충분히 체크한다면 해외취업의 기회는 더욱 늘어날 것입니다.

3) 인터넷 정보는 사전조사일 뿐이다

현지의 사정을 잘 모르는 구직자들은 대부분 인터넷 블로그, 지식인, 카페 등을 통해 정보를 얻고 그 사실을 지식화하고 있습니다. 대부분의 인터넷 정보는 알선업체에서 홍보용으로 제작한 자료입니다. 현지 구인 정보, 취업 과정 등의 상세한 정보를 가지고 있는 알선업체를 이용하는 것은 도움이 되지만, 그렇지 못한 알선업체도 많이 있으니 특별히 유의해야 합니다. 최근 선금만 받고 잠적하는 사이비 업체들이 늘고 있습니다. 알선업체에서 제공하는 구인업체의 구체적인 정보, 근로조건, 비자타입 등을 면밀히 검토해야 하며, 알선업체의 이력 및 실적, 고객 후기 등을 점검해야 합니다. 해당국 대사관 및 KOTRA에 피해 사례에 대한 점검뿐만 아니라 교민 사이트를 통한 구인업체 점검도 구직자가 꼼꼼히 체크해야만 출국 후 발생하는 여러 사고를 미리 방지할 수 있습니다. 믿을 수 있는 알선업체를 고르기란 쉬운 일이 아닙니다. 해외취업에 대한 관심이 높아진 만큼 사기 알선업체들도 늘고 있어 각별한 주의를 요합니다. 안정적인 알선업체를 찾는 가장 좋은 방법은 한국산업인력공단의 해외취업국이나 고용부에 등록되어 있는 국외 유료

청춘의 해외도전

소개소를 이용하는 것입니다. 피해를 줄이고 관련 사항을 확실하게 보장받길 원한다면 고용부에 등록된 업체를 이용하길 바랍니다.

4) 합법적인 일을 할 수 있는 취업비자는 반드시 필요하다

해외취업을 하기 위해 꼭 필요한 것은 해당국의 취업비자입니다. 또한 취업비자의 형태에 따라 근로 기간이 결정됩니다. 간혹 관광비자를 통해 해외로 출국한 다음, 이후에 취업비자를 발급받는 것이 취업에 더 유리하다고 광고하는 업체들이 있는데 엄연한 불법입니다. 만약 이런 방법으로 취업을 하면 입국 시점부터 이민국에서 문제가 될 뿐만 아니라 입국 후 취업을 했다고 하더라도 직장 내에서 부당한 대우나 임금사기 등을 당해도 해결할 방법이 없습니다. 그렇기에 취업비자를 받지 못한 상태에서 서둘러 출국하는 것은 매우 위험한 일이며 시간이 조금 걸리더라도 한국에서 취업비자를 발급받아 합법적으로 출국하는 것이 안전한 해외취업의 지름길입니다.

5) 실제 취업사례와 보장되는 근로조건을 꼼꼼히 체크하자

알선업체에서 제시하는 구인업체의 실제 취업 사례와 근로계약서에서 보장하는 내용을 꼼꼼히 체크하는 것은 매우 중요합니다. 구인업체의 근로계약서를 미리 못 받는 경우는 종종 있습니다. 하지만 과거에 어떤 조건으로 취업이 되었는지, 혹은 유사업체의 경우 근로조건은 어땠는지를 미리 파악하는 것은 매우 중요합니다. 또한, 100% 취업, 100% 보장 등의 과대광고를 신뢰하는 것은 옳은 방법이 아닙니다. 대한민국에서도 취업이 어려운 현 시점에 하물며 해외취업을 100% 보장한다는 것은 거짓이 많습니다. 실제 취업 사례와 근로조건을 구체적으로 확인하여 알선업체를 선택하길 바랍니다.

6) 취업예정인 구인업체 인사담당자와 인터뷰를 보자

최근 구직자들이 취업 알선업체와의 인터뷰만으로 해외취업을 확정하는 경우가 있습니다. 하지만, 구인업체와 직접 인터뷰를 진행하지 않아 피해를 본 사례가 늘고 있다고 합니다. 구직자를 원하는 대부분의 구인업체는 함께 일할 구직자를 직접 보고 인터뷰하길 원합니다. 하지만 일부 알선업체에서 구인업체 인터뷰를 생략한 채 해외취업 알선을 진행하는 경우가 있습니다. 이럴 경우, 알선업체에 소속된 파견직일 경우도 있고 구인업체에서 직접 고용된다 하더라도 근로조건 등 중요한 사항이 알선업체에서 누락되는 경우가 있습니다. 구인업체 인사담당자와 직접 인터뷰를 보아야 하며, 취업이 확정된 후에도 일할 기업과 업무에 대한 내용, 급여 등의 조건을 꼼꼼히 따져본 후 구인업체 담당자와 직접 상담하는 것이 좋습니다. 그렇게 해야 차후에 일어날 수 있는 구직자의 피해를 사전에 막을 수 있습니다.

7) 수시로 헤드헌터와 상담하자

시즌 별로 채용을 진행하는 우리나라와 달리 외국계 기업은 채용 시즌이 따로 없습니다. 따라서 일자리가 생길 때마다 수시로 지원해야 하므로 담당 헤드헌터와 자주 상담을 하는 것이 좋습니다. 헤드헌터를 통해 최근 업계의 동향이 무엇인지 채용 정보는 어떻게 되는지 잘 파악하여 취업 경쟁력을 키우는 것이 구직자들에게 무엇보다 중요한 사항입니다.

8) 해외취업은 최소 3개월의 준비기간이 필요하다

해외취업은 이력서 제출, 구인업체 인터뷰, 그리고 취업확정까지 최소 1개월의 시간이 필요합니다. 그 후 취업비자를 발급받고 출국하기까지 최소 2개월 이상의 시간이 걸리는 과정을 필요로 합니다. 따라서 성급하게 결정하기 보다는 알선업체

청춘의 해외도전

와의 충분한 상담을 거친 후 어학능력뿐 아니라 해당분야의 전문지식까지 장기적인 계획을 세워 준비하는 것이 성공적인 해외취업을 위한 바람직한 자세라고 할 수 있습니다.

9) 외국 기업에선 업무전환 및 이직이 어렵다

외국 기업에서는 대체적으로 세분화된 해당 업무의 필요인력을 채용합니다. 때문에 맡은 업무 외의 업무는 거의 할 기회가 없을 수 있으며, 취업 후 이직을 할 수 있는 상황도 되지 못합니다. 국가에 따라서 취업비자와 고용주가 연결되어 있어 퇴사를 하면 취업비자가 취소되는 경우가 있습니다. 따라서 관심 분야와 관련이 없어도 일단 취업한 후에 이직을 하겠다는 생각보다는 처음부터 적합한 업종과 업체에 취업할 수 있도록 세밀하게 준비하는 것이 좋습니다.

10) 정규직은 인턴활동을 통해 기회를 잡는다

외국 기업에서 정규직을 뽑을 때는 신입이 아닌 실무에 바로 투입될 수 있는 최소 2년 이상의 경력자를 선호합니다. 그렇기 때문에 외국 기업의 정규직을 고려한다면 국내외 동일업종의 인턴 경험이 매우 소중한 자산이 될 수 있습니다. 특히 해외 업체에서 인턴으로 1년 이상 장기근무를 하게 되면 해당 분야의 경력을 충분히 쌓을 수 있으므로 인턴 후의 정규직 전환과 재취업을 고려해보길 바랍니다. 단, 사전에 정규직 전환이 가능한 취업비자인지 확인은 반드시 해야 합니다.

2. 해외취업 TIP

해외취업을 결정했다면 다음 몇 가지 사항들을 꼭 확인하길 바랍니다.

첫째, 한국산업인력공단의 해외취업국이나 고용부에 등록된 국외 유료직업소개소와 상담했는가?

둘째, 합법적인 취업비자를 발급받았는가?

셋째, 구인업체의 근로조건에 해당하는 포지션, 근무환경, 급여, 숙소, 휴가, 근로 기간 등을 꼼꼼히 따졌는가?

넷째, 모든 계약 사항을 알선업체뿐 아니라 구인업체와도 문서화했는가?

다섯째, 해외취업 해당국 현지 고용 현황, 물가, 거주 환경에 대해 파악했는가?

해외취업사업을 담당하는 공신력 있는 기관이나 해외알선업체, 헤드헌터와 주기적인 상담은 해외취업의 현재 동향을 파악하는데 가장 좋은 방법입니다. 자신도 잘 몰랐던 자신에게 맞는 분야나 경력관리에 대한 조언도 받을 수 있고 취업 정보까지 확인할 수 있으니 한국산업인력공단과 같은 기관을 잘 살펴보길 바랍니다.

또한, 각 국가별로 비자의 성격이 달라 관광비자로 출국한 뒤 취업비자를 받겠다는 명목으로 출국을 하면 현지에서 곤란한 상황을 겪게 될 수도 있습니다. 따라서 합법적인 취업비자를 발급받아 안전하게 해외로 출국하길 바랍니다.

해외취업을 결정한 뒤 현재의 직장을 그만두거나 집을 매매하는 등의 성급한 행동은 하지 않는 것이 좋습니다. 해외취업은 준비과정 자체가 최소 3개월 이상 시간을 필요로 하기 때문에 취업이 확실하게 정해질 때까진 차분히 그 과정을 준비하는 것이 좋습니다.

해외취업의 경우 현지 법이 적용되므로 대한민국 공권력의 한계가 불가피합니다. 따라서 사전에 미리 기업과 업무에 대한 정보를 알아보고 급여, 업무 환경 등의 생활조건도 충분히 따져보는 것이 좋습니다. 그래야 차후에 겪을 수도 있는 피해를 막을 수 있으며 성공적인 해외취업을 성취할 수 있습니다.

3. 대행사 바르게 선택하기

최근 해외취업에 대한 관심이 높아짐과 동시에 해외인턴십 관련 대행사의 수도 늘고 있습니다. 해외인턴십에 참가하기 위해선 고용계약 체결과 비자 준비는 물론 현지에서 묵을 숙소 등의 생활정보를 모두 알아야 하기 때문에 대행사가 꼭 필요합니다. 하지만 늘어나는 대행사의 수만큼 잘못된 정보로 인해 해외인턴십을 실패로 이끄는 대행사도 적지 않아 바른 대행사를 선택하는 것이 무엇보다 중요한 사항입니다. 다음 바른 해외인턴십 대행사 선택 방법을 알려드리니 꼼꼼히 읽어보고 성공적인 해외인턴십을 위한 첫 단추를 잘 끼우길 바랍니다.

1) 이런 대행사라면 OK!

• 노동부에 등록된 대행사

해외인턴십 대행사를 운영하기 위해선 반드시 고용지원센터의 국외유료직업소개업에 등록된 기관이어야 합니다. 하지만 대행사 중 많은 수가 노동부에 등록되어 있지 않은 기관으로, 이는 추후에 문제가 될 소지가 충분히 있습니다. 그렇기 때문에 대행사를 선택하기 이전에 노동부에 등록되어 있는지 먼저 파악해야 하며, 이를 위해 고용안정센터에 문의하거나 한국고용정보원(http://www.work.go.kr) 홈페이지를 꼭 확인해야 합니다.

• 스폰서 재단과의 파트너십이 좋은 대행사

미국의 경우 해외인턴십 스폰서 재단에서 발급하는 'DS-2019폼'이라는 승인서가 있습니다. 이 승인서는 관련 스폰서 기관과 계약된 대행사만 받을 수 있는 것으로, 이 승인서가 있는 대행사는 좋은 대행사라고 할 수 있습니다. 이를 확인하기 위해서는 대행사와 상담 시 DS-2019폼을 발급받았는지를 묻고, 스폰서 재단 홈페이지에서 확인까지 하는 것이 좋습니다.

• 홈페이지 커뮤니티가 활발한 대행사

간혹 항의성 글이 많은 기관은 홈페이지에서 커뮤니티 게시판을 폐쇄하는 경우가 있습니다. 홈페이지는 해당 기관의 얼굴이므로 커뮤니티 게시판이 활발하다는 것은 곧 믿을 수 있는 기관이라는 것입니다. 허위사실, 과장광고가 아닌 등록된 회원 간의 커뮤니티가 긍정적인지를 파악하는 것도 좋은 대행사를 선택하는 하나의 방법이 될 수 있습니다.

• 공신력 있는 기관과 파트너십을 맺고 있는 대행사

해당 대행사가 언론사, 공공기관, 대학 등의 공신력 있는 기관과 파트너십을 맺고 있는 것은 긍정적인 부분입니다. 하지만 간혹 허위사실을 과대광고하는 대행사가 있어 꼼꼼하게 정보를 수집하는 노력이 필요합니다. 이를 위해서 대행사의 홈페이지나 홍보물에만 너무 의존하지 말고 더 다양한 채널을 통해 대행사와의 관계를 파악해야 합니다.

• 회사의 연혁과 송출 실적이 맞는 대행사

회사의 연혁과 송출 실적이 맞는지 파악하는 것도 대행사 선택 시 필수 확인사항입니다. 송출 실적을 부풀려 신고하는 대행사도 있으니 노동부 민원실에 요청해 정확한 정보를 파악하는 것이 좋습니다.

2) 이런 대행사는 NO!

• 언론에 부정적인 기사가 노출된 대행사

언론을 보면 해외인턴십과 관련 대행사를 다룬 기사를 종종 볼 수 있습니다. 보도된 기사 중엔 성공사례나 해외인턴십의 긍정적인 측면을 강조한 보도도 있지만, 반대로 피해 사례와 같은 부정적인 보도도 볼 수 있습니다. 이런 기사를 접하면 그 피해 사례에 해당되는 대행사가 어디인지 정확히 파악하여 대행사 선택 시 경계하는 것이 좋습니다.

• 비영리단체를 강조하거나 사칭하는 대행사

비영리단체가 아님에도 비영리단체가 가진 긍정적인 이미지를 활용해 사칭하는 대행사들이 있습니다. 특히 'OOO협회'와 같은 이름의 대행사나 'OOO.org'와 같은 홈페이지 주소를 가진 대행사는 믿을만한 대행사라고 볼 수 없으니 유의하길 바랍니다.

• 직접적인 해외송금을 유도하는 대행사

본사가 외국에 있다는 핑계로 지원자에게 외국으로 직접 송금을 요구한다면 이 대행사 또한 조심해야 할 대행사입니다. 이 과정에서 문제가 생기면 민형사상 소송을 통해 해결하거나 아예 환불을 받지 못하는 경우가 생길 수 있으므로 이런 대행사와는 거래를 하지 않은 것이 좋습니다.

• 직접 방문하여 분위기를 파악할 수 없는 대행사

종종 홈페이지에 나와 있는 정보만을 믿고 그 대행사에 등록을 하는 사람들이 있습니다. 홈페이지는 자사를 홍보하기 위해 만들어진 매체이므로 모든 정보를 신뢰할 수는 없습니다. 거리상에 큰 문제가 없는 이상 해당 대행사에 직접 방문하여 분위기를 파악하기 이전까지는 등록을 보류하는 것이 좋습니다.

• 영어와 관계 없이 해외인턴십이 가능하다고 말하는 대행사

외국 기업에서 해외인턴십에 대해 난감한 입장을 표하는 이유 중 하나가 바로 영어실력이 부족한 지원자라고 합니다. 인턴십은 기본적으로 영어실력이 뒷받침되어야 하지만 이를 중요한 사항이 아니라고 말하는 대행사는 필히 경계해야 할 대행사입니다. 사전에 어학연수를 겸하지 않는 이상 영어 실력을 충분히 키운 후 해외인턴십에 도전하길 바랍니다.

4. 영문이력서 및 면접

최근에는 많이 줄었지만 학벌, 지연 등을 중요하게 생각하는 한국의 기업과는 달리 외국계 기업은 학벌, 지연보다는 구직자 개인의 능력을 가장 중요하게 생각합니다. 따라서 자신의 능력을 어필하기 위해서는 정확하고 전략적인 영문이력서를 작성하는 것이 무엇보다 중요합니다.

하지만 영문이력서를 한 번도 작성해보지 않은 '토종 구직자'들에겐 영문으로 이력서를 작성하기란 쉬운 일이 아닙니다. 따라서 영문이력서의 기본 규칙을 이해하고 능숙해질 때까지 이력서 작성하는 연습을 해보는 것이 많은 도움이 됩니다. 다음 제시하는 영문이력서 작성법을 숙지해서 성공적인 해외취업을 이끌기 바랍니다.

1) 영문이력서 기본 작성법

Personal Identification (개인정보)	이름, 주소, 전화번호, 생년월일, 성별, 인적 사항을 적는다. 미국의 경우 성별, 나이, 결혼 여부 등을 묻는 것은 고용노동법에 어긋나므로 기재하지 않는 것이 좋지만, 생년월일 정도는 기재해도 무방하다. 다만 작성하는 내용은 틀리지 않도록 정확하게 작성한다.
Job Object (희망직종/직무)	회사의 지원분야를 미리 파악한 후 자신의 직업목표 및 희망직종, 분야, 부서 등과 부합되게 쓴다. TIP! • I'm looking for a challenging opportunity, I am looking for a position with great benefits 등의 표현은 피한다. • I, me, my와 같은 단어를 너무 자주 쓰는 것은 피한다. • 희망직종에 대한 장래 목표까지 기재하면 의욕적인 사람으로 평가 받을 가능성이 높다.
Summary of Qualification (경력 요약)	자신의 경력 및 보유기술을 효과적으로 표현하기 위해 이력서 첫머리에 경력을 요약해서 쓰도록 한다. 단 몇 줄로 인사담당자에게 좋은 인상을 남길 수 있다.
Work Experience (경력)	경력은 이력서 상에서 가장 중요한 부분이다. 최근 경력부터 쓰되 근무기간, 회사명, 소재지, 직위, 직무내용 등을 구체적으로 적는다. 이때 지원하는 회사와 관련된 내용을 부각시키는 것이 좋다. TIP! • 경력은 직책 위주의 기술보다는 그 직책에서 어떤 업무를 담당하고 어떤 실적을 올렸는지 중점으로 쓴다. • 누구나 알아보기 쉽게 전문용어나 약자 사용은 자제한다. • 지원 분야와 관련 없는 경력은 기술하지 않도록 한다. • 경력사항이 길다면 별지(경력기술서)를 첨부하도록 한다.
Education Background (학력)	영문이력서는 국문이력서와는 달리 최종 학력만 입력하는 것이 보통이다. 그러나 대학원 진학이나 유학 등으로 기재할 사항이 많아지면 최근 것부터 기재하도록 한다. 졸업학점을 쓸 때는 본인에게 유리하다 판단되면 덧붙이는 것이 좋으며, 지원업무와 관련된 과목이나 교육내용을 기재하는 것이 효과적이다. TIP! • 전공이나 부전공 외에도 지원업무와 관련이 있는 이수과목이 있다면 기재하는 것이 좋다. • 취득한 학위는 빠짐없이 작성한다.
Qualification (자격)	지원분야와 부합이 되는 특기, 자격증, 어학능력 등을 기재한다. 특정 기술을 요하는 업무의 경우엔 Special skill(특기) 부분을 따로 만들어 기재하는 것이 좋다. TIP! • 자격증을 기재할 때는 주관처와 취득 날짜 등을 쓰고 해당 기술이 지원업무에 도움이 된다는 점을 강조한다.

Special Activities (특별활동)	최근 외국계 기업에서 선호하는 이력서 내용이 바로 이 부분이다. 특별히 경력이 부족한 사회초년생은 동아리 활동이나 봉사활동, 사회활동 등을 구체적으로 기재하여 협동심, 지도력, 조직력, 인내심 등을 보여주는 것이 좋다. TIP! • 아무리 좋은 활동이어도 지나치게 개인적인 활동만 기재하는 것은 자제하고 개인적인 활동과 단체활동이 모두 포함되도록 쓰는 것이 좋다.
Military Service (병역)	병역은 입대 날짜와 제대 날짜를 밝혀 구분되도록 한다. 병역필자는 Fulfilled, 병역 면제자는 Exempted 또는 Exempted from Military Service라고 기재한다.
Reward And Punishment (상벌)	이 항목은 입상경력이 있을 때 기재한다. 반드시 작성해야 하는 사항은 아니므로 입상 경력이 없거나 지원분야와 상관이 없는 경우는 삭제해도 무방하다.
Reference (참고인)	참고인란에 이름을 적기 위해선 사전에 당사자에게 허락을 받도록 한다. 최소 3명 이상의 참고인을 작성하는 것이 면접 시 도움이 되며 참고인에 대한 정보는 이름, 직위, 주소, 연락처 등을 명시한다. 이력서 하단엔 References furnished upon request 또는 References available upon request라고 기재한다.
Etc.	모든 내용을 다 작성했으면 본 이력서의 내용이 모두 사실이며 틀림이 없다는 의미로 I hereby declare that the above mentioned are correct and true in every detail 또는 I hereby certify the above statement to be true and correct in every detail을 기재하고 자필 서명으로 마무리한다.

2) 성공적인 영문이력서 작성 노하우

❶ 커버레터(Cover Letter) 사용하기

커버레터란 영문이력서와 함께 보내는 자기소개서로 자기를 PR하는 문서를 말합니다. 커버레터는 외국계 기업의 문화인데 일정한 틀이 없어 한국인에겐 생소할 수 있습니다. 실제로 외국계 기업 담당자는 지원서류 중 가장 먼저 읽는 것이 커버레터라고 하니 영문이력서를 읽을 것인가가 바로 이 커버레터에 달려 있다고 해도 과언이 아닙니다.

- 커버레터는 인사담당자, 인사담당부서와 같이 특정인에게 보내는 것이 좋다.
- 인사담당자는 수많은 커버레터를 읽으므로 자신의 개성이 담긴 내용을 중점으로 본다.
- 커버레터엔 주로 자신의 경력과 능력에 관련된 내용을 쓰도록 한다.
- 커버레터는 문서를 넣는 봉투부터 용지의 사이즈까지 외형적인 면에도 신경을 써야 한다.
- 커버레터의 내용으로 부족할 경우에는 자기소개서를 별도로 첨부한다. 순서는 '커버레터 → 영문이력서 → 자기소개서' 순이다.

❷ 비전은 실행할 수 있는 것으로

포부나 비전이 없는 사람은 발전가능성이 없어 보이지만 너무 현실성 없는 비전을 제시하는 것 또한 기업에서 원하는 사항이 아닙니다. 특히 외국계 기업은 철저하게 능력 위주로 사람을 채용하기 때문에 지원분야와 관련된 실제적인 비전을 제시하는 것이 좋으며, 그 비전에 대해 전문적인 능력을 소양하고 있음을 어필하는 것이 좋습니다.

❸ 경력과 능력을 어필하자

지원분야와 관련이 없는 경력을 나열하는 것은 지원자에게 전혀 도움이 되지 않습니다. 자신의 경력과 능력이 정확히 어떠하며 업무에 투입되었을 때 어떻게 수행할 것인가에 대한 구체적인 내용을 기재하는 것이 좋습니다.

❹ 과소평가는 금물

기업에게 자신은 '이곳에 꼭 필요한 인재', '팔려야 할 상품'이라는 것을 어필하기 위해선 자신감이 무엇보다 중요합니다. 겸손을 중요한 덕목으로 생각하는 한국과는 달리 외국계 기업은 지원자의 당당함과 자신감을 높이 사므로 거짓된 내용이 아니라면 자신을 적극적으로 어필하는 것이 좋습니다.

❺ 사소한 부분까지 신경 쓰자

틀린 철자나 문법, 오류가 있는 문장, 모호한 표현 등은 영문이력서를 작성할 때 반드시 지양해야 할 사항입니다. 아무리 사소한 것이라도 기업의 입장에선 해당 업무를 차분하고 꼼꼼하게 수행할 인력을 필요로 하므로 이력서 작성에서 매우 세심한 주의를 기울어야 합니다.

❻ 한 눈에 알아볼 수 있는 수치 사용

해당 경력이나 능력을 기재할 때 적절한 수치를 사용하는 것은 매우 효과적인 방법입니다. 부연 설명이 많고 글만 있는 글은 보기에도 매우 지루하므로 자신이 정확하게 나타내고자 하는 부분은 한눈에 알아볼 수 있는 수치나 도표, 이미지를 활용하는 것이 효과적입니다.

❼ 긴 이력서, 약자가 많은 이력서는 NO!

영문이력서에서 무엇보다 중요한 사항은 창의력을 발휘한 독창적인 이력서입니다. 너무 긴 이력서는 집중도를 떨어뜨릴 뿐만 아니라 지나친 약자 사용은 정확한 내용을 전달하지 못하게 합니다. 따라서 필요한 부분만 기재하며 필요 시 굵은 글씨체, 이탤릭체 등의 포인트를 주도록 합니다.

3) 영어면접 성공방법

서류가 통과되었다면 다음으로는 영어면접을 준비해야 합니다. 한국이 아닌 외국계 기업에서 보는 영어면접이므로 사전 준비부터 사후 준비까지 철저하게 관리해야 합니다. 면접관이 원하는 사람이 되기 위해 필요한 기술 몇 가지를 알아보겠습니다.

면접 전 준비사항

- 지원하는 기업이 원하는 요구조건과 자격조건에 해당되는지 다시 한 번 확인한다.
- 인터뷰 일정이 잡혔다면 정확한 인터뷰 장소와 면접관의 이름 및 직위를 파악한다.
- 지원한 회사에 대한 정보를 최대한 수집한다. 인터뷰 시 종료된 사업이나 수정된 정보를 언급하는 것은 큰 실례이므로 업데이트된 정보가 없는지 꼼꼼히 확인한다.
- 예상 질문을 뽑아 사전에 충분히 연습한다. 사전에 해당 업무에 대한 연구는 필수이며 회사홈페이지 외에도 관련 기사나 주가정보, 그 회사를 잘 아는 지인들의 말을 참고하는 것도 도움이 된다.
- 자신이 지원하는 업무와 어울리는 복장을 준비한다. 여성의 경우 무늬가 없는 짙은 정장과 지나치게 높지 않은 구두, 가벼운 화장이 좋으며 남성의 경우는 잘 다려진 정장과 흰 와이셔츠, 두발과 면도를 깨끗하게 하는 것이 좋다.

면접 진행 시 유의할 사항

- 면접에서 가장 중요한 사항은 시간 관리를 철저하게 하는 것이다. 최소 면접 5~10분 전에 도착하도록 하며 부득이한 일로 늦을 경우에는 미리 전화로 이유를 설명하여 양해를 구해야 한다.
- 면접 진행 시 자세가 바르지 못하면 면접관은 무의식적으로 부정적인 인상을 갖게 될 확률이 높다. 구부정한 자세가 아닌 반듯한 자세로 면접을 진행하며 되도록이면 물건을 만지거나 옷을 자주 정리하는 행동을 하지 않는 것이 좋다.
- 질문 후에 답변할 때는 구체적으로 하는 것이 좋다. 질문을 알아듣지 못했을 경우에는 당황하지 않고 I beg your pardon Sir? 또는 Sorry, I don't follow

you. 등의 질문을 하는 것이 좋다.

- 면접관의 질문에 지나치게 짧게 대답하는 것은 피하고 중간중간에 적절한 맞장구를 쳐주어 면접의 분위기를 호의적으로 만드는 것이 좋다.
- 과거 고용주를 비난하는 것은 금물이다. 자칫하다간 불평불만이 많은 사람으로 비춰질 수 있으니 조심하는 것이 좋다.
- 면접 시 질문에 대한 답변만 하기 보다는 '이 업무에서 중요하게 해결해야 하는 과제는 무엇인가?', '회사의 근무 분위기는 어떠한가?'와 같이 업무와 회사에 대한 질문을 하면 면접관에게 더 좋은 인상을 줄 수 있다.
- 면접이 끝날 때까지 예의 바른 태도를 유지하며 해당 직무에 대한 자신감을 표출하는 말을 준비하여 언급하는 것이 좋다.

청춘의 해외도전

03 해외취업 · 해외인턴 정부사업 안내

한국산업인력공단에서 수행하고 있는 해외취업사업은 대한민국 청년들이 세계를 향해 뻗어 갈 수 있도록 해외노동시장 진출을 촉진하는 사업입니다. 1998년부터 정부차원에서 시작된 한국산업인력공단의 해외취업사업은 해외구인업체 발굴 및 취업알선 사업, 해외취업 연수과정 운영, K-Move 국정과제추진 등의 서비스를 제공하고 있습니다. 해외취업은 해외에서 구인 수요가 많은 직종인 IT, 비즈니스, 건설, 기계 등의 구인·구직자를 대상으로 하며, 해외취업 전문사이트인 월드잡 플러스(www.worldjob.or.kr)를 통해 국제적인 감각을 갖춘 글로벌 인재를 양성하고 있습니다.

1. K-Move

최근 국내기업의 해외진출이 확대되고, K-Pop 열풍이 일어나면서 국제사회에서 대한민국의 위상이 높아지고 있습니다. 이러한 시기에 열정과 잠재력을 가진 대한민국 청년들이 세계무대로 진출하는 것은 당연한 일이 되어야 하며 이를 위해 정책적인 제도의 필요성이 증가하고 있습니다. K-Move는 이러한 필요성으로 추진된 사업으로 그 동안 각 부처에서 산발적으로 추진되던 해외진출 프로그램을 통합하여 더 많은 청년들을 발굴하여 더 나은 해외일자리를 제공하고 있습니다. 또한 사업 종류별로 유관기관과 협력하여 운영에 효율성을 더하고 있습니다.

해외취업	해외인턴	해외창업	해외봉사
고용노동부	교육부	산업통상자원부	외교부
해외진출 K-Move 국정 과제 추진으로 청년의 해외진출 지원	청년의 해외진출을 위한 글로벌 미래인재 양성 지원	해외취업 및 창업 지원 등 글로벌 시장개척 지원	재외국민 안전·권익보호와 공공외교·일자리 외교 확대
한국산업인력공단	국립국제교육원	Kotra	KOICA
청년의 도전적인 해외진출을 위한 K-Move 세부 사업 추진	다양한 해외인턴 활동을 통해 실무경험을 쌓도록 기회 제공	대한민국 청년의 해외창업을 활성화하기 위한 현지 지원	개발도상국 주민들과 함께 생활하며 그들의 경제, 사회 발전에 실질적인 기여 활동

1) K-Move 스쿨

K-Move 스쿨은 해외취업에 열정과 잠재력을 가진 청년들을 대상으로 해외에서 요구되는 구직자 수준에 도달할 수 있도록 역량강화 교육과정을 운영하는 사업입니다.

자격 : 대한민국 국적 만 34세 이하 청년 (34세 이상도 정원의 일정비율 참여 가능)

기간 : 6개월~11개월

규모 : 연수과정별로 10~40명 내외, 1인당 최대 800만 원 국비지원(단기는 최대 580만 원 연수비 지원)

분야

- 글로벌 기업, 해외 진출 기업, 해외유망직종 기업 등 취업과 연계되는 과정
- 용접·전기 등 기술분야 / IT·디자인 등 창조경제 분야
- 동남아·중동 등 신흥시장 일자리 개척과 직접적으로 연계되는 과정

과정

기관명	과정명	대상국가	직종	지역	연락처
(사)한국무역협회	SMART Cloud 과정	일본	ICT	서울	02-6000-5739
한국취업지원센터	해외 건설 플랜트 현장관리자	중동	플랜트	서울	02-924-2553
(사)대우세계경영 연구원	글로벌 청년사업가 양성과정	베트남	비즈니스	서울	02-6366-0091
(사)창조와 혁신	아시아 신흥시장 글로벌 비즈니스 전문가 양성과정	CIS 지역 (카자흐스탄 등)	비즈니스	서울	02-335-6993
동서대학교 산학협력단	미국 세무 전문인력 양성과정	미국	세무	부산	051-320-2109
삼육보건대학교	국제헤어미용사 취업과정	필리핀	헤어미용	서울	02-3407-8634

2) K-Move 멘토

K-Move 멘토는 해외취업의 경험과 노하우를 가진 사람을 멘토로 선정해 해외 취업을 준비하는 청년들에게 필요한 역량과 준비사항 등의 정보를 알려주는 멘토 프로그램입니다. 멘토는 해외에서 2년 이상 취업 및 창업 경험이 있는 사람이어야 하며, 멘토 1인당 3~5명의 멘티를 매칭하여 프로그램을 실시합니다. 본 프로그램은 고용노동부와 한국산업인력공단이 운영하는 월드잡 사이트에서 확인 가능하며 온ㆍ오프라인 만남을 통해 프로그램이 진행됩니다.

3) K-Move 센터

K-Move 센터는 해외 현지에 네트워크 센터를 설치하여 해외에 진출한 청년들의 취업 및 창업을 지원하는 사업입니다. 2013년 9월에 미국(실리콘밸리), 일본(도쿄), 인도네시아(자카르타)에 센터를 개소하였으며, 2014년에 센터를 10개소로 늘려 해외 일자리를 발굴 및 맞춤형 일자리 서비스 등을 운영하고 있습니다.

해외취업 연수사업은 해외취업을 희망하지만 직무능력 및 어학능력이 부족한 인재를 대상으로 직무교육 및 어학연수를 실시하는 사업입니다. 이 사업은 연수비 일부가 국비로 지원되며 능력 우수자에게는 해외취업 기회까지 제공합니다.

연수기관 자격요건

- 국외 유 · 무료 직업소개사업 신고를 필한 자
- 교육 · 훈련기관으로 인가를 받은 자
- 연수에 필요한 시설 · 장비 · 강사 등을 확보하고 있는 자
- 기타 이사장이 정하는 요건에 부합하는 자

운영방법

외부 전문연수기관을 공개 모집하여 관련 사무를 위탁 운영하는 방식

연수직종

해외취업 유망직종(IT, 비즈니스, 사무 및 서비스 등)

연수 프로그램

	K-MOVE 스쿨(장기/단기)	GE4U
소개	끼와 열정을 가진 청년이 해외에서 꿈과 비전을 펼칠 수 있도록 지원, 대한민국이 강점이 있거나 또는 글로벌 수준에 이르지 못한 직종을 발굴하여 특화된 맞춤형 연수를 통한 해외진출 지원	자치단체와 대학 중심으로 연수생 모집에서부터 취업까지의 과정을 종합적으로 관리하는 연수프로그램

공통 기준	• (공통) 대한민국 국민으로서 해외취업에 결격사유가 없는 자/합법적인 비자발급이 가능한 자 • 공단으로부터 지원받은 해외취업연수과정(인턴 포함)을 참여한 사실이 없고 참여 중에 있지 아니한 자 • 해외구인처에서 제시한 조건(연령, 학력, 경력, 자격)에 적합한 자/최종학교(대학교 이하) 졸업자 또는 졸업예정자	
연수비 지원	• 장기 : 1인당 최대 800만 원 • 단기 : 1인당 최대 580만 원 • 신흥국가는 90% 지원, 연수대상자 10% 이내 부담	1인당 최대 450만 원
연수 기간	• 장기 : 6~12개월 • 단기 : 3~6개월	3~9개월
제한사항	• 공단의 해외취업연수과정(인턴 포함) 수료(중도 탈락) 후 연수 개시일 기준 최근 1년 이내에 있는 자 또는 참여 중에 있는 자 • 연수 종료 후 취업률 산정 기간 내 졸업 및 해외취업이 불가능한 자 • 연수참여(예정)일 기준 고용보험가입 또는 개인사업자 등록 중인 자 • 해외연수 및 취업을 위한 비자발급이 불가한 자 • 연수참여(예정)일 기준 해외여행에 제한이 있는 자 • 연수개시일 1년 이내에 6개월 이상 연수, 취업국가에 해외 체류 사실이 있는 자	
개별기준	만 34세 이하 해외취업처의 구인조건 및 취업가능성을 고려하여 30% 이내 범위에서 연령 초과자 모집 가능	만 34세 이하 미취업자로서 사업참여 대학의 졸업자 또는 최종학년 재학 중인 자 (출국 및 연수종료 후 취업률 산정 기간 내 졸업이 가능한 자)

진행절차

① 연수기관 모집 : 신문 인터넷 및 공개모집

② 심사 및 선정 : 연수기관 및 과정 선정

③ 연수생 모집 : 만 34세 이하 미취업자, 대학졸업(예정)자

④ 연수실시 : 어학 및 직무교육 실시, 국내 및 해외 현지 연수/3~12개월/

K-Move 멘토의 멘토링(K-Move 스쿨)

⑤ 취업지원 : 서류제출 및 면접/고용 계약 체결/비자발급 지원

⑥ 사후관리 : 출국지원/현지정착 지원 및 사후관리/K-Move 멘토, 커뮤니티 등

다양한 정착지원(K-Move 스쿨)

해외취업 알선 사업은 대한민국의 인재채용을 희망하는 해외업체와 해외취업을 희망하는 구직자를 연결해주는 사업입니다.

구인 해외업체 등록자격

다국적기업, 현지 로컬기업, 국내(대중소)기업 현지법인, 대한민국 인력채용을 희망하는 기업으로 근무지가 해외인 기업, 월드잡에 등재된 모집공고의 근로조건을 이행할 수 있는 기업

해외취업 희망자(만 18세 이상)

- 이력서 작성 : 월드잡 가입 후 이력서 및 자기소개서 작성 후 지원 가능
- 주요직종 : 전산, 의료, 건설, 기계, 조리, 사무, 무역 등 전 직종(그 외 월드잡에 등록된 직종)
- 주요혜택 : 구직상담에서 출국에 이르기까지 전 과정에 대한 서비스 제공(해외취업 희망자)

진행절차

① 해외취업 희망자 준비사항

구직자 등록(월드잡 가입 후 이력서 작성) → 알선(구인요건에 부합하는 구직자 선발, 선발자 서류를 해당 업체에 송부) → 심사지원(서류심사 결과 통보, 면접 일정 및 장소 안내) → 근로계약 및 출국지원(합격자와 해당 업체 간의 근로계약 체결 지원 및 출국 시 유의사항 등 안내)

② 해외구인업체

모집공고(구인 조건 등록)

4. 해외취업 인턴

K-Move의 해외취업 인턴 사업은 해외 진출을 희망하는 청년들을 대상으로 해외 산업현장의 실무 경험을 제공하는 사업입니다.

지원내용

구분	내용
인턴 참가 지원 대상	만 34세 이하 미취업자(대학졸업생 70%)
지원 인원	700명
지원 금액	1인당 최대 700만 원 *인턴 기간, 지역, 국가 등에 따라 지원액 상이
참여 기간	평균 2~11개월
지원 사항	항공료, 체재비, 비자발급 비용 등

사업소개

사업명	사업목적
글로벌 무역 인턴십	해외법인 · 지사 파견을 통해 글로벌 경제 변화 인식, 해외 현지 실무 및 경험 및 노하우 습득 지원
글로벌 지역전문가 인턴십	무역이론과 현장실무 경험을 통해 무역 · 산업 · 지역 전문성을 갖춘 융합형 글로벌 무역 인재 양성
전시사업 해외인턴	해외 전시회 현장 실무 경험을 통한 전시 전문인력 양성 및 해외취업 지원
해외 한인 기업 해외인턴	해외 한인 기업의 네트워크를 활용하여 한국의 우수인재를 세계 각지에 인턴으로 파견
물류인력 해외인턴	글로벌 물류기업 육성을 위해 해외인턴을 통한 전문 물류 인력 및 대학생 취업 지원
섬유 · 패션 해외인턴	선진국의 섬유 · 패션 산업 트랜드를 익혀 글로벌 인재 양성
호텔 관광 인턴	호텔 관광 분야 글로벌 인재 양성 및 해외취업 비전과 기회 제공

진행절차

프로그램별 공고/접수 → 1차 서류심사 → 2차 면접심사 → 선발 → 사전교육 → 해외인턴 파견 → 취업연계 및 사후관리

5. 해외취업 성공장려금

해외취업 성공장려금이란 한국산업인력공단에서 지원하는 인센티브로 해외취업에 성공한 청년들에게 지원하는 현지 정착 및 장기근속 지원금입니다.

지원내용

- 지원인원 : (2015년 기준) 해외취업에 성공한 대한민국 청년 2,000명
- 지원금액 : 최대 300만 원 (취업 1개월 후 150만 원 / 취업 6개월 후 150만 원)

지원대상

- 연령 : 만 34세 이하 (80.01.02 이후 출생자)
- 취업조건 : 2014년 9월 14일 이후에 해외취업한 자
- 소득기준 : 본인, 부모 및 배우자 합산소득이 8분위 이하
- 건강보험료 납입액 : 월 364,134원 이하인 자

취업 인정 기준

- 직종 : 단순노무직 이외 직종
- 취업조건 : 근로계약 1년 이상
- 소득기준 : 연봉 1,500만 원 이상
- VISA : 취업비자 또는 워킹홀리데이 비자 (단, 워킹홀리데이 비자는 한국산업인력공단 사업을 통해 취업해야 인정)

제출기한

- 1차 : 2015년 12월 11일 18:00
- 2차 : 취업 6개월 시점 기준 익월 말일

- 예산 소진 시 사업 조기 종료

제출서류

① 취업비자 사본

② 근로계약서 및 재직증명서 (두 개 다)

③ 본인 통장 사본

④ 가족관계증명서 (부 또는 모 기준)

⑤ 가족관계증명서 (본인 기준)

⑥ 주민등록표 초본 (워홀, 인턴 비자로써 남자만 병역 확인용)

⑦ 개인정보이용 동의서 (본인, 부모 및 배우자)

지원절차

① 월드잡 회원가입 (기존 회원 가능)

② 취업 성공 : 취업인정기준 부합

③ 1차 장려금 신청 : 취업 기간 1개월 후

④ 2차 장려금 신청 : 취업 기간 6개월 후

  * 장려금 신청 및 증빙서류 제출 등의 절차는 월드잡(온라인)을 통해서만 가능 (방문 및 우편접수 불가), 자세한 사항은 월드잡 홈페이지(www.worldjob.or.kr) 참조

04 해외생활 상황별 대처 매뉴얼

해외취업은 비교적 외국에서 장기간 거주를 하게 되는 경우가 많습니다. 이에 외국 생활에서 생길 수 있는 여러 상황에 대처하는 방법을 숙지하는 것이 필요합니다. 다음은 위기 상황별 대처 매뉴얼에 관한 외교부 안내사항입니다.

(출처 : 외교부 홈페이지)

[위기 상황별 대처 매뉴얼]

해외생활 중 위기 상황에 처하게 되면 국내가 아니므로 쉽게 당황하며 대처 방안을 떠올리지 못하는 분들이 많습니다. 그럴 땐 영사콜센터(24시간 연중무휴)나 외교부 '해외안전여행 어플리케이션'을 활용하시길 바랍니다. 또한 출국 전에 해당 국가의 안전과 관련된 사항을 필히 점검하고 가야 합니다. 그럼 위기 상황별로 어떻게 대처해야 하는지 알아보도록 하겠습니다.

영사콜센터

- 국내 02) 3210−0404(유료)
- 해외 국가별 접속번호 +822−3210−0404(유료), 국가별 접속번호 +800−2100−0404(무료)
- 상담내용 : 우리국민 해외 사건 · 사고 접수, 신속해외송금지원제도 안내, 가까운 재외공관 연락처 안내 등 전반적인 영사민원 상담
- 지원대상 : 해외여행하는 우리 국민
- 지원사유 : 해외에서 소지품 도난 · 분실 등 긴급 경비가 필요한 경우
- 지원 한도 : 미화 3천 달러
- 지원문의 : 재외공관(대사관 혹은 총영사관), 영사콜센터

1. 소지품을 도난 및 분실했을 때

- 재외공관(대사관 혹은 총영사관)에서 사건 관할 경찰서의 연락처와 신고방법 및 유의사항을 안내 받습니다.
- 의사소통 문제로 어려움을 겪을 경우, 통역 선임을 위한 정보를 제공받습니다.

1) 여권 분실

- 여권 분실 시 분실 발견 즉시 가까운 현지 경찰서를 찾아가 여권 분실 증명서를 만듭니다. 재외공관에 분실 증명서, 사진 2장(여권용 컬러사진), 여권번호, 여권발행일 등을 기재한 서류를 제출합니다. 급히 귀국해야 할 경우 여행증명서를 발급 받습니다.
- 여권 분실의 경우를 대비해 여행 전 여권을 복사해 두거나 여권번호, 발행 연원일, 여행지의 우리 공관 주소 및 연락처 등을 메모해둡니다. 단, 여권을 분실했을 경우 여권이 위 · 변조되어 범죄에 악용될 수 있다는 점에 유의 바랍니다.

2) 현금 및 수표 분실

- 여행경비를 분실 · 도난당한 경우, 신속해외송금지원제도를 이용합니다. (재외공관 혹은 영사콜센터 문의).
- 여행자 수표를 분실한 경우 경찰서에 바로 신고한 후 분실증명서를 발급받습니다. 여권과 여행자수표 구입 영수증을 가지고 수표 발행 은행의 지점에 가서 분실신고서를 작성하면 여행자 수표를 재발행받을 수 있습니다. 이 때 T/C의 고유번호, 종류, 구입일, 은행점명, 서명을 알려줘야 합니다.
- 수표의 상하단 모두에 사인한 경우, 전혀 사인을 하지 않은 경우, 수표의 번호를 모르는 경우, 분실 시 즉시 신고하지 않은 경우에는 재발급이 되지 않으므

로 주의해야 합니다.

3) 항공권 분실

- 항공권을 분실한 경우 해당 항공사의 현지 사무실에 신고하고, 항공권 번호를 알려줍니다.
- 분실에 대비해 항공권 번호가 찍혀 있는 부분을 미리 복사해 두고, 구입한 여행사의 연락처도 메모해둡니다.

4) 수하물 분실

- 수하물을 분실한 경우 화물인수증(Claim Tag)을 해당 항공사 직원에게 제시하고 분실신고서를 작성합니다. 공항에서 짐을 찾을 수 없게 되면 항공사에서 책임을 지고 배상합니다.
- 현지에서 여행 중에 물품을 분실한 경우 현지 경찰서에 잃어버린 물건에 대한 신고를 하고, 해외여행자 보험에 가입한 경우 현지 경찰서로부터 도난신고서를 발급받은 뒤 귀국 후 해당 보험회사에 청구합니다.

5) 중국에서 분실할 경우

- 중국에서 여권분실 및 도난 사건이 많아 중국 공안당국은 우리 공관으로부터 발급받은 여행증명서가 있더라도, 공안당국이 발행한 여권분실증명서가 있어야 출국할 수 있으므로 주의해야 합니다.
- 여권을 분실했을 경우 먼저 관할 파출소에 신고하여 분실증명서를 발급받고 중국 내 우리 관할 공관에 본인이 직접 방문하여 분실신고(사진 3매 지참)를 하여야 합니다.

- 공관에서 발급하는 '분실여권 말소증명'과 파출소 발행의 '분실증명서'와 호텔 등 외국인 합법 거주지 등에서 발급하는 '숙박증명(투숙등기표)'을 첨부하여, 분실지역 관할 공안국 외국인출입경관리처에 가서 분실증명서를 발급받습니다.
- 공안국에서 발급받은 분실증명서를 가지고 공관을 방문해 단수여권을 발급받습니다. (발급수수료: 인민폐 120위엔)
- 공안국 외국인출입경관리처에 가서 단수여권에 출국에 필요한 비자를 발급받습니다. 여행 경비를 분실 및 도난 당한 경우 신속해외송금지원제도에 관해 영사콜센터에 문의합니다.

도난 · 분실 예방 TIP

- 여권이나 귀중품은 호텔 프론트에 맡기거나 객실 내 금고 또는 안전 박스에 보관합니다. 그 날 사용할 만큼의 현금만 가지고 다닙니다.
- 현금은 지갑과 가방, 주머니에 나누어 지닙니다.
- 식당에서는 의자에 가방을 걸어두지 마시고 식사하는 동안에는 가방을 본인 무릎 위에 두는 것이 안전합니다.
- 뒷주머니에는 절대로 지갑을 넣지 마시고 바지 앞주머니나 코트 안주머니에 넣는 것이 안전합니다.
- 가방을 가지고 걸을 때는 어깨로부터 가슴에 가로질러 X자로 맵니다.
- 사람이 많은 출퇴근 시간의 기차나 버스 안에서 가방이나 지갑을 조심합니다.
- 모르는 사람이 시간이나 길을 묻는 등 말을 걸어 올 때는 조심합니다.
- 호텔 프론트에서 체크인 및 체크아웃 시 수하물은 반드시 시선이 닿는 곳에 놓거나 일행이 있을 경우 한 사람은 수하물을 지키도록 합니다.

- 당황하지 말고 침착하게 현지 사법당국의 절차에 따릅니다.

- 우리 공관에 구금 사실을 알리도록 현지 사법당국에 요청합니다.

- 해외에서 사건·사고가 발생할 경우 그 나라의 법과 절차에 따라 수사와 사건 처리가 진행됩니다. 재외공관은 자국민이라는 이유로 현지 사법당국에 특별한 대우를 요구하거나 직접 해당 사건을 담당할 법적 권한이 없음을 기억하기 바랍니다.

- 현지 언어가 능통하지 않을 경우 사법당국에 통역 지원이 가능한지 문의합니다.

- 본인이 모르는 외국어로 작성된 문서나 내용을 정확하게 이해하지 못할 경우 함부로 서명하지 마십시오.

- 영사와의 면담 시 향후 진행될 사법절차, 현지 법체계에 대한 일반적인 정보를 제공받을 수 있습니다.

- 국내 가족과 연락을 하고 싶을 경우 사법당국 또는 담당 영사에게 협조를 구합니다.

- 체포·구금 당시 부당한 대우, 가혹 행위, 반인권적인 사항이 있었을 경우, 영사와의 면담 시 관련 사실을 알려 관계 당국에 시정을 요청합니다.

- 변호사비, 보석, 소송비를 지불하기 위해 필요한 경우 신속해외송금지원제도를 활용합니다.

- 전문적인 법률 자문을 구하고 싶을 경우 변호사 선임에 필요한 정보를 제공받습니다.

비엔나 협약

영사관계에 관한 비엔나 협약 제36조(파견국 국민과의 통신 및 접촉) 1항 (b) 파견국의 영사관할구역 내에서 파견국의 국민이 체포되는 경우, 또는 재판에 회부되기 전에 구금 또는 유치되는 경우, 또는 기타의 방법으로 구속되는 경우에, 그 국민이 파견국의 영사기관에 통보할 것을 요청하면, 접수국의 권한 있는 당국은 지체 없이 통보하여야 한다. 체포, 구금, 유치 또는 구속되어 있는 자가 영사기관에 보내는 어떠한 통신도 동 당국에 의하여 지체 없이 전달되어야 한다. 동 당국은 관계자에게 본 사항을 따를 그의 권리를 지체 없이 통보하여야 한다.

3. 인질로 납치를 당했을 때

- 필리핀, 과테말라, 중국 등 인질 및 납치가 빈번한 국가를 여행할 때에는 치안 불안 지역을 사전에 파악해 여행을 자제해야 합니다.
- 납치가 되어 인질이 된 경우 자제력을 잃지 말고 납치범과 대화를 지속하여 우호적인 관계를 형성하도록 합니다.
- 눈이 가려지면 주변의 소리, 냄새, 범인의 억양, 이동 시 도로상태 등 특징을 기억하도록 노력하십시오.
- 납치범을 자극하는 언행은 삼가고 몸값 요구를 위한 서한이나 음성녹음을 원할 경우 응하도록 하십시오.
- 버스나 비행기 탑승 중 인질이 된 경우 순순히 납치범의 지시에 따르고 섣불리 범인과 대적하려 들지 마십시오. 납치범과 대적할 경우 자신의 생명은 물론 다른 인질들의 생명도 위태로워질 수 있습니다.

- 재외공관(대사관 혹은 총영사관)에서 사건 관할 경찰서의 연락처와 신고방법 및 유의사항을 안내 받습니다. 의사소통의 문제로 어려움을 겪을 경우 통역 선임을 위한 정보를 제공받습니다.

  ※ 스마트폰 사용자의 경우 외교부 해외안전여행 어플리케이션을 다운받기 바랍니다.(현지 경찰서 번호 안내 및 사건장소 촬영과 녹취기능 등 포함)

- 사고 후 지나치게 위축된 행동이나 사과를 하는 것은 자신의 실수를 인정하는 것으로 이해될 수 있으므로 분명하게 행동하십시오.

- 목격자가 있는 경우 목격자 진술서를 확보하고 사고 현장 변경에 대비해 현장을 사진 촬영합니다.

- 장기 입원하게 될 경우 국내 가족들에게 연락하여 자신의 안전을 확인시켜 주고, 직접 연락할 수 없는 경우 공관의 도움을 요청합니다. 사안이 위급하여 국내 가족이 즉시 현지로 와야 하는 경우 긴급 여권 발급 및 비자 관련 협조를 구합니다.

- 급작스러운 사고로 의료비 등 긴급 경비가 필요할 경우 해외공관이나 영사콜센터를 통해 신속해외송금지원제도를 이용합니다.

- 피해보상 소송을 진행할 경우 그 나라의 일반적인 법제도 및 소송을 제기하기 위한 절차에 대해 문의하고, 현지 또는 통역사 선임에 필요한 정보를 제공받습니다.

5. 자연재해를 입었을 때

- 재외공관에 연락하여 본인의 소재지 및 여행 동행자의 정보를 남기고, 공관의

안내에 따라 신속히 현장을 빠져나와야 합니다.

- 지진이 일어났을 경우 크게 진동이 오는 시간은 보통 1~2분 정도입니다. 성급하게 외부로 빠져나갈 경우 유리창이나 간판·담벼락 등이 무너져 외상을 입을 수 있으니 비교적 안전한 위치에서 자세를 낮추고 머리 등 신체 주요부위를 보호합니다. 지진 중에는 엘리베이터의 작동이 원활하지 않을 수 있으므로, 가급적 계단을 이용하시고 엘리베이터 이용 중에 지진이 일어날 경우에는 가까운 층을 눌러 대피합니다.
- 해일(쓰나미)이 발생할 경우 가능한 높은 지대로 이동합니다. 이때 목조건물로 대피할 경우 급류에 쓸려갈 수 있으므로 가능한 철근콘크리트 건물로 이동해야 합니다.
- 태풍·호우 시 큰 나무를 피하고 고압선 가로등 등을 피해 감전의 위험을 줄입니다.
- 자연재해 발생 시 TV·라디오 등을 켜두어 중앙행정기관에서 발표하는 위기대처방법을 숙지하고, 유언비어에 휩쓸리는 일이 없도록 주의해야 합니다.
- 현지 관계 당국에 해당 건을 신고하고, 우리 재외공관(대사관 혹은 총영사관)에도 연락을 취하여 우리 국민 안전을 파악할 수 있도록 하시기 바랍니다.

6. 대규모 시위나 전쟁 중의 국가에서

- 군중이 몰린 곳에 함부로 접근하면 위험합니다.
- 대규모 시위가 일어났을 경우 특정 시위대를 대표하는 색상의 옷을 입거나 시위에 참여하는 행동은 매우 위험한 행동이니 삼가시기 바랍니다.
- 시위대의 감정이 고조되어 무력충돌(총기 난사, 폭력 등)로 이어질 가능성을

대비해 긴급 출국하는 편이 좋습니다.

- 당장 출국하지 못할 경우에는 영사콜센터 혹은 재외공관(대사관 혹은 총영사관)에 여행자의 소재와 연락처를 상세히 알려 비상시 정부와의 소통이 가능하도록 해야 합니다.
- 긴급하게 귀국 또는 제3국으로 이동해야 하는 경우 재외공관(대사관 혹은 총영사관)에서는 비자발급, 여행증명서 발급 등의 출국절차를 지원해드립니다.
- 현지 관계 당국에 해당 건을 신고하고, 우리 재외공관(대사관 혹은 총영사관)에도 연락을 취하여 우리 국민 안전을 파악할 수 있도록 하시기 바랍니다.

7. 테러 및 폭발의 위험이 있는 국가에서

- 재외공관에서 사건 관할 경찰서의 연락처와 신고방법 및 유의사항을 안내 받습니다.
- 총기에 의한 습격일 때는 자세를 낮추어 적당한 곳에 은신하고 경찰이나 경비요원의 대응사격을 방해하지 않도록 합니다.
- 폭발이 발생하면 당황하지 말고 즉시 바닥에 엎드려 신체를 보호합니다. 엎드릴 때는 양팔과 팔꿈치를 갈비뼈에 붙여 폐, 심장, 가슴 등을 보호하고 손으로 귀와 머리를 덮어 목 뒷덜미, 귀, 두개골을 보호합니다. 통상 폭발사고가 발생한 경우 2차 폭발이 있을 가능성이 크므로 절대 미리 일어나서는 안 되며 이동 시에는 낮게 엎드린 자세로 이동합니다.
- 화학테러의 경우 눈물과 경련, 피부가 화끈거리거나 호흡곤란, 균형감각 상실 등의 증상이 나타납니다. 이럴 때는 손수건으로 코와 입을 막고 호흡을 멈춘 채 바람이 부는 방향으로 신속히 현장을 이탈해야 합니다.

- 병원균이나 생물학적 물질에 의한 테러의 경우 호흡기, 피부에 난 상처, 음식물 복용 등을 통해 감염되고 전염병을 발생시킵니다. 주요 증상으로는 고열, 복통, 설사, 콧물, 인후염, 피부발진, 안구출혈, 무기력 등의 증상이 나타나게 됩니다. 인근에 의심물질이 누출되었을 경우 손수건을 여러 겹으로 접어서 코와 입을 가린 채 신속히 현장에서 대피하고 물과 비누로 노출된 피부를 조심스럽게 씻고 관계당국에 신고하여 특이증상이 없는지 살펴봐야 합니다.
- 독가스 등 생화학 가스가 살포된 경우 손수건 등으로 코와 입을 막고 호흡을 중지한 채 바람이 불어오는 방향으로 속히 현장을 이탈합니다.
- 방사능 테러는 폭발을 감지해도 특수 장비가 없다면 방사능 물질로 인한 오염이 발생했는지 감지하기 어렵습니다. 핵 폭발지역에 있을 경우 비상대피소로 대피하거나, 실내에 있을 경우 모든 출입문과 창문을 빈틈없이 닫아두어야 합니다.
- 현지 경찰서에 해당 건을 신고하고 우리 재외공관(대사관 혹은 총영사관)에도 연락을 취하여 우리 국민 안전을 파악할 수 있도록 하시기 바랍니다.

8. 마약소지 및 운반과 관련해서

- 마약에 대한 규제가 점점 강화되어 전세계 대부분의 국가에서 마약범죄를 중범죄로 다루고 있고, 소지 사실만으로도 사형에 처하는 나라가 있으므로 주의해야 합니다.
- 중국의 경우 헤로인 50g 또는 아편 1kg을 제조, 판매, 운반, 소지 시 사형에 처하도록 하고 있습니다. (중국 형법 제347조)
- 귀하가 운반한 가방에서 마약이 발견되었을 경우 외국 수사당국은 귀하가 악

의가 있었는지 여부에 관계없이 마약사범과 동일하게 처벌하기 때문에 본의 아니게 억울하게 일을 당하지 않도록 본인 스스로 유의하셔야 합니다. 이 경우 우리 공관이 도와드릴 수 있는 부분이 거의 없음을 숙지하시기 바랍니다.

- 자신도 모르는 사이에 마약이 자신의 수하물에 포함될 수 있으므로 수하물이 단단하게 잠겼는지 확인합니다.
- 공항이나 호텔 프론트에서 자신의 수하물을 항상 가까이에 둡니다.
- 자신도 모르는 사람과 도보나 히치하이킹을 통해 국경을 같이 넘지 마십시오.
- 복용하는 약이 있는 경우 의사의 처방전을 항상 소지해 불필요한 입국 심사를 받지 않도록 합니다.
- 아이들의 장난감 등을 통해 마약이 운반되기도 하므로, 모르는 사람에게서 선물을 받지 말아야 합니다.

9. 여행 중 사망했을 때

- 여행 도중 동행인이 사망한 경우 병원에서는 의사의 사망진단서를, 경찰로부터는 검사진단서 및 경찰 사망증명서 등 필요한 서류를 발급받습니다.
- 사망 시 재외공관에 [사망자의 성명, 사망 일시, 사망 장소 및 유해안치장소, 사망 원인, 사망자의 한국주소, 본적, 유족의 성명과 주소, 사망자의 여권번호 및 발급일]을 신고합니다. 여행 주관 회사가 있는 경우 [사망자의 성명, 사망 일시, 사망 장소, 사망 원인, 유해안치장소, 가족에 대한 연락, 보험 수속 의뢰 상황]을 보고합니다.

05 해외 취업비자

해외취업이 되었다 하더라도 그 나라 입국허가서인 취업비자를 받지 못하면 일을 하지 못하게 되는 경우가 생깁니다. 따라서 취업비자 획득은 해외취업의 가장 중요한 관문이라 할 수 있습니다. 나라별 취업비자에 대해 참고히길 바라며, 본 자료는 2014년 기준이고 한국산업인력공단 정보자료실에서 확인할 수 있습니다.

1. 미국 취업비자

1) H1B(Primary Work Visa)

자격	• 고용주와 고용인의 관계가 비자 신청서에 명시되어야 함 • 특별한 직업(Special Occupation)에 맞는 자질을 갖추어야 함(학사 이상 수료, 일자리 전공 분야 등) • 일자리가 신청인의 학력에 맞는 일자리여야 함 • 미국 노동부 통계에 따른 임금 이상(지역별, 직업별)을 받아야 함 • H1B 비자 쿼터가 있어야 하고 추첨에서 당첨되어야 함

획득과정	• 회계연도별 Regular Cap 6만5천 개, Master's Exemption(석사 이상 학위 소유자용) 2만 개 부여
	• 4월 1일부터 향후 회계연도의 비자 신청을 접수
	  – 예) 2014.4.1부터 FT2015(2014.10.1~2015.9.31) H1B 비자 신청함
	  – H1B 비자는 추첨식으로 부여함
	  – 비자 획득자는 회계연도 시작일인 10월 1일부터 근무 가능

비자 유효기간
및 비용
	• 비자는 3년이며, 1회 3년 갱신 가능해 총 6년(갱신 시는 쿼터의 적용을 받지 않음)
	• 비용은 일반적으로 기업이 부담하나, 직원에게 부담시키는 경우도 있음
	  – 기본접수비 $325, American Competitiveness and Workforce Improvement Act of 1998(ACWIA) fee: $750(종업원 25인 이하), $1,500(종업원 26인 이상)
	  – Fraud Prevention and Detection fee: $500
	  – Public Law 111-230: $2,000(종업원 50인 이상, H1B/L1보유자가 50% 이상)
	  – Premium Processing fee: $1,225(2주 안에 결과를 통보함)

참고사항	• 회사 규모, 직원 수, 세금납부실적, 매출액 등에 상관없이 신청 가능하나, H1B 비자를 받는 것은 유명/대형업체 직원은 누락되는 경우가 상대적으로 낮은 것으로 나타나고 있음 　− FY2015, 신청자의 49%만 당첨됨 　− Regular 경우, 약 3대 1 이상의 경쟁률로 신청이 이루어짐 　− Master's는 다소 여유가 있으며, 부족 시 Regular에서 충당한다는 의견이 있음 　− 일반적으로 유학생(F1)은 OPT를 거쳐서 H1B 비자로 변경함
비자 발급 현황 (FY2014)	• 직종별 H1B 취득자 현황 　− 이공계 전공자가 대부분으로 이공계 전공자 수요가 많은 것으로 분석 　− 이공계 전공자는 OPT 취업이 29개월간 가능해 H1B 신청이 3회 가능함 • Fashion Designer(뉴욕시 디자인 관련 대학 다수) 　− 대형의류 기업이 주류 • 뉴욕시 소재 기업의 H1B 비자 스폰 현황 　− 주로 컴퓨터, 투자금융 및 경영진단 관련업체

2) OPT(Optional Practical Training)

자격	• 미국대학에서 정규과정을 풀타임으로 1년 이상 수료한 학생에게만 허가 • 미국 어학연수 프로그램은 해당되지 않음 • 전공 분야에 대한 실습 기회를 제공하는 취지, 학생비자(F-1) 신분에 해당 • 학사, 석사, 박사 학위 과정을 마칠 때마다 신청 가능 • 졸업 전에도 미리 사용 가능하나, 일반적으로 졸업 후 취업을 위해 사용
획득과정	• 학교에 신청서(I−538) 제출, 전공과 직장과 부합되면 OPT를 추천함 • 학교에서 이민국과 연결된 SEVIS에 입력하고 새로운 SEVIS I-20를 발급 　− 구비서류와 함께 Work Permit 서류 (I-765)를 이민국에 제출(수수료 있음) 　− 미국 국무부에서 3개월 내 승인하고, EAD카드 발급, 자격자들은 100% 발급 • EAD : Employment Authorization Document • 필히 졸업 전에 신청해야 함, 졸업 후 신청 불가
기간	• OPT 기간은 12개월, 이공계 전공자들은 29개월까지 허가함 • OPT 승인 후 180일 내 취업해야 함 　− 못할 경우 자동으로 비자 말소되며 출국해야 함 　− 유예기간(Grace Period) 60일을 졸업 후 사용하면 5개월 이내 취업하면 됨 • OPT 기간 중 H1B 또는 영주권 신청이 가능함

청춘의 해외도전

취업조건	• 학기 중일 경우는 1주일에 20시간 이내에서 일할 수 있음 • 졸업 후에는 1주일에 최소 20시간, 최대 40시간까지 일할 수 있음 • 정규직과 동일한 수준에 준하는 대우를 하는 것이 일반적 – 물론 그렇지 않은 경우도 다수 (참고로 J1은 시급만 지급하면 됨) • 기업 입장에서 학생들에게 혜택을 준다고 생각해 낮은 임금 지급 가능, 사회보장세 및 의료세 납부 예외적용(FICA)을 받아 세금 절감 가능
참고사항	• 미국 잔류 희망 유학생들은 OPT 근무 업체를 통해 H1B 전환을 희망하며, 이를 악용하는 업체들도 많음 • 미국 대기업들은 2~3학년생을 여름방학 인턴으로 선발해 경험 후, 적합한 학생들에게 졸업 후 OPT로 선발 • H1B가 안 될 경우 기업으로서는 1년간의 투자가 없어지는 이유로, 유학생의 OPT는 영주권자/시민권자에 비해서 기회가 상대적으로 낮음 • 특수전공(이공계, 회계 등) 및 특출한 재능 보유한 학생은 상대적으로 OPT 취업이 잘 되고, 아울러 일을 잘할 경우 H1B 전환 기회도 많음 • 이공계는 OPT 취업을 29개월 간 할 수 있으므로 H1B를 3번 신청할 수 있어 대부분 H1B로 전환 이루어 짐

3) J1(Exchange Visitor Program)

자격 및 프로그램	• 문화교류 방문자(교환학생, 교환교수) 및 인턴십 및 트레이닝 목적 참여자에게 발급하는 비자(직계가족에게는 J2 발급) • 영어구사력이 뛰어나야 하며(스폰서업체 인터뷰 진행), 의료보험 소지 필수 • 전체 프로그램 종류는 Au Pain(아기돌보미) 등 14가지 • 비용은 스폰서 수수료, 비자 수수료(비이민자, SEVIS 수수료) 등 • 한국학생이 부담하는 총비용은 400만 원에서 550만 원 정도 소요 예상 (미국행 비행 기표, 숙박비 등은 개인이 별도 부담)

획득과정	① 스폰서기관
	  – DS-2019 발행 권한을 보유
	  – J1 비자는 스폰서업체들에게 DS-2019 발행 건수 제한하여 쿼터 역할을 함
	  – 인턴 관련 스폰서는 77개사 정도이며 이중 대학, 협회 등을 제외한 상업적인 스폰서는 20여 개에 불과
	  – 독점적 지위를 악용, 수수료 및 승인/거부를 임의적으로 진행함
	  – DS-2019 수수료로 1천~3천 달러를 받고 있음(정해진 가격이 없음)
	  – 한인 인턴스폰서 1개사(Korea-US Science Cooperation Center) 워싱턴 DC 인근 VA주 소재

획득과정	② 취업 대상 업체
	• J1비자 취지에 맞도록 문화교류가 가능한 업체여야 함
	− 한인 업체로 한국어로 일상 업무 보는 업체는 한국 학생을 받을 수 없음
	− 바이어가 미국인인 한인 업체에서 영업활동을 할 경우 가능한 것으로 알려짐
	− 취업 대상 업체는 법적 책임 문제 때문에 비자신청서 작성을 기피하고 있으나, 학생들이 작성하기에도 어려운 주관식 질문들이기에 에이전트가 대행하여 작성하고 있음, 이는 향후 문제의 소지가 많음
	− 서류작성의 미흡으로 더욱 스폰서기관과 친밀한 관계 필요
비자기간	• 직종별 12개월(인턴)에서 36개월(교사, 연구원), 트레이니 18개월
	• 근무기간 중 해고/퇴사 시 1개월 내 신규 호스트업체 구해야 함(구하지 못할 시 출국해야 함)
	• 기업 입장, J1 소유자에게 저임금(시급 10달러, 연간 2만 달러) 지급 가능하고, 사회보장세 및 의료세 납부 예외적용(FICA)을 받아 세금절감이 가능함
	• J1비자에서 H1B로 전환은 불법
	− 법적으로는 J1은 1년 후 본국을 돌아가야 하는 비자
	− J1에서 H1B로 바로 전환 불가, 대부분 J1 → F1 → H1B로 전환함
참고사항	• 한인 에이전트 활동 매우 활발, 호스트업체가 한인 업체로 집중되어 있음
	• 한국 학생이 한국기업 인턴 응모 시 문화교류에 해당 안 된다는 이유로 불합격 확률 높음
	• 한국학생 영어검증 포함 80% 정도 승인됨(일본, 독일 등의 선진국은 100%)
	• 한국학생 J1 → H1B 전환율 15% 정도(F1을 거쳐 전환하는 경우도 알려지고 있음)
	• 학생들 문제(해고 등) 발생 시 정부기관에 민원 제기
	• 현지 에이전트 업체에 대한 민원 제기 사례가 적지 않다고 함

4) 그 외 비자

순번	비자명	비자 특징	발급조건	체류 기간
1	간호사 비자 (H-1C)	의료 인력 부족 지역의 병원에서 외국인 간호사 채용 시 사용되는 비자이며 까다로운 인증 절차(ETA 9081)를 거쳐야 함	• 전문대 졸 이상 미국 간호사 자격 소지자 • 청원서를 소지한 자	3년
2	임시농장 노무자 비자 (H-1C)	미국 내에서 구인하기 불가능한 임시 영농 비자이며 까다로운 인증 절차	• 농축산 노무자 • 청원서를 소지한 자	1년 미만 (연장 가능)

3	숙련 및 비숙련공 비자 (H-2B)	고용주가 임시적으로 고용인의 기술이나 노동력을 필요로 할 때 해당되는 비자	• 대학교 졸업자도 아니고 H-1B 단기 전문 취업비자 신청 자격도 충족되지 않는 자 (의료와 농업 분야 제외) • 청원서 소지한 자	1년 (최대 3년) 1회 연장 가능

5) 취업비자 획득 절차

① 고용주 : 미국 노동부에 노동허가 신청서 제출

② 미국 노동부 : 노동허가서 발급

③ 고용주 : 이민국에 서류 접수

④ 이민국 : 서류심사

⑤ 주한 미국대사관 : 취업비자 심사

⑥ 거주국 영사관 : 취업비자 발급

6) 비자 담당기관

주한 미국 대사관

주소	서울시 종로구 세종대로 188
전화	국번없이 1600-8884
업무시간	9:00~18:00
휴무일	토 · 일요일, 미국 국경일 및 한국 국경일
이메일	support-korea@ustraveldocs.com
홈페이지	http://korean.seoul.usembassy.gov/
비자 Q&A	http://www.ustraveldocs.com/kr_kr/kr-gen-faq.asp#qlistwork

주 미국 대한민국 대사관 영사관

주소	2320 Massachusetts Avenue N.W. Washington, D.C. 20008
전화	202-939-5653
팩스	202-342-1597

업무시간	9:00~17:00
휴무일	토 · 일요일
홈페이지	http://usa.mofa.go.kr/

2. 캐나다 취업비자

1) 취업비자의 종류

순번	비자명	비자 특징	발급조건	체류 기간
1	Co-op Work Permit	실습 비자 형태의 비자로서 주로 인턴십 프로그램에서 활용되며 학습기간만큼 일할 수 있음	학생비자를 소지한 자	해당 교육 기간
2	Post-Graduation Work Permit	Job Offer를 받지 않고 일할 수 있으며 교육기관 범위 내에서 최대 3년간 합법적으로 근무 가능	현지 대학(공립/준공립)에서 최소 8개월 이상의 교육과정을 수료하는 자	8개월~3년
3	Work Permit	국내에서 인력 부족을 보이는 건축, IT, 호텔 분야에 한하여 제한적으로 발급하는 비자	고용주로부터 Job Offer를 받아서 캐나다 인력노동청(HRSDC) 심사를 거쳐서 취업 승인(일부 IT 직종 제외)	최대 4년
4	Working Holiday	캐나다를 여행하며 합법적으로 취업할 수 있는 임시취업허가증 발급 (상, 하반기 각 2,000명씩 선착순으로 모집, 참가는 1회에 한함)	18~30세의 대한민국 국민으로 캐나다 왕복 항공권 및 C$2,500 이상을 소지하고 체류 기간 동안 보장되는 의료보험 가입자	최대 1년

2) 취업비자 획득 절차(Work Permit)

① 구비서류를 주 필리핀 캐나다 대사관 비자과에 우편으로 발송

② 국내 병원에서 신체검사 실시

③ 이민부의 허가 승인

④ 캐나다로 입국

⑤ 입국 심사 후 취업허가서를 발급받게 되며 체류 허용 기간도 함께 결정됨

3) 취업비자 획득 절차(Working Holiday)

① International Experience Canada(IEC) Kompass 계정 만들기

② IEC 지원서 작성 및 제출 (구비서류 업로드 및 참가비 납부)

③ IEC의 자격 심사 및 심사 합격통지서 수령

④ 캐나다 입국 자격 및 취업허가증 발급 자격 심사 (캐나다 이민성)

⑤ 캐나다 입국비자 승인 레터 수령 (Port of Letter of Introduction)

⑥ 캐나다 입국 및 취업허가증 발급 (캐나다 입국심사관)

4) 비자 담당기관

주 캐나다 대사관

주소	Levels 6–8, Tower 2 RCBC Plaza 6819 Ayala Avenue Makati City 1200
사서함	P.O. Box 2168 Makati Central Post Office Philippines 1261
전화	(63–2) 857–9000
팩스	(63–2) 843–1082
홈페이지	http://www.canadainternational.gc.ca/philippines/

주 캐나다 대한민국 대사관 영사관

주소	150 Boteler Street, Ottawa, Ontario, Canada K1N 5A6
전화	(613) 244–5010
팩스	(613) 244–5043, 613–244–5034
이메일	canada@mofa.go.kr
홈페이지	http://can–ottawa.mofa.go.kr/

3. 호주 취업비자

1) 취업비자의 종류

순번	비자명	비자 특징	발급조건	체류 기간
1	단기업무 (457)	최대 4년까지 취업 가능 임시 비자이며 고용주 스폰서십 비자	• 호주 부족 직군에 속한 직종 • 3년 이상의 경력 • 영어 IELTS 5.0 이상인 자	3개월~ 4년
2	단기업무 (400)	최대 3개월 동안 일시적이며, 단기간 내에 완료되는 업무를 수행하기 위해 발급되는 비자	호주 기관의 초청을 통해 행사에 참석하는 자	6주~ 3개월
3	Working Holiday Visa (417)	• 생애 1회로 발급이 제한 • 1회 12개월 체류가 가능하며 한 고용주 하에서 6개월 이상 일할 수 없는 비자	• 만 18세~30세 이하 • 호주 체류 1년 동안의 재정 능력 증명 필수	1년
4	OT Visa (Occupational Traineeship Visa)	최대 1년 체류가 가능하며 1회 연장 가능한 비자로 고용주 스폰서십 비자의 형태로 스폰서가 바뀌거나 중단될 경우 비자 취소됨	• 만 18세~30세 이하 • 체류 목적이 비자 신청자의 경력 개발이나 훈련 등의 특별 프로그램을 통해서 임이 증명되는 자	1년
5	ENS Visa	호주 대도시 지역의 자격을 갖춘 고용주로부터 후원을 받아 취업함으로써 신청할 수 있는 영주비자(457 비자를 이용하여 2년 이상의 경력을 쌓고 전환 가능)	• 만45세 미만 • 영어 IELTS 5.0 이상의 최근 3년 이상의 관련 전문 경력을 가진 자	영구
6	RSMS Visa	기술인력이 없는 호주 외곽지역 고용주들의 후원으로 취업하게 됨으로써 신청할 수 있는 영주비자	• 만 50세 이하 • 신청자의 직종이 독립범주에 있어야 하며 기술 수준, 영어능력이 호주 정부 기준에 맞아야 함	영구

2) 취업비자(457) 획득 절차

① 고용주가 이민성으로부터 스폰서자격 승인을 받음

② 지명하고자 하는 고용인이 회사에 필요하다는 것을 증명

③ 비자 서류 제출 및 비자 승인

④ 이민국에서 송부해온 457비자 원본을 지참하고 출국

⑤ 호주 지역사무소에서 체류 기간 지정 받음

3) 비자 담당기관

주한 호주 대사관

주소	서울시 종로구 종로 1가 1번지 교보빌딩 19층 (우)110-714
업무시간	월~금 9:00~12:00
전화	이민 비자과 (02)2003-0111
팩스	(02)720-9932
이메일	seoul-visa@dfat.gov.au
홈페이지	http://www.southkorea.embassy.gov.au/seol/home.html

주 호주 대한민국 대사관 영사과

주소	113 Empire Circuit, Yarralumla ACT 2600, Australia
비자접수	09:30~12:00
비자수령	14:00~15:30
전화	(61 2) 6270-4100
팩스	(61 2) 6273-4839
이메일	visa-au@mofa.go.kr
홈페이지	http://aus-act.mofa.go.kr/

4. 뉴질랜드 취업비자

1) 취업비자의 종류

순번	비자명	비자 특징	발급조건	체류 기간
1	Essential Skills	• 일정 기간 동안 지역별로 부족한 직업군 대상으로 발급 • 직업군 주기적으로 변경	• 신청자의 경력 또는 학력이 Long term/Immediate skill shortage에 속하는 경우	5년
2	Long Term Skill Shortage (Work to Residence Category)	• 최소 5년 이상 뉴질랜드 전국 인력시장의 절대적으로 부족한 직업군 대상으로 발급 • 연간 N$45,000 이상의 급여를 받으며 2년간 연속 근무 시 영주권 취득 가능	• 최소 2년 이상 풀타임으로 고용 • 만 55세 이하 • 신청자의 경력 또는 학력이 Long Term Shortage 또는 Long Term Shortage list에 속하는 경우	30개월
3	Accredited Employer Work visa (Work to residence Category)	• 영주권 전제의 노동비자 • 사전 인증을 받은 고용주로부터 고용제의를 받아 신청 • 근무 24개월 시점에 고용주가 지속적인 고용의사를 보일 시 영주권 취득 가능	• 국내 산업에 필요하지만 구할 수 없는 부족 직종에 해당하는 경력자 • 만 55세 이하 • 1주 40시간 근무 기준 N$55,000 이상의 연봉 • 2년간의 고용계약	최소 1년
4	Post-study Work	• 매년 4월 접수 시작 • 학업기간 최대 개월 • 한 고용주 밑에서 최대 3개월 근무 • 고용주 지원 비자도 가능	• 만18~30세 대상 • 최소 생활비(NZ $42,000) 및 왕복 항공권 비용 충당이 가능한 자	1년
5	이 외 Accredited Employer work visa, Arts, Culture and Sports work visa, Study to Work visa, Specific Purpose or Event visa, Student and Trainee visa 등			

2) 취업비자 획득 절차

① 비자 자격 판정

② 자격 조건이 충족되었을 경우 Job Search 구직활동

③ NZQA에 학력/경력심사가 취업비자 신청에 도움되는 경우 NZQA 학력심사

(해당 시)

④ 만 17세 이상이 신청자 대신 경찰신원조회/해외에서 1년 이상 장기체류 한 만 17세 이상 대상 해외신원조회

⑤ 신체검사 지정병원에서 신체검사(결과는 3개월까지만 유효)

⑥ 서류 접수

⑦ 신청인 자격확인 후 뉴질랜드 이민성에서 가승인서 발급, 가승인서에 명시되어 있는 요구 사항에 따라 여권 제출한 후 비자 수취

* 현지에서 고용이 되었다고 취업비자가 무조건 발급되는 것은 아니며 경력, 직종에 따라 취업비자의 종류가 달라진다.

3) 비자 담당기관

뉴질랜드 비자 지원센터

주소	서울특별시 중구 남대문로 5가 120 단암빌딩 5층
전화	070-4044-0044 (9:00~15:00)
업무시간	8:00~13:30
이메일	info.nzkr@vfshelpline.com
홈페이지	http://www.vfsglobal.com/newzealand/southkorea/korean/

주 뉴질랜드 대한민국 대사관

주소	11th Floor, ASB Bank Tower, 2 Hunter Street, Wellington 6011, New Zealand
사서함	P.O.BOX 11-143, Manners Street, Wellington, New Zealand
전화	(64-4)473-9073/4
팩스	(64-4)472-3865
이메일	consul-nz@mofa.go.kr
홈페이지	http://nzl-wellington.mofa.go.kr/korean/as/nzl-wellington/main/index.jsp

1) 취업비자의 종류

순번	비자명		비자 특징	발급조건	체류 기간
1	Employment Pass (EP-전문인력 비자)	P Pass	가족 동반 가능하며 부모, 처부모의 장기 체류 VISA 신청 가능	• 관리자, 전문 기술자, 투자가 • 4년제 이상 대학 졸업자 • P1 : S$ 8,000 이상의 고정 월급 • P2 : S$ 4,500 이상의 고정 월급	근로 계약 기간
		Q Pass	가족 동반 가능	• 숙련공, 기능공 • 4년제 이상 대학 졸업자 • S$3,300 이상의 고정 월급	근로 계약 기간
2	Skilled pass(SP)		가족 동반 불가능	• 중간 수준의 기술자 • 2년제 혹은 4년제 대학 졸업자 • S$2,200 이상의 고정 월급	근로 계약 기간
3	Work permit (WP: 취업허가증)		가족 동반 불가능	• 미숙련 노동자 • 만 18세 이상 50세 이하	근로 계약 기간

2) 비자 담당기관

주한 싱가포르 대사관

주소	서울특별시 중구 태평로1가 84
전화	02-774-2464
팩스	02-736-1209
업무시간	10:00~16:00, 토, 일요일 휴무
홈페이지	http://www.mfa.gov.sg/content/mfa/overseasmission/seoul.html

주 싱가포르 대한민국 대사관 영사과

주소	47 Scotts Road #16-03, 04 Goldbell Tower Singapore 228233
전화	(65) 6256-1188
팩스	(65) 6258-3302
이메일	con@koreaembassy.org.sg
홈페이지	http://sgp.mofa.go.kr

6. 중국 취업비자

1) 취업비자의 종류

순번	비자명	비자 특징	발급조건	체류 기간
1	Z비자 (주재원 비자)	중국에서 취업하는 데 필요한 비자	4년제 대학 졸업 및 실무 경력 2년 이상인 자 (아르바이트, 인턴 포함)	1년(연장 가능)
2	F비자 (상무 비자)	방문 · 사업 · 시찰, 과학기술 · 문화 · 교육 · 체육 교류를 진행하거나 중국 내에서 개최되는 각종 무역 박람회에 참가하고자 하는 사람 – 비즈니스 연수과정 취업자가 취득하는 비자	비자 신청서–사진, 명함 (국내에서 발급 시) 필요	1년(연장 가능) 최소 1년 이상 근무 후 취업비자로 전환

※ 정식 취업비자(Z)는 근무연한 2년 이상자가 대상이기 때문에 한국 기업에 취업 시 보통 상무 비자(F)로 근무하다가 1년 이상 일하면 회사에서 취업비자(Z)를 발급받도록 해주는 경우가 일반적(대기업에서는 채용 시 정식 취업비자를 발급 해주기 때문에 현실적으로 신입사원을 선발하지 않음)

※ 한국어 강사의 경우 중국 대학교에서 채용할 경우 보통은 취업비자(Z)를 발급할 수 있도록 지원을 하지만, 대학교의 규모나 사정에 따라 취업 비자를 발급 못하는 경우도 있음

2) 취업비자 획득절차

① 사업주 : 노동사회보장국에 외국인취업허가증 신청(약 10일 소요)

② 대외 경제무역국에서 초청장 발급신청(온라인신청 약 5일 소요)

③ 한국에서 Z비자 신청 및 발급 후 중국 입국(입국 시 취업허가증과 신체검사 증명서 준비)

④ 입국 후 24시간 내에 임시거주증 발급, 거주지 변경 시에도 24시간 내에 재발급(해당거주지 파출소에서 발급)

⑤ 노동사회보장국에서 외국인 취업증 발급(입금 후 15일 이내)

⑥ 공안국 출입국관리소에서 거류증 발급(외국인취업증 발급 후 30일 이내 기간 경과 시 취업증은 무효, 약 7일 소요)

3) 비자 담당기관

주한 중국 대사관 영사부

주소	서울특별시 중구 남산동 2가 50–7번지
전화	02–756–7300, 02–755–0453, 02–755–0456
팩스	02–755–0469
접수시간	월~금 9:00~11:30, 13:30~15:30 (금요일 오후 대외업무 없음)
발급시간	월~금 9:00~11:50
휴일	토, 일요일, 한국 공휴일, 중국 공휴일
홈페이지	www.chinaemb.or.kr/kor

주 중국 대한민국 대사관 영사과

주소	中国 北京市 朝阳区 第三使馆区 东方东路20号(邮政编码 100600)
	(No.20 DongfangdongLu Chaoyang District, Beijing China)
전화	(86–10) 8531–0700
팩스	(86–10) 6532–3891
홈페이지	http://chn.mofa.go.kr/

7. 일본 취업비자

1) 취업비자의 종류

순번	비자명	비자 특징	발급조건	체류 기간
1	기술	일본의 기업과 계약 하에 이학, 공학 또는 자연과학 분야에 속하는 기술 또는 지식을 요하는 활동에 종사하는 활동	• 기술 관련 학과의 대학 졸업자 또는 이와 동등한 자격 소지자 • 10년 이상의 실무 경력 • 정보처리(산업) 기사 취득자	1년~3년 (연장 가능)

2	인문지식 국제사무	일본의 기업과 계약 하에 법률학, 경제학, 사회과학 기타 인문과학 분야에 속하는 지식을 필요로 하는 사무 또는 외국의 문화에 기반을 둔 사고력을 요하는 사무에 종사하는 활동	인문지식 • 인문과학 관련 학과의 대학 졸업자 또는 이와 동등한 자격 소지자 • 10년 이상의 실무 경력자 국제사무 • 3년 이상의 실무경력자 • 대학 졸업자가 번역, 통역, 어학지도에서 종사 시 경력 불필요	1년~3년 (연장 가능)
3	기능	일본의 공사 기관의 계약에 근거해 실시하는 산업상의 특수한 분야에 속하는 숙련된 기능을 필요로 하는 업무에 종사하는 활동	• 한식조리 및 식품 제조(10년 이상의 실무 경력자) • 보석 및 귀금속 가공(10년 이상의 실무 경력자) • 스포츠 지도자(3년 이상의 실무 경력자)	1년~3년 (연장 가능)
4	Working Holiday	일본을 여행하며 체재비를 충당하는 정도의 부수적 취업 인정 (분기별 1회씩 총 4회에 걸쳐 연간 1만 명을 모집하며, 참여 횟수는 1회에 한함	18~25세(부득이한 경우 30세)의 대한민국 국민으로서 항공료 및 기본 체재비 소지자 (약 250만 원)	최대 1년

2) 취업비자 획득절차

① 체류자격 인정증명서 신청 (일본 입국 관리국)

② 체류자격 인정증명서 발급 (일본 법무성 입국관리국)

③ 체류자격 인정서를 제시해서 취업비자 신청 (재외 일본 공관)

④ 취업비자 발급 (일본 외무성 또는 주한 일본 대사관)

⑤ 출국

3) 비자 담당기관

주 대한민국 일본 대사관

주소　　　　　　　서울특별시 종로구 율곡로2길 22(우편번호 110-150)
전화　　　　　　　(02)2170-5200 / FAX (02)734-4528

| 비자접수 | 월~금 9:30~11:30, 13:30~16:00 |
| 홈페이지 | www.kr.emb-japan.go.jp |

주 일본 대한민국 대사관 영사과

주소	東京都港区南麻布1-2-5(우편번호 106-0047)
전화	(81-3) 3452-7611/9
팩스	(81-3) 3452-7420
이메일	consular_jp@mofa.go.kr
근무시간	여권, 가족관계등록, 국민등록, 영사확인 접수 : 09:00~16:00
	비자접수 : 09:00~11:30
	비자교부 : 14:00~16:00
홈페이지	http://jpn-tokyo.mofa.go.kr/

8. 아랍에미리트 취업비자

1) 취업비자의 종류

순번	비자명	비자 특징	발급조건	체류 기간
1	고용체류허가	가입하고자 하는 외국인은 이미 UAE에 거주하는 가족 구성원에 의해 입국할 수 있고, 일부의 경우 아랍에미리트(UAE)의 승인을 위해 고용주가 후원해야 함	• 18~60세 • 독점적 지식 전문 기술이 있어야 함	3년 (3년 단위로 연장)
2	파견단 노동허가	승인을 얻으려면 외국인은 UAE의 등록 기관에 의해 후원 받아야 함		90일 (90일 추가로 갱신 가능)
3	자유 무역지역 고용	정부가 편안 규제 제도를 통해 국가의 외국인 투자를 유치하기 위해 설립		3년 (추가로 3년 연장 가능)

2) 비자 담당기관

주한 아랍에미리트 대사관

주소	서울특별시 용산구 독서당로 118(한남동 5-5)
전화	02) 790-3235
근무시간	평일 9:00~16:00
휴무일	토 · 일요일, 아랍에미리트 독립기념일(12월 2일) 및 양국의 국경일
홈페이지	http://uae-embassy.ae/Embassies/kr

주 아랍에미리트 대한민국 대사관 영사과

주소	P.O.Box 3270, Abu Dhabi, United Arab Emirates
전화	971-2-6439144
팩스	971-2-6439130
이메일	uae@mofa.go.kr
홈페이지	http://are.mofa.go.kr

배낭여행 · 해외봉사

01 청춘의 여행

우리가 흔히 '내가 있던 환경을 떠난다, 내가 있는 익숙한 일상을 떠난다'라고 알고 있는 여행에는 어떠한 종류가 있을까요? 여행의 기준에 따라서 다양한 분류가 가능할 것입니다.

그 중 대표적으로 분류해 볼 수 있는 것으로는 단지 보는 것을 즐기는 '관광'이라는 개념의 여행과 인간으로서의 삶의 다양성을 느껴보는 '새로운 만남'이라는 개념의 여행입니다. 이 두 가지 분류의 가장 핵심적인 사항은 그것이 해외여행인 경우에는 바로 여행에서 새로운 사람과의 만남이 가능한 '소통능력'이 있는가 여부로 나눠볼 수 있을 것입니다.

청춘의 여행이 단지 관광이라면 아쉬움이 많습니다. 세계의 자연유산이나 세계의 절경이라면 언제든지 감상이 가능합니다. 인류의 문화유적지나 문화유산이라면 보다 지식이 쌓인 중장년에 더욱 감흥이 클 것입니다. 청춘의 나이에는 그러한 감상으로써의 여행이 아닌 인간으로서 삶의 다양성이 어디까지 존재할 수 있는지, 세계 각 지역의 문화와 정서의 차이는 얼마나 다양할 수 있는지, 세계 각지에 내 친구를 가져볼 수 있는지 등의 여행이 더 큰 감동의 여행이 될 것이며, 또한 현실적으로 청춘의 시기에만 가능한 여행이라 할 수 있을 것입니다.

이제 청춘의 여행은 영어가 바탕이 된 여행이 되어야 할 것입니다. 세계를 두루 다니는 청춘이라면 어느 나라 친구이던 기본적인 수준의 영어는 가능한 경우가 많으니 어느 정도의 영어실력만 갖고 있다면 충분히 세계 어느 곳이든 도전해 볼 수 있을 것입니다. 또한 여행자란 짧은 언어로도 쉽게 친해질 수 있습니다. 여행자란 상호간의 친절과 호감, 세계의 다양한 친구를 만들고 싶어 하는 마음을 갖고 있는 사람들이기 때문입니다.

특히 서구의 젊은이 대부분은 청춘의 시기 여행을 선택이 아닌 필수로 여기는 경우가 많습니다. 따라서 20대 나이에 세계 30여 개 이상의 나라를 여행하면서 다양한 견문과 열린 사고를 갖고자 노력하고 있습니다. 다양한 해외봉사를 통해서 인류의 고통을 함께 하며 인류애를 느끼는 이들도 많습니다.

하지만, 한국의 젊은이들은 대부분 일본, 동남아 정도로 여행이 국한되어 있는 경우가 많고 이 또한 관광 수준으로 여행하는 데 그칩니다. 유럽여행을 가도 걷기운동과 사진만 남겨올 뿐입니다. 그나마 여정에서 다른 한국인 여행자들과 만나 교류할 뿐입니다. 물론 그것이 나쁜 것은 아니지만 아쉬움이 많이 남습니다.

젊은 시절 여러 해외도전에서 가급적 많은 여행을 시도해 봐야 하겠으며, 또한 여행만으로도 해외도전을 해 볼 수 있습니다. 다만, 그 여행은 관광으로만 그치는 것이 아니라, 우리의 청춘들에게는 문화, 견문, 친구 등 '새로운 만남'으로써의 여행, 소통능력이 바탕이 되는 여행이 되어야 하겠습니다.

02 여행의
마음가짐과 목적

여행이란, 좋은 여정에 견문 공부를 더해, 재미있게 즐긴 후, 행복한 감상
을 남기는 것이다.

— 여행전문가 고진석

세계는 한 권의 책이다. 여행하지 않는 자는 그 책의 단지 한 페이지만을
읽었을 뿐이다!

— 성 아우구스티누스

여행은 작은 공간의 내가 아닌 무한한 공간에서의 나를 느끼게 합니다. 타인을 이해하고 그 타인이 만든 문화를 존중하며 인류애를 느끼게 합니다. 빈부 격차, 종교의 다름, 문화적 이질성, 인종주의, 돈과 물욕에서 벗어나 밤하늘의 별을 보며 인생을 돌아보고 진정한 행복을 고민하게 합니다. 그렇게 더 인간답고 자연스럽게 순리대로 살다 보면 더 좋은 세상을 만들어 나갈 수 있게 되는 것입니다.

여행의 마음가짐은 물과 같습니다.

물은 흐르다 방해물이 나타나면 빙 둘러 가고, 웅덩이를 만나면 그 안에 한참을 머물다 때가 되면 다시 나아갑니다. 그러다 좁은 여울을 만나면 강하게 치고 나아갑니다. 산을 뚫고 바위를 뚫고 가는 것이 아니라, 산을 돌아 바위를 품고 제 모습을 바꾸어 가며 시간이 걸려도 물길 따라 바다로 나아갑니다. 여행을 하다 보면 어려움을 만날 수도 있고, 좌절에 빠지기도 하고 갈등을 겪을 수도 있습니다. 하지만 여행은 물이 흐르는 것과 같이 그렇게 삶의 깊이를 깨닫듯, 흐르듯 해야 합니다.

여행의 목적은 행복이어야 합니다.

어떤 이는 쉬고 싶어서, 어떤 이는 색다른 경험을 하고 싶어서 여행을 떠납니다. 또 어떤 이는 무언가를 배워 밑거름 삼고 싶어서, 어떤 이는 무거운 삶의 짐을 내려놓기 위해 떠납니다.

여행은 간접 경험인 책 읽기와 다큐멘터리로 세상을 보는 것이 아닌 직접 경험입니다. 이렇게 직접 발로 걷고 몸으로 느끼며 체험한 여행은 사람을 바꾸며, 긍정적 자아를 만들어 줍니다. 긍정적 자아는 우리에게 행복한 사람으로 살 수 있는 기회를 줍니다. 그렇게 성장한 행복한 자아는 더 좋은 세상을 만들어 갑니다. 따라서 여행의 목적은 나를 행복하게 하여 그것이 세상을 더 행복하게 만드는 것에 있습니다.

03 목적지 정하기, 여정 짜기

여행의 첫걸음은 여정 짜기입니다. 여정 짜기는 여행자에게 곤혹스러운 일임에 틀림없으며, 또한 설렘의 시간이기도 합니다. 어디가 좋을까? 무얼 먹을까? 어디서 자야 하나? 어떻게 이동할까? 경비는 얼마나 들지? 무엇부터 준비해야 하나? 어떻게 해야 의미 있는 여행이 될까? 그 나라에 대한 공부는 무엇을 해야 하나? 어디를 시작 여행지로, 어디를 마지막 여행지로 정해야 하나? 고민은 끝이 없습니다.

이러한 여정 짜기의 고민 과정에서 초보 여행자는 결국 '○○하더라 여행'을 선택하게 되는 경우가 많습니다. 어디가 좋다더라, 다들 어디를 가더라, 거기가 맛있다더라 등 다른 이의 경험에 의존하는 경향이 있습니다. 그래서 나만의 여정을 계획하는 것이 아니라, 다른 이의 여정에 따라 여행을 다니게 되고, 결국 방문하는 숙소, 식당 등 대부분 장소는 외국이라는 공간임에도 나와 같은 책을 든 한국인 여행자가 대부분인 에피소드가 생기게 됩니다. 또는 노년의 한국분들과 함께 버스를 타고 이동하며, 하루 1~2회 기이한 쇼핑행사에 참여하는 패키지 관광을 가는 경우도 생기게 됩니다. 물론 패키지는 나름의 장점이 많은 여행이지만 청춘의 여행으로써는 다소 멋쩍은 느낌이 있습니다.

또한 여정의 쏠림 현상도 생기게 됩니다. 물론 유럽은 현대문명의 근간이자 여행지로써 더할 나위 없이 좋은 곳이며, 젊은 시절 한 번 정도는 꼭 가 봐야 할 곳이라 할 수 있습니다. 하지만, 어찌 보면 일생의 단 한번 뿐이라 할 수 있는 장기간

의 배낭여행을 자신의 선호도에 따른 선택이 아닌, 단순히 남들이 많이 간다는 유행에 따라 유럽여행을 선택하는 경우도 있습니다. 단순히 '너도 가니 나도 간다.'라는 식의 여행보다는 왜 여행을 떠나는지, 어디로 가고 싶은지, 내 마음 깊은 곳에서 어디로 가라고 하는지 진지하게 묻는 것이 순서입니다.

여행 목적지와 좋은 여정 짜기에 대한 지혜로운 답은 평소 내 관심사와 취미에서 찾을 수 있습니다. 지금 내가 하는 일이나 공부 등의 관심사를 고려하여 여행지를 선택하는 것입니다. 혹은 언젠가 감명 깊게 보았던 영화의 한 장면에서 내가 원하는 여행지를 찾을 수도 있습니다. 여행 루트 설계는 건축물의 기둥을 세우는 것처럼 매우 중요하니 경험이 많은 전문가의 도움을 받아 설계하는 것도 좋습니다. 여행전문가는 여행자의 잠재적 여행 목적을 충분히 고려하여 더욱 좋은 여정 설계를 도와줄 수 있습니다.

04 견문 공부와 오픈마인드

무엇이든 본인이 아는 만큼 보입니다. 따라서 더 좋은 여행을 가고자 한다면 항공권 및 숙소 등 대강의 준비로 떠나 구경하는 것이 아니라 그 지역을 음미하여 인생의 깊이와 행복한 삶을 더할 수 있는 풍요로운 여행을 준비해야 하겠습니다. 즉 여행지에 대해서 견문 공부를 하고 여행을 가는 것입니다.

여행을 떠나기 전에 그 나라 문화와 사회, 정치와 경제, 역사와 종교, 신화와 국가관계 등을 공부하고 여행한다면 더 많은 것을 보고 느낄 수 있는 여행이 됩니다. 그래서 견문은 여행을 구성하는 핵심요소인 것입니다. 견문이 빠진다면, 여행은 관광이나 구경으로 전락할 수 있습니다.

최근 유홍준 교수의 '나의 문화유산 답사기'가 여행의 바이블처럼 읽히고 있는데, 이 책은 여행자를 위해 여행지의 역사와 문화적 가치, 그리고 관람 포인트를 잘 설명해 주어 진정한 여행으로 안내하고 있습니다. 내가 여행을 갈 곳에 대해서 그 지역을 설명한 책들을 구해 읽는 것만으로도 여행의 가치는 배가 됩니다. 예를 들어 이원복 교수의 '먼 나라 이웃 나라' 시리즈는 쉽고 재미있게 견문 공부를 할 수 있게 도와주는 입문서와 같습니다.

이와 같이 그 나라와 사람을 이해하는 인문 공부를 많이 하면 할수록 더 유익한 여행이 되고 더 좋은 여행스토리를 만들어 줍니다. 또 하나의 필수 준비는 오픈마인드입니다. 견문 공부가 몸체라면 오픈마인드는 정신이 됩니다. 오픈마인드는 여행지에서 만난 사람과 문화를 더 깊이 이해하고 감상할 수 있는 가장 중요한 여행준비물인 것입니다.

이러한 견문 공부와 오픈마인드가 준비되었다면 패키지가 아닌 배낭여행, 또는 자유여행을 떠나 볼 수 있습니다. 또는 세계의 친구들과 몇 날 며칠을 함께 여행하는 다국적 배낭여행을 떠나 볼 수 있습니다. 누가 미리 만들어 놓은 여행을 시켜서 하는 것이 아닌, 내가 하고 싶은 것을 하는 그런 자유여행을 하는 것입니다. 다양한 세계의 친구들과 친근하게 어울려 보고, 그들의 공연과 음식을 즐기고, 역사와 문화를 체험하기 위해 걷고 또 걸어 보는 것입니다. 그러다 보면 여행의 진정한 속살을 맛보고 여행의 행복이 무엇인지, 삶의 행복이 무엇인지를 깨닫게 되는 경험을 할 수 있습니다.

여행과 구경, 여행과 관광, 여행과 탐험은 구분해야 합니다. 내가 떠나는 여행은 『인생이라는 100페이지 책』이라는 나 자신이 저자인 책의 페이지를 채워가는 것입니다. 한 페이지를 채우고 또 채우다보면 '내 인생의 수필집' 한 권을 진솔하게 완성하게 되는 것입니다. 그렇게 여행이란 내 인생을 행복으로 채워가는 과정이 되어야 합니다.

05 여행의 재미와 유용성

금강산도 식후경

간혹 배낭여행을 막연히 아끼면서 하는 것을 대단한 자부심으로 여기는 경우가 있습니다. 하지만 배낭여행은 거지여행이 아닙니다. 여행하며 안 먹고, 안 보고, 안 쓰는 것은 수행자의 고행이지 여행이 될 수 없습니다. 여행은 무엇보다 재미가 있어야 합니다. 여행이 재미가 없다면 여행으로 얻고자 했던 본질을 잃고 단지 피로한 걷기운동 같은 것이 되어 버리기에 그 본질을 잃게 됩니다. 비용이 부족하다면 전체 여정을 다소 줄이더라도 어느 정도 즐기면서 여행을 해야 합니다. 그중 먹는 것의 재미는 빼놓을 수 없는 여행의 핵심요소이기도 합니다. 어느 곳을 가더라도 그 나라의 유명 음식은 꼭 체험해 보는 여행이 되어야 하겠습니다.

위대한 감상

대자연의 계절변화와 그 안의 숲과 밀림, 수많은 꽃과 동물들, 거기서 느끼는 자연의 향기와 질감은 내가 인간임을 느끼게 해줍니다. 인류가 살아오면서 만든 무수한 건축물의 장엄함에서 그 시대의 삶과 문화를 느끼기도 하고, 권력자들에 의해 이러한 공사에 동원되어 거친 노동으로 쓰러져간 이들이 얼마나 많을까 생각하면 연민과 스스로에 대한 안도감이 들기도 합니다. 자연과 인문환경에서의 위대한 감상의 기회를 놓쳐서는 안 되겠습니다.

돈이 아깝다고 하여 번지점프의 탄생지에서 점프 기회를 놓칠 수는 없습니다. 평생 한 번 해 볼 스카이다이빙도 욕심내어 볼 만합니다. 열기구를 타고 날아 볼 수 있으며, 바닷속 생태계를 스킨스쿠버로 경험해 볼 수도 있습니다. 또는 사막 낙타 투어에 참여하여 불빛이 없는 그곳에서 우리 은하의 별이 이토록 많음을 바라보며 경외감에 젖어 볼 수도 있습니다.

여러 액티비티가 발달된 곳이라면 모두 다는 어렵더라도 몇 가지는 꼭 경험해 볼 수 있도록 해야 하겠습니다.

세상에는 정말 다양한 사람들이 있습니다. 하지만, 여행을 가지 않는다면 나는 늘 내가 알던 학교와 직장의 그 사람들과만 평생을 지내게 됩니다. 결국 내가 살아가는 세계는 단지 수십 명에 불과한 사람들의 고정된 의식 안에서만 살게 되는 것입니다.

여행은 만남의 카오스입니다. 들어보지도 못한 대륙의 나라에서 온 친구도 만날
수 있고, 다양한 나라의 다양한 지역, 다양한 문화의 사람들을 만날 수 있습니다.
심지어 한국인도 내가 이제껏 몰랐던 전혀 다른 한국인의 삶이 있다는 것을 만남
을 통해 알게 되기도 합니다.

만남은 여행 그 자체이며, 인생의 모든 것은 사람 그 자체라 할 수도 있습니다. 언
어능력을 준비하여 그 만남의 폭을 크게 확장시켜야 하겠습니다.

독서

여행에 빠질 수 없는 것이 바로 이동시간이며, 홀로 있는 시간들입니다. 광대한
대륙에서는 열 시간, 스무 시간을 이동하기도 합니다. 기후나 다른 변수로 인해서
여정지에서 발이 묶인다면 며칠 동안 혼자만의 시간을 갖게 되기도 합니다.

자신의 일상에서 전폭적인 독서시간을 갖기는 쉽지 않습니다. 여행을 떠난다면
평소 읽고 싶어 메모해 두었던 책을 준비해 가길 바랍니다. 전자책이라면 무게의
불편도 없습니다. 독서를 통해 살면서 내가 이런 진리를 모르고 갈 뻔했구나 하는
아찔함과 큰 행복을 느끼게 될 수 있을 것입니다.

배움

여행은 배움입니다. 내가 무심코 지나쳤던 행동들이 심지어 나쁜 행동일 수 있다
는 것을 여행을 통해, 다른 이들의 모습을 통해 낯설게 다가올 수도 있습니다. 배
움은 여러 가지입니다. 여행지 사람들의 문화를 통해서 기본 에티켓을 배울 수도
있고, 선진 문화를 배울 수도 있고, 여러 유용한 생활방식을 배울 수도 있습니다.
여행을 통해 그냥 지나치지 말고 사사로운 것이라도 메모하고 자신의 모습을 바
꿔 가는 것도 큰 기쁨입니다.

청춘의 해외도전

우연

여행에서의 만남이 카오스이듯, 여행 그 자체도 카오스입니다. 여행에서의 우연한 관찰과 감동과 경험이 내 평생의 직업이 되는 경우도 많습니다. 여행에서의 우연한 만남으로 평생의 연인을 만나는 경우도 있습니다. 실제 여행을 하다 보면 여러 여행지 숙소나 레스토랑의 주인들은 그곳에 우연히 여행을 왔다가 너무 좋아서 정착했다고 이야기하는 이들이 많습니다. 자신의 직업 선택도 우연한 여행으로 그렇게 되었다고 말을 하고 있습니다.

이외에도 여행에서의 우연적인 일들로 삶의 방향이 바뀐 이들이 많습니다. 이처럼 여행은 신비스러운 카오스에 대한 기대이기도 합니다.

여행은 다양한 경험을 가능하게 하는 여정 속에서 역사, 정치, 경제, 사회, 문화 등에 대한 견문이, 삶을 더욱 윤택하게 하는 다채로운 체험이라는 재미를 만나 통섭에 버금가는 감상을 하게 합니다. 이렇게 여정, 견문, 재미, 감상은 조화를 이루며 여행을 만들어 갑니다. 따라서 여행자는 견문과 재미를 잘 버무린 여정을 설계하여 감상할 때 여행 가치를 극대화할 수 있게 되는 것입니다.

06 배낭여행의 종류

배낭여행은 크게 다국적 배낭여행과 개별 배낭여행, 그리고 이를 혼합한 배낭여행으로 구분할 수 있습니다. 다국적 배낭여행은 외국인과 함께 이동하지만 도착해서는 자유여행을 하는 것이며, 개별 배낭여행은 나 홀로 이동하고 나 홀로 자유여행 하는 것을 말합니다. 여행 선배 또는 여행전문가로서 좋은 여정과 유익한 견문체험, 그리고 안전하고 즐거운 여행을 위해서는 다국적 배낭여행+개별 배낭여행을 혼합하여 하는 게 가장 좋다고 생각합니다.

여러 세계여행 경험자들을 만나 본 많은 이들이 빠짐없이 하는 말이 있습니다. 한국에서 외국여행을 알아볼 때는 무작정 자유여행을 선호하는 문화가 많아 그저 그렇게 가는 것이 좋은지 알고 무작정 자유여행을 가게 되었는데, 여행 중 다른 나라 친구들을 만나게 되고 대화 중 다국적 배낭여행을 알게 되어 마지막 대륙을 그 여행에 참가하게 되었다고 합니다. 마지막 여행을 다국적 배낭여행에 참가하면서 느낀 것은 그 전의 대륙도 이렇게 다녔다면 훨씬 많은 것들을 얻지 않았을까 하는 큰 후회였다고 합니다.

한국의 해외여행 문화는 극단적 쏠림현상이 있습니다. 패키지여행의 과도한 가격경쟁으로 인해 품질이 지극히 나빠지니, 마치 여행은 홀로 준비해서 떠나는 것이 가장 좋은 것처럼 인식되는 것입니다. 하지만, 여행전문가가 아니라면 자유여행은 극히 효율성이 떨어지는 여행입니다. 경험이 없기 때문에 늘 과정에서 시행착오를 겪게 되니 여행의 순도가 떨어지고, 여행 과정에서 다양한 외국친구를 사귈 기회를 갖기가 어렵게 되고, 심지어 낯선 환경에서 안전에 대한 문제가 발생하는 경우도 생기게 됩니다.

이에 반해 다국적 배낭여행은 패키지 형식의 안정성이 있고, 다양한 외국인들과 친구가 되어 오랜 시간을 함께 여행하고, 이는 세계의 다양한 친구를 사귐과 동시에 여행을 통한 어학연수 효과도 얻는 계기가 됩니다. 또한 각 여정에서는 '자유여행'을 하게 되니 여러 면에서 청춘의 여행이 가질 수 있는 장점을 모두 갖추고 있다고 볼 수 있습니다. 무엇보다 여행의 과정에서 그 어떤 여행보다 성장과 자극의 계기를 갖게 되는 여행이라 할 수 있습니다.

특히 여행문화가 발달한 서구 선진국의 경우에는 많은 젊은이가 이러한 다국적 배낭여행을 선호하고 있습니다. 물론 여행 시간이 여유로운 경우라면 머무르는 한 지역별로 충분히 자유시간을 갖는 자유여행을 해도 좋지만, 정해진 시간 안에 세계를 경험하는 경우라면 다국적 배낭여행이 전 세계 다양한 친구들과 함께 하며 훨씬 다채로운 여행의 만족감을 줄 수 있습니다.

그저 외국 어딘가에 가서 혼자 유적지나 돌아 보고 오는 것이 청춘의 여행이 될 수는 없습니다. 사실 풍경이라면 사진이나 방송을 통해 보는 것이나, 직접 가서 보는 것이나 사람에 따라서는 큰 차이가 느껴지지 않는 경우도 많습니다.
한국친구와 같이 가거나 여정에서 한국인들과 만나 어울리기만 하는 여행도 미흡합니다. 외국까지 가서도 결국 한국이라는 환경에 있는 것과 그리 큰 차이가 없기 때문입니다.
중장년, 노년의 여행이 아닌, 청춘의 여행이라면 세계의 또래 친구들과 함께 어울리는 여행을 해 봐야 하겠습니다. 물론 대다수 언어능력이 부족한 한국의 청춘에게는 쉬운 일은 아닙니다. 하지만, 젊은 시절 여행을 통해 처절한 언어적 아웃사이더 경험을 해 보는 것도 꼭 필요한 일이라 할 수 있습니다. 세계와 함께 할 수 있는 도구인 언어능력을 갖춰야 하겠다는 열정을 얻고, 이후 행동하게 된다면 그것만으로도 여행은 성공입니다. 또한 언어가 어느 정도 준비된 경우라면 세계의 친구들과 호흡하면서 여행이 가질 수 있는 최상의 가치들을 얻을 있습니다. 인류, 인간, 문화, 삶의 다양성을 24시간 아침부터 취침까지 모든 것들을 함께 나누며 느낄 수 있을 것입니다.

07 미국여행, 북·중·남미 여행 – 트렉아메리카

미국과 캐나다, 중남미를 안전하고 유익하게 여행하는 대표적 다국적 배낭여행으로는 트렉아메리카를 추천합니다.

트렉아메리카는 1972년에 설립된 44년 전통의 미국여행 프로그램입니다. 도시별 유스호스텔 하나 갖춰지지 않은 곳이 많은 미국은 개별여행을 하기에는 주요 대도시를 제외하고는 쉽지 않습니다. 트렉아메리카는 여행전문가인 투어 리더와 함께 여행함으로써 풍부한 깊이의 문화체험이 가능하며, 무엇보다 안전한 미국여행이 가능합니다.

트렉아메리카는 한 팀이 평균 5~6개국, 18~39세 여행자 13명이 미국인 투어 리더와 15인승 밴을 타고 함께 이동하고 숙박하는 자유여행입니다. 이렇듯 다국적 멤버로 구성이 되어 있어서 글로벌 교류와 영어 어학연수, 또는 영어학습 동기부여 효과까지 기대할 수 있습니다. 13명 정도의 소그룹이라 멤버들이 더 친해지기 쉬운 트렉아메리카는 50개국 친구와 'Global Friendship' 프로그램처럼 운영이 됩니다. 특히 차 안에서 대화하고 게임도 하고, 힐링 캠프 테이블에 모여 앉아 친구의 나라 문화 체험도 합니다.

트렉아메리카 미국여행은 혼자서는 가기 힘든 여러 특별한 지역을 여행할 수 있으며, 쏟아지는 별빛 아래 술 한 잔 혹은 따뜻한 커피 한잔 하다보면, 평생 잊지 못할 친구를 사귈 수도 있습니다. 이는 미국여행으로 얻을 수 있는 최고의 경험들이 될 것입니다.

여행 중 숙소 경험 또한 빼놓을 수 없는 문화체험입니다. 트렉아메리카는 다양한 숙소경험이 가능한데, 세계 최고시설의 캠핑장, 친환경 랏지와 깨끗하고 저렴한 호텔, 그리고 특별한 인디언 캠프와 카우보이 힐링 캠프는 트렉아메리카 숙소의 특별함과 감동적인 문화체험을 동시에 경험할 수 있습니다.

숙소에서 어제는 미국식 BBQ, 오늘은 프랑스 요리, 내일은 이탈리아 파스타, 모레는 한국 불고기 요리…… 끝없는 맛의 향연은 멈추지 않는데, 낯선 50개국 글로벌 여행자가 함께 요리하여 식사하는 가족 같은 트렉아메리카 여행은 자연스레 글로벌 우정을 만드는 화기애애한 '비정상 회담'으로 이어집니다.

흔히 홀로 하는 여행이 가장 저렴하다고 인식하는 경우가 많은데, 비용에 있어서도 혼자 하는 버스여행이나 렌터카 여행보다 저렴합니다. 아래 트렉아메리카 프로그램의 하나인 Gold rush 프로그램과 이외 버스여행, 렌터카 여행의 비용을 비교해 보겠습니다.

미서부 8일 여행 비교	트렉아메리카 Goldrush 프로그램	버스 여행	렌터카 여행
교통비	5개 여행지 + 15인승 밴	5개 여행지 + 약 $100	5개 여행지 + 약 $500
숙박비	캠핑/호텔/호건/호스텔	호스텔/호텔(약 $350)	호텔/모텔/랏지 (약 $560)
식 비	1일 약 $30×7일 = $210 (조식 2회/석식 1회 포함)	1일 약 $30×7 = $210	1일 약 $40×7 = $280
여가비	입장료 & 투어 포함, 1일 약 $20	입장료 & 투어 불포함, +$700	입장료 & 투어 불포함, +$100
총 액	$1,254~(상품가 $799)	$1,360~(시간 낭비 많음)	$1,440~(운전 피로 심함)

청춘의 해외도전

물론 트렉아메리카 여행이 모든 부분에서 행복을 주지는 않습니다. 특히 영어능
력이 전무하고, 성격적 외향성이 부족하다면 아웃사이더가 되어 괴로움이나 아쉬
움을 느낄 일들도 많습니다.

하지만, 오히려 그러한 것들로 인해 청춘의 미국여행은 트렉아메리카와 같은 다
국적 배낭여행이 되어야 합니다. 준비되면 준비된 대로의 경험과, 부족하면 부족
한 대로의 자극과 동기부여 등 최고의 여행 효과를 얻을 수 있을 것입니다.

08 유럽여행 – 탑덱, 트라팔카

탑덱은 전 세계 15~30개국, 18~38세 여행자 40여 명, 투어 리더 1명, 드라이버 1명이 최신형 파노라믹 버스를 타고 함께 이동하고 숙박하며 자유여행을 즐기는 프로그램입니다. 로맨틱한 도시와 야간 버스투어, 투어 리더와 떠나는 시내 워킹 투어, 세계적 요리와 공연, 세계 3대 박물관은 잊을 수 없는 감동을 주고, 다양한 참가자 구성으로 인해 글로벌 우정은 물론 영어연수 효과까지 얻는 1석 3조 유럽여행입니다.

트라팔가는 1973년부터 운영되어 오고 있는 역사가 깊은 여행 프로그램입니다. 10~50개국, 8~59세 여행자 40여 명, 투어 리더 1명, 드라이버 1명이 최신형 파노라믹 차창 버스를 타고 함께 이동하고, 특별한 숙소에서 숙박하며 여유 있게 자유여행을 즐길 수 있습니다. 탑덱과 달리 참가자 연령의 폭이 넓어 아이와 함께, 부모님과 함께 떠나는 가족 자유여행자에게 적절한 여행 프로그램입니다.

탑덱과 트라팔가는 네덜란드 치즈농장, 베네치아 유리공예 장인, 프랑스 달팽이 요리, 스위스 퐁듀 요리, 유대인 학살 아우슈비츠 견학, 바티칸 박물관 워킹투어 등 깊이가 다른 여행을 소개하고 있습니다.

1. 숙소 체험도 문화와 사회를 경험하는 기회

수준 높은 부티크 호텔, 아름다운 독일의 고성 그리고 유니크한 호텔(감옥, 저택을 개조), 알프스 친환경 랏지, 캠핑장 등의 숙소는 탑덱과 트라팔가 여행의 큰 장점입니다. 숙소도 유럽을 느낄 수 있고, 여행의 모든 시간을 유럽을 이해하도록 배려한 점이 돋보입니다. 여러 참가자들과 디너파티와 클럽에서 특별한 글로벌 우정을 쌓을 수 있습니다. 행복을 가꾸는 밑거름을 만들려는 직장인의 휴가, 신혼여행, 대학생 배낭여행, 아이와 함께 가족여행, 부부여행 등 특별한 해외체험을 원하는 유럽여행자에게 강력하게 추천할 수 있는 프로그램입니다.

2. 전용 버스로 도로정체 없이 '숙소 to 숙소' 편안한 이동

보통 유럽여행은 기차로 많이 하는 편인데, 불편하기도 하고 사건사고도 많이 발생합니다. 피곤한 여행자가 기차에서 자다가 갈아타기를 못해 다른 곳으로 간다든지, 기차역에서 길 찾는 여행자의 짐을 훔쳐간다든지, 도와주는 척하다가 돈을 달라고 떼를 쓴다든지, 여행지까지 가다가 졸고 있는 사이 배낭을 훔쳐간다든지 유럽의 기차 안과 기차역은 사건사고로 가득합니다. 그래서 여행자들의 주의가 필요한 곳이 바로 기차역과 기차 내부입니다.

이에 반해 탑덱과 트라팔가는 전용버스로 이동합니다. 40년 넘는 노하우로 교통정체를 피하고, 숙련된 드라이버가 정시 이동을 합니다. 이동 중 휴식시간에 유럽의 시골 어느 동네를 잠시 방문하다가 떠나는 여유, 피곤한 여행자가 낮잠을 편하게 잘 수 있는 여유, 파노라믹 차창 밖 경치를 감상하는 여유, 특별한 여행지까지 편하게 데려다 주어 깊이 있는 유럽을 만날 수 있는 여유까지 제공합니다. 기차 여행 시에 역을 찾고 기다리고 갈아타는 불편과, 도착해서 숙소를 찾아 헤매는 불편이 없습니다.

어제는 뮤지컬의 원조 런던 피카델리에서 피시 앤 칩스, 오늘은 세느강 노틀담 성당 앞 노천카페에서 스테이크와 프렌치 와인, '옥토버 페스트' 축제가 열리는 뮌헨 호프브로이에서 소시지와 독일 맥주, 베네치아 리알토 다리를 바라보며 봉골레 파스타와 씨푸드 그리고 카푸치노, 스위스 퐁듀와 초콜릿 등 이루 열거할 수 없을 정도로 끝없는 맛의 향연은 유럽여행의 특별한 선물입니다. 탑덱과 트라팔가 '3-코스' 디너는 여행의 품격을 더해주고, 호텔과 랏지의 셰프는 신선하고 청결한 가정식 요리로 더욱 정겹게 하고 경비까지 절감해 줍니다.

여행비에 여유가 있다면 세계 3대 쇼 '리도쇼'를 감상하며 디너를 즐기는 호사도 좋고, 로맨틱한 나보나 광장 초콜릿 케이크와 아이리시 커피, 그리고 다양한 유럽의 와인과 맥주를 즐기는 기회를 놓치지 말아야 하겠습니다.

다음은 탑덱 프로그램과 개별 여행의 여행비 비교입니다.

유럽 3주 여행 비교	탑덱 European Gateway 20일	기차 여행 (유레일패스)
교통비	10개 여행지 + 40인승 밴	10개 여행지 + 481유로(+예약비)
숙박비	호텔/호스텔/방갈로/게스트하우스	유스호스텔 평균 30유로×19박 = 570유로
식 비	20일 약 140유로 (조식 19회, 중식 7회, 석식 13회는 제공)	20일 약 551유로 (조식 19회, 중식 19회, 석식 19회)
여가비	입장료 & 투어 포함. 1인 약 20유로	입장료 & 투어 불포함. 1일 약 40유로
총 액	1,770 유로~(상품가 1,250유로)	2,362 유로~(시간 낭비 많음)

대도시 유럽의 전통과 문화, 종교적 색채가 흐드러진 사회구조, 다양한 공연과 클래식 음악의 공존, 누드와 파격을 인정하는 자유주의 사고, 알프스와 지중해가 주는 선물 등 유럽여행은 과거와 새로운 시대를 아우르는 슬기로운 여정을 필요로 합니다.

특히 세계 10대 박물관, 유네스코 문화유적, 로마시대와 근대 인문학적 시대사 등을 재미있게 이해하며 여행하는 노력이 요구됩니다. 탑덱과 트라팔가 루트는 대도시+소도시+대자연으로 구성된 좋은 여정이며, 투어 리더의 설명과 함께 떠나는 워킹투어는 필히 참여해 보길 바랍니다.

09 기타 대륙 다국적 배낭여행

미국, 유럽 이외의 함께 하는 여정과 자유 여정이 복합된 다국적 배낭여행 프로그램으로 게코 어드벤쳐와 어드벤처 투어스, 그랜드 아메리칸 어드벤처 등의 브랜드가 대표적입니다.

1. 게코(Geckos) (구 이미지네이티브 여행)

여행 기반이 잘 갖춰져 있지 않은 막막한 아시아와 아프리카 여행 브랜드로 여행자의 안전한 여행이 가능합니다. 전 세계 다양한 국적의 멤버들이 12~24명 소규모로 구성되어 여행을 함께합니다. 나일 크루즈, 지프를 타고 여행하는 세렝게티 초원, 정글투어, 스피드 보트투어 등 이색적이고 생생한 현지체험이 가득합니다.

2. 어드벤처 투어스

전 세계의 18세 이상 10~14명이 함께 팀을 이뤄 밴을 타고 호주와 뉴질랜드를 여행하는 프로그램입니다. 호주 특유의 광활한 대자연부터 대도시 여행, 그리고 잘 알려지지 않은 중소도시에 이르기까지 다양한 여행지를 방문합니다.

이외에도 세계적으로 해당 지역을 바탕으로 한 다국적 배낭여행 브랜드가 있으니 참고하길 바랍니다.

10 나 홀로 여행 교통, 숙박

여행 경험이 있고 홀로 다니며 혼자만의 여유를 갖고자 하는 여행을 원한다면 나 홀로 여행을 떠나 볼 수 있습니다. 그 중 대표적인 나 홀로 여행지인 미국과 유럽에 대해 간단한 알아봅니다.

1. 나 홀로 미국 배낭여행 방법

교통

어느 나라를 여행하든 버스, 기차는 대표적인 이동수단입니다. 나 홀로 여행한다면 미국의 대중교통 시스템을 잘 이해하고, 여행지 간 이동시간과 효율성을 고려하여 여행설계를 해야 하겠습니다.

인구 3억이 넘는 미국의 5,000개 도시를 촘촘히 연결하는 것이 그레이하운드 버스이지만, 여전히 연결되지 않는 대자연 여행지가 많습니다. 미국의 국립공원은 민간인이 살 수 없으며 관리 공무원만 지내기 때문에 대중교통 연결이 어렵습니다. 따라서 일반적으로 나 홀로 미국여행이라면 주요 도시 위주 여행을 계획해야 하겠고, 대자연 여행지는 근처 도시에서 제공하는 단기 패키지 여행에 참여하거나, 렌트카 여행을 선택해야 하는 경우가 많습니다. 미국 열차 암트랙은 편안하게 이동할 수 있고 기차 내 편의시설도 수준급입니다. 다만, 기차가 정차하는 여행지가 적은 편인데, 이런 문제를 보완하기 위해 열차 역에서 여행지까지 셔틀서비스를 운영하고 있습니다. 미국 버스나 기차여행을 할 때는 일정 기간 안에 자유로이 사용 가능한 패스를 구입하는 게 경제적입니다.

숙박

나 홀로 여행자에게 적절한 숙소는 역시 유스호스텔입니다. 다만 미국은 광활한 영토에 배낭여행 문화가 발달되지 않아 주요 도시를 제외하고는 유스호스텔을 찾기 어렵습니다. 자동차 여행자를 위한 숙소를 제외하고는 여행자 숙소가 많지 않으니 미리 유스호스텔 및 여행자 숙소를 파악하고 예약해 두는 것이 필수입니다.

2. 나 홀로 유럽 배낭여행

교통

유럽도 여느 나라처럼 버스 시스템과 기차 시스템을 갖추고 있고, 수준급의 편의시설도 갖추고 있어서 기차가 대표적인 이동수단입니다. 나 홀로 여행을 한다면 유럽의 기차 시스템을 잘 이해하고, 여행지 간 이동시간과 효율성을 고려하여 여행설계를 해야 합니다. 다만 기차역과 기내 절도사고가 끊이지 않고 있으므로 조심해야 합니다.

유럽여행 시 버스 이용은 유로라인이라는 시스템이 있는데, 구성이 복잡하여 기차에 비해 선호도가 떨어집니다.

숙박

나 홀로 배낭여행자에게 적절한 숙소는 유스호스텔입니다. 유럽의 주요 도시는 유스호스텔이 많은 곳도 있지만 없는 도시도 있으니 참고해야 합니다. 따라서 유럽도 3~4개월 전에 여행일정을 확정하고 유스호스텔 예약을 해 두는 것이 좋습

청춘의 해외도전

니다. 이외 민박이나 호스텔을 이용하는 경우도 있습니다.

3. 나 홀로 호주, 뉴질랜드 배낭여행

호주, 뉴질랜드는 나 홀로 여행이 가장 쉬운 나라입니다. 무엇보다 지역별로 유스호스텔이나 백패커스 같은 여행자 숙소가 많고 비용도 비교적 저렴한 편입니다. 숙소 예약은 미리 하면 좋지만, 극성수기가 아니라면 해당 지역에 도착하여 버스터미널이나 공항 등에 여행자 숙소 안내소가 있어 연락하면 픽업을 해주는 등 편리한 서비스를 이용할 수 있습니다.

지역 간 이동은 일반적으로 버스를 이용하는 경우가 많습니다.

11 해외 봉사활동의 의미

한국은 예전 해외봉사를 받기만 하는 나라였는데 지금은 적극적으로 해외봉사를 줄 수 있는 나라가 되었습니다. 하지만 아직 해외 봉사활동에 대한 의식은 매우 낮은 수준이며, '한국에도 아직 어려운 사람이 많은데 왜 외국까지 가서!'라는 이기적인 의식을 갖고 있거나, 단지 해외봉사를 취업을 위한 하나의 스펙 쌓기로 여기는 사람도 많습니다.

봉사는 순수해야 합니다. 그리고 봉사는 남을 위한 것이 아니라 나 자신을 위한 것입니다. 이는 봉사활동을 해 보면 참 깨달음을 얻을 수 있습니다. 어렵고 힘든 상황에 처한 이들에게 내가 무언가를 해 주러 갔다가 해 맑은 아이들의 미소에서, 또는 지극히 어려운 환경에서도 희망을 잃지 않는 사람들을 보며 오히려 나 자신을 치유하고 오는 경우가 많습니다.

또한 우리가 세계에서 받은 것들이 있다면 우리도 세계를 향해서 베풀어야 하겠습니다. 과거 많은 외국인이 한국인을 도왔고, 그것은 여러 방향으로 나비효과를 일으켜 나에게도 도움이 된 것입니다. 내가 직접 받지 않았다고 부채의식이 없다고 생각할 수 있는 성질의 것이 아닙니다.

세상을 살아가면서 경험해 보아야 할 가치는 여러 가지가 있지만, 봉사활동은 그 중 첫손가락에 꼽을 경험입니다. 그만큼 삶을 변화시킬 가능성이 가장 큰 경험이 바로 봉사활동입니다. 아울러 해외봉사라면 청춘의 활동에 더욱 적합합니다. 첫 경험이 어려울 뿐 한 번의 경험이 지속적인 활동이 될 수 있습니다.

특히 과거 세계로부터 많은 도움을 받은 한국인으로서 가능하면 꼭 한 번 해외 봉사활동 경험을 해 보았으면 합니다. 그로부터 진정한 인류애와 사람을 대하는 매너를 갖춘 여러분이 되었으면 합니다.

12 해외 봉사활동 준비

막연히 해외 봉사활동을 간다고 해서 그들에게 도움이 되는 것은 아닙니다. 봉사활동에도 준비 사항들이 있습니다. 간혹 순수한 열정으로 봉사활동을 지원하여 가게 되어도, 오히려 해당 지역에 도움이 되지 않는 경우가 있다는 말도 접합니다. 특히 재난 지역인 경우에 이런 현상이 많은데, 이는 봉사를 필요로 하는 영역과 봉사자가 할 수 있는 영역 사이에 교집합이 없는 경우 흔히 발생하곤 합니다.

1. 언어능력

단순 노동력만으로도 가능한 일인지, 또는 언어 소통능력이 필요한 일인지 살펴보아야 합니다. 언어 소통능력이 필요한 일이라면 반드시 사전에 기본적인 영어 소통 능력을 준비해야 합니다. 또는 만일 여러 해외도전을 할 계획이라면 해외 봉사활동은 어학연수나 워킹홀리데이 이후에 하는 게 좋습니다.

2. 체력

육체적으로 많은 노동이 소요되는 일이라면 본인의 체력도 객관적으로 평가해야 합니다. 많은 활동이 필요한 일을 그저 열정만으로는 할 수는 없습니다.

3. 협동심

대부분의 봉사활동은 팀을 이루어 하게 됩니다. 따라서 서로 협력하는 마음가짐이 필요합니다. 영리활동도 아닌 봉사활동에서 팀원 간의 불협화음을 조성하는 이기적 행동은 삼가야 하겠습니다.

4. 기타 능력

봉사활동이 아이들을 가르치는 일이라면, 예를 들어 스포츠 능력이 있다면 스포츠 지도가 가능하고 기타와 노래가 능숙하다면 레크레이션을 해 볼 수 있을 것이며, 그림을 잘 그리면 그림을 가르쳐 볼 수 있을 것입니다. 기타 아이들과 재미있게 지낼 수 있는 경험이나 재능이 있다면 잘 준비해 볼 수 있습니다.

봉사활동의 영역도 다양하고 그에 맞게 내가 봉사할 수 있는 영역도 다양합니다. 물론 특별한 특기가 없이도 할 수 있는 일들이 대부분이지만, 내가 어떤 재능이나 특기가 있다면, 그 능력으로 봉사를 하면 더욱 보람을 느낄 수 있습니다.

무엇보다 '해외' 봉사활동이니 만큼, 워크캠프 등의 또래 외국인 친구들과 팀을 이루어 하는 봉사활동이라면 언어능력을 준비해 가는 것이 바람직합니다.

13 해외 봉사활동의 종류

1. 정부 주도의 해외 봉사활동

대표적으로 KOICA를 들 수 있습니다. 도움의 손길을 기다리는 지구촌 이웃들과 우리의 발전 경험을 나누고 그들의 경제, 사회발전을 지원하는 활동으로 외교통상부 산하 한국국제협력단(KOICA)이 설립 운영하고 있습니다. 만 20세 이상 대한민국 국민이면 누구나 지원할 수 있습니다.

2. NGO 해외 봉사활동

여러 사회단체에서 해외 봉사활동을 주관하고 있습니다. 준정부기관인 적십자사를 비롯하여 한비야 씨로 유명한 월드비전, 굿네이버스, 굿피플, 코피온, 웰 인터내셔널 등 여러 다양한 NGO 해외봉사 활동을 검색해서 찾아볼 수 있습니다.

3. 기업체 해외 봉사활동

여러 대기업 및 방송사 주관의 해외 봉사활동이 진행되고 있습니다. 기업이익의 사회적 환원 측면과 인재양성이라는 측면, 기업홍보 측면에서 활동을 지원하고 있습니다. 매년 행사지역, 시기 등은 차이가 있으니 시기별로 자료를 잘 찾아보아야 합니다. 기업체가 주관하고 있기 때문에 항공료와 체류비 일체를 지원받는 것도 가능합니다. 다만 그만큼 봉사인원 선발에 경쟁률이 높은 편입니다.

4. RealGap

영국에 본부를 둔 다국적 여행, 일 체험 및 봉사활동을 주관하는 프로그램입니다. 자연보호, 동물보호, 어린이 교육, 고아원 봉사, 지역사회 봉사 등의 여러 봉사활동을 경험해 볼 수 있습니다.

5. 국제 워크캠프

세계에서 모인 청년들이 함께 먹고 자며 환경, 개발, 평화, 건축, 교육과 관련된 다양한 자원봉사 프로젝트를 진행하는 것을 말합니다. 전 세계 70개국에서 진행되며, 활동 기간은 2~3 주 정도입니다. 19세 이상 누구나 신청 가능합니다.

6. 나라별 자원봉사

그밖에 나라별 자원봉사 프로그램들이 있습니다. 어학연수나 워킹홀리데이 등을 하고 있다면 그 나라의 봉사활동 프로그램을 찾아볼 수 있습니다. 국가별로 유명한 봉사활동은 한국에서부터 지원하여 참가하는 것도 가능합니다. 예를 들면 호주 정부지원 봉사활동인 CVA 등을 들 수 있습니다. 매년 5만 명이 참가하며 짧은 기간도 가능합니다. 이와 같이 국가별로 다양한 봉사활동을 참여할 수 있습니다.

청춘의
해외도전

memo

청춘의
해외도전

memo

Challenges are what make life interesting

Challenges are what make life interesting

DON'T JUST STAND THERE